Horst-Alfred Heinrich
Kollektive Erinnerungen der Deutschen

Horst-Alfred Heinrich

Kollektive Erinnerungen der Deutschen

Theoretische Konzepte und empirische Befunde zum sozialen Gedächtnis

Juventa Verlag Weinheim und München 2002

Der Autor

Horst-Alfred Heinrich, Jg. 1955, Dr. phil., ist Privatdozent an der Universität Gießen.

Seine Arbeitsschwerpunkte sind Forschungen zu Geschichtspolitik, Empirischer Sozialforschung, vergleichender Politischer Soziologie und Politischer Psychologie.

Die Deutsche Bibliothek - CIP-Einheitsaufnahme

Ein Titeldatensatz für diese Publikation ist bei
der Deutschen Bibliothek erhältlich.

Das Werk einschließlich aller seiner Teile ist urheberrechtlich geschützt. Jede Verwertung außerhalb der engen Grenzen des Urheberrechtsgesetzes ist ohne Zustimmung des Verlags unzulässig und strafbar. Das gilt insbesondere für Vervielfältigungen, Übersetzungen, Mikroverfilmungen und die Einspeicherung und Verarbeitung in elektronischen Systemen.

© 2002 Juventa Verlag Weinheim und München
Umschlaggestaltung: Atelier Warminski, 63654 Büdingen
Umschlagfoto: Gedenkstätte Bergen-Belsen
Printed in Germany

ISBN 3-7799-1096-9

Ich sag immer
Wir sterben all an Erinnerung

Hanns Dieter Hüsch

Danksagung

Diese Arbeit entstand im Forschungsprojekt „Nationale Identität der Deutschen", das im Rahmen des Schwerpunktprogramms „Sozialer und politischer Wandel im Zuge der Integration der DDR-Gesellschaft" durch die Deutsche Forschungsgemeinschaft von 1992 bis 1998 gefördert wurde (Az. Schm 658 / 4-1 bis 4-3).

Ich danke den Mitgliedern der Projektgruppe Peter Schmidt, Thomas Blank, Daniela Hechtel, Marc Hübner, Marek Niestroj, Stefan Schwarzer und Jutta Träger für die kritische Diskussion der verschiedenen Textentwürfe dieser Arbeit sowie für die Hilfestellung bei der Literatursuche und insbesondere bei der Konstruktion der Grafiken. Wichtige Anregungen erhielt ich durch Helmut Dubiel, Peter Schmidt und Peter Steinbach, die in meinem Habilitationsverfahren das Manuskript als Gutachter ausführlich kommentierten.

Weiterhin bin ich Peter Schmidt sehr verpflichtet dafür, daß er die Betreuung meiner Habilitation übernahm und mir in seinem Projekt eine Arbeitsmöglichkeit schaffte. Natürlich bin ich mir bewußt, daß außerhalb dieses Rahmens noch viele Menschen zu dieser Publikation beitrugen. Einige bat ich um Kommentare zu einzelnen Kapiteln, andere brachten mich nach Vorträgen oder in Gesprächen auf neue Ideen. Ihnen allen schulde ich großen Dank und hoffe, ihnen mit diesem Buch oder zukünftig bei anderer Gelegenheit etwas zurückgeben zu können.

Explizit danken möchte ich noch zwei lieben Menschen, die mir auch persönlich sehr nahe stehen. Barry Schwartz inspirierte mich in vielen Gesprächen und wies mich auf manche unkonventionelle Idee hin, durch die ich vertiefte Einblicke erhielt. Zudem vermittelte er mir das Gefühl, nicht die Richtung zu verlieren. Sylvia Broeckmann hat meine Arbeit nicht nur lektoriert, sondern mir auch den Mut gegeben, dieses Unternehmen zu Ende zu führen. Noch wichtiger ist es für mich, daß sie diese lange Zeit gemeinsam mit mir durchstand.

Stuttgart, im März 2001

Inhalt

1 Einleitung 13

2 Das soziale Gedächtnis - ein theoretischer Rahmen 17
  2.1 Die Bedeutung von Geschichte für Individuum und Gesellschaft 19
    2.1.1 Bedeutung von Geschichte auf der Mikroebene 20
    2.1.2 Bedeutung von Geschichte auf der Makroebene 22
  2.2 Die Funktionsweise des autobiographischen Gedächtnisses 24
  2.3 Konzeptionen zur Charakterisierung des Gruppengedächtnisses 25
    2.3.1 Das kollektive Gedächtnis bei Maurice Halbwachs 26
    2.3.2 Aleida und Jan Assmanns Konzept des kulturellen
        Gedächtnisses 31
    2.3.3 Weitere Ansätze zur Erklärung des sozialen Gedächtnisses 36
  2.4 Konzeptionelle Struktur kollektiver Erinnerungen 42
  2.5 Erinnerungsreproduktion versus -rekonstruktion 49
  2.6 Wechselseitige Verständigungsprozesse über Erinnerung 52
    2.6.1 Die Konzeptualisierung der Mikro-Makro-Beziehung 54
    2.6.2 Ein Basismodell kollektiver Erinnerungen 56
    2.6.3 Die Beeinflussung kollektiver Erinnerungen 61
  2.7 Kollektive Erinnerungen: Eine Zusammenfassung 67

3 Subgruppenspezifische Erinnerungen 69
  3.1 Das politische System als Ursache kollektiver Erinnerungen 71
    3.1.1 Verschweigen als nationalsozialistisches Erbe 75
    3.1.2 Unterschiedliche Erinnerungen an die deutsche Teilung 79
    3.1.3 Die eigene historische Tradition des Westens 81
    3.1.4 Ost versus West: Der andere Blick auf die Vereinigung 83
  3.2 Erinnerungsdifferenzen durch persönliche Partizipation an
    Zeitgeschichte 85
    3.2.1 Die Wirkung von Alterseffekten auf Erinnerungen 86
    3.2.2 Perzeption des Nationalsozialismus bei Alt und Jung 91
  3.3 Frauengeschichte versus Männergeschichte 95
    3.3.1 Frauen und Geschichte 97
    3.3.2 Geschlechtsspezifische Erfahrung im Nationalsozialismus
        als Erinnerungsbasis 101
    3.3.3 Frauenarbeitslosigkeit beeinflußt kollektive Erinnerungen 104
    3.3.4 Maueröffnung und Familienzusammenführung als
        Frauenthema 107
  3.4 Bildungsunterschiede und kollektive Erinnerungsdifferenzen 108

4 Methodische Überlegungen 111
   4.1 Zur Operationalisierung des Konzepts kollektiver Erinnerungen 111
      4.1.1 Die Operationalisierung von Erinnerungsstabilität 112
   4.2 Kollektive Erinnerungen als Mikro-Makro-Relation 113
      4.2.1 Der Nationalsozialismus als Konstante im sozialen
          Gedächtnis von Deutschen 114
      4.2.2 Erinnerungstabilität am Beispiel des Golfkriegs 115
      4.2.3 Sozialstruktur als intervenierende Variable:
          Wahrnehmung der deutschen Vereinigung 117
      4.2.4 Der Medieneinfluß auf kollektive Erinnerungen:
          Zehn Jahre Tschernobyl 118
      4.2.5 Wechselwirkung zwischen Mikro und Makro:
          Erinnerung des Widerstands gegen den Nationalsozialismus ...119
      4.2.6 Indirekte Erfassung des kulturellen Gedächtnisses 121
   4.3 Untersuchungsdesign und methodisches Vorgehen 122

5 Das Konzept kollektiver Erinnerungen im empirischen Test 128
   5.1 Kollektive Erinnerungen von Deutschen: Ergebnisüberblick 128
   5.2 Die Gegenwärtigkeit des Nationalsozialismus 132
      5.2.1 Reduziert sich Erinnerung des Nationalsozialismus
          auf den Zweiten Weltkrieg? 133
      5.2.2 Erinnerung an die Shoah - eine Marginalie? 134
   5.3 Gruppenspezifische Erinnerungen des Nationalsozialismus 137
      5.3.1 Alter als zentrale Einflußgröße auf die Erinnerung
          des Nationalsozialismus 137
      5.3.2 Konkrete Wahrnehmungen der Zeit des Nationalsozialismus ...140
      5.3.3 Geschlechterdifferenzen als Folge unterschiedlichen
          Kriegserlebens 142
      5.3.4 Wer erinnert die Shoah? 147
      5.3.5 Sprachunterschiede in der Darstellung von Vergangenheit 148
   5.4 Die jüngste Zeitgeschichte als weiterer Erinnerungsschwerpunkt 153
      5.4.1 Unterschiedliche Gewichtung der Erinnerungen an 1989/90 156
      5.4.2 Gruppendifferenzen bei den Erinnerungen zur deutschen
          Vereinigung 157
      5.4.3 Kollektive Erinnerungen an die Gründungsmythen der BRD ...164
      5.4.4 Von der Mondlandung zur Computerentwicklung 167
   5.5 Anpassungsprozesse bei kollektiven Erinnerungen 169
      5.5.1 Wandel in der Interpretation von Vergangenheit 171
      5.5.2 Beispiele kollektiven Vergessens 180
      5.5.3 Medienöffentlichkeit und kollektive Erinnerungen 182
      5.5.4 Öffentlicher Diskurs versus individuelles Vergessen:
          Die Erinnerung der Shoah 185
   5.6 Kollektive Erinnerungen in Deutschland: Ein Resümee 188

6 Dominanten kollektiver Erinnerungen in Deutschland 190
  6.1 Die Erinnerung des Nationalsozialismus 192
    6.1.1 Die Reduzierung des Nationalsozialismus
        auf den Zweiten Weltkrieg 194
    6.1.2 Wendemarke und Kausalitäten: Das Kriegsende 1945 196
    6.1.3 Gegensätze im sozialen Gedächtnis:
        das Gedenken an die Shoah 201
    6.1.4 Differenzen in der Wahrnehmung des Nationalsozialismus 206
  6.2 Gruppenspezifika in den Erinnerungen des Nationalsozialismus 207
    6.2.1 Der Nationalsozialismus - kein Epochaleffekt 207
    6.2.2 Kriegserinnerungen als Spiegel geschlechtsspezifischer
        Geschichtserfahrung 210
    6.2.3 Die Erinnerung der Shoah, ein Frauenthema? 213
    6.2.4 Reaktionen auf gesellschaftliche Interpretationsmuster
        von Vergangenheit 216
    6.2.5 Flucht und Vertreibung - eine ostdeutsche Perspektive 220
  6.3 Die Ereignisse von 1989/90 in den Erinnerungen von Deutschen 221
    6.3.1 Geschichte als Identifikationsangebot 222
    6.3.2 Ost und West: Gespaltene Erinnerungen 226
  6.4 Unbeantwortete Fragen zu gruppenspezifischen Erinnerungen 226
    6.4.1 Inkonsistenzen bei geschlechtsspezifischen Erinnerungen 228
    6.4.2 Führt höhere Bildung zu anderen kollektiven Erinnerungen? ...233
  6.5 Keine Einheitlichkeit kollektiver Erinnerungen 238
    6.5.1 Unterschiedliche Interpretationen von Geschichte 238
    6.5.2 Gesellschaftlicher Konsens über die Vergangenheit 241
  6.6 Fragen zum Mikro-Makro-Konzept des sozialen Gedächtnisses 243
    6.6.1 Die Abhängigkeit kollektiver Erinnerungen
        von gesellschaftlichen Rahmenbedingungen 243
    6.6.2 Das kulturelle Gedächtnis als notwendige
        Erinnerungsinstanz negativer Ereignisse 244
    6.6.3 Veränderungen in der Bedeutungszuschreibung
        historischer Ereignisse 248
    6.6.4 Das Auffrischen kollektiver Erinnerungen
        durch das kulturelle Gedächtnis 250
    6.6.5 Die Validität des Mikro-Makro-Modells 252

7 Der Stellenwert kollektiver Erinnerungen 255

8 Literaturverzeichnis 265
  8.1 Quellen 265
    8.1.1 Pressepublikationen 1994 bis Sommer 1996 zu Tschernobyl ...265
    8.1.2 Pressepublikationen 1996 zum Gedenken des Mauerbaus 267
  8.2 Sekundärliteratur 267

1 Einleitung

Jede Gesellschaft muß um ihre Geschichte wissen. Erst aus dem gemeinsam geteilten historischen Wissen heraus erwächst nationale Identität. Diese Aussage könnte so oder ähnlich als Standardtextbaustein für Fest- und Gedenktagsreden dienen. Im öffentlichen Diskurs entspricht sie einem häufig geäußerten Gemeinplatz. Die Rednerinnen und Redner gehen davon aus, es bestehe eine Beziehung zwischen kollektivem Erinnern und Gruppenidentität. So gab sich Bundespräsident Roman Herzog (1999) in seiner Ansprache zur Erinnerung der Befreiung von Auschwitz überzeugt, kein Volk könne „ohne gründliches Wissen um seine Geschichte [...] auf die Dauer [...] bestehen." Jüngst konstatierte Karl Heinz Bohrer (2001: 20) die Gewißheit, „daß historische Erinnerung jene Identität, die bei kulturellen Kontexten sich bildet, besonders begünstigt und Angehörigen solcher Kontexte eine besondere Selbstsicherheit gibt".[1]

Auch die Sozialwissenschaften postulieren derartige Zusammenhänge, begründen sie aber selten. In seinen Betrachtungen zur sozialen Identität sieht Henri Tajfel (1982: 57) kulturelle Traditionen als Basis jener Charakteristika, mittels derer sich eine Gruppe von anderen abgrenze und die sie sich als Gemeinsamkeit zuschreibe. Auch Jürgen Habermas (1990a: 643f.) setzt voraus, daß politische Kultur an Tradition gebunden sei. Eine breite Lektüre belegt, wie selbstverständlich ein Zusammenhang zwischen Geschichte und Identität angenommen wird, ohne ihn herzuleiten.[2] Er erscheint plausibel, weil wir durch Konfrontation mit unserer Geschichte erfahren können, wer wir selber sind.[3] Der Blick, den sowohl Individuen als auch Gruppen in die Vergangenheit werfen, vermittelt ihnen Erkenntnis darüber, warum sie so sind, wie sie sind. Damit ist ein Teil eigener Identität erklärbar. Sie ist das Resultat eines Entwicklungsprozesses des individuellen beziehungsweise des Gruppenichs, durch den sich das gegenwärtige Selbstbild konstituiert (Tajfel / Turner 1986; Blank / Schmidt 1997).

---

1 siehe auch Scheel (1975: 236), von Weizsäcker (1985: 14) sowie Kohl (1989: 739)
2 Stellvertretend für viele andere stehen Brückner (1995: 71ff.), Jaspers (1949: 287), Lequin / Métral (1980: 352f.), Niemann (1995: 57f.), Reichel (1995: 185), Spangenberg (1992: 94, Fußn. 8), Terray (1995: 190) und Wolfrum (1998a: 382).
3 Angehrn (1985: 1) hält es für evident, daß Geschichte diesen Zweck erfüllt. Es sei aber eine offene Frage, ob es sich dabei um ihre eigentliche Aufgabe handele.

Bei genauerer Betrachtung stellt sich die Beziehung zwischen Geschichte und Gruppenidentität jedoch keineswegs so eindeutig wie unterstellt dar. Bernard Lewis' (1975) Überlegungen verdeutlichen diesen Sachverhalt. Danach geht der Kern von Gruppenidentität auf eine Folge historischer Ereignisse zurück, wie sie im Schrifttum, in Biographien, Genealogien etc. festgehalten sind und vermittels dieser Erzählungen über Generationen weitergegeben werden (ebd.: 14). Die Beschäftigung mit Geschichte stifte kollektiven Sinn und verschaffe der Gruppe ein Selbstbewußtsein. Lewis diskutiert die Bedeutung von Geschichte für Gesellschaft unter drei Gesichtspunkten: dem Erinnern, dem Wiederentdecken und der Erfindung. Die Struktur des Verhältnisses zwischen Geschichte und der Gruppenidentität bleibt jedoch unklar. An anderer Stelle (ebd.: 71-102) belegt er mit mehreren Beispielen, inwieweit das Geschehen früherer Zeiten verfälscht oder erfunden werde, um Gegenwart zu rechtfertigen. So plausibel diese Sichtweise ist, reflektieren Lewis wie auch andere Autoren an diesem Punkt nicht die Tatsache, daß sich bei einer solchen Konstellation die Beziehungsrichtung zwischen Geschichte und Identität umkehrt. Vergangenheit bildet dann nicht mehr einen Faktor höherer Ordnung, durch den sich Identität erklären ließe. Statt dessen setzt der beschriebene Sachverhalt eine wechselseitige Relation, wenn nicht eine gegenläufige Beziehungsrichtung voraus.

Die intensive Auseinandersetzung mit den beschriebenen Einwänden wirft weitere, grundlegende Fragen zum Konzept kollektiver Erinnerungen auf. Danach haben die bislang vorliegenden Vorstellungen zu diesem theoretischen Konstrukt in zweifacher Hinsicht erhebliche Erklärungsdefizite:

1) Die auf Maurice Halbwachs (1925; 1941; 1950) zurückgehende und im wissenschaftlichen Diskurs nach wie vor maßgebliche Konzeption des kollektiven Gedächtnisses ermöglicht es nicht, eindeutig zwischen individueller und gesellschaftlicher Ebene zu trennen.

2) Die Auswertung der hier erhobenen Daten zeigt, daß sich die deutsche Gesellschaft aus Subgruppen mit je spezifischen Erinnerungen an national bedeutsame Ereignisse der Vergangenheit zusammensetzt. Insofern findet sich damit ein Beleg für Dan Diners (1995: 139) Annahme der Existenz vieler kollektiver Gedächtnisse innerhalb einer Gesellschaft.

Beide Aspekte verdeutlichen, wie wenig wir über den gegenseitigen Einfluß von öffentlichem Vergangenheitsdiskurs einerseits und privaten Erinnerungen an öffentliche Ereignisse andererseits, über die Kommunikationsstrukturen sich widerstreitender Geschichtsinterpretationen sowie über die Durchsetzung von bestimmten Versionen von Vergangenheit wissen. Deshalb versuche ich im Rahmen dieser Arbeit, das Konzept der Gruppenerinnerung zu fundieren, indem die Vorgänge auf Mikro- und Makroebene analytisch voneinander getrennt werden. In einem weiteren Schritt werde ich die Wechselbeziehung zwischen beiden Ebenen herausarbeiten und konzeptualisieren. Auf diese Weise ist es möglich zu zeigen, wie sich öffentlicher Diskurs und individuelle Erinnerungen gegenseitig beeinflussen.

Um solche Prozesse nachzuzeichnen, entwickele ich in Kapitel 2 in Anlehnung an die allgemeinen Überlegungen James Colemans (1991) mehrere Mikro-Makro-Modelle. Mit ihnen wird das strukturelle Wechselverhältnis zwischen beiden Ebenen im Bereich individueller und kollektiver Erinnerung sichtbar gemacht. Außerdem formuliere ich hierzu konkrete Hypothesen, die sich anhand des empirischen Datenmaterials testen lassen.

Im Kapitel 3 setze ich mich mit der Uneinheitlichkeit kollektiver Erinnerungen auf nationaler Ebene auseinander. Primär geht es nicht darum, die These zu widerlegen, Nation und ihr Gedächtnis entsprächen jeweils einem homogenen Ganzen. Schon an anderer Stelle wurde darauf verwiesen, daß eine solche Annahme illusorisch ist. Die sozialen Gruppen innerhalb einer Gesellschaft beharren auf ihren je eigenen Vorstellungen von Vergangenheit und versuchen, ihnen den Status von Allgemeingültigkeit zu verschaffen (Danyel 1998: 465; Reinprecht 1996: 31). Statt dessen möchte ich in Anlehnung an die Überlegungen von Daniel Bertaux und Isabelle Bertaux-Wiame (1980) einen theoretischen Rahmen für gruppenspezifische Erinnerung formulieren. Mit ihm läßt sich begründen, warum Gruppen ihre je eigene Erinnerung an die Vergangenheit der Gesellschaft entwickelten und sich darin von anderen Gesellschaftsmitgliedern unterscheiden.

Im Einklang mit den Resultaten empirischer Studien aus anderen Ländern (Schuman / Scott 1989; Scott / Zac 1993; Schuman et al. 1994; 1998) bestätigen die im Rahmen des Forschungsprojektes erhobenen Daten einen breiten Konsens in der gemeinschaftlichen Erinnerung wichtiger Vergangenheitsereignisse einer Nation. Dieses Ergebnis ist allerdings nur auf der abstrakten Ebene von Epochen beziehungsweise Zäsuren wie Nationalsozialismus oder deutscher Vereinigung gültig. Die Nennungen zu beiden Geschichtsabschnitten weisen jedoch auf erhebliche Wahrnehmungsdifferenzen hin, wenn es um die Konkretisierung des vergangenen Geschehens geht. Die Abweichungen in den Geschichtsinterpretationen leite ich in Kapitel 3 theoretisch von Unterschieden beim Bildungsgrad, rollenspezifischen Erfahrungen und Einflüssen seitens des politischen Systems ab. Konkret wende ich mich den Erinnerungsunterschieden zwischen Personen mit niedriger, mittlerer beziehungsweise hoher Schulbildung, Frauen und Männern sowie Ost- und Westdeutschen zu.

Erhebliche Bedeutung wird in diesem Zusammenhang der altersspezifischen Erinnerung zugesprochen. Hier spielt das auf Karl Mannheim (1928) zurückgehende Generationskonzept eine Rolle. Er behauptet eine Prägung junger Alterskohorten durch herausragende Ereignisse. Gesellschaftliche Umwälzungen beeinflussen danach insbesondere Personen in der Zeit ihrer Jugend und jungem Erwachsensein. Eine solche Intervention führe dazu, daß sich die entsprechende Alterskohorte später über diesen Teil der Geschichte als Generation identifiziere. Ihr Leben lang bilde das prägende Ereignis den zentralen Referenzpunkt bei der Aufnahme und Verarbeitung neuer Erfahrungen. Folglich trifft das Generationskonzept eine theoretisch fundierte Aussage über die Wichtigkeit der Erinnerung historischer Ereignisse. Die einzelnen Annahmen werde ich in Hypothesen übersetzen.

Weiterhin kommt es mir darauf an, den zentralen Aspekt der Mannheimschen Gedanken der empirischen Überprüfung zugänglich zu machen. Zwar liegt zum Generationsthema eine kaum noch zu überschauende Menge empirischer Literatur vor,[4] doch wurde die Prägungshypothese bislang nur indirekt getestet. Mit der vorliegenden Studie liegt erstmals eine Paneluntersuchung zur Erinnerung historischer Ereignisse vor. Dieselben Personen wurden zu zwei verschiedenen Zeitpunkten (1995 und 1996) mit demselben Meßinstrument konfrontiert. Deshalb ist der empirische Test auf die Stabilität von deren Erinnerungen möglich. Weiterhin erlauben die Daten Rückschlüsse darauf, inwieweit ältere und jüngere Deutsche aufgrund ihres je spezifischen Involviertseins in den zeithistorischen Prozeß in ihren kollektiven Erinnerungen voneinander abweichen.

Kapitel 4 präsentiert den methodischen Rahmen der Studie. Darin geht es um die Operationalisierung der Hypothesen, die Definition der einzelnen Konzepte und die Darstellung der Beziehungen, in denen sie zueinander stehen. Durch diesen Schritt werden die theoretischen Annahmen der empirischen Testung zugänglich gemacht. Zudem stelle ich in einem kurzen Abriß meine Meßinstrumente sowie die Stichproben beider Befragungen vor und erläutere die methodischen Details.

Die Ergebnisse sind in den anschließenden Kapiteln dargelegt. Neben der Darstellung dessen, was durch die Befragten als historisch wichtig eingestuft wird, interessieren die intraindividuelle Stabilität von Erinnerungen über die Zeit und die Analyse der Differenzen zwischen den nach demographischen Merkmalen definierten Gruppen. Dabei geht es um das Verhaftetsein mit einzelnen Abschnitten oder Begebenheiten der Geschichte und die Ursachen dieser Spezifiken, durch die einzelne Gruppen innerhalb der Gesellschaft voneinander getrennt sind.

Im letzten Teil sind die Ergebnisse nochmals zusammengefaßt und werden unter dem Aspekt betrachtet, inwieweit sich die einzelnen Hypothesen bestätigen ließen. Im Falle der Zurückweisung einzelner Annahmen diskutiere ich die Konsequenzen, die sich daraus für die Theorie ergeben. Dementsprechend versuche ich, den gedanklichen Rahmen für kollektive Erinnerung unter Berücksichtigung meiner Erkenntnisse zu rekonzeptualisieren und werde davon ausgehend die politische und gesellschaftliche Relevanz der vorgelegten Ergebnisse thematisieren.

---

4 Einen Überblick zum Forschungsstand liefern Spitzer (1973), Bengtson und Cutler (1976), Schmied (1984) sowie Bude (1995).

2 Das soziale Gedächtnis - ein theoretischer Rahmen

Seit Ende des Zweiten Weltkrieges streiten Deutsche über die geschichtliche Einordnung des Nationalsozialismus. Mittlerweile ist der zeitliche Abstand zu den Jahren 1933 bis 1945 allerdings so groß, daß der darüber geführte öffentliche Diskurs selber mehr und mehr zum Gegenstand der Historisierung wird.[1] Ungeachtet einzelner Konflikte läßt sich auf der Basis der vorliegenden Literatur in einer Hinsicht ein eindeutiges Urteil fällen: Die Bewertung der Zeit von Diktatur und Verbrechen in Deutschland als Teil der eigenen nationalen Geschichte ist in unserer Gesellschaft nach wie vor umstritten. Notwendigerweise folgt daraus, daß wir es in Deutschland mit vielen kollektiven Gedächtnissen zu tun haben (Diner 1995: 139).

Werden zur theoretischen Fundierung dieses Befundes soziologisch oder kulturwissenschaftlich orientierte Arbeiten herangezogen, ergibt sich bei dem Versuch, gesellschaftliche Erinnerung zu erfassen, ein anderes, Einheitlichkeit suggerierendes Bild. Definitionen, die auf diesen Ansätzen beruhen, sehen das kollektive Gedächtnis als Gemeinsamkeit innerhalb von Personenkreisen, die sich als zusammengehörig begreifen. Die gruppenspezifische Erinnerung von Vergangenheit erzeugt danach kollektive Identität (Lübbe 1977; Lehnert / Megerle 1989: 9-13). Diese Gedanken basieren auf zwei Annahmen:
- Es gibt eine gemeinsame Erinnerung, und
- aufgrund der von allen als maßgeblich anerkannten Geschichte wird ein Zusammengehörigkeitsgefühls unter den Gruppenmitgliedern erzeugt.

Implizit geht diese Vorstellung von einer weitgehend gleichen Bewertung der erinnerten Sachverhalte bei den Gruppenmitgliedern aus. Da sie sich auf die nationale Ebene bezieht, ist sie mit der Erkenntnis über die gegensätzlichen Positionen in der Beurteilung deutscher Vergangenheit unvereinbar. Der Kontrast zwischen dem theoretischen Verständnis von Gruppenerinnerung einerseits und den konfliktbeladenen Interpretationen des Nationalsozialismus andererseits wirft daher die Frage auf, ob hier die Einheit in der Vielfalt besteht. Wird die Gültigkeit einer solchen Konzeption unterstellt, resultieren daraus notwendigerweise Korrekturen bei den theoretischen Annahmen zur Struktur des kollektiven Gedächtnisses. Letztlich geht

---

[1] siehe hierzu auch die umfassenden Bibliographien von Schmöker und Danyel (1995) sowie Ruck (1995: 1113-1201)

es darum, ob bei nicht vorhandener Einheitlichkeit lediglich von partiellen Gruppengedächtnissen ausgegangen werden muß. Weiter stellt sich die Frage, wie innerhalb einer Gesellschaft Konsens über die für wichtig gehaltenen Aspekte der gemeinsamen Vergangenheit hergestellt wird. Insofern erscheint es angebracht, dem Widerspruch zwischen Modellvorstellung zu kollektiver Erinnerung und empirischer Erkenntnis über Kommemoration des Nationalsozialismus nachzugehen.

Um eine größere Transparenz zu erreichen, ist, angesichts der breiten Palette benutzter Termini, eine Begriffsklärung zweckmäßig. Wie notwendig sie ist, zeigt sich an den jüngsten Äußerungen Karl Heinz Bohrers (2001: 20). Er kreiert die Begriffe der Nah- und Fernerinnerung, ohne sie von den sonst üblichen Termini abzugrenzen. Aufgrund dessen kann man sich fragen, wozu es dieser spezifischen Ausdrücke bedarf. Da er aber auch die inhaltliche Bedeutung nicht wirklich erhellt, demonstriert Bohrer, wie mit Begriffssetzungen das empirisch nachzuweisende Resultat bereits vorab festgelegt wird. Genausowenig wie er sich dafür interessiert, ob die von ihm konstatierte Nah- und Fernerinnerung menschlicher Wahrnehmung entspricht, ist in der vorliegenden Literatur generell unklar, ob

- Wörter wie das kollektive, soziale, kulturelle oder historische Gedächtnis synonym benutzt werden,
- ihnen ein je spezifischer Inhalt zukommt
- oder - falls die Begriffe festgelegt wurden - diese Definitionen in ihrem jeweiligen Zusammenhang in sich widerspruchsfrei sind.[2]

Im folgenden wird die Bandbreite der Konzepte Vergangenheit, Geschichte, Erinnerung sowie Gedächtnis festgelegt, da sie unterschiedliche Bedeutungen für Individuen und Kollektive haben. Diese Klärung schafft die Basis für eine systematische Differenzierung zwischen den Konzepten.

Darauf aufbauend werde ich ein Mikro-Makro-Modell für historische Erinnerung entwickeln. Im Kern geht es darum, individuelle und gesellschaftliche Ebene konzeptionell voneinander zu trennen. Ein solches Modell dient der Formalisierung theoretischer Aussagen und stellt Grundformen kollektiven Erinnerns heraus. Insbesondere ermöglicht es die Wechselwirkungen zwischen Individuum und Kollektiv hinsichtlich gemeinschaftlicher Erinnerung deutlich zu machen, ein Aspekt, der in der Literatur bislang unbeachtet geblieben ist. Üblicherweise liegt der Forschungsfokus entweder auf der Diskussion der institutionellen Makro- *oder* der Erforschung der Mikroebene. Sie befaßt sich ausschließlich mit dem individuellen Bezug auf Ge-

---

2 Exemplarisch steht dafür Koblynskas (1995) Beitrag. Sie thematisiert die Wechselbeziehung zwischen individueller Erinnerung und staatlich manipuliertem Gedenken. Spricht sie von der Beeinflussung des kollektiven Gedächtnisses, ist unklar, ob die Menschen direkt gesteuert werden oder ob sich der staatliche Eingriff auf die historischen Objektivationen bezieht, die als Quelle individueller Erinnerung dienen.

schichte. Solch einseitiges Forschungsinteresse kritisierte bereits James Coleman (1991: 10f.). Untersuchungen, die sich auf nur eine der beiden Ebenen fixierten, blendeten jene Mechanismen aus, die die Funktionsweise von Gesellschaft erst fundieren. Sozialwissenschaft muß es aber darum gehen, die wechselseitigen Einflußstrukturen zwischen Einzelnen und Gesellschaft aufzudecken. Insofern ist es sinnvoll, mittels mehrerer Modelle die unterschiedlichen Interaktionsbeziehungen darzustellen. Auf diese Weise bietet sich die Möglichkeit, den wechselseitigen Zusammenhang zwischen individuellen Erinnerungen und dem kulturellen Gedächtnis zu veranschaulichen und einer empirischen Überprüfung zugänglich zu machen.

Schließlich erlaubt es die Konstruktion der Mikro-Makro-Modelle, der Frage der Zeitstabilität von Erinnerung nachzugehen. Der entsprechenden Diskussion liegt die auf Karl Mannheim (1928) zurückgehende „Prägungshypothese" (Jaeger 1977: 432f.) zugrunde. Danach beeinflussen herausragende historische Ereignisse gerade junge Menschen. Mannheim geht davon aus, daß jenes Geschehen später in der Erinnerung wieder reproduziert wird. Zumeist unter Rückgriff auf Halbwachs postulieren andere Autoren demgegenüber, daß Individuen ihre Geschichte rekonstruieren. Wenn die Menschen früheres Erleben erinnern, passen sie das damalige Geschehen den Anforderungen der Gegenwart an oder wählen ihr entsprechend spezifische Vergangenheitsaspekte aus. Beide Positionen wurden bislang weder als sich gegenseitig ausschließend wahrgenommen, noch empirisch explizit gegeneinander getestet. Dieser Punkt stellt daher neben der Überprüfung des Mikro-Makro-Modells den Fokus dieser Arbeit dar.

2.1 Die Bedeutung von Geschichte für Individuum und Gesellschaft

Grundsätzlich spricht der Geschichtsbegriff zwei Dimensionen an. Als Bezugspunkt jeder Erinnerung bezeichnet er das Sichereignen von Begebenheiten im Zeitablauf sowie deren Aufzeichnung oder Erklärung (Giddens 1988: 41f. u. 257). Beide Aspekte verweisen auf Fragen, wie das Wissen um früheres Geschehen von den Menschen verarbeitet, auf Gegenwart und Zukunft bezogen und wie es erzählt wird (Kloft 1994: 2).

Zwar läßt sich der Begriffsinhalt von Geschichte im Sinne einer Nominaldefinition festlegen, doch stößt eine Konkretisierung an Grenzen, weil Geschichtsinterpretationen oft mit politischen Intentionen verknüpft sind. So bestehen bereits Differenzen hinsichtlich der Überlegung, ob die Menschheit Geschichte benötigt oder nicht. Francis Fukuyama (1992: 11-16) argumentiert, sie erfülle nach dem Wandel in den ehemaligen Staaten der Sowjetunion keinen Zweck mehr und sei schlicht überflüssig. Das Ende der Geschichte sei gekommen, weil moderne Gesellschaften ihre Legitimität nicht mehr aus der Berufung auf vergangene Konflikte bezögen. Die Notwendigkeit historischer Rechtfertigung bestünde für einen Gesellschaftsverband lediglich unter spezifischen Bedingungen, die heute der Vergangenheit angehörten. Das Ideal der gegenwärtigen liberalen Demokratie sei nicht weiter verbesserungsbedürftig (ebd.: 11). Demgegenüber betont Hans Karl Filbinger (1983: 178): „Vaterlandsliebe, das bedeutete Vergegenwärtigung des Vergangenen, der Menschen und der Ereignisse. [...] Deshalb ist das Wachhalten unseres geschichtlichen Bewußtseins von entscheidender Bedeutung für das Fortleben der einen deutschen Nation." Nach dieser Ansicht erreichen Gesellschaften über den Bezug auf die eigene Geschichte ihr kollektives Selbstwertgefühl. Auch wenn es sich hier um eine pointierte Äußerung handelt, ist Filbinger nur einer von vielen, die auch im Wissenschaftsbereich den Zweck von Geschichte in kollektiver Identitätsstiftung sehen (Brückner 1995: 74; Krockow 1983: 157; Wolfrum 1998a: 382).

So konträr beide Positionen in ihrer politischen Aussage sind, gleichen sie sich in ihrem plakativen Gehalt. Sie beschränken sich in ihrer Argumentation auf einen Einzelaspekt, ohne dessen Auswahl geschweige denn den behaupteten Sachverhalt näher zu begründen. Für Fukuyama dient Geschichte dazu, den idealen politischen status quo zu beschreiben (Scott 1997: 9). Filbinger reduziert sie darauf, gesellschaftliche Gemeinschaft zu stiften. Weil in beiden Fällen politische Interessen, nämlich die Rechtfertigung einer Herrschaftsform bzw. die Schaffung oder Verstärkung einer bestimmten Form kollektiven Zusammenhalts, berührt sind, gehen die Autoren auf ungeklärte Zusammenhänge, etwa wie Geschichte zwischen Individuum und Gruppe vermittelt ist, überhaupt nicht ein. Generell ist solch politisch motivierte Verkürzung für ein tieferes Verständnis nicht hilfreich.

Alf Brückner (1995: 74) nennt zumindest einzelne Ebenen, auf denen Geschichte als Einflußgröße anzusehen ist. Wie sie einerseits zur Stabilisierung von Herrschaftsausübung benutzt werde, vermittle sie andererseits dem individuellen Lebensentwurf Sinn. Schließlich stifte Geschichte auf Gruppenebene Identität. Auch wenn die skizzierte Palette von Dimensionen nicht vollständig ist, wird damit die Bandbreite in Ansätzen ersichtlich.

2.1.1 Bedeutung von Geschichte auf der Mikroebene

Auf individueller Ebene ist die Ereignisdimension von Vergangenheit mit dem Begriff der *Erfahrung* verknüpft. Insoweit es um deren Besitz geht, ihre Aneignung in früherer Zeit, verfügen Menschen über Wissensbestände. Sie dienen als Ressourcen in der Auseinandersetzung mit gleichgelagerten aktuellen Anforderungen (Hoerning 1989: 154). Dabei spielt keine Rolle, ob es sich um persönlich durchlebte oder um medial beziehungsweise per Sozialisation vermittelte Erfahrungen handelt. Vergangenes macht sich das Individuum in der Regel bewußt, wenn die Gegenwartssituation deutungsbedürftig ist. Die Erinnerung an die eigene Geschichte erbringt Erkenntnisse für Gegenwart und Zukunft (Robinson 1986: 19). Aus diesem Verständnis heraus kann eine Person Handlungsoptionen ableiten, welche die Wahl für ein konkretes Verhalten ermöglichen. Die Schwierigkeit etwas zu deuten, löst sich auf, weil im „Zusammenhang von Erinnerung der Vergangenheit und Erwartung der Zukunft die eigene Gegenwart als zeitlicher Prozeß wahrgenommen, interpretiert und handelnd bewältigt" wird (Rüsen 1994b: 64). Folglich vermittelt bewußtgewordene Geschichte einen Sinn für gegenwärtige Verhaltensanforderungen und ist zugleich zukunftsorientiert.

Weiterhin liefert das Wissen über die eigene Vergangenheit den Individuen einen Beitrag zur *personalen Identifikation*. Für eine grobe Kategorisierung mag es ausreichen, äußere Merkmale wie Alter, Geschlecht etc. zu erfragen. Sie sind Kennzeichen, die auf mehr als ein Individuum zutreffen. Anders sieht es aus, wenn das Interesse auf die besondere, das heißt unverwechselbare Persönlichkeit zielt. Erst Geschichten sagen uns, wer wir sind (Angehrn 1985: 1; Brückner 1995: 71), weil sie die inhaltlichen Charakteristika einer Person in ihrer temporären Entwicklung erläutern und somit einen Zugang zu ihr liefern. Im Gegensatz dazu erschwert das Unwissen über jemandes Geschichte, über sie oder ihn ein Urteil zu fällen (Connerton 1989: 17). Insofern dient der Identifikationsaspekt der Wahrnehmung eines Menschen als konkretem, von anderen unterschiedenem Individuum.

Neben der Abgrenzungsdimension erhält Geschichte Bedeutung für den Konstitutionsprozeß, in dem sich das Selbstverständnis eines Menschen herstellt. Die Lebensgeschichte wird zur Basis dieses Selbstverständnisses. Die Vergangenheit dient der Vergewisserung der auf die einzelne Person bezogenen, unverwechselbaren Individualität (Angehrn 1985: 30, 40).

Nach wie vor wird der Begriff des autobiographischen Gedächtnisses als ungeklärt angesehen (Keller 1996: 29f.). Einzelne Definitionsschwächen sind an dieser Stelle jedoch von untergeordneter Bedeutung, da es allein auf die Trennung vom sozialen Gedächtnis ankommt. Grundlegend ist davon auszugehen, daß die Perzeption der eigenen Geschichte über das autobiographische Gedächtnis erfolgt. Es ist ein Speicher für Informationen, die auf das Selbst bezogen sind und eine Kombination darstellen aus
- einem Satz persönlicher Erinnerungen als sensorisch verfügbarer Information[3] zusammen mit
- autobiographischen Fakten als abstraktem Gedächtnisinhalt,
- dem Selbstschema sowie
- dem Erfahrung sammelnden Ego (Brewer 1986: 27).

---

3 Brewer (1986: 27) spricht von visuellen Gedächtnisinhalten, die den Hauptteil sensorisch erinnerter Information ausmachen (Engelkamp 1990: 163). Damit blendet er die Rolle auditiver, olfaktorischer, taktiler oder kinästhetischer Gedächtnisinhalte aus. Auch wenn uns schon nach kurzer Zeit nur mehr die Essenz dessen im Gedächtnis verbleibt, was wir erfahren (Sachs 1967), darf die sinnes*spezifische* Beschaffenheit von Erinnerung jedoch nicht unterschätzt werden (Schmidt 1991).

Der Begriff des Ego bezieht sich auf den Aspekt einer Person, der die Dinge in sich selbst bewußt erfährt. Das Selbstschema ist die kognitive Struktur, die das Wissen über das Selbst enthält und ein Gefühl von Konsistenz über die Zeit vermittelt. Vergangenheitsaneignung dient somit dem Aufbau von Persönlichkeit als „Einbindung geschichtlicher Kenntnisse oder Argumentationstypen in den eigenen Identitätsentwurf." (Lutz 1992: 278)

Identität ist im psychologischen Sinn als kognitive Fähigkeit zu verstehen, „eine innerliche Einheitlichkeit und Kontinuität (...) aufrechtzuerhalten." (Erikson 1966: 107) Diese Aussage hebt auf die Zuschreibung selbsterlebter Geschichte als Bestandteil eigener Persönlichkeit sowie auf das Erleben von Konsistenz und Konstanz im eigenen Verhalten über die Zeit ab. Die Einheitlichkeit bezieht sich darauf, als was sich eine Person selber versteht, wie sie gesehen werden möchte. Der Kontinuitätsbegriff zielt auf die Überzeugung, im Rahmen eigener Wahrnehmung im Laufe des Lebens unabhängig von den in der Geschichte wechselnden Handlungskontexten dieselbe Person, mit sich selber identisch geblieben zu sein (Angehrn 1985: 236). Kontinuität vermittelt eine Geschichtlichkeit des Erlebens und ist zentrales Merkmal der Beziehung sowohl zum eigenen Selbst als auch zum Anderen (Stern 1992: 133). Als Fazit kann gelten, daß die individuelle Vergegenwärtigung der eigenen Geschichte elementares menschliches Bedürfnis ist.

2.1.2 Bedeutung von Geschichte auf der Makroebene

Wird das Erinnerungskonzept aus gesellschaftlicher Perspektive betrachtet, zeigen sich Parallelen zwischen individueller und kollektiver Bedeutung von Vergangenheit (Angehrn 1985: 3; Brückner 1995: 74; Kocka 1990: 23).[4] Um sowohl Differenzen als auch Ähnlichkeiten zwischen Mikro- und Makrobereich herauszustellen, systematisiere ich die einzelnen Bedeutungsdimensionen unter Rückgriff auf Jacques LeGoff (1977: 91). Der Stellenwert von Geschichte für Gruppen läßt sich über fünf Dimensionen beschreiben.[5]

1) Die Weitergabe von Fertigkeiten, technischem Wissen etc. entspricht der kollektiven Vermittlung von Erfahrungen, die in der Vergangenheit zur Problemlösung dienten. Sie läßt sich als *Lerndimension von Geschichte* bezeichnen. Dieser Gesichtspunkt ist mit dem Rückgriff auf selbst erlebte Vorgänge früherer Zeiten seitens des Individuums vergleichbar, wodurch es sich Handlungsanleitungen für Gegenwart und Zukunft erschließt.

---

4 Eine bloß metaphorische Übertragung des Gedächtnisbegriffs von einer Ebene auf die andere führt nur zur Verwirrung (J. Assmann 1992: 47 und Cancik / Mohr 1990: 311). Schon Bloch (1925) warnte vor solcher Verfahrensweise. Nicht selten wird von kollektiven Geisteszuständen ausgegangen, ohne aber die gesellschaftliche Vermittlung von Historie über kulturelle Instanzen zu erklären (Reinprecht 1996: 21).
5 siehe auch Reinprecht (1996: 9-13)

2) Neben allgemeinen Merkmalen erfolgt die Bestimmung von Gruppen, ähnlich wie bei Individuen, über Raum- und Zeitkoordinaten. Indem sich ein Kollektiv ein Bild vom Werdegang seiner selbst zeichnet, stellt Geschichte ein zentrales Kriterium zur Beurteilung dafür zur Verfügung, warum diese Gruppe anders als andere ist. Damit ist die *Identifikations-* und zugleich die *Abgrenzungsdimension von Geschichte* beschrieben. Identifikation bezieht sich hierbei auf den Kategorisierungsaspekt.

3) Mythen, die den sozialen Zusammenhalt begründen, verleihen sowohl Nationen als auch Ethnien oder Familien das Wissen um ihre historische Basis.[6] Gegenwart erscheint danach als Konsequenz von Geschichte und erfährt über den Rückgriff auf Vergangenheit ihre Legitimation. Der Ursprung einer Gesellschaft darf nicht vergessen werden, weil in ihm die Grundlagen für das Heute gelegt wurden (Schwartz 1982: 375f.). Die Kenntnis dieser spezifischen Interpretation von Vergangenheit beantwortet die Sinnfrage nach der Gruppenexistenz. Außerdem vermittelt sie Wissen darüber, als was sich ein Kollektiv versteht und weshalb es sich in der Vergangenheit von anderen unterscheidbar gemacht hat. Über die *Identitätsdimension von Geschichte* wird folglich die gegenwärtige Einheit des Kollektivs beschworen, das eine gemeinsame Geschichte durchlebt hat. Diese Wirkung der Mythen deckt sich mit der Bedeutung der eigenen Lebensgeschichte für die personale Identität, wodurch das Individuum das Gefühl von Kontinuität des Selbst vermittelt wird.

4) Mit den Entstehungsgeschichten von Kollektiven verbindet sich zudem die *Legitimationsdimension von Historie*. Unabhängig davon, ob eine bestehende gesellschaftliche Ordnung der historischen Rechtfertigung bedarf oder nicht (Angehrn 1985), wird im gesellschaftlichen Diskurs, immer mit Verweisen auf Vergangenheit operiert. Der Rückgriff auf sie soll in der aktuellen Auseinandersetzung einen rhetorischen Vorteil verschaffen (Schudson 1989: 105). Auf diese Weise können sowohl Individuen als auch die Vertreter von Gruppen aus Eigennutz agieren. Der Verweis auf Geschichte vermittelt Sicherheit in bezug auf die im Jetzt zu fällenden Entscheidungen. Faktisch dient er der Legitimation eines spezifischen Interesses (Schwartz 1982: 389; Maines et al. 1983: 170).

---

6 Mythos entspricht einer Geschichte, „die man sich erzählt, um sich über sich selbst und die Welt zu orientieren, eine Wahrheit höherer Ordnung, die nicht einfach nur stimmt, sondern darüber hinaus auch noch normative Ansprüche stellt und formative Kraft besitzt." (J. Assmann 1992: 76) Dabei handelt es sich um die Transformation von Vergangenheit in fundierende Geschichte. Das bestreitet nicht „die Realität der Ereignisse, sondern hebt ihre die Zukunft fundierende *Vorbildlichkeit* hervor als etwas, das auf keinen Fall vergessen werden darf." (ebd.: 77) Insoweit unterscheide ich nicht zwischen Mythos und Geschichte, dem zufolge er Fiktion und sie Realität wäre. Zum Mythosbegriff siehe Lévi-Strauss (1958: 226-254) und Dörner (1996).

5) In der beschriebenen Form bezieht sich Legitimation auf einen positiv bewerteten Istzustand. Deshalb berücksichtige ich zusätzlich die *kontrapräsentische Dimension von Geschichte* (A. Assmann 1991: 25; J. Assmann 1992: 79). Ist sie wirksam, erscheint Gegenwart als defizitär. Der Appell an frühere, vermeintlich heroische oder goldene Zeitalter stellt das Heute in Frage und fordert Veränderungen im Jetzt.

Aus der vorgenommenen Differenzierung nach den einzelnen Bedeutungsdimensionen von Geschichte ergeben sich Konsequenzen für die Konzeptualisierung sozialer Erinnerung. Sie betreffen Zusammenhänge zwischen Erinnerung und Verhalten respektive Einstellungen sowie die gegenseitige Beeinflussung zwischen Individuum und Kollektiv. Wie im folgenden gezeigt wird, kommt es hinsichtlich der Trennung von Mikro- und Makrobereich darauf an, den Prozeß geschichtlicher Vergewisserung zu klären.

2.2 Die Funktionsweise des autobiographischen Gedächtnisses

Das autobiographische Gedächtnis führt zur selbstreflexiven Vergewisserung der eigenen Lebensgeschichte. Mittlerweile liegen empirische Befunde aus der Individualpsychologie vor, die die Arbeitsweise des Gedächtnisses im Prozeß des Erinnerns weiter erhellen (Linton 1986: 57ff.). In ihm besinnen wir uns nicht nur auf konkrete Fakten als Teil unserer Vergangenheit. Was die Inhalte angeht, besteht vielmehr folgende Abstraktionshierarchie:
- Auf der untersten Ebene geht es um die Vergegenwärtigung konkreter Details einzelner Begebenheiten.
- Es folgen generalisierte Eindrücke immer wieder abgelaufener Ereignisse. Sie überlagern die konkreten Vorkommnisse mit ihren Einzelheiten. Das Gedächtnis speichert lediglich einen Gesamteindruck mit der wiederholt stattgefundenen Ereignisstruktur ab.
- Die nächste Ebene charakterisiert thematische Ausweitungen, die sich auf die Interpretation des Selbst in größeren Zeitabschnitten beziehen.
- Auf den obersten Abstraktionsebenen geht es um Generalisierungen eigener Erfahrungen aus geschichtlichen Prozessen beziehungsweise ganzen Epochen, die Bedeutungen vermitteln, sowie schließlich
- um Grundstimmungen. Sie sind an konkrete Erinnerungsstufen geknüpft, zu denen sie Bewertungen sowie Gefühlslagen vermitteln.

Die Einteilung nach unterschiedlichen Graden der Anschaulichkeit von Inhalten ermöglicht, die singulären Gedanken analytisch zu strukturieren. Wird jedoch ein vollständiger Erinnerungsvorgang betrachtet, zeigt sich, daß Menschen fortwährend zwischen den Abstraktionsebenen wechseln (Kotre 1996: 115f.). Autobiographische Erinnerungen lassen sich folglich nicht auf konkrete Begebenheiten reduzieren.

Das autobiographische Gedächtnis ist zudem durch den gesellschaftlichen Rahmen beeinflußt. Wir sind beständig mit Informationen über Ereignisse konfrontiert, die durch die Medien vermittelt oder in sozialen Netzwerken für erwähnenswert gehalten werden und die dann wiederum Teil zwischenmenschlicher Kommunikation sind. Weiterhin kann eine Einzelperson als Teil von Gesellschaft persönlich in historische Ereignisse involviert sein. In welche Zeitabschnitte sie ihr Leben unterteilt, ist also abhängig von äußeren, seitens der sozialen Umwelt geprägten Situationen.

Generell können Fakten publizitätswirksamen Geschehens zusammen mit zwei Informationsarten gespeichert sein, nämlich mit den Vorgängen, die mit einer solchen Episode in Verbindung stehen, sowie mit autobiographischen Daten. Wie Brown et al. (1986: 144f.) empirisch belegen, erfolgt die Erinnerung an öffentliche Ereignisse zumeist verknüpft mit

- den persönlichen Umständen, wie und wo eine Information aufgenommen, mit wem diese zum Zeitpunkt des Ereignisses besprochen wurde,
- anderen geschichtlichen Fakten, die mit diesem Ereignis in Verbindung stehen, zum Beispiel auslösende Ursachen und Folgewirkungen, sowie
- den umfassenderen zeithistorischen Einheiten, in die das Ereignis eingebettet ist, zum Beispiel die Regentschaft einer bestimmten Person.

Der konkrete Einfluß der drei Hauptgrößen ist vom Inhalt der Erinnerung abhängig. Politische Ereignisse sowohl auf nationaler wie auch internationaler Ebene sind tendenziell mit anderen geschichtlichen Fakten verknüpft und gedanklich in umfassendere zeitliche Perioden eingeordnet. Hingegen verbinden sich unpolitische Begebenheiten, die zwar öffentliches Aufsehen erregen, jedoch nicht dem staatlichen Bereich zuzuordnen sind, zumeist mit autobiographischen Erinnerungen (ebd.: 157).

Auch wenn die präsentierten Erkenntnisse erst den Beginn weiterer Forschungen markieren, verdeutlichen sie, daß veröffentlichte Meinung und autobiographisches Gedächtnis nicht unabhängig voneinander sind.

2.3 Konzeptionen zur Charakterisierung des Gruppengedächtnisses

Die meisten Veröffentlichungen zum Thema kollektiver Erinnerung greifen in ihrer theoretischen Konzeption auf die Überlegungen von Maurice Halbwachs (1925; 1941; 1950) zurück, die teilweise modifiziert oder ergänzt, teilweise mit empirischem Datenmaterial untermauert werden. Jedoch berücksichtigen diese Studien kaum, daß es sich bei Halbwachs' Gedanken um ein Fragment handelt, das gerade hinsichtlich der Charakterisierung der Beziehung zwischen Individuum und Kollektiv unbefriedigend bleibt. Darum ist es notwendig, seine Thesen zu explizieren, einer Kritik zu unterziehen und anschließend zu reformulieren.

2.3.1 Das kollektive Gedächtnis bei Maurice Halbwachs

Halbwachs setzte sich als einer der ersten systematisch mit den theoretischen Grundlagen des kollektiven Gedächtnisses auseinander. Danach ist jeglicher individuelle Rückbezug auf Vergangenheit Folge sozialer Kontakte. Kollektive und die von ihren Mitgliedern geteilten Überzeugungen bilden insoweit einen Bezugsrahmen für individuelle Erinnerung, als im direkten Kontakt mit den Gruppenmitgliedern sowie im gedanklichen Bezug auf sie bei den Einzelnen Erinnerungen wachgerufen werden. Somit stützen sich die Menschen auf das Gedächtnis der anderen und erhalten auf diese Weise die Mittel, um die eigene Erinnerung zu rekonstruieren. Unabhängig davon, ob es sich um einen persönlichen Gedanken oder einen mit gesellschaftlichem Bezug handelt, entfaltet er seine Bedeutung dadurch, daß er zu einem äußeren Rahmen in Beziehung gesetzt wird (Halbwachs 1925: 49f.). Dementsprechend kann ein Individuum eigene Erfahrungen erst beurteilen, wenn sie sich in die durch die soziale Bezugsgruppe vorgegebene zeitliche, räumliche und personenbezogene Ordnung integrieren lassen. Gesellschaft vermittelt also über Sozialisationsinstanzen ein Bezugssystem für unsere persönlichen Erfahrungen. Deren Verankerung in unserer Erinnerung hängt somit von den innerhalb einer Gesellschaft verbreiteten Kategorien ab. „Wir alle sind Bürger eines Landes und dadurch von dem Fortschritts- oder Rückständigkeitsbewußtsein unserer Nation beeinflußt." (Bendix 1991: 39)

Halbwachs' Grundaussage, ohne gesellschaftlichen Rahmen gebe es keine Erinnerung resultiert aus dem Faktum, daß die subjektive Konstruktion von Wirklichkeit mit ihrer sprachlichen Thematisierung zusammenhängt. Sprache ist nicht nur notwendigerweise sozial vermittelt (Straub / Sichler 1989: 223), sie ist auch „das ursprünglichste Medium menschlicher Gruppenbildung." (J. Assmann 1992: 139) Als Mittel der Kommunikation ermöglicht sie es den Menschen, sich soziale Rahmen als Grundlage gesellschaftlichen Zusammenlebens zu geben. Ferner erfolgt über die Sprache die Differenzierung nach gestern, heute und morgen, die Basis jeder Erinnerung.

Auch wenn das individuelle Gedächtnis als soziales Phänomen anzusehen ist, bleiben die Erinnerung der Einzelperson wie auch die der Gruppe dennoch getrennt. Die spezifische Leistung des Individuums besteht nach Ansicht von Halbwachs (1950: 21ff.) darin, als Schaltstelle zwischen den verschiedenen kollektiven Gedächtnissen jener Gruppen zu fungieren, denen die jeweilige Person angehöre. Dadurch trage sie zum innovativen Austausch von Gedanken und Erfahrungen zwischen den Gruppen bei.

Wenn hier der fragmentarische Charakter von Halbwachs' Ideen angesprochen wird, geht es keineswegs darum, seine Leistung zu schmälern. Sie besteht darin, die Abhängigkeit des individuellen Denkens von sozialen Rahmen erkannt zu haben. Unabhängig von dieser fundamentalen Einsicht gelingt es ihm aber nicht, den Aspekt persönlicher Erinnerung von dem der

Kommemoration innerhalb von Kollektiven analytisch eindeutig voneinander zu trennen.[7]

Halbwachs folgend handelt es sich beim autobiographischen Gedächtnis um jene Erinnerungen, die einer einzelnen Person eigen sind, um ihre Sicht des Früher. Der individuelle Rückbezug auf Vergangenheit zeichne sich durch die Selbstattribuierung vergangener Ereignisse sowie die Wahrnehmung der Trennung zwischen Alter und Ego aus (ebd.: 34). Das kollektive Gedächtnis setze sich demgegenüber aus unpersönlichen Erinnerungen zusammen, die für die Gruppe von Interesse sind. Halbwachs' Konzeption ist an dieser Stelle unpräzise, weil weder die Zurechnung bestimmter Erinnerungen zum eigenen Ich sowie die damit automatisch einhergehende Abgrenzung von anderen Personen noch die inhaltliche Charakterisierung von Gruppenerinnerungen als unpersönlich es vermögen, den Unterschied zwischen beiden Gedächtnistypen zu verdeutlichen. Statt dessen ist es sinnvoller, seinen Hinweis auf die unterschiedlichen Perspektiven, die ein Individuum im Prozeß des Erinnerns einnimmt, als Anknüpfungspunkt für eine klare begriffliche Trennung zu nehmen. Danach ist zwischen dem auf das eigene Selbst bezogenen retrospektiven Blickwinkel sowie der Person zu unterscheiden, die im Erinnern die Rolle des Gruppenmitglieds übernimmt. Durch den Rollenwechsel ist es möglich, sich mit den anderen über die Geschichte der Gemeinschaft zu verständigen.

Die terminologische Unschärfe verstärkt sich bei Halbwachs (1950: 34-77) noch dadurch, daß er auf Gruppenebene nach kollektivem und historischem Gedächtnis unterscheidet. Beide Begriffe zeichnen sich für ihn durch drei Merkmalen aus:
- die Gruppengröße sowie
- die Art und
- die Vermittlung von Erinnerung.

Tab. 1: Strukturelle Abgrenzung zwischen kollektivem und historischem Gedächtnis nach Halbwachs (1950)

	kollektives	historisches
Differenzierungskriterium	Gedächtnis	
Gruppengröße	klein	groß
Art der Erinnerung	lebendig	abstrakt
Vermittlung der Erinnerung	mündlich	medial

---

[7] Heinz (1969) weist auf weitere Inkonsistenzen der Halbwachsschen Theorie hin.

Die Gruppengröße spielt für ihn insoweit eine Rolle, als zwischen ihr und den transportierten Gedächtnisinhalten einerseits sowie deren temporaler Reichweite andererseits eine Abhängigkeit bestehe. Die Erinnerung von kleinen, überschaubaren Gruppen gründe sich in der Regel auf das persönliche Erleben der Mitglieder. Diese Definition bezieht Halbwachs (1950: 65f.) auf das kollektive Gedächtnis. Historisch nennt er das Gedächtnis von Großgruppen. Da es nur Ereignisse gespeichert haben könne, die alle Angehörigen der Gruppe interessieren, erscheine die Erinnerung den einzelnen fremd und abstrakt (ebd.: 64).

In einem weiteren Erklärungsstrang wird das kollektive Gedächtnis an die Tradition als einer gelebten und mündlich überlieferten Geschichte geknüpft. Demgegenüber sei das historische Gedächtnis an Verschriftlichung gebunden. Es setze erst ein, wenn die erinnerte Vergangenheit so weit zurückliegt, daß keine Zeitzeugen mehr leben, die sie aufbewahren. Weil Erinnerung dann nur noch über schriftliche Zeugnisse indirekt vermittelt sei, habe sie keine Gruppe mehr zum Träger. Die Kontinuität zwischen gegenwärtiger Information und dem Erleben der Zeitzeugen sei aufgehoben (ebd.: 66f.). Zur Veranschaulichung sind die Unterscheidungskriterien zwischen beiden Gedächtnistypen in Tab. 1 aufgelistet.

In Halbwachs' Ausführungen bleibt unklar, ob seiner Definition entsprechend eine gemeinschaftliche Erinnerung auf nationaler Ebene existieren kann. Bei den Angehörigen eines Staates handelt es sich zumeist um eine Großgruppe, die definitionsgemäß ein historisches Gedächtnis hat. Die darin gespeicherten Ereignisse stehen mit dem persönlichen Leben nur selten in Beziehung. Solche Vergangenheit sei in der Regel medial vermittelt. Halbwachs postuliert aber auch, daß eine Gruppe nicht mehr in der Form existiert, wie sie zum Zeitpunkt des Ereignisses bestanden hat, wenn Erinnerung per schriftlicher Überlieferung erfolgt. Damit aber ist die Existenz von Nationen in Frage gestellt. Der gedankliche Fehler liegt hier in der zusätzlichen Anordnung der Vermittlung von Erinnerung auf der Zeitachse. Nach Halbwachs Ansicht folgt verschriftete Geschichte auf mündliche Überlieferung. Das muß zwangsläufig zu einer begrifflichen Konfusion führen, weil in Großgruppen Interaktionen kaum mündlich und direkt im persönlichen Kontakt stattfindet.

Nach meinem Dafürhalten betont Halbwachs zu sehr den Stellenwert, den die gemeinsame Erinnerung für eine Gruppe hat. Seiner Meinung nach ist die durch Vergegenwärtigung von Vergangenheit hergestellte Identität Indikator für den Gruppenzusammenhang. Wenn eine kollektive Erinnerung nicht mehr existiere, bestehe auch die Gruppe nicht mehr (ebd.: 68 u. 74f.). Dieser Gedanke läßt jedoch die Konstitutionsbedingungen von Gruppen außer acht, bei deren Definition mehr Aspekte als allein die historische Identität zu berücksichtigen sind.[8]

Generell mangelt es Halbwachs' Überlegungen an einem klaren Gruppenbegriff. Großgruppen wie Nationen hätten danach keine gemeinsam geteilten Erinnerungen. Heinz (1969: 81) interpretiert sie als institutionsinterne Tradierungszusammenhänge vornehmlich solcher Vorstellungen, die die Institutionsentstehung betreffen. Doch genau solche fundierenden Ereignisse spielen für Nationen eine ähnlich zentrale Rolle wie für überschaubare Gruppen. Ohne Zweifel bestehen auf gesamtstaatlicher Ebene individuelle Perzeptionsdifferenzen, was aber am Nationsbezug der Individuen nichts ändern muß. Die Schwierigkeiten mit Halbwachs' Text bestehen darin, daß er von einem einheitlichen Kollektiv ausgeht. Wenn Einheitlichkeit vorliegt, dann nur auf der Ebene globaler Kategorien. Bei konkreten Erinnerungen muß es schon der großen Zahl wegen zu Abweichungen kommen.

Weitere grundlegende Abgrenzungsprobleme bestehen bei Halbwachs darin, daß innerhalb der Gesellschaft nicht nur eine einzige Nationsdefinition existiert (Dann 1995; Estel 1994), wie es auch unterschiedliche subjektive Kriterien für Mitgliedschaft in der Nation gibt (Blank 1997: 40). „Die Einheit, die Halbwachs beschwört, ist eine prekäre." (Reinprecht 1996: 31) Weil sich Gesellschaft innerhalb von Staaten immer weiter ausdifferenziert (Beck 1986) und bei ihr selten von innerer Einheit gesprochen werden kann (Giddens 1988: 40f.), sind Unterschiede in der Wahrnehmung der gemeinsamen Vergangenheit höchst wahrscheinlich.

Vor dem Hintergrund dieser Überlegungen bedarf es einer vertiefenden Betrachtung des Stellenwertes der Gruppengröße einerseits sowie des Abstraktionsgrades der erinnerten Inhalte andererseits. Halbwachs (1950: 36) verweist auf den Zusammenhang, der seiner Meinung nach zwischen beiden Aspekten und dem kollektiven Gedächtnis bestehe. Implizit stellt er die Hypothese auf, mit abnehmender Mitgliederzahl eines Kollektivs werde dessen Gedächtnis in seinen Inhalten immer konkreter und umgekehrt. Daher unterscheidet er das von den Mitgliedern als persönlich empfundene kollektive Gedächtnis überschaubarer Gruppen vom abstrakten historischen Gedächtnis, das Nationen eigen sei. Ähnlich differenziert Große-Kracht (1996: 26) zwischen dem dem Konkreten verhafteten Gedächtnis und der Geschichte, die sich mit allgemeinen Konzeptionen wie zeitlichen Kontinuitäten sowie den Entwicklungen und Beziehungen der Dinge befasse.

Aber auch für diese Darlegung gilt, daß die Gegenüberstellung von konkret und abstrakt sowie individuellem und kollektivem Gedächtnis nicht zur Konzeptualisierung von letzterem beiträgt. Zwar läßt sich der Verallgemeinerungsgrad von Gedächtnisinhalten auf einem Kontinuum mit den End-

---

8 Mit den Konstitutionsbedingungen von Gruppen setzen sich Claessens (1977) und Hardin (1995) auseinander.

punkten konkret und abstrakt abbilden, doch ist es nicht möglich, die unterschiedlichen Gedächtnistypen hier zu verorten. Das zeigen gerade die oben beschriebenen Forschungsergebnisse Lintons (1986) zum autobiographischen Gedächtnis.[9]

Wie für das autobiographische gilt auch für das kollektive Gedächtnis sowohl von überschaubaren Gruppen als auch von großen Gesellschaften, daß seine Inhalte das gesamte Kontinuum von konkret bis abstrakt ausfüllen. Eine derartige Hierarchie ist unabhängig von der Gruppengröße. Der Abstraktionsgrad der Erinnerung ist nicht zwingendes Unterscheidungsmerkmal. Das gilt um so mehr, als für Halbwachs die Kategorie der Zeitgeschichte nicht existiert, bei der sich autobiographischer und gesellschaftlicher Erinnerungszeitraum überschneiden. Deshalb ist die von Halbwachs (1950: 36) vorgenommene und aus Tab. 1 ersichtliche Differenzierung zwischen kollektivem und historischem Gedächtnis irrelevant.

Bei der Unterscheidung zwischen beiden Typen ist die Dimension der Vermittlung von Erinnerung genausowenig zweckmäßig. Die von Halbwachs als Gegensatz betrachteten Kategorien „mündlich" beziehungsweise „medial" lassen sich ähnlich wie bei der Unterscheidung nach „konkret" und „abstrakt" keineswegs ausschließlich jeweils einem spezifischen Gedächtnistyp zuordnen. Sowohl zwischen Individuen als auch in überschaubaren oder anonymen Kollektiven erfolgt die Vermittlung von Wissen über die Vergangenheit durch beide Kategorien.

Für die kollektive Erinnerung spielt es somit keine Rolle, ob ein spezifisches Ereignis persönlich erlebt wurde und sich mit einem konkreten Bild des Selbst in der vergangenen Situation verbindet. Für diejenigen, die damit keine eigene Erinnerung verbinden, verläuft die Vermittlung der kollektiven Bedeutung über Sozialisationsinstanzen, seien es Familienmitglieder, seien es die Medien. Maßgeblich ist, daß derartige Ereignisse mit kollektiver Bedeutung aufgeladen sind. Über soziale Interaktion, gesellschaftliche Diskurse etc. wird innerhalb einer Nation Konsens darüber hergestellt, welche Ereignisse für die Gruppe relevant sind, die dann als gemeinsame Vergangenheit erinnert werden.

Die voranstehende Diskussion von Halbwachs' Position verdeutlicht, daß es sinnvoll ist, sich am Standpunkt zu orientieren, aus dem heraus sich eine Person erinnert. Das autobiographische Gedächtnis bezieht sich auf die bewußt eingenommene Binnenperspektive, bei der frühere Erfahrung dem eigenen Selbst zugeschrieben wird. Unabhängig von der Mitgliederzahl rekurrieren kollektive Erinnerungen hingegen auf eine spezifische Gruppe.

---

9 Dieses Argument bleibt unberührt von der Kritik an Linton, die ihr vorwirft, nicht die Güte des autobiographischen Gedächtnisses getestet zu haben (Wagenaar 1986; Strube / Weinert 1987: 156; Keller 1996: 34).

Das Individuum hat im Prozeß des Rückbezugs die Perspektive des Mitglieds inne und betrachtet Vergangenheit aus diesem Blickwinkel.

2.3.2 Aleida und Jan Assmanns Konzept des kulturellen Gedächtnisses

Das Autorenpaar (A. Assmann 1999; J. Assmann 1988; 1992; 1995; Assmann / Assmann 1994) hat in jüngerer Zeit eine Reihe von Veröffentlichungen zum kulturellen Gedächtnis publiziert. Beide nehmen Halbwachs' Vorstellungen zum Ausgangspunkt ihrer Überlegungen. Jedoch halten sie dessen Konzeption kollektiver Erinnerung für erweiterungsbedürftig. Ihrer Ansicht nach muß die Differenz zwischen gelebter, das heißt kommunizierter Erinnerung und institutionalisierter im Sinne von kommemorierter Erinnerung stärker herausgearbeitet werden.

Ähnlich wie Halbwachs sehen Assmann und Assmann (1994: 120) Kommunikation als zentrales Konstrukt an. Den Medien komme die Rolle zu, das kulturelle Gedächtnis zu fundieren, zu flankieren und mit den menschlichen Gedächtnissen zu interagieren (A. Assmann 1999: 20). Diese Wechselbeziehung zwischen Individuen schaffe soziale Identität. Gemeinsamkeiten zwischen Gruppenmitgliedern, die aus vergangenen Erfahrungen, gegenwärtigen Überzeugungen sowie zukünftigen Erwartungen resultieren, gehörten zur Alltagspraxis und seien Teil der Kultur. Unter diesem Begriff subsumieren Assmann und Assmann (1994: 114) den historisch veränderlichen Zusammenhang von Kommunikation, Gedächtnis und Medien.

Allerdings spricht das Autorenpaar die gegenseitige Beeinflussung zwischen Mikro- und Makroebene nicht explizit an. Dennoch wird in ihren Ausführungen deutlich, wie notwendig der interindividuelle Austausch über Vergangenheit einerseits und die institutionelle Vermittlung einer allgemein anerkannten Geschichte an die Gesellschaftsmitglieder andererseits ist. Um die Aufrechterhaltung der Gemeinsamkeit zwischen den Gruppenmitgliedern zu gewährleisten, ist beides vonnöten, der alltägliche Austausch wie auch die außergewöhnliche zeremonielle Bestätigung. In diesem Zusammenhang erhält der Begriff der Kultur, die verbindende Kraft innerhalb sozialer Großverbände, seinen zentralen Stellenwert. Als symbolische Sinnwelt trägt sie zur Entstehung eines gemeinsamen Erfahrungs-, Erwartungs- und Handlungsraumes bei. Weil sie als verbindlich anerkannt wird, stiftet sie Orientierung und drückt das Weltbild einer Gesellschaft aus (J. Assmann 1992: 140). Da die Schrift in diesem Zusammenhang für die Kultur und ihre gesellschaftliche Vermittlung einen nicht zu unterschätzenden Stellenwert hat, berücksichtigt sie Jan Assmann (ebd.: 45) in seinen Überlegungen als zentrale Kategorie.

Assmann und Assmann geht es darum, verschiedene Denkansätze zu einer Theorie des kulturellen Gedächtnisses zu verbinden. In Anlehnung an

Nietzsche beschreiben sie den Sozialisationsprozeß, dem die Menschen unterliegen, als Akt der Gewalt. Durch ihn werden die Individuen zur Erinnerung genötigt und zugleich dazu gezwungen, sich für die Vergangenheit zu verantworten (ders. 1995: 57). Erst der Zwang zum Denken an die anderen befähigt Menschen zum Gemeinschaftsleben. Damit die Individuen auf die Gemeinschaft verpflichtet werden, kreieren Gruppen eine Organisation wie den Staat, der wiederum Rahmenbedingungen für die Gemeinschaft setzt und damit die Grundlagen für ein soziales Gedächtnis schafft.

Auch Jan Assmann unterscheidet zwischen individueller und kollektiver Ebene, doch interessiert ihn die Makrodimension. Auf Gruppenebene schreibt er der Erinnerung eine bimodale Funktion zu (ders. 1992: 52).
- Die biographische Erinnerung ist danach ein Modus alltäglicher Praxis.
- Die fundierende Vergegenwärtigung des Vergangenen entspricht einer institutionalisierten Erinnerung.

Die zuerst genannte Form bezieht sich auf eigene persönliche Erfahrungen in jüngerer Vergangenheit, die in Zeitgenossenschaft mit anderen Menschen gemacht wurden und wird von Assmann (ebd.: 50) als kommunikatives Gedächtnis definiert. Typisch ist hierfür die gemeinsame Erinnerung von Generationen, die - und hier besteht eine Parallele zu Halbwachs - an ihre Trägerinnen und Träger gebunden ist. Sie verkörpern die Erinnerungen und kommunizieren über sie im Rahmen sozialer Interaktion. Sterben sie, weicht ihr Gedächtnis einem neuen, dem der nachgeborenen Generation.

Die fundierende Erinnerung wendet sich hingegen den Fixpunkten kollektiver Vergangenheit zu. Dabei handelt es sich um kulturelle Markierungen im Sinne von Symbolen, Riten und Mythen. Solche Objektivationen sprachlicher und nichtsprachlicher Art stiften Gemeinschaft. Sie beziehen sich auf die Ursprünge der Gruppe und legitimieren dadurch die gegenwärtige Existenz der Gemeinschaft. Fundierende Geschichte erhellt die Gegenwart von einem Ursprung her. Sie berichtet von jenen Ereignissen, die eine Gesellschaft als Gruppe begründeten und aktuell zusammenhalten. Diese Form der Erinnerung erfolgt in institutionalisiertem Rahmen. Technisch gesprochen läßt sich das solcherart konzipierte kulturelle Gedächtnis als externer Datenspeicher ansehen. Seine Träger sind nicht die einzelnen Individuen, sondern ein ethnisches Kollektiv.

Die strukturelle Differenzierung zwischen beiden Gedächtnismodi stellt Assmann (ebd.: 56) schematisch dar, was Tab. 2 wiedergibt. Die Präsentationsform suggeriert in ihrer Gegenüberstellung eine Polarität zwischen den zwei Formen sozialer Erinnerung. Allein von einer Bimodalität auszugehen, hält Assmann aber für unzureichend. Er läßt sie nur für Gesellschaften gelten, in denen zwei selbständige Erinnerungssysteme streng getrennt nebeneinander existieren (ebd.), etwa dann, wenn Oberschichten beanspruchen, die gesamte Gesellschaft zu repräsentieren, da den unteren Bevölkerungsschichten die kulturellen Formen fehlten (ebd.: 149). Im Gegensatz zu solchen polarisierenden Strukturen sei für moderne Gesellschaften eher ein Skalierungsmodell anzunehmen. Die in Tab. 2 dargestellten Pole können dann als Extreme mit fließenden Übergängen gelten (ebd.: 55).

Tab. 2: Struktur des kommunikativen und des kulturellen Gedächtnisses nach Jan Assmann (1992: 56)

Differenzierungskriterium	kommunikatives Gedächtnis	kulturelles Gedächtnis
Inhalt	Geschichtserfahrungen im Rahmen individueller Biographien	mythische Urgeschichte, Ereignisse in einer absoluten Vergangenheit
Formen	informell, wenig geformt, naturwüchsig, entstehend durch Interaktion im Alltag	gestiftet, hoher Grad an Geformtheit, zeremonielle Kommunikation, Fest
Medien	lebendige Erinnerung in organischen Gedächtnissen, Erfahrungen und Hörensagen	feste Objektivationen, traditionelle symbolische Kodierung / Inszenierung in Wort, Bild, Tanz usw.
Zeitstruktur	80-100 Jahre, mit der Gegenwart mitwandernder Zeithorizont von 3-4 Generationen	absolute Vergangenheit einer mythischen Urzeit
Träger	unspezifisch, Zeitzeugen einer Erinnerungsgemeinschaft	spezialisierte Traditionsträger

In ihrer gemeinsamen Veröffentlichung (Assmann / Assmann 1994) zur Bedeutung der Medienentwicklung für das soziale Gedächtnis beläßt es das Autorenpaar nicht bei der beschriebenen einfachen Differenzierung. Neben den beiden in Tab. 2 aufgeführten Grundformationen unterscheiden sie als weitere Gesichtspunkte des sozialen Gedächtnisses nach Speicher- und Funktionsgedächtnis. Beider Kennzeichen sind Elemente gemeinschaftliche Erinnerung, die aber andere Aspekte betonen und teilweise quer zu den zwei oben beschriebenen Grundformationen stehen. Speicher- und Funktionsgedächtnis treten sowohl beim kommunikativen als auch beim kulturellen Gedächtnis auf. Sie haben aber für letzteres spezifische Auswirkungen gerade im Hinblick auf die heute an das Unendliche grenzende Möglichkeit der Informationsspeicherung.

Das Funktionsgedächtnis ist selektiv. Es beinhaltet jene Teile der Vergangenheit, die für die Gruppe von Belang sowie von ihr als wichtig definiert sind beziehungsweise der Sinnstiftung und Identitätsfundierung dienen (ebd.: 122f.). Diese Aspekte des Gestern sind den Gesellschaftsmitgliedern in der Kommunikation untereinander mehr oder weniger gegenwärtig.[10] Die übrigen Vergangenheitsereignisse sind dem kollektiven Vergessen anheimgegeben. Weil sie nicht beziehungsweise nicht mehr zum Fundus an gemeinsamem Wissen gehören, werden sie auch nicht mehr innerhalb der Gruppe kommuniziert (A. Assmann 1999: 13).

Das Speichergedächtnis läßt sich demgegenüber mit dem universalen Menschheitsgedächtnis gleichsetzen. Es beinhaltet alles vorhandene Wissen über die Vergangenheit, das in jedweder Form abgelegt ist. Damit sind die einzelnen Erinnerungselemente zwar den Individuen zugeordnet, doch letztere sind „weit davon entfernt, über sie zu verfügen." (Assmann / Assmann 1994: 122) Ohne Zweifel ist es beim Stand der heutigen Technik möglich, eine unvorstellbare Menge an Information aus der und über die Vergangenheit zu akkumulieren, doch ist es ausgeschlossen, daß eine einzelne Person oder auch eine Gruppe dieses komplette Wissen überschaut. Insofern beinhaltet das Speichergedächtnis unstrukturierte Informationen. Es stellt lediglich ein Potential zur Verfügung, das bei Bedarf aktualisiert und ins Funktionsgedächtnis überführt werden kann (ebd.: 121f.).

Die generelle Schwierigkeit der von Assmann und Assmann vorgeschlagenen Strukturierung liegt darin, daß bei ihr Fragen unbeachtet bleiben, die aus kulturwissenschaftlicher Perspektive von geringem Interesse sein mögen, für die Politikwissenschaft jedoch von eminenter Bedeutung sind. Welche Konstellationen führen etwa dazu, daß neue Aspekte der Vergangenheit gesellschaftliche Bedeutung erlangen? Auf das Konzept bezogen heißt das, jene Interessengruppen, die das Speichergedächtnis bemühen, sowie die Kriterien für die Auswahl, die getroffen wird, zu untersuchen. Derartige Fragen zielen auf die Machtverhältnisse innerhalb einer Gesellschaft, unter denen eine bestimmte Geschichtspolitik betrieben wird.

Die Schwäche des Konzepts von Assmann und Assmann liegt in der Abgrenzung zwischen den Erinnerungstypen mittels zweier Dimensionen, bei denen empirisch nicht zwingend Bipolarität gegeben sein muß, ein Sachverhalt, der auf die meisten modernen Gesellschaften zutreffen dürfte. Statt dessen dürfte in der Regel das alternativ vorgeschlagene Skalierungsmodell von Erinnerung vorliegen (J. Assmann 1992: 55). Eine solche Definition liefert jedoch keine Orientierung dafür, wie Fälle zu beurteilen sind, in denen es zu Überschneidungen zwischen den einzelnen Dimensionen der Gedächtnistypen kommt. Das Problem besteht darin, daß sich das Modell tendenziell an klaren innergesellschaftlichen Klassen- oder Schichtgrenzen orientiert. Das verleiht den Kriterien zwar Trennschärfe, dient aber nicht der analytischen Klarheit des Konzeptes. Insbesondere in gesellschaftlichen

---

10 Gegenwärtigkeit bezieht sich sowohl auf das aktive als auch das passive Wissen um Vergangenheit.

Umbruchsituationen wie beim Wandlungs- und Umsturzprozeß in den Staaten des kommunistischen Machtblocks treten zwangsläufig Abgrenzungs- und Einordnungsprobleme auf. Beispielhaft für derartige Schwierigkeiten ist ein Essay über Erinnerung und kulturelles Gedächtnis in Polen (Koblynska 1995). Danach habe der Kommunismus aufgrund der Anwendung von Unterdrückungsmaßnahmen wie Zensur, Verbot, Kreation neuer fiktiver Gedächtnisorte ein erstarrtes kulturelles Gedächtnis geschaffen. Mit Bezug auf Assmann betont Koblynska, daß die polnische Bevölkerung auf diese staatliche Politik reagierte, indem den offiziellen Vorgaben teils andere Geschichtsinterpretationen entgegensetzt wurden.[11] Dem Assmannschen Schema folgend sind die staatlichen Direktiven dem kulturellen Gedächtnis zuzuordnen. Die oppositionelle Version der Geschichte beruht danach auf unspezifischen Zeitzeugen. Daraus resultiert eine Einstufung dieser Erinnerungen als kommunikatives Gedächtnis. Doch knüpft der vermittelte Inhalt nicht an autobiographische, auf das individuelle Selbst bezogene Erfahrungen an. Vielmehr konstruierten die Oppositionellen aus der Perspektive der Nation einen Gegenmythos. Er entspricht aber der Kategorie des kulturellen Gedächtnisses.

Ohne auf dieses Exempel im Detail einzugehen, stellt sich auch die Frage, ab wann das kommunikative Gedächtnis einer Subkultur umdefiniert werden muß, ab wann es zum kulturellen Gedächtnis umgeformt ist. Und weiter: Wie vollzieht sich der Wechsel der Gedächtnisform, wenn die Minderheitsauffassung von Geschichte seitens der Mitglieder einer Subkultur nach einem staatlichen Umbruch in der gesamten Gesellschaft dominierend wird? Wie sind nach einem Wandel Restbestände des Alten zu interpretieren? Diese Fragen bleiben unbeantwortet, wenn Assmann und Assmann (1994: 125) den delegitimierenden Aspekt von Erinnerung am Beispiel der 1989 begangenen Kommemorationsfeierlichkeiten für den nach dem Ungarn-Aufstand 1956 hingerichteten Ministerpräsidenten Imre Nagy darlegen, um auf diese Weise den Prozeß von Gegenerinnerung zu beleuchten.

Die Schwierigkeit, hierauf eine Antwort zu geben, liegt darin, daß das Autorenpaar ähnlich wie Halbwachs versucht, kommunikatives und kulturelles Gedächtnis über inhaltliche Dimensionen zu definieren. Empirisch zeigt sich aber, daß weder Bipolarität noch ein Skalierungsmodell angenommen werden können. Die über inhaltliche Kriterien spezifizierten Dimensionen entsprechen eben nicht einer Skala, weil sie, was auch das Beispiel Koblynskas deutlich macht, teilweise unabhängig voneinander sind und keinen gemeinsamen Faktor abbilden. Anders läßt sich nicht erklären,

---

11 Ein Beispiel ist die 1985 erfolgte Aufstellung des Denkmals zur Erinnerung des Warschauer Aufstands. Der Volksmund nannte es „Die Beobachter", was sich sowohl auf die Darstellung der Figuren bezog als auch eine negative Bewertung des historischen Handelns der Roten Armee beinhaltete (ebd.: 53).

warum die Gegenerinnerung von Oppositionsgruppen mal unter das kommunikative, mal unter das kulturelle Gedächtnis einzuordnen ist.

Ohne Zweifel ist der Strukturierungsvorschlag von Assmann und Assmann anregend. Doch gehen meine Fragen über ihr Konzept hinaus, weil der Systemwechsel in der DDR eine gewichtige Bedeutung innerhalb der kollektiven Erinnerungen von Deutschen einnehmen dürfte. Daher nehme ich hier lediglich die durch das Autorenpaar vorgestellte Definition des kulturellen Gedächtnisses auf, der zufolge wir auf der Makroebene von Objektivationen der Vergangenheit auszugehen haben.

2.3.3 Weitere Ansätze zur Erklärung des sozialen Gedächtnisses

Wie die voranstehenden Ausführungen zeigen, ist es für eine Forschung, die sowohl an Gesellschafts- und Machtstrukturen als auch an den Interaktionsprozessen zwischen Individuen und Institutionen interessiert ist, nicht zweckmäßig, das soziale Gedächtnis nach zwei Arten zu differenzieren, von denen eine als interindividuell kommunizierte, die andere als per Institution kommemorierte Erinnerung definiert ist. Die Einbeziehung von Erkenntnissen individualpsychologischer Forschung belegt, daß Kategorien, die sich an den Merkmalen der erinnerten Inhalte wie deren Abstraktheit, Vermittlungsmodus etc. orientieren, nicht dazu beitragen, eindeutig voneinander abgegrenzte Gedächtnistypen zu bestimmen.

Vielmehr ist es notwendig, in bezug auf Erinnerung Individuen und Gesellschaft nicht als getrennte Ebenen zu begreifen. Wie Jeffrey Olick (1999) betont, werden historische Ereignisse sowohl auf öffentlicher als auch auf privater Ebene erinnert. Diese Dimensionen sind eben nicht streng voneinander getrennt, sondern beeinflussen einander. Olick hält es daher für sinnvoll, von einem sozialen Gedächtnis als übergeordnetem Konstrukt zu sprechen, das die breite Vielfalt mnemonischer Prozesse und Praktiken sowie die neurologischen, kognitiven, persönlichen und kollektiven Aspekte des Rückgriffs auf Vergangenheit im Rahmen von sozialen Erinnerungsstudien berücksichtigt. Allerdings sieht er selber, daß die praktische Umsetzung dieses Gedankens zu einem Forschungsprogramm führen dürfte, das kaum von einer Einzelperson zu bewältigen ist. Außerdem widerspricht er sich selber, wenn er zum Ende seiner Ausführungen schlußfolgert, zentrales Erkenntnisobjekt der Sozialwissenschaften müßten die institutionalisierte Erinnerung und der öffentliche Diskurs über Vergangenheit sein.

Seiner Forderung, die auf eine integrierende Erfassung von Erinnerungsvorgängen sowohl auf der Mikro- als auch der Makroebene zielt, kommen aber andere Autorinnen und Autoren ebenfalls nur ansatzweise nach. Daniel Bertaux und Isabel Bertaux-Wiame (1980) machen im Rahmen ihres Forschungsprojektes zur französischen Arbeiterkultur auf zweifache Weise eine gedankliche Anleihe bei Halbwachs. Die sozialen Rahmen sind ihrer

Meinung nach durch die individuellen Gedächtnisse geprägt. Zudem gehen sie davon aus, das kollektive Gedächtnis sei in kulturellen Objektivationen festgeschrieben. Folglich sei es notwendig, den wissenschaftlichen Blick auf den Schnittpunkt dieser beiden Arten von Geschichtlichkeit zu richten. „Wenn es ein kollektives Gedächtnis gibt, muß es diesen Schnittpunkt, diese Doppelnatur widerspiegeln." (ebd.: 155) Die Regeln, nach denen sich beide kollektive Gedächtnisse beeinflussen, konzeptualisiert das Autorenpaar jedoch nicht. So bleibt unklar, ob das kollektive Gedächtnis etwas Äußerliches ist, das in Institutionen verankert ist oder ob es der Summe der individuellen Erinnerungen entspricht.

Bertaux und Bertaux-Wiame lassen keinen Zweifel darüber aufkommen, daß das kollektive Gedächtnis keine einheitliche Konzeption darstellt. Vielmehr setze es sich aus den verschiedenen Gruppengedächtnissen, in ihrem Fall dem des Bürgertums, der Arbeiter, der Bauern, zusammen (ebd.). Die Unterschiedlichkeit in den Erinnerungen resultiere daraus, daß Personen dasselbe Erlebnis aus voneinander abweichenden Perspektiven wahrnehmen und dementsprechend anders darüber berichten. Erinnerung ist deshalb selektiv, weil sich „eine Handlung [...] nicht erzählen [läßt], ohne einen Standpunkt zu wählen [...]. Der Blickwinkel gibt dem Erzählten seine Bedeutung." (ebd.: 151) Zudem erinnert sich ein Mensch nur dann an etwas, wenn er oder sie dem Erlebten eine Bedeutung zumißt. An diesem Punkt läßt sich ein Zusammenhang zur Theorie sozialer Vergleichsprozesse (Festinger 1954) herstellen. Wichtigkeit oder Sinn eines Ereignisses erschließen sich aus jenen Maßstäben, die sich durch die Konfrontation mit den Perspektiven von anderen herausschälen, insoweit es sich bei diesen Anderen um für einen selbst wichtige Bezugspersonen handelt.

Dieser Überlegung wegen heben Bertaux und Bertaux-Wiame Differenzen im sozialen Hintergrund zwischen Bürgertum und Arbeiterschaft hervor, die zu unterschiedlichen Formen kollektiver Erinnerung führen. Beide Gruppen unterscheiden sich in ihren Alltagsmaßstäben derart voneinander, daß die Urteile sowohl über persönliche als auch sozialisierte Erfahrungen nur bedingt kompatibel sind. Damit stellt das Autorenpaar klar, daß gemeinsame Erinnerungen innerhalb von Nationen unwahrscheinlich sind. Insofern ist es bei der Untersuchung kollektiver Erinnerungen auf dieser Gruppenebene immer auch wichtig, nach Subgruppen zu modifizieren. Anzufügen bleibt aber, daß zugleich analysiert werden muß, wie sich diese Subgruppen in ihren Erinnerungen gegenseitig beeinflussen.

Paul Connerton (1989: 38f.) stellt sich die Frage, wie Vergangenheit vermittelt wird und welche Akte gemeinschaftlichen Handelns Gruppenerinnerung ermöglichen. Sie werde üblicherweise im Zusammenhang kultureller Tradition gesehen, die wiederum an schriftliche Überlieferung gekoppelt sei. Demgegenüber interessiert sich Connerton für jene Aspekte körperlichen Handelns, die im Alltagsleben automatisch ablaufen. Er macht diese

Art von Erinnerung an Ritualen und Gewohnheiten fest, bei denen ein körperliches Agieren erforderlich ist und Vergangenheit reinszeniert wird.

Das Konzept der Gewohnheitserinnerung basiert auf der Idee der Konvention. Sie entspricht intersubjektiv anerkannten Routineregeln, die das zwischenmenschliche Verhalten festlegen und die Wahrnehmung von Welt ordnen (ebd.: 28). Soziale Gewohnheiten beruhen auf den konventionellen Erwartungen anderer und werden als legitime oder illegitime Aufführung interpretiert. In diesem Zusammenhang liefern Gedenkrituale und Körperhaltungen Beispiele für Gewohnheitserinnerung. Beim Ritual handelt es sich um regelgeleitete Aktivitäten mit symbolischem Charakter. Während der Ausführung richtet sich die Aufmerksamkeit der Beteiligten auf jene Objekte des Denkens und Fühlens, denen eine herausragende Bedeutung sowie ein gesellschaftlicher Erinnerungswert zugesprochen wird (ebd.: 44). Somit eröffnen Riten die Möglichkeit der körperlichen Vermittlung von Teilen des sozialen Gedächtnisses. Sie formen eine gemeinschaftliche Erinnerung, indem sie beanspruchen, Kontinuität zu wahren. Die Aufführung des Mythos im Ritual stellt einen direkten Bezug zwischen Gegenwart und dem in der Vergangenheit liegenden Gründungsakt her (ebd.: 59). Die Vermittlung funktioniert, nicht weil über die Vergangenheit kommuniziert, sondern weil sie wiederaufgeführt wird.

Zwar macht Connerton deutlich, daß Körperhaltungen als Ausdruck bestimmter Normen gelten können (ebd.: 72f.). Dennoch schenkt auch er jenen Fragen keine Beachtung, die die Anerkennung dieser Normen betreffen. Um bei seinem Beispiel zu bleiben: Im Falle des Nationalsozialismus bleibt es in bezug auf die Erklärung der Herrschaftsverhältnisse unbefriedigend, das ritualisierte Gedenken des Marsches auf die Feldherrnhalle in der Zeit nach 1933 allein als Wiederaufführung der Vergangenheit zu konstatieren. Damit wird nur dargelegt, daß es für das damalige politische System einen Anknüpfungspunkt an die Gegenwart gab. Statt dessen kommt dem Wissen zentrale Bedeutung zu, warum dieses Ritual in der deutschen Bevölkerung auf nicht unerhebliche Resonanz stieß, wie es in dieser Form zur Übereinstimmung zwischen diktatorischer Regierung und den Regierten bei der sozialen Konstruktion von Welt kam.

Zwei andere Publikationen führen hinsichtlich dieser Aspekte deshalb weiter, weil sie die Wechselbeziehung zwischen Gruppen- und Individualebene sowie die Bedeutung der Interaktion zwischen beiden für kollektive Erinnerungen hervorheben. So stellt Mary Douglas (1991) in ihrem Buch über institutionelles Denken die Vergegenwärtigung des Vergangenen in einen gesellschaftlichen Kontext. Ihr Makrobegriff deckt die gesellschaftlichen Strukturen sowie Gruppenbezüge und damit entsprechende Ereignisvariablen ab. Ihr Mikrobegriff bezieht sich auf die individuelle Handlungsebene.

Robin Wagner-Pacifici und Barry Schwartz (1991) widmen sich den Diskussionen um das Denkmal für die Vietnam-Gefallenen in Washington,

D.C. Die Schwierigkeit der öffentlichen Erinnerung für diesen negativ besetzten Teil US-amerikanischer Geschichte zeigt sich gerade im Entstehungsprozeß des Mahnmals. Auch wenn das Autorenpaar kein theoretisches Modell entwickelt, demonstriert ihre Arbeit die Wechselwirkung zwischen Gesellschafts- und Individualebene.

Für Douglas (1991: 80) kommt dem Begriff der Institution zentrale Bedeutung zu. Im Rahmen einer Minimaldefinition entspreche der Terminus einer Konvention. Gemeint ist eine verbindliche Regel, durch die die Koordination von Handlungen zwischen Gesellschaftsmitgliedern ermöglicht wird. Eine derartige innergesellschaftliche Übereinkunft kann wirksam werden, wenn alle Beteiligten ein gemeinsames Interesse an ihr haben. Auf diese Weise lassen sich Regelabweichungen minimieren. Institutionen gehen aus sich selbst regulierenden Anfängen hervor, in denen sich Koordination mittels Steuerung als vernünftig beziehungsweise handhabbar erweist. Indem Konventionen Handlungsabläufe lenken, führt ihre Institutionalisierung zur gesellschaftlichen Standardisierung. Institutionen organisieren Information und sind dabei hilfreich, Informationsdefizite abzubauen. Sie bewirken, daß Handlungen voraussagbar werden (ebd.: 83).

Aus dieser Minimaldefinition ergibt sich, daß menschliche Erfahrung und individuelles Agieren über Institutionen vermittelt sind, die einen sozialen Rahmen bilden. Er ermöglicht den Einzelnen die Beurteilung eigenen Handelns, weil über Institutionen Maßstäbe zur Verfügung stehen, die Handeln berechenbar machen. Folglich zeichnen sich die Orientierungsrahmen durch ihren intersubjektiven Charakter aus (Fogt 1982: 20).

Auch wenn Douglas ihn nicht erwähnt, stimmt sie mit Festingers (1954) Theorie sozialer Vergleichsprozesse überein. Danach bewertet ein Individuum sich selbst beziehungsweise sein Handeln vor der Folie der von der relevanten Bezugsgruppe gesetzten Maßstäbe. Die Übereinstimmung von eigenem Verhalten und sozialer Norm trägt zur Aufrechterhaltung eines positiven Selbstkonzeptes bei. Im Gegensatz zu Festinger beläßt es Douglas nicht bei der individuumzentrierten Sichtweise. Ihr geht es um die gesellschaftlichen Zusammenhänge. Deshalb wehrt sie sich dagegen, Kausalitäten von der Makroebene in den Mikrobereich zu verlagern. Sie zweifelt nicht an, daß „die institutionalisierte Gemeinschaft die persönliche Neugier (bremst), ein kollektives Gedächtnis (organisiert) und heroisch Gewißheit (setzt), wo Ungewißheit herrscht." (Douglas 1991: 167) Doch ist es ihr wichtig, jene Strukturen offen zu legen, aufgrund derer der gesellschaftliche Rahmen geschaffen und wie er dann im weiteren Verlauf verändert wird.

Generell bedürfen gedankliche Vorstellungen öffentlicher Unterstützung, um als gültig angesehen zu werden (ebd.: 38). Der kollektive Einfluß auf die Individuen besteht darin, daß sie aufgrund internalisierter gemeinschaftlicher Maßstäbe a priori ein Gefühl für die Richtigkeit bestimmter Ideen haben (ebd.: 27). Ein derartiges institutionelles, das heißt auf gesellschaftliche Einrichtungen oder Konventionen bezogenes Denken ist den Einzelpersonen präsent. Indem sie sich in ihren gedanklichen Vorstellungen mit der Allgemeinheit in Übereinstimmung wissen, sind sie sich ihrer Sache sicher (ebd.: 19). Somit besteht ein Rahmen für die Erkenntnis dessen, was als vernünftig, wahr oder falsch gilt (ebd.: 31).

Beschränkte sich Douglas auf diese Argumentation, wäre der Vorwurf des Determinismus berechtigt. Doch ihrer Meinung nach besteht kein systembedingter Zwang zu einem bestimmten Handeln. Vielmehr gebe es verschiedene kollektive Vorstellungen innerhalb einer Gesellschaft, die eine Gruppenkonzeption meint, welche durch formale Mitgliedschaft charakterisiert ist. Danach bildet Gesellschaft die Peripherie in bezug auf die Gültigkeit einzelner Denkstile. Insgesamt setzt sie sich aus verschiedenen Denkkollektiven zusammen, die einen je gemeinsamen Denkstil prägen und pflegen. Bei ihnen handelt es sich jeweils um die „Eingeweihten". Im Denkkollektiv teilen alle Mitglieder die für die Subgruppe spezifischen gedanklichen Vorstellungen (ebd.: 33). Für die Individuen, die nicht zu den Meinungsmachern gehören, stellt sich als Aufgabe, Wahlentscheidungen zwischen teilweise alternativen Klassifikationen zu treffen (ebd.: 167).

Indem Douglas Institutionen auf Konventionen zurückführt, bietet sich die Möglichkeit, den durch eine Gruppe vorgenommenen Rückbezug auf Vergangenheit als Vereinbarung über einen gemeinsam anerkannten und als geltend begriffenen sozialen Rahmen anzusehen. Entscheidend ist, daß Douglas das von Coleman (1987: 157) skizzierte Theorieproblem umgeht. Das soziale Gedächtnis ist für sie nicht einfach eine Aggregation individueller Erinnerungen. Käme sie zu einem solchen Schluß, würde sie die Systemstrukturen ausblenden.

Genausowenig verfällt sie in den Fehler, Makroprozesse zu verabsolutieren. Zwar werden die Individuen in bestehende Traditionen hineingeboren, die ihr Denken als soziale Bezugsrahmen beeinflussen. Doch führt die Kommunikation über neue Erfahrungen verbunden mit Prozessen des gemeinschaftlichen Aushandelns zu veränderten kollektiven Sichtweisen. Sie beziehen sich nicht nur auf die Aggregation individueller Überzeugungssysteme, sondern genauso auf die Objektivationen der Vergangenheit, die aufgrund der Veränderungen im sozialen Gedächtnis neugeschaffen werden.

Wagner-Pacifici und Schwartz (1991) zielen in ihrer Studie auf einen solchen Vermittlungsprozeß. Sie ordnen eine Kontroverse um öffentliches Gedenken als ein Gegeneinander innerhalb einer Nation theoretisch ein. Üblicherweise werden fundierende Momente zelebriert, um die Gemeinschaft öffentlich zu legitimieren und zugleich eine Identifikation anzubieten. Bei gesellschaftlichen Traumata besteht demgegenüber die Gefahr, daß sie den Gruppenzusammenhalt sprengen, weshalb Verdrängungstendenzen auftreten können. Allerdings tendieren, wie das Beispiel des Gedenkens an Vietnam zeigt, gesellschaftliche Niederlagen dazu, unerklärt zu bleiben und zu langdauernden Konflikten zu führen (ebd.: 410). Gesellschaften sind dann mit einer solchen Entwicklung konfrontiert, wenn die Negativereignisse Traumata betreffen, die auf moralische Fehlentscheidungen zurückzuführen sind. Weil Menschen zu Schaden kamen, fordert die Vergangenheit Protest und Tadel heraus. Deshalb lassen sich die Traumata nicht ignorieren. Anders vergäße die Gesellschaft die mit dem Handeln in der Vergangenheit verbundenen Verpflichtungen gegenüber den Opfern. Aus solchen Gegensätzen resultieren notwendig gesellschaftliche Spannungen (ebd.: 384).

Mit dem Vietnam Veterans' Memorial gab es eine verspätete Ehrung der Gefallenen. Sein Entstehungsprozeß veranschaulicht, daß es in der amerikanischen Gesellschaft keine einheitliche Meinung zur Kriegsniederlage in Südostasien gibt (ebd.: 378). Das Denkmal verdankt seine Errichtung sowohl parlamentarischen Initiativen als auch dem Engagement von Einzelpersonen. Weil letztere auf ihrer Überparteilichkeit beharrten, konnten sie eine breite Unterstützungsbewegung mobilisieren. Grundlage der Einigung war ein prinzipieller Kompromiß zwischen den verschiedenen politischen Lagern. Er sah vor, lediglich eine Tafel mit einer Namensliste aufzustellen. Die Zurückhaltung bei der Denkmalsgestaltung mit nationalen Symbolen trug dazu bei, daß sich viele Sponsoren zu einer Förderung bereit fanden (ebd.: 388f.). In solcher Form nimmt das Denkmal nicht auf den Krieg als Ereignis mit seinen Ursachen, Fehlentscheidungen etc. Bezug, sondern allein auf die Frauen und Männer, die in ihm gestorben sind (ebd.: 391). Damit gibt es den Betrachtenden keine Meinung vor. Wer zu ihm hingeht, bleibt den eigenen Emotionen und Kognitionen überlassen (ebd.: 393).

Der gesellschaftliche Konflikt um die Bewertung von Vietnam blieb allerdings von der Denkmalsgestaltung unberührt. Er wirkte vielmehr auf sie zurück. Einige Jahre nach der Enthüllung konnten sich die Vorbehalte gegen die Namensmauer durchsetzen. Die Gegner erzwangen einen Kompromiß in der Frage, wie der Toten zu gedenken sei. Ergänzend wurden drei realistische Statuen sowie die amerikanische Flagge als nationales Symbol errichtet. Damit sollte das Sterben für das Vaterland seinen symbolischen Ausdruck finden (ebd.: 395f.).

In dem Entstehungsprozeß des Memorials kommt die Wechselbeziehung zwischen Mikro- und Makroebene zur Geltung. Die Kriegsniederlage der USA in Südostasien läßt sich als Ereignis auf der Makroebene interpretieren, das die Individuen entsprechend ihren politischen Überzeugungen unterschiedlich wahrnehmen und bewerten. Aufgrund der Initiative Einzelner erwächst eine größere politische Bewegung. Sie wird vermittelt über Medienberichterstattung wiederum auf der Makroebene wirksam, was schließlich zur Aufstellung des Denkmals führt. Aber auch danach kommt es ausgehend von der in dem Memorial objektivierten Erinnerung zu weiteren Reaktionen der Inbesitznahme, Ablehnung etc., die erneut in politische Initiativen und endlich in Form der Erweiterung des Denkmals zu weiterem gesellschaftlichen Handeln führen.

Die gesellschaftliche Ambivalenz des historischen Ereignisses wird bei der Betrachtung des Memorials in seiner heutigen Form mit den verschiedenen hinzugefügten Teilen wie auch bei der Analyse des Entstehungsprozesses deutlich. Wagner-Pacifici und Schwartz weisen explizit darauf hin, daß die Betrachtenden die Zwiespältigkeit nicht zwingend empfinden müssen. So weit sie in einem der politischen Lager verankert sind, können sie in ihrer Wahrnehmung jene Teile des Memorials ausblenden, die den eigenen Überzeugungen zuwiderlaufen (ebd.: 407).

Zusammengefaßt zeigt sich durch diesen Beitrag, inwieweit gesellschaftliche und individuelle Ebene bei der Frage nach Inhalten und Formen von Erinnerung verzahnt sind. Die Analyse erlaubt es, das soziale Gedächtnis über ein verallgemeinerbares Modell zu konzeptualisieren, in dem die Wechselbeziehung zwischen Gesellschaft und Individuen im Erinnerungsprozeß berücksichtigt ist. Meinen eigenen Vorschlag, den Prozeß kollektiven Erinnerns im Rahmen eines Mikro-Makro-Modells abzubilden, sehe ich von daher als einen ersten Schritt zur theoretischen Integration an.

2.4 Konzeptionelle Struktur kollektiver Erinnerungen

Auf Basis der Auseinandersetzung mit den verschiedenen Ansätzen zur Erklärung des sozialen Gedächtnisses läßt sich Christoph Reinprecht (1996: 53) prinzipiell zustimmen, wenn er, Halbwachs interpretierend, feststellt, das kollektive Gedächtnis trete *„vielfach* in objektivierter Form als Symbole, Mythen oder Traditionen in Erscheinung." (Hervorhebung H.A.H.) Trotzdem bleibt die Frage, auf welche Weise es sich noch äußert. Denn, worauf unter anderen Bertaux und Bertaux-Wiame (1980) hinweisen, spielen die Erinnerungen der Gruppenmitglieder ebenfalls eine Rolle. Schließlich sind sie es, die den institutionellen Rahmen tragen. Um beiden Aspekten gerecht zu werden, unterscheide ich lediglich nach:
- Objektivationen der Vergangenheit als Ausdruck des *kulturellen Gedächtnisses*, ohne dieses nach seinen Trägern, Zeitrahmen etc. zu bestimmen,
- und nach der zwischen den Individuen erfolgenden Kommunikation über die Vergangenheit als Ausdruck der *kollektiven Erinnerungen.*[12]

Diese Minimaldefinition reicht aus, da sich mein Interesse darauf richtet, wie Individuen und gesellschaftliche Institutionen zusammen Erinnerungen an die Gruppenvergangenheit bewahren. An diesem Punkt gehe ich über die bisherige Forschung hinaus, die sich zwar intensiv mit den von Halbwachs

---

12 Die Pluralform verwenden Schuman und Scott (1989).

beschriebenen sozialen Rahmen beschäftigt, doch den Charakter der Wechselwirkung zwischen Mikro- und Makroebene unberücksichtigt läßt.[13]

Die vorgeschlagene Definition läßt sich über das Gruppenkonzept Tajfels (1982: 70f.) herleiten. Ihm zufolge sind Gruppen dadurch bestimmt, daß ihre Mitglieder sich selber mit einem hohen Grad an Übereinstimmung als solche begreifen und andere ihnen dieselbe Kategorisierung zusprechen. Kulturelle Tradition ist einer von mehreren Aspekten, die die Auswahl derjenigen Charakteristika determinieren, nach denen sich die Eigengruppe von Fremdgruppen unterscheidbar macht. Zudem wird die gemeinsam geteilte Erinnerung an kollektiv gemachte Erfahrungen der gesamten Gruppe auch von außen zugeschrieben (ebd.: 57).

Indem das Individuum die Denkungsart der Eigengruppe übernimmt, kommt es notwendig zur Rekonstruktion eigener Erinnerungen. Da die Menschen ihre Vorstellungen über die gemeinsam erlebte Vergangenheit miteinander austauschen, korrigieren sie sich gegenseitig und gleichen sich in ihren geschichtlichen Auffassungen an. Auf diese Weise wird das gemeinsam geteilte Bild des Gestern gestaltet. Allerdings kommt es in der jeweiligen Interaktion darauf an, in welcher Beziehung die Beteiligten zueinander stehen. So wird der in einem konkreten Denkprozeß in Anspruch genommene soziale Rahmen nicht innerhalb einer ad hoc-Situation konstituiert. Vielmehr wird, etwa im Falle eines Zufallskontakts, auf den Rahmen zurückgegriffen, den die für das Individuum *wichtigen* Personenkreise liefern.[14] Erst bei der aktiven Übernahme einer Gruppenperspektive ist es möglich, die persönliche Erinnerung zu überschreiten. Das bezieht sich sowohl auf die kognitive als auch die identifikatorische Ebene. Spezifische Ereignisse werden dann nicht autobiographisch aus der selbstbezogenen Binnensicht, sondern kollektiv aus dem Blickwinkel der für die jeweilige Person relevanten Gruppe erinnert. Diese Perspektive kann ohne weiteres unreflektiert sein, was etwa für sprachliche Prägungen (Reinprecht 1996: 29), bildungs- oder schichtspezifische Einflüsse (Buchhofer et al. 1970: 319) gilt. Sie liefern die materiellen und geistigen Anhaltspunkte des kulturell geprägten Rahmens, der wiederum Erinnerung beeinflußt.

Wie notwendig es ist, die konkrete Beschaffenheit des sozialen Gedächtnisses eindeutig zu bestimmen, zeigt sich an Halbwachs (1950: 35f.). Werden seine Bemerkungen in ein mengenalgebraisches Modell übersetzt, wird die

---

13 Eine konstante Sozialumgebung läßt sich nicht als Bedingung kollektiver Erinnerung voraussetzen (Heinz 1969: 75). Im Gegenteil werden die sozialen Rahmen selbst zum Gegenstand von Auseinandersetzungen, weil Erhaltung oder Veränderung eines bestimmten Rahmens den Interessen spezifischer Gruppen dienen (Keller 1996: 56).
14 Diesen Sachverhalt deutet Halbwachs (1950: 5ff.) mit dem Beispiel des Lehrers an, der aufgrund seiner professionellen Verpflichtung nicht dieselbe Stärke der Gruppenbindung empfinde wie diejenigen, die er unterrichtet.

Widersprüchlichkeit seiner Texte deutlich. Einerseits geht er davon aus, das kollektive Gedächtnis beinhalte alle Erinnerungen der Individuen. Sie formen also eine Gesamtsumme. Andererseits seien die Grenzen des Gemeinschaftsgedächtnisses sowohl enger als auch weiter als die der individuellen Gedächtnisse (ebd.: 35). Hinsichtlich der beiden zuletzt genannten Optionen ist klar, daß gemeinschaftliche Erinnerung mehr als die Summe der Teile sein muß. Der in beiden Gedanken zu Tage tretende Widerspruch wird von Halbwachs jedoch nicht gelöst.

Als Resultat aus den voranstehenden Überlegungen wird das *kulturelle Gedächtnis* als Institution definiert, die im Rahmen von Texten, Bildern, Symbolen, Riten bis hin zu Körperpraktiken sichtbar wird (J. Assmann 1995: 61; Connerton 1989: 72f.). Die mit ihm verbundenen Erinnerungen gelten als Ressourcen, die in Archiven, Bibliotheken, Denkmälern etc. gespeichert sind. Ihre Wirksamkeit entfalten sie, indem sie vermittelt über Medien zugänglich gemacht werden. Teilweise sind diese Erinnerungen aber auch in gesellschaftlichen Strukturen verkörpert. Als solche werden sie von kollektiven Akteuren wie Institutionen, Interessenorganisationen, Parteien etc. an die Individuen herangetragen und damit kommuniziert oder, bei Gedenkfeiern etwa, öffentlich zelebriert. Soweit es sich um Körperpraktiken handelt, sind sie Teil des Lebensalltags. Als internalisierte Verhaltensmuster gelangen sie zur Aufführung. Insgesamt bilden sie ein Normensystem, das der Sanktionierung unterliegt und über familiale wie gesellschaftliche Sozialisationsinstanzen vermittelt ist. Innerhalb dieses Rahmens wird den Gruppenmitgliedern das nahegebracht, was die Gruppe für erinnernswert hält, weil es die einzelnen Bedeutungsdimensionen von Geschichte erfüllt. Insofern ist das kulturelle Gedächtnis auf der Makroebene verortet.

Unzweifelhaft können diejenigen, die über den öffentlichen Raum verfügen, am leichtesten Einfluß auf die gesellschaftliche Erinnerung nehmen (Lottes 1997: 32). Doch auch wenn nicht alle Gesellschaftsmitglieder gleichen Zugang zur Kultur und insbesondere keinen gleichberechtigten Einfluß auf die Entscheidungen haben, was erinnert wird, dürfte das kulturelle Gedächtnis auf einem weitgehenden Konsens beruhen. Er ist notwendig, weil, wie auch die revolutionären Vorgänge in Osteuropa verdeutlichen,
eine Gesellschaft auf Dauer nicht ohne gemeinsam geteilte fundierende Erinnerung existieren kann (Münkler 1996: 139f.; Terray 1995: 190).

Als Imagination beinhaltet das kulturelle Gedächtnis die gemeinschaftlichen Vorstellungen in Latenz. Empirisch lassen sich die kollektiven Repräsentationen über eine Interpretation der Gedenkkultur sowie aus dem öffentlichen Diskurs ableiten (Bude 1992: 14ff.).

Demgegenüber ähneln die *kollektiven Erinnerungen* einer Gruppe der Schnittmenge der individuellen Gedächtnisse. Die Einordnung von Erinnerung erfolgt in einem Bezugsrahmen, über dessen Kategorien sich die Mitglieder verständigen (Halbwachs 1950: 39). Der erinnerte Sachverhalt unterscheidet sich für die Einzelnen je nach persönlichem Blickwinkel. Indes sind eine Reihe der Facetten des vergangenen Ereignisses nicht für die Gesamtheit der Mitglieder relevant. Vergangenheit ist im Gruppengedächtnis folglich selektiv sowie in schematischer Form vergegenwärtigt. Die gemeinschaftliche Erinnerung bezieht sich auf die im Gruppenbezug zentralen Aspekte von Vergangenheit. Das können spezifische Epochen oder auch Einzelereignisse sein, die den als wichtig begriffenen Zeitraum symbolisieren. Sie entsprechen Globalkategorien, unter die die Individuen ihre spezifischen Erfahrungen subsumieren, in die sie ihr Leben einordnen.

Kollektive Erinnerungen basieren auf gesellschaftlicher Sozialisation. Indem sich Einzelne als Gruppenangehörige wahrnehmen und in dieser Rolle verhalten, handeln sie als Träger der gemeinschaftlichen Erinnerungen. Die von der Gruppe als bedeutsam festgelegten historischen Kategorien sind folglich individuell gedacht und lassen sich allein in Interaktion mit anderen bestätigen, weshalb das Phänomen kollektiver Erinnerungen auf der Mikroebene zu lokalisieren ist.

Diese Überlegungen führen insoweit über Halbwachs, Assmann und andere hinaus, als sie das soziale Gedächtnis als übergeordnete Kategorie definieren und es ermöglichen, die Wechselwirkung zwischen Mikro- und Makroebene zu präzisieren. Das kulturelle Gedächtnis wirkt sich mit seinen Objektivationen von Vergangenheit als Institution aus. Zwar ist es von Menschen produziert, doch wenn ein Text erst an die Öffentlichkeit gelangt und später archiviert ist, steht es in deren Belieben, ihn wahrzunehmen oder nicht. Bei den kollektiven Erinnerungen steht demgegenüber die Kommunikation im Vordergrund. Durch Austauschprozesse einigen sich die Gruppenmitglieder auf das Erinnernswerte. Dabei verschmelzen die individuellen Vorstellungen, die bei den Einzelpersonen zur Gruppengeschichte vorhanden sind, zu einem gemeinschaflichen Gedanken. Die Gruppe gibt dem Individuum auf diese Weise Sicherheit in bezug auf die Einordnung der eigenen Wahrnehmungen und Erfahrung in den größeren Zusammenhang.

Mit der Unterscheidung zwischen den zwei Erinnerungsformen wird deutlich, daß beide Begrifflichkeiten inhaltlich jeweils anderes bezeichnen und theoretisch an strukturell verschiedene Ansätze anknüpfen. Das kulturelle Gedächtnis ist außerhalb der Menschen verortet. Sie greifen in einem gedanklichen Prozeß auf die in ihm gesammelten historischen Erfahrungen als etwas Äußerlichem zurück und bauen dieses Wissen in den eigenen Erfahrungsschatz ein. Indem die Menschen bestrebt sind, sich auf die unterschiedlichen Formen der geronnenen Erfahrungen zu stützen, erhält die institutionalisierte Erinnerung und hier insbesondere der Medienapparat in seiner Funktion als Multiplikator beziehungsweise Schnittstelle zwischen den Individuen und den Trägern des kulturellen Gedächtnisses zentrale Bedeutung. Weil sich das kulturelle Gedächtnis aus teilweise miteinander konkurrierenden Trägern zusammensetzt, verbleibt den Individuen die Entscheidung, welcher Vergangenheitsinterpretation sie folgen wollen.

In der gesellschaftlichen Realität besteht allerdings eine erhebliche Einschränkung der Annahme freier Informationsnutzung. Deshalb nimmt die Kommunikationsforschung eine indirekte Beeinflussung der Individuen durch die Medien an (Brettschneider 1994: 225f.). Empirische Forschungen zum *agenda setting* zeigen, daß Presse, Rundfunk und insbesondere das Fernsehen den Stellenwert einzelner Themen im öffentlichen Diskurs bestimmen (ebd.: 218). Auch wenn der Zusammenhang zum kulturellen Gedächtnis nicht empirisch untersucht wurde, ist zu unterstellen, daß die Medien darüber mitentscheiden, welche historischen Vorgänge aktuell kommemoriert werden und welche Aspekte der Geschichte die Individuen als bedeutsam begreifen.

Trotzdem darf die Wirkung historischer Bedeutungsmuster nicht allein von der Angebotsseite aus beurteilt werden. Die Rezeption ist auch von Bedeutung. Die Individuen sind es schließlich, die etwas Dargestelltes nicht nur als Sinnangebot verstehen, sondern mit ihm einen konkreten Sinn verbinden (Schwartz 1998: 27). Deshalb interessiert in dieser Studie weniger, was und wie Erinnerungs*kultur* strukturiert, organisiert oder dargeboten wird. Vielmehr richtet sich der Fokus auf die Rolle der Gesellschaftsmitglieder, ihren Rückbezug auf Geschichte und dessen Beeinflussung aufgrund sozialer Interaktion. Aus ihr resultiert eine Gemeinschaftsversion von Geschichte.

Warum aber einigen sich Gruppen auf eine Geschichtsversion? Trotz verschiedener Standpunkte streben die Einzelnen danach, einen Dissens zwischen den individuellen Wahrnehmungen aufzulösen. Dieser Effekt hängt mit dem individuellen Bedürfnis nach einem positiven Selbstkonzept und dem Wunsch nach positiver sozialer Identität zusammen (Simon / Mummendey 1997: 176). Sie wird über Prozesse des sozialen Vergleichs erreicht (Festinger 1954). Mittels Betrachtung der temporalen Dimension eröffnet sich die Möglichkeit, die Entwicklung der Eigengruppe zu beurteilen (Albert 1977). Sie wird bei der Abwägung vorliegender Alternativen dann positiv bewertet, wenn die derzeitige Situation in bezug auf ein früheres Erscheinungsbild als verbessert ansehen läßt (Simon / Mummendey 1997: 177). Insoweit besteht ein Anreiz, sich auf eine gemeinsame Geschichtsinterpretation zu einigen. Der Rückgriff auf die Vergangenheit vermittelt dann das Bild relativer Verhaltensstabilität. Sie ist „nicht nur ein Grundbedürfnis von Individuen, sondern (fungiert) zugleich auch als Faktor der minimalen Integration des sozialen Systems." (Buchhofer et al. 1970: 306)

Realistisch ist jedoch nicht zu erwarten, diese Annahme gelte für sämtliche Gesellschaftsmitglieder. Dazu sind die Interessen der Einzelpersonen und Institutionen zu unterschiedlich. Werden kollektive Erinnerungen in mengenalgebraischer Terminologie als Schnittbereich der individuellen Gedächtnisse beschrieben, ergibt sich als Konsequenz eine leere Menge. Definitionsgemäß liegt sie vor, wenn nur eine Person des Kollektivs die kollektiven Erinnerungen nicht teilt. Diesen Sachverhalt stützen eine Reihe von empirischen Untersuchungen (Schuman / Scott 1989; Scott / Zac 1993). Eine Gleichheit in der Bewertung von Geschichte innerhalb einer Gesellschaft kann wegen vorhandener Wissens-, Erfahrungs-, Rollen- und politischer Differenzen nicht vorausgesetzt werden. Selbst zentrale nationale Ereignisse sind den Individuen als historische Gesamtkategorien keineswegs gleichgewichtig präsent. Deshalb dürften geschichtliche Ereignisse lediglich von Mehrheiten mit ähnlichem Bedeutungsgehalt angesehen werden.

An dieser Stelle wird vage mit Mehrheitlichkeit argumentiert, weil Anhaltspunkte dafür fehlen, in welchem Maße Deutsche spezifische Zeitabschnitte ihrer nationalen Geschichte als erinnernswerte Kategorien begreifen. Der öffentliche Diskurs über den Nationalsozialismus zeigt die Uneinigkeit über normative Vorstellungen zur Frage, welche Wichtigkeit der Zeit von 1933 bis 1945 gegenwärtig zugemessen werden sollte.

Zweifellos tangieren gesellschaftliche Gegensätze in den kollektiven Erinnerungen den Gruppenzusammenhalt. Es bleibt aber die Frage, in welchem Ausmaß eine fehlende ähnliche Interpretation der Geschichte zur Instabilität des Gemeinwesens führt. Halbwachs (1925: 381) vertritt hierzu keine klare Position. Einerseits hält er es für ausreichend, wenn in einer Gesellschaft eine „genügende Einheit der Ansichten" besteht. Andererseits urteilt er, bei nicht bestehender gemeinsamer Erinnerung breche die Gruppe auseinander (ders. 1950: 5). Ausgehend von Tajfels (1982) Überlegungen zum Konstitutionsprozeß von Gruppen ist der erstgenannten Alternative der Vorzug zu geben. Geschichte ist zwar nicht unwichtig, doch unabdingbare Voraussetzung für gesellschaftliche Identität ist sie nicht. Vergangenheit spielt bei der Beantwortung von Fragen nach dem Gemeinsinn einer Gesellschaft und nach den ihren Zusammenhalt begründenden Facetten (Hirschman 1994) eine untergeordnete Rolle.[15] Weil sich moderne Gesellschaften immer weiter ausdifferenzieren und sie zudem keine historische Legitimation benötigen (Angehrn 1985: 368), können die Machtgruppen innerhalb einer Nation mit unterschiedlichen Geschichtsversionen um das Definitionsmonopol konkurrieren.

Eine für alle Staatsangehörigen einheitliche Geschichtsinterpretation ist auch deshalb nicht notwendig, weil die Nation eine Gruppenidentität liefert, die im Lebensalltag eher selten Bedeutung erlangt (Simon / Mummendey 1997: 178). Das Individuum begreift die von der Gesellschaft präsentierten Vergangenheitsbilder als Rahmen, der mit der eigenen autobiographischen Erinnerung gefüllt wird. Insofern verbindet sich der Rückgriff auf die nati-

---

15 Eine viel größere Bedeutung haben bürgerrechtliche Garantien, das rechtsstaatliche Verfahren, die politische Partizipation oder die Sozialordnung mit der in ihr geregelten Verteilung nutzbarer Potentiale und Ressourcen (Münch 1997: 69-77).

onale Geschichte auf der Ebene kollektiver Erinnerungen mit inhaltlichen Globalkategorien. Sie charakterisieren lediglich Epochen oder Zeitenwenden als bedeutsam, ohne diese Vergangenheitsperioden durch den Verweis auf spezifische Vorgänge zu konkretisieren und ihnen eine inhaltlich eindeutige Bedeutung und Bewertung zuzuweisen. Diesen Sachverhalt belegt die empirische Beobachtung, daß Deutsche Nationalsozialismus und Zweiten Weltkrieg in ihrer Geschichte als sehr wichtig ansehen (Heinrich 1996). Die politische Bewertung jener Jahre, ob Shoah oder Flucht und Vertreibung aus den Ostgebieten des Deutschen Reiches einen hohen Stellenwert in der Erinnerung haben, bleibt hiervon unberührt. Für mehrheitlich vorhandene kollektive Erinnerungen innerhalb einer Nation ist daher ein hoher Grad an Allgemeinheit sowie ihre Einstufung als bedeutsam maßgeblich.

Bei den kollektiven Erinnerungen ist daher davon auszugehen, daß innerhalb einer Gesellschaft Meinungsähnlichkeit lediglich darin besteht, daß die Nationsangehörigen den Globalkategorien der nationalen Geschichte, das heißt einer Epoche oder einem symbolischen Datum, mehrheitlich einen hohen Stellenwert zuschreiben. Weil in der Bewertung von Vergangenheit Differenzen zu erwarten sind, untergliedern sich diejenigen, die eine Globalkategorie als bedeutsam erinnern, in Subgruppen.[16] In ihnen werden die Details einer solchen Epoche gleich erinnert und gemeinsam als bedeutsam beurteilt sowie ähnlich bewertet.

Aus den vorab dargelegten theoretischen Zusammenhängen lassen sich folgende Hypothesen ableiten:

H 1: Kollektive Erinnerungen werden innerhalb einer Nation lediglich mehrheitlich geteilt.

H 2: Die mehrheitlich geteilten kollektiven Erinnerungen innerhalb einer Nation entsprechen in ihrer Form Globalkategorien.

H 3: Die unter den Globalkategorien subsumierten historischen Ereignisketten werden innerhalb einer Nation in höherem Maße gemeinsam geteilt, als es bei konkreten Daten der Fall ist.

H 4: Auf nationaler Ebene werden historische Detailereignisse lediglich von Subgruppen als bedeutsam angesehen.

Fokussiert eine Arbeit zum kulturellen Gedächtnis *latente* kollektive Vorstellungen, geht es bei der Erforschung kollektiver Erinnerungen um das, was eine festgelegte „Anzahl von Befragten und Beobachteten auf bestimmte Fragen antwortet und wie sie sich in bestimmten Situationen verhält." Heinz Bude (1992: 16) unterstellt in diesem Zusammenhang, wer sich

---

16 Mit dem Begriff der Subgruppe bezeichne ich allgemein Personenkreise mit gleicher Erinnerung, unabhängig davon, ob diese Gemeinsamkeit aus institutionalisierter Zusammengehörigkeit, Interessenidentität oder Meinungsähnlichkeit resultiert.

mit kollektiven Erinnerungen befasse, halte das Phänomen des kulturellen Gedächtnisses für eine „begriffliche Mystifikation". Bei dieser Meinung handelt es sich um eine Zuspitzung, die an den Konflikt zwischen qualitativer und quantitativer Sozialforschung erinnert. Statt hier alte Grabenkämpfe auszutragen, sehe ich es im Gegensatz zu Bude als wichtiger an, kulturelles Gedächtnis und kollektive Erinnerungen nicht als gegensätzliche Perspektiven ein und desselben Sachverhalts zu sehen, sondern als zwei inhaltlich verschiedene Konzeptionen des gesellschaftlichen Rückbezugs auf Vergangenheit. Sie gilt es analytisch zu trennen und der empirischen Untersuchung zugänglich zu machen.

2.5 Erinnerungsreproduktion versus -rekonstruktion

Bevor im weiteren ein Konzept zur Wechselwirkung zwischen Individuen und Gesellschaft bei der Herausbildung kollektiver Erinnerungen entwickelt wird, stellt sich die Frage, ob Geschichte reproduziert oder ob sie rekonstruiert wird. Die Klärung dieses Aspekts ist deshalb nicht unwichtig, weil die Annahme eines Mikro-Makro-Modells implizit variable Erinnerungen unterstellt, die im Laufe der Zeit unterschiedlichen Notwendigkeiten und Gruppeninteressen unterworfen sind. Mead (1929: 353) folgend ist jede Wahrnehmung der Vergangenheit durch den Gegenwartsstandpunkt bestimmt, weil sie gegenwärtige Bedürfnisse reflektiert.[17]

Auf individueller Ebene betrachtet sind nicht wenige Menschen davon überzeugt, ihr Gedächtnis funktioniere einem Tonband oder einer Kamera ähnlich und liefere exakte Wiedergaben von früher gemachten Erfahrungen und aufgenommenem Wissen (Lamal 1979: 157; Loftus und Loftus 1980: 410-415). Dieser populäre Glaube fand seine Entsprechung auch auf seiten der Wissenschaft. Einige Fachvertreter gingen davon aus, ein einmal aufgenommener Gedächtnisinhalt bleibe in seiner Form erhalten und könne unter geeigneten Umständen wieder zum Vorschein gebracht werden (Penfield 1975; Freud 1930: 426).[18]

Generell ist die Ansicht, erinnerte Ereignisse hätten sich genau so und nicht anders zugetragen, auf den hohen Stellenwert zurückzuführen, den Kontinuität und Konsistenz für das Selbstkonzept haben. Shelley Taylor und Jonathan Brown (1988) belegen, auf welch selektive Weise das menschliche Gedächtnis bei der Wahrnehmung und Aufbereitung von Informationen arbeitet, um ein positives Selbstkonzept zu erlangen. Widersprüche läßt es aufgrund ihres bedrohlichen Potentials nicht zu. Diese Erkenntnisse weisen darauf hin, wie wichtig es ist, die Fakten der Vergangenheit nachträglich zu gestalten und

---

17 Die Gegenposition betont, daß, wie auch Mead (1938: 81) an anderer Stelle bemerkt, Gegenwart erst durch die Vergangenheit erklärbar wird.
18 Freud entwickelt keine eindeutige Vorstellung hierzu (1910: 151).

den aktuellen Bedürfnissen anzupassen. Auf diese Weise ist es einer Person möglich, das eigene Selbst positiv wahrzunehmen.

Auch wenn Erinnerungen aufgrund ihrer Lebhaftigkeit und Akkuratesse überzeugend wirken, gibt es keinen plausiblen Grund für die Annahme, warum Imaginationen nicht detailliert und in ihrem Auftreten nicht vehement sein sollten (Bartlett 1932: 213f.). Für Halbwachs (1950: 55) spricht gegen die Reproduktionsthese, daß die Erfahrung der gesellschaftlich vermittelten Geschichte die eigene gelebte beeinflußt. Weil Vergangenheit mit Hilfe von der Gegenwart entliehenen Gegebenheiten nachgebildet wird, verändern sich Erinnerungen zusätzlich durch mehrmalige Rekonstruktion (ebd.: 55f.). Das Gestern wird in unserer Vorstellung keineswegs ausgelöscht. Doch leben die einmal erfahrenen Bilder und Situationen in unserem Gedächtnis nicht lediglich auf. Es bleiben die sozial vermittelten Anhaltspunkte, die notwendig sind, um bestimmte Teile unserer Vergangenheit zu rekonstruieren (ebd.: 62f.). Insofern besteht eine Verknüpfung zwischen dem Gestern und dem Heute. Die Handelnden entwerfen für sich eine bedeutsame Vergangenheit, indem sie ihr gesellschaftliches Leben in der Gegenwart konstruieren (Maines et al. 1983: 169).

Halbwachs' theoretische Annahmen können aufgrund empirischer Belege der *oral history* (Fischer 1987; Hoerning 1989; Welzer 2001), insbesondere aber der Psychologie (Kotre 1995) als gesichert gelten. Im Rahmen eines Forschungsüberblicks schlägt Brewer (1986: 44) eine differenzierte Sichtweise vor. Erfahrungen aus der jüngsten Vergangenheit sind in hohem Grade mit den realen Erlebnissen deckungsgleich. Im Laufe der Zeit erfahren die Gedächtnisinhalte jedoch eine fortwährende Anpassung an neugewonnene Eindrücke. Weil sich persönliche Perspektiven, die Gewichtung von Einstellungen und die Deutung bestimmter Sinnstrukturen im Leben verschieben, wird Geschichte immer wieder von einer anderen Warte aus erzählt (ebd.: 71f.; Barclay 1986: 89). Folglich ist davon auszugehen, daß sich die für eine Person zentralen Begebenheiten der Vergangenheit nicht verändern und als *Konzept* gespeichert bleiben. Was sich verändert, sind die mit der historischen Begebenheit verbundenen Bedeutungen und Gefühle sowie die Zuordnung von Detailerinnerungen zu einem Ereigniskomplex.

Auch wenn der Sachverhalt in der vorliegenden Literatur theoretisch nicht hergeleitet wird, ist es plausibel, auf kollektiver Ebene ebenfalls von Vergangenheitsrekonstruktion auszugehen. Sie ist, worauf Halbwachs (1925: 230) hinweist, deshalb als gegeben anzunehmen, weil Gruppenmitglieder im Rahmen von Interaktion ihre Erinnerungen austauschen, sich über das Gestern verständigen. Die individuellen Perspektiven in bezug auf ein historisches Ereignis sind dementsprechend durch Gruppeneinflüsse geprägt. Die einzelne Person, die in mehreren Kollektiven mit teils unterschiedlichen Interessen Mitglied ist, bringt die spezifischen Sichtweisen in ein kohärentes Bild und trägt es wiederum zurück in die jeweiligen Gruppen. Dort wird in den Interaktionsprozessen entweder die Gruppe seitens einer Person von deren Position überzeugt, oder alle Individuen modifizieren ihre je persönliche Meinung. Eine solcherart geschaffene gemeinsame Vorstellung von Geschichte muß weder mit dem tatsächlichen historischen Ablauf noch mit den Erinnerungen der Gruppenmitglieder identisch sein. So kann sich im Abgleich der individuellen Geschichtsversionen ein Kompromiß herausgeschält haben. Möglich ist auch eine Interpretation, die aus der Machtposition ihrer Verfechter resultiert.

Auch wenn Geschichte auf kollektiver Ebene rekonstruiert wird, folgt daraus nicht automatisch, daß sich die gemeinsame Erinnerung laufend über die Zeit verändern muß. Wenn sich eine Gruppe auf Epochen oder Zeitenwenden und damit auf inhaltlich allgemein gehaltene Kategorien bezieht, ist nicht unbedingt zu erwarten, daß sich die Einschätzung von Geschichte im Zeitverlauf ändert. Das gilt um so mehr, wenn der Sachverhalt solcher Kategorien von den Angehörigen einer Gesellschaft als Orientierungspunkt begriffen wird. Im Gegenteil dürften sich Geschichtsinterpretationen in Großgruppen insbesondere aufgrund der Schwerfälligkeit institutionalisierter Abstimmungsprozesse in der Regel nur langsam wandeln. Die historischen Globalkategorien sind Teil jenes politischen und kulturellen Zeichensystems, das kanonisierte Erinnerungsweisen ausdrückt und für die gesellschaftliche und politische Gemeinschaft steht. Zeitliche Stabilität ergibt sich, weil die Erinnerungskategorien in ihrer Allgemeinheit divergierende und konkurrierende Vorstellungen spiegeln können (Speitkamp 1997: 8). Erst bei gesellschaftlichen Umbrüchen ergeben sich Veränderungen in den allgemeinen Orientierungen. Daraus folgt als Hypothese:

H 5: Die Einschätzung historischer Ereignisse als bedeutsam ist insoweit über die Zeit stabil, als sich diese Einschätzung auf Globalkategorien bezieht.

Im Gegensatz zu den historischen Globalkategorien dürfte Zeitstabilität bei Detailerinnerungen auf gesellschaftlicher Ebene unwahrscheinlich sein. Gemeint sind spezifische geschichtliche Daten oder Geschehnisse. Schon ihre Wahrnehmung verweist in der Regel auf eine bestimmte Bewertung der jeweiligen Epoche, was sich am Widerstand gegen den Nationalsozialismus verdeutlichen läßt. Je nach dem, ob der Attentatsversuch vom 20.Juli 1944, die Aktion des Einzelgängers Georg Elser oder das Wirken der Roten Kapelle als bedeutsam erinnert wird, sind damit gesellschaftspolitisch relevante Evaluationen verknüpft. Auf der entsprechenden Auswahl basiert die Möglichkeit, den Widerstand als „Steinbruch" für die tagespolitische Debatte zu benutzen und das jeweils passende Beispiel zum Beleg des eigenen Standpunkts zu präsentieren.

Als Folge dürften sich Übereinstimmungen bei Details und inhaltlichen Bewertungen von Vergangenheit lediglich auf der Ebene von Subgruppen zeigen. Bei ihnen kann Ähnlichkeit in der Sichtweise aus mehreren Gründen gegeben sein. So ist es möglich, daß

- die Mitglieder einer Untergruppe die spezifischen Erfahrungen eines historischen Ereignisses teilen,
- sie alle in jenen Prozeß persönlich involviert waren,
- sie sich in der Interpretation dieses Teils der Geschichte aufgrund politischer Nähe einig sind.

Aufgrund dessen ist es sinnvoll, als Hypothese bei Detailerinnerungen keine Zeitstabilität zu unterstellen.

H 6: Die Einschätzung historischer Ereignisse aus der Geschichte der eigenen Nation als bedeutsam verändert sich über die Zeit dann, wenn sich die Einschätzung auf Detailereignisse bezieht.

In bezug auf die Zeitstabilität kollektiver Erinnerungen ist weiterhin zu berücksichtigen, daß die Wahrnehmung von Geschichte Veränderungen unterworfen ist, die aus dem historischen Prozeß selber resultieren (Koselleck 1992). Ein solcher Fall ergab sich im Gefolge der gesellschaftlichen Umwälzungen Ende der 80er Jahre in Osteuropa. Sie führten unter anderem zu einer Neuinterpretation des Antifaschismus (Knütter 1991). Diente er vorher als fundierendes Element für die Gesellschaft der DDR (Münkler 1998) und war zugleich Instrument der politischen Linken in der alten Bundesrepublik (Brandt 1994), stellten sich mit dem Ende der DDR neue Fragen nach der Gültigkeit der mit dem Antifaschismus verbundenen normativen Ansprüche (Diner 1995: 77-94).

Derartige Prozesse kann diese Untersuchung allerdings nicht berücksichtigen. Sie lassen sich nur erforschen, wenn die empirische Beobachtung über einen entsprechend langen Zeitraum geplant ist und signifikant gewordene gesellschaftliche Veränderungen in den Beobachtungszeitraum fallen.

2.6 Wechselseitige Verständigungsprozesse über Erinnerung

Halbwachs' Gedanke über die Einbettung jeglicher Erinnerung in einen sozialen Rahmen findet sich auch in Goffmans (1969; 1973; 1977) Überlegungen. Der auf ihn zurückgehende symbolische Interaktionismus konzentriert sich auf die zwischen einzelnen Subjekten stattfindenden Wechselbeziehungen. Sie tauschen Interpretationen über die soziale Welt aus. Die gegenseitige Verständigung dient dazu, das eigene Verhalten zu bestätigen, indem es erneut ausgeführt wird, wie auch Erweiterungen und Veränderungen im Handeln einzuführen. Ein solcher Wandel ist gerade in Phasen des Umbruchs zu beobachten. In ihnen wird das Set an kollektiven Erfahrungen neu arrangiert und austariert. Auch wenn die Menschen ihren subjektiven

Strategien folgen, handeln sie vor der Folie bestehender sozialer Rahmen. Sie entsprechen einem „Verständigungshintergrund" (ders. 1977: 32).

Goffman folgend ist den Angehörigen von Kollektiven in der Regel bekannt, welches Verhalten sie in welcher Situation von den anderen Gruppenmitgliedern erwarten können. Solche Momente sind folglich durch Erinnerung beeinflußt. Ein weiterer Bezug zur Vergangenheit besteht insofern, als sich die Beteiligten an früherem Handeln orientieren (Blumer 1972: 100). Es gibt nie völlig neue Verhaltensmuster. Auch in ungewohnten Situationen wird auf Erfahrungsbestände zurückgegriffen, die Ähnlichkeiten zur aktuellen Lage aufweisen und eine Handlungsanleitung bieten. Jedoch sind nicht nur unter solchen, sondern auch unter Bedingungen alltäglicher Gewohnheit die zu leistenden Interpretationsprozesse selten eindeutig. Oft werden Menschen mit widersprüchlichen Erwartungen konfrontiert. Deshalb wandeln sie ihre Handlungsmuster ab, worüber sich bei ihnen im Laufe der Zeit auch die Deutungen ändern.

Innerhalb größerer Gesellschaften sind die Interaktionen der Einzelnen miteinander verkettet. Sie bilden komplexe hierarchische Handlungsnetzwerke. Gemeinsamkeit entsteht dadurch, daß derartige Akte auf ein nur durch mehrere Personen zu erreichendes Ziel hin abgestimmt werden. Nach Herbert Blumer (ebd.: 97) kann der überwiegende Teil sozialer Wechselbeziehungen in einer Gesellschaft als sich wiederholende Muster gemeinsamen Handelns angesehen werden. In diesen Zusammenhang läßt sich das Konzept kollektiver Erinnerungen einordnen.[19] Bei den von den Einzelnen vollzogenen Situationsdefinitionen geht es um den Rückgriff auf frühere kollektive Erfahrungen, die als *frames* größtenteils durch gesellschaftlich geteilte Überzeugungen und Strategien bestimmt sind (Irwin-Zarecka 1993: 5).

Ein Bezug auf Vergangenheit stellt sich zudem im Prozeß der Verständigung über die gesellschaftlich gewünschte Erinnerung her, indem sich die Individuen auf einen Konsens einigen. Die handelnden Subjekte klären zunächst, ob alle Interaktionspartnerinnen und -partner die gleiche Erinnerung teilen. Sodann setzen sie sich darüber in Kenntnis, welche historischen Ereignisse der Gesellschaft sie aus welchen Gründen für erinnernswert halten. Auf diese Weise stellen die an dem gedanklichen Austausch beteiligten Personen fest, ob sie sich in ihren Einschätzungen gegenseitig bestätigen, voneinander lernen oder ob sie sich voneinander abgrenzen. In diesen Prozessen entscheidet sich, ob sich die Individuen hinsichtlich ihrer Erinnerung und deren Bewertung derselben Gruppe zurechnen.

Ohne sich explizit auf Goffman zu beziehen, liefern Bertaux und Bertaux-Wiame (1980) im Rahmen ihrer Analyse lebensgeschichtlicher Interviews französischer Arbeiter erste Belege für Vorhandensein und Wirkungsweise der beschriebenen Interaktionsstrukturen. Sie zeigen, wie Arbeiter, die ihre

---

19 Siehe hierzu auch J. Assmann (1992: 36) und Reinprecht (1996: 56-64).

persönlichen Erfahrungen und Erlebnisse im Interview verbalisieren, explizit auf das Beziehungsgeflecht ihrer Eigengruppe verweisen. Im Rückgriff auf die eigene Vergangenheit vergegenwärtigen sich die Beteiligten erneut ihrer Gruppenzugehörigkeit.

Verallgemeinernd läßt sich daraus schließen, daß weder persönliche Umwelt noch gesellschaftlicher Kontext als feste Größen gelten können. Weil sich beide in permanentem Wandel befinden, verändern sich notwendig auch die Erinnerungen der Individuen. Sie sind zwar von den sozialen Rahmen beeinflußt, wirken auf diese aber auch zurück (Keller 1996: 13). Beispielhaft für eine solche Beziehung zwischen individueller und kollektiver Ebene ist in Frankreich der Umgang mit der verdrängten, mit zeitlichem Abstand aber immer wieder thematisierten Vergangenheit des Algerienkrieges. Auch wenn einzelne mit den Ereignissen um 1960 persönliche Erinnerungen verbanden, fand jener Konflikt erst in jüngster Zeit über den Papon-Prozeß und auf Drängen der Migrantenminderheit Eingang in den öffentlichen Diskurs. „Tatsächlich ist der Übergang von privatem Schmerz in das kollektive Bewußtsein ein komplizierter Prozeß voller Fallstricke. Wie soll man die Tatsache '17.Oktober 1961' anerkennen, wenn der Algerienkrieg in Frankreich offiziell nicht existiert?[20] Gibt es Verbrechen in einem Krieg, der keinen Namen hat? Damit eine Erinnerung zugelassen werden kann, ist es [...] nötig, daß sie Unterstützung hat." (Stora 1997) Sie wird erreicht durch öffentlich vorgetragene Forderungen betroffener Personengruppen. Erst dann ist es den Mitgliedern der unterdrückten Minderheiten möglich, für erlittenes Unrecht späte Wiedergutmachung zu erhalten.

2.6.1 *Die Konzeptualisierung der Mikro-Makro-Beziehung*

Um den wechselseitigen Einfluß zwischen kollektiven Erinnerungen und kulturellem Gedächtnis theoretisch modellieren zu können, lassen sich die skizzierten Vorstellungen zum symbolischen Interaktionismus mit Gedanken aus Colemans (1991: 9ff.) Sozialtheorie verknüpfen. Er kritisiert an der Sozialforschung, daß der Relation zwischen Individuum und Gesellschaft selten Beachtung geschenkt wird. Für ihn stellt sich die Frage, inwieweit sich gesamtgesellschaftliche Ereignisse auf die Individuen auswirken und auf welche Weise das dadurch ausgelöste Verhalten der Einzelnen auf das Kollektiv zurückwirkt.

Coleman (ebd.: 13) zielt auf die Verbindung zwischen Mikro- und Makrobereich als einer Entwicklung über die Zeit. Dabei wirken sich jene Regeln

---

[20] Gemeint sind die Pariser Demonstrationen gegen die Algerienpolitik mit der Eskalation von Gewalt und den brutalen Übergriffen der französischen Polizei. So ist bis heute ungeklärt, wie viele algerischstämmige Demonstranten von den Vertretern der Staatsgewalt ermordet wurden. Die Politik reagierte damals auf die Vorfälle mit einer Vertuschungsstrategie, die bis heute weitgehend erfolgreich war.

auf die Individuen aus, innerhalb derer die Gesellschaftsmitglieder agieren. Ihre Reaktionen auf den gesellschaftlichen Einfluß sind wiederum Basis für Veränderungen auf der Makroebene. Ein solches Modell zielt darauf ab, die wechselseitige Abhängigkeit beider Ebenen in den Fokus des Interesses zu rücken.

Indem Colemans Modell auf das Phänomen des sozialen Gedächtnisses übertragen wird, eröffnet sich ein Zugang zur Erfassung der Wechselwirkung zwischen gesellschaftlichem Wandel und individuellem Handeln. Die meisten Darstellungen zu kulturellem Gedächtnis und kollektiven Erinnerungen zielen nur auf je einen Bereich. Sowohl das autobiographische Gedächtnis als auch die Ebene gemeinschaftlicher Interaktion über Vergangenheit werden getrennt betrachtet, wenn der Text nicht implizit deren Unabhängigkeit unterstellt.

Ein solcher Einwand trifft auf die von Douglas (1991: 131f.) vorgelegte Analyse zu. Ihrer Meinung nach vollzieht sich gesellschaftliches Erinnern weitgehend in und durch Institutionen. Deren Aufgabe bestünde in der Steuerung und der Entlastung sowohl des Denkens als auch des Gedächtnisses. So legitim es ist, sich mit diesem Fragenkreis zu beschäftigen, beschränkt sich der Erkenntnisgewinn allein auf die Makroebene. Dabei bleibt ausgeblendet, daß sich Körperschaften aus eigenverantwortlich handelnden Individuen zusammensetzen. Menschen verbleibt immer die Möglichkeit, auf die Institutionen, denen sie angehören, Einfluß zu nehmen. Ohne Frage führt Gruppendruck zu Zwängen. Sie machen es schwierig, Institutionen zu verändern oder sich gegen sie aufzulehnen. Es ist aber darauf zu bestehen, daß Anpassung auch eine Entscheidung ist. Schließlich kommt es zu gesellschaftlichem Wandel, weil sich Individuen zum Anderssein, zu Handlungsalternativen entschließen.

Ähnliche Kritik richtet sich gegen Jan Assmanns (1992: 56ff. u. 85) analytische Trennung zwischen kommunikativem und kulturellem Gedächtnis. Ihm zufolge ist die biographische Erinnerung eine Sache des Alltags, während das kulturelle Gedächtnis auf die zeremonielle Rückbindung an jene vergangenen Ereignisse zielt, die die bestehende soziale Struktur formen. Es bleibt aber zu fragen, ob sich die Trennung zwischen Alltag und Fest in dieser Schärfe aufrecht erhalten läßt. Statt dessen dürften Routine und Reflexion in konkreten Handlungen ständig wechseln, was sich am Kirchgang demonstrieren läßt. Bei manchen Menschen dürfte er als Alltagsroutine, bei anderen als Reflexion einzustufen sein. Außerdem kann in Abhängigkeit von der persönlichen Situation die einzelne Person die Teilnahme am Gottesdienst mal als alltägliche Selbstverständlichkeit, mal als grundlegende Besinnung empfinden (Köstlin 1991).

An dem Einwand zur separaten Betrachtung von Mikro- und Makrobereich ändert sich auch nichts durch den Vorschlag, die Idee der zwei Gedächtnistypen um die Vorstellung von Speicher- und Funktionsgedächtnis zu erweitern (Assmann / Assmann 1994: 121ff.). In ihren weiterführenden Erläuterungen betont Aleida Assmann (1999: 136) ihre Abwendung von der „binären Opposition" zwischen den dualistisch aufeinander bezogenen Erinnerungsformen für Kultur und Alltag. Statt dessen müsse eine perspektivische Sichtweise eingenommen werden, bei der das Funktionsgedächtnis mit den alltagsrelevanten Aspekten von Vergangenheit den Vordergrund bilde. Sie seien umgeben durch das Speichergedächtnis, das mit den ungebrauchten und nicht-amalgamierten Erinnerungen den Hintergrund darstelle. „In dieser Bezogenheit von Vordergrund und Hintergrund liegt die Möglichkeit beschlossen, daß sich das bewußte Gedächtnis verändern kann, daß Konfigurationen aufgelöst und neu zusammengesetzt werden, daß aktuelle Elemente unwichtig werden, latente Elemente emportauchen und neue Verbindungen eingehen." (ebd.)

Es ist nicht zu bezweifeln, daß diese Differenzierung das Konzept des sozialen Gedächtnisses erweitert. Fragen, wie Vorder- und Hintergrund in Verbindung stehen, wie sich kulturelles und kommunikatives Gedächtnis gegenseitig befruchten und wie beziehungsweise warum bestimmte Vergangenheitselemente in den aktuellen Gruppendiskurs Eingang finden oder vergessen werden, lassen Assmann und Assmann jedoch unbeantwortet. Auch wenn die Prioritätensetzung Ulric Neissers (1988: 556) diskutiert werden kann, derzufolge Erinnern als soziale Angelegenheit in erster Linie der Unterstützung der sozialen Interaktion dient, zielt die vorliegende Studie im Kern auf diesen Aspekt. In ihr ist beabsichtigt, dem Umstand der gegenseitigen Beeinflussung zwischen den zwei Grundtypen des sozialen Gedächtnisses Rechnung zu tragen.

2.6.2 Ein Basismodell kollektiver Erinnerungen

Reinprecht (1996) liefert mit seinem Buch zu Bewertungen der Vergangenheit in Tschechien und Ungarn ein Beispiel für die Bedeutung des Mikro-Makro-Sachverhalts. Im Gegensatz zu anderen Publikationen nimmt seine Arbeit an verschiedenen Stellen explizit die Tatsache einer reziproken Beeinflussung zwischen autobiographischem und kulturellem Gedächtnis zur Kenntnis und stellt eine Verbindung zur Frage nach den Formen der Perzeption von Vergangenheit her. Im Hinblick auf die Machtstrukturen in den durch die kommunistischen Parteien gelenkten Staatsbürokratien des Warschauer Paktes kann Reinprecht (ebd.: 88f.) insoweit auf eine Wechselwirkung zwischen Individuum und Gesellschaft verweisen, als die Macht in jenen Staaten nur bedingt lokalisierbar war. Es sei nicht immer klar gewesen, wer wen beherrsche. Aus den Spannungen zwischen Partei und Staatsapparat resultierte teilweise ein Machtvakuum. Konkurrierende Fraktionen stritten sich darum, es zu füllen. Dadurch nahm „die innere Lähmung zu und es verschwand [...] der letzte Rest an bürokratischer Rationalität. Zurück blieben häufig genug frustrierte Beamte, die, der permanenten Direktiven durch die Partei überdrüssig, die vorhandenen Strukturen und Möglichkeiten zum eigenen Vorteil nutzten." (ebd.: 89)

Auf das Colemansche Modell übertragen werden in derartigen Vorgängen unterschiedliche Einwirkungen auf die Menschen sichtbar. Ihnen eröffnen sich durch die Konkurrenzsituation auf gesellschaftlicher Ebene Handlungsoptionen. Außerdem folgt im Zeitverlauf aus persönlichen Entscheidungen der Einzelnen auf staatlicher Ebene eine Verschiebung bestehender Machtgewichte zwischen den Führungsgruppen.

Die an diesem Beispiel deutlich werdende gegenseitige Beeinflussung zwischen Gesellschaft und ihren Mitgliedern läßt sich auf den Umgang mit Vergangenheit übertragen. Entsprechend der Vorstellung von Coleman sind die Teile des kulturellen Gedächtnisses, die dem Funktionsgedächtnis zugehören, auf der Makroebene angesiedelt, weil sie gegenwärtig den gesellschaftlichen Diskurs prägen und als Bedeutungsträger erkannt werden. Alles, was zum Speichergedächtnis zählt, das unbrauchbar, obsolet oder fremd gewordene Wissen aus früherer Zeit, stellt eine Ressource dar und kann sich als intervenierende Variable auswirken.

Bei den in den Individuen verankerten kollektiven Erinnerungen ist die Zuordnung nicht so eindeutig. Sie ist vom Fokus der Beobachtung abhängig. Die Verortung erfolgt auf der Mikroebene, wenn es um die erinnernden Personen geht, soweit sie sich Ereignisse der Vergangenheit ins Gedächtnis rufen, die für sie als Gruppenmitglieder relevant sind. Geht es dagegen um den für die Gruppenkommunikation bedeutsamen Bezugsrahmen, ist er dem Makrobereich zuzuordnen. Gemeint sind damit die von den Einzelnen in ihren Interaktionen erwarteten Ansichten, Bewertungen, Normen. Dabei handelt es sich um aggregierte Vergangenheitsvorstellungen.

Werden diese Annahmen auf Colemans Schema mit dem Ziel bezogen, das soziale Gedächtnis im Zeitverlauf zu analysieren, muß es zur weiteren Spezifizierung darum gehen, mittels Brückenhypothesen die Wechselwirkung zwischen gesellschaftlichem und individuellem Bereich zu kennzeichnen. Grundsätzlich setzt eine Entwicklung mit dem Eintreten eines Ereignisses ein, das die einzelnen Personen wahrnehmen und verarbeiten. Unabhängig davon, ob das Geschehen bei ihnen Aufsehen erregt, sie verändert oder von ihnen ignoriert wird, wirken diese Verhaltensweisen auf die Makroebene zurück. Indem viele Menschen ähnlich reagieren oder Personen mit Machtmitteln ihre Ressourcen ausspielen, werden damit jene Institutionen beeinflußt, zu denen das kulturelle Gedächtnis gehört. Daraus resultieren Folgewirkungen, die durch Institutionen, Organisationen oder von Interessengruppen veranlaßt werden.

Je nach dem, welche Anstöße von der institutionellen Ebene gegeben werden und wie die Menschen für sich damit umgehen, setzt sich ein bestimmtes Bild von dem auslösenden Ereignis bei ihnen fest. Kollektive Erinnerungen entstehen dann über eine gemeinschaftliche Interpretation der Geschichte. Sie entspringt einem Angleichungsprozeß, der auf die von den Einzelnen in die gesellschaftliche Interaktion aktiv oder passiv eingebrachten Perspektiven von Vergangenheit zurückgeht. Die kollektiven Erinnerungen können zu späteren Zeitpunkten handlungsleitende Relevanz bekommen, wenn die Individuen Einflüssen gesellschaftlicher Institutionen begegnen oder sie an letztere Forderungen richten. Somit ergeben sich individuelle Reaktionen auf aktuelle Handlungserfordernisse mit weiteren Rückwirkungen auf den institutionellen Bereich. Damit beginnt ein neuer wechselseitiger Einflußzyklus zwischen Makro- und Mikroebene.

Die vorgenommene Modellierung verdeutlicht, daß Colemans Basisschema mit seiner einfachen Interaktionsrelation zwischen Ereignis, dessen Auswirkungen sowie den Reaktionen im Mikrobereich bis hin zu den Konsequenzen auf der Makroebene erweitert werden muß, um einen fortdauernden Prozeß darzustellen. Da der Rückbezug auf Geschichte zudem auf vielfältige Arten erfolgt, ist es weiterhin zweckmäßig, verschiedene Modellvarianten zum sozialen Gedächtnis zu kreieren und als Komponenten des Mikro-Makro-Phänomens zu bestimmen.

Auseinandersetzungen im Rahmen gesellschaftlicher Vergangenheitsdiskurse sind normal. Darauf geht der erste zu erörternde Fall ein, für den ich den Begriff der *Interaktionsvariante* benutze. Er modelliert jene Erinnerungen, die innerhalb einer Gesellschaft als bedeutend betrachtet, deren Interpretation und Bewertung aber immer wieder neu ausgehandelt werden. Den Entwicklungsverlauf veranschaulicht Abb. 1 mittels Vervielfältigung der Interaktionsakte und der Duplizierung der Mikroebene. Sie ist durch die obere und untere Horizontale repräsentiert. Beide Linien stehen für die Mitglieder von Gruppen mit unterschiedlichen Interessen innerhalb einer Gesellschaft, die jeweils andere Aspekte der Vergangenheit hervorgehoben sehen möchten. Die waagerechte Mittellinie symbolisiert die Makroebene.

Entsprechend dem Schema tritt zum Zeitpunkt t_0 ein Ereignis ein. Seine Folgen nehmen die Mitglieder der Gesellschaft mehr oder weniger kurz darauf wahr (t_1). Insoweit es als bedeutsam eingestuft wird, löst das Ereignis zumindest in Subgruppen eine Wirkung aus (t_2). Weil diese Individuen durch das Ereignis tangiert sind, führt ihre Reaktion zum Zeitpunkt t_3 auf gesellschaftlicher Ebene wiederum zu Veränderungen (t_4). Dadurch sind in t_5 die Mitglieder anderer Gruppen betroffen, die nun auf ihre Weise in t_6 darauf antworten, was erneut Modifikationen auf der Makroebene auslösen kann (t_7). Insgesamt besteht ein wechselseitig bezogener Prozeß, in dem gesellschaftliche Gruppen andauernd um die Interpretation der Vergangenheit verhandeln oder streiten. Innerhalb dieses Wechselspiels bildet sich bei den Einzelpersonen eine Erinnerung heraus, die entweder in der gesamten Nation oder von bestimmten Subgruppen geteilt wird. Als direkte Akteure können sie die Makroebene beeinflussen. Allerdings wird auf ihr ebenfalls eine spezifische Form des Umgangs mit Vergangenheit hervorgebracht, die das kulturelle Gedächtnis formt. Inhaltlich müssen derartige Vorstellungen nicht mit den ursprünglichen Geschehnissen deckungsgleich sein. Vielmehr dürfte sich deren Interpretation infolge der gesellschaftlichen Auseinandersetzung um diesen Teil der Geschichte verändern. Im temporären Verlauf resultieren daraus Abweichungen in der Wahrnehmung der historischen Fakten. Hierbei sind die kulturellen Objektivationen von Vergangenheit nicht prinzipiell unabhängige Instanz, weil die Individuen in die Entscheidungen darüber einbezogen sind, was Gesellschaft für erinnernswert hält.

Abb. 1: Mikro-Makro-Modell zur Interaktion kollektiver Erinnerungen

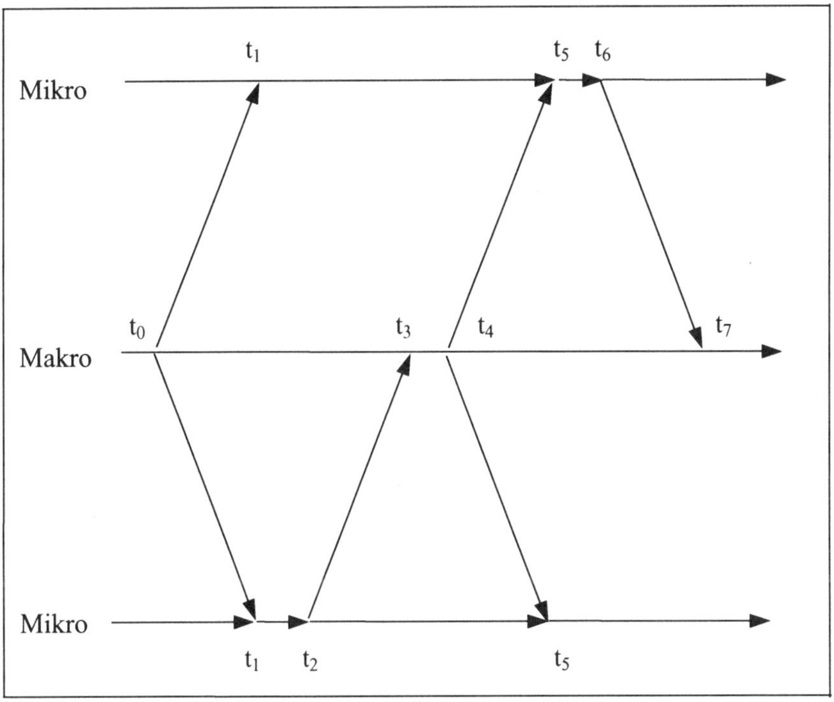

Beispielhaft für den in der Modellvariante abgebildeten Entwicklungsprozeß ist der Umgang mit dem Nationalsozialismus. Vom Zeitpunkt des Kriegsendes am 8. Mai 1945 an waren die Deutschen sowohl als Einzelpersonen als auch als Kollektiv wieder und wieder mit den Auswirkungen jener Geschichte konfrontiert. Ausgelöst durch institutionelle Beschlüsse auf der Makroebene mußten sie bereits in der Phase der Entnazifizierung öffentlich zur eigenen Rolle in den Jahren 1933 bis 1945 Stellung nehmen (Friedrich 1984; Vollnhals 1991). Sie waren gezwungen, sich an die „braune Diktatur" zu erinnern, und hatten sich einer anderen Gruppe, den früheren Feinden, gegenüber dazu zu äußern. Die Mehrheit der Deutschen begegnete diesen Direktiven mit Verweigerung oder Ablehnung (Frei 1996:

397). Damit liegt eine kollektive Reaktion vor (Lepsius 1989: 261), die zum Mißlingen der Absichten der Alliierten führte (Wielenga 1995: 42f.).

Übertragen auf die Interaktionsvariante des Mikro-Makro-Modells ist auf diese Weise kein zeitlicher Endpunkt erreicht. In der historischen Interpretation bestätigte jenes Scheitern einen erheblichen Teil der Deutschen in ihrem Verhalten, sich selbst von jeder Verantwortung freizusprechen. Andererseits trug die Entnazifizierung zur fortschreitenden Diskreditierung des nationalsozialistischen Regimes bei. Nach Helmut König (1996: 169) kam es zu einer Divergenz zwischen privat und öffentlich. Strafverfolgung und moralischem Protest auf der Makro- stand das Schweigen der Familien auf der Mikroebene gegenüber (Kohlstruck 1996: 155). Schließlich sind als Gruppe diejenigen zu berücksichtigen, die nach wie vor vom Nationalsozialismus überzeugt waren und die Befragungsaktion als Siegerjustiz definierten. Angehörige dieses Personenkreises empfanden es als legitim, jegliche Verantwortung abzulehnen.

Die Vielfalt der Reaktionen führte zu spezifischen Formen und Inhalten der Erinnerung an die Jahre von 1933 bis 1945, sei es, daß vorhandene gedankliche Muster bestätigt, variiert oder der Gegenwart angepaßt wurden, sei es, daß, angeregt durch die Entnazifizierungsmaßnahmen als Intervention, das Bild der Vergangenheit eine Neubewertung erfuhr. Alle diese Vorstellungen über den Nationalsozialismus formten im weiteren Zeitverlauf die Erinnerungsgrundlage, von der aus Reaktionen auf erneute Interventionen erfolgten (König 1996). Das gilt für die Anfangsjahre der Bundesrepublik, als es um die Integration der Täter in den Beamtenapparat ging, bis hin zu den jüngsten Auseinandersetzungen über die Beteiligung der Wehrmacht am Massenmord. Gleichzeitig wurde damit die Basis für eine offizielle Vergangenheitspolitik gelegt, die gerade in den 50er Jahren berücksichtigte, daß die Mehrheit der Bevölkerung nicht an den Nationalsozialismus erinnert werden wollte (Frei 1996: 405).

Um das Interaktionsmodell empirisch testen zu können, reicht es nicht, aus den theoretischen Überlegungen eine einzelne Hypothese abzuleiten. Vielmehr muß ein komplexer Satz verschiedener Aussagen formuliert werden. Die bereits postulierten Hypothesen H 5 und H 6 liefern dazu zwei Komponenten. Sie treffen Aussagen über die zeitliche Stabilität der mehrheitlich kollektiven Erinnerungen zu einer Ära, zu deren Bewertung sowie zur damit einhergehenden Erinnerung von Detailkategorien, die sich im Laufe von Interaktionsprozessen verändern können. Die beiden folgenden Hypothesen zielen hinsichtlich Evaluation und Perzeption von Geschichte auf den wechselseitigen Einfluß zwischen Makro- und Mikroebene.

H 7: Gesellschaftliche Institutionen üben auf die kollektiven Erinnerungen an ein historisches Ereignis dergestalt einen Einfluß aus, daß sich die Bewertung dieses Ereignisses als bedeutsam zwischen zwei Zeitpunkten, innerhalb derer der Einfluß ausgeübt wurde, verändert.

H 8: Gesellschaftliche Institutionen üben auf die kollektiven Erinnerungen an ein historisches Ereignis über die Zeit dergestalt einen Einfluß aus, daß zu einem späteren Zeitpunkt inhaltlich andere Details der Erinnerungen für bedeutsam gehalten werden als es bei einem früheren der Fall war.

Mit diesen Annahmen liegt ein theoretisches Grundmodell zur Erfassung wechselseitiger Einflüsse zwischen Mikro- und Makroebene in bezug auf kollektive Erinnerungen vor, das im folgenden erweitert wird, um anderen Mikro-Makro-Konstellationen gerecht zu werden.

Das vorgeschlagene Modell veranschaulicht, wie ein soziales Gedächtnis entsteht und sich verändert. Gleichzeitig ist damit ein Funktionsgedächtnis abgebildet, wie es Assmann und Assmann (1994: 121ff.) beschreiben. In den Interaktionen zwischen Mikro- und Makroebene wird die Auswahl des zu Erinnernden getroffen, wird historisches Geschehen mit Gegenwartsbedürfnissen verknüpft und Sinn konstituiert (A. Assmann 1999: 137). Mit anderen Worten: die Gruppe schafft sich den für sie gültigen sozialen Rahmen beziehungsweise bestätigt ihn.

2.6.3 Die Beeinflussung kollektiver Erinnerungen

Wie es bei den im Basismodell beschriebenen Entwicklungsprozessen nicht ungewöhnlich ist, daß geschichtliche Ereignisse außen vor bleiben, also nicht ins kulturelle Gedächtnis aufgenommen werden, können sie genauso aus der Erinnerung herausfallen (Weinrich 1997). Zwar ist eine unübersehbare Anzahl historischer Daten archiviert und damit über das Speichergedächtnis im Prinzip abrufbar, doch ist das wenigste Material davon in den kollektiven Erinnerungen präsent. Da der Rückbezug auf die Vergangenheit immer selektiv erfolgt, führt er automatisch zum Vergessen (A. Assmann 1999: 30). Ein solcher Verlust ist deshalb von Interesse, weil die Analyse dessen, was vergessen wird, Aussagen hinsichtlich der Identitätsdimension von Geschichte ermöglicht. In der Veränderung der Erinnerungen verdeutlicht sich ein Wandel in der Verständigung darüber, als was sich die Gesellschaft versteht und was sie darstellen will.

Um die Möglichkeit des Vergessens in die Modellkonstruktion zu integrieren, bedarf es zweier Modifikationen. Die in Abb. 1 präsentierte Struktur berücksichtigt das Herausfallen aus der Erinnerung nicht explizit. Deshalb werden im folgenden zwei abweichende Varianten präsentiert. Sie unterscheiden sich voneinander darin, wie versucht wird, das Vergangene dem Vergessen zu entreißen.

Zunächst geht es um Versuche, Geschichtsbilder im Bewußtsein der Menschen zu verankern. Weil es sich dabei um Beeinflussung handelt, spreche ich von der *Manipulationsvariante*. Beispielhaft sind dafür Vorgänge in den Diktaturen der Staaten des Warschauer Paktes. Die kommunistischen Parteiführungen trachteten danach, „das soziale Gedächtnis zu kontrollieren, das heißt die Geschichte [...]den Interessen der Macht unterzuordnen. [...] Auch die nicht-offiziellen privaten Erinnerungen und Verständigungsformen (waren) dem Druck des [...] Staates ausgesetzt." (Reinprecht 1996: 114) Im Gegensatz dazu trachten die Interessengruppen in Demokratien danach, über die Medien bestimmte Themen in der öffentlichen Diskussion zu lancieren (Brettschneider 1994: 222f.; Sarcinelli 1995: 245). Ihr Ziel ist es, der Durchsetzung eigener politischer Ziele eine Legitimation zu verschaffen. Bei den Interventionsversuchen ist anzunehmen, daß die Menschen dem auslösenden Ereignis zunächst keine fundamentale Bedeutung weder für sich selber, noch für das Kollektiv beimessen. Andernfalls müßte dieser Teil der Geschichte nicht dem Vergessen entrissen werden, wäre der Appell an die Öffentlichkeit nicht nötig.

Abb. 2: Manipulationsvariante kollektiver Erinnerungen

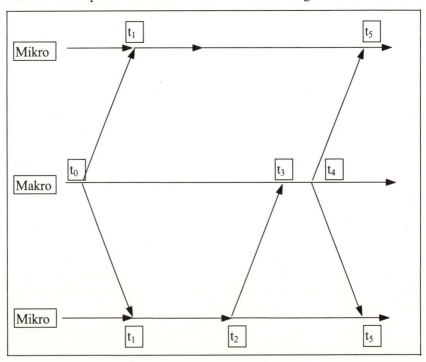

Auch in Abb. 2 beginnt der Prozeß mit einem Ereignis auf der Makroebene zum Zeitpunkt t_0. Die auf die Perzeption (t_1) erfolgende Reaktion von Individuen (t_2) löst Veränderungen auf der Makroebene aus (t_3). Als Folgewirkung sind spezifische Formen der Kommemoration denkbar. Wenn dem Ereignis längerfristig keine oder nur geringe Bedeutung zukommt, nehmen die kollektiven Erinnerungen daran mit zunehmender zeitlicher Distanz zu t_0 ab. Deshalb sind die in Abb. 2 die Erinnerung repräsentierenden horizontalen Pfeile im weiteren Verlauf gestrichelt gezeichnet. Weil immer weniger Personen an diesen geschichtlichen Vorgang denken, kommt es nur noch selten zu Reaktionen, die in den Makrobereich hinein wirken. Folglich schwindet die Bedeutung jenes Ereignisses auch auf gesellschaftlicher Ebene.

Eine Manipulation tritt ein, wenn Interessenvertreter, *gate keeper* in den Medien etwa, versuchen, eine historische Erinnerung aufzufrischen, oder aus anderen Gründen, wie etwa Legitimationsbedürfnissen, an diese Vergangenheit anknüpfen. Unabhängig davon, ob über das Ereignis aus politischen Motiven oder lediglich zu einem „runden" Jahrestag erneut berichtet und ein öffentliches Gedenken zelebriert wird, erfolgt damit eine Beeinflussung der Individuen. Der Anstoß kann Wiedererkennungseffekte bewirken. Im Falle einer erfolgreichen Manipulation führt sie zu einer - zumindest momentan - stärkeren Verankerung dieses Teils der Geschichte in den kollektiven Erinnerungen im Vergleich zur Zeit vor der Einflußnahme. Nach dem Zeitpunkt der erneuten Erinnerung sollten also überzufällig mehr Individuen dieses Ereignis erinnern und es als bedeutsam einstufen als es vorher der Fall war.

H 9: Die kollektiven Erinnerungen an ein historisches Ereignis verändern sich zwischen den Zeitpunkten t_1 und t_2.

H 10: Wirken gesellschaftliche Institutionen auf die kollektiven Erinnerungen durch das öffentliche Gedenken eines historischen Ereignisses ein, erinnern die Gesellschaftsmitglieder jenes geschichtliche Geschehen nach der Einflußnahme signifikant höher als vor der Manipulation.

Der Umgang mit der nationalsozialistischen Vergangenheit in Deutschland veranschaulicht die im Modell dargestellte Manipulation kollektiver Erinnerungen. Das lange Zeit vorherrschende Bild weitgehenden Schweigens über die damals begangenen Verbrechen (Arnim 1989; Giordano 1987) wird mittlerweile modifiziert betrachtet. Trotz umfassender Täterintegration in die deutsche Gesellschaft in den 50er Jahren (Frei 1996) zeichnete sich der öffentliche Diskurs durch immer wieder vorgebrachten Protest gegen eine Schlußstrichpolitik aus. Demgegenüber war die Frage nach persönlicher Verstrickung auf privater Ebene in der Regel tabu (Kohlstruck 1996: 155f.; König 1996: 169). In Anwendung des Manipulationsmodells ist damit nicht gesagt, daß die Verbrechen im Nationalsozialismus vergessen sind. Die über das kulturelle Gedächtnis ausgelösten Interventionen dürften individuell wahrgenommen worden sein und zu Wiedererkennenseffekten geführt haben. Hinsichtlich des aktiven Verhaltens lassen sich daher die Handlungen auf der Mikroebene als Nichterinnerung kennzeichnen.

Innerhalb dieses Rahmens war die Ausstrahlung der Fernsehserie „Holocaust" 1979 ein von den Medien gegebener Anstoß zur Erinnerung an die Shoah. Die direkten Auswirkungen der Sendung, unzählige Telefonate und eine Flut von Leserbriefen in den Tageszeitungen (Märtesheimer / Frenzel

1979), bezeugen im Sinne des oben dargestellten Modells individuelle Reaktionen auf einen Makrovorgang. Über das einfache Wiedererkennen hinaus wurden viele Menschen zu Handeln veranlaßt (Gast 1982: 359). Damit war die Shoah als Teil deutscher Geschichte der Nichterinnerung zumindest kurzfristig entrissen.[21]

Abb. 3: Verweigerungsvariante kollektiver Erinnerungen

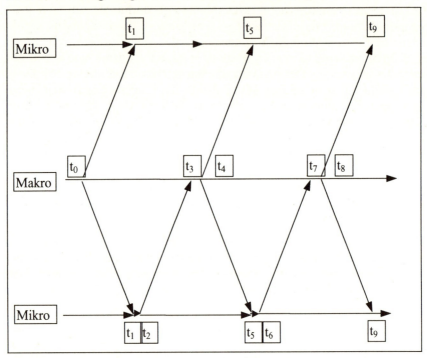

Die Umbruchsituation in Tschechien und Ungarn Ende der 80er Jahre dient der Erläuterung der zweiten Variante des Mikro-Makro-Modells. Mit der Krise gesellschaftlicher Maßstäbe wiesen die Individuen auch überzeugende Versionen der Vergangenheit zurück und hielten ihnen eine eigene Lesart oder die ihrer Gruppe entgegen (Reinprecht 1996: 26f.). Im Kern geht es darum, daß Manipulationsversuche oder pädagogische Angebote spezifischer Erinnerung scheitern, weil die Menschen sich von ihnen nicht überzeugen lassen.[22] Der beschriebene Sachverhalt ist in Abb. 3 graphisch dargestellt. Für ihn benutze ich den Begriff der *Verweigerungsvariante*.

---

21 Inwieweit dieses Medienereignis zu langfristigen Einstellungsänderungen führte (Bergmann / Erb 1991: 259), kann hier nicht beurteilt werden.
22 Ob, wie Reinprecht unterstellt, damit zugleich die Konstruktion einer Gegenerinnerung verbunden ist, sei dahingestellt. Da es sich um einen Sonderfall der allgemeineren Aussage handelt, wird dieser Sachverhalt hier nicht weiter erörtert.

Im Prinzip handelt es sich um eine ähnliche Struktur wie im Manipulationsmodell mit dem Unterschied, daß die Individuen auf die wiederkehrenden Beeinflussungsversuche in den Zeitpunkten (t_4) und (t_5) kaum reagieren. Auch hier steht ein auslösendes Ereignis in t_0 am Beginn des Prozesses. Auf der Mikroebene wird dieses Geschehen in t_1 wahrgenommen und verarbeitet, was wiederum auf den gesellschaftlichen Bereich zurückwirkt (t_2). Dort kann es bestimmte Formen institutionalisierter Erinnerung hervorrufen. Ist sie jedoch erst einmal erfolgt, geht sie mit einer Professionalisierung des Gedenkens einher. Sie kann sich in der Schaffung von Personalstellen, der Einrichtung von Behörden, der Gestaltung von Feiertagsritualen und ähnlichem bis hin zur Beeinflussung der Denkstrukturen bei den individuellen Trägern der öffentlichen Kommemoration ausdrücken. Ein derartiger Apparat erschwert es allerdings ihn aufzulösen, wenn sich die mit ihm verbundene Geschichte überlebt hat und für die Gegenwart bedeutungslos geworden ist.

Hat dieser Teil der Vergangenheit für die Individuen längerfristig keine Bedeutung, reagieren sie desinteressiert und können keinen Sinn mehr mit ihm verbinden. Bei einer solchen Entwicklung verhindert auch die öffentliche Kommemoration nicht, daß das Gedenken auf der Mikroebene im weiteren Zeitverlauf immer mehr verblaßt. Das Modell macht diesen Sachverhalt durch den gestrichelten unteren horizontalen Pfeil als abnehmende Reaktion in der Bevölkerung deutlich. Der obere waagerechte Pfeil steht demgegenüber für die kollektiven Erinnerungen der Angehörigen derjenigen Interessengruppen, die am Gedenken des in Frage stehenden Ereignisses festhalten. Das aufgrund ihrer Initiative im kulturellen Gedächtnis gespeicherte Geschehen wird des allgemeinen Desinteresses wegen öffentlich zwar immer seltener kommemoriert. Dennoch bleiben die auf die Mikroebene gerichteten Einflußversuche wegen der Institutionalisierung der Erinnerung ab einem bestimmten Zeitpunkt auf niedrigem Niveau konstant.

Zudem bleibt der horizontale Pfeil auf der Makroebene in gleicher Stärke über die Zeit unverändert, weil die Erinnerungsagenturen in Form von Interessengruppen sich in ihrer Existenz über das öffentliche Gedenken legitimieren oder den Rückbezug auf die Vergangenheit nutzen, um eigene politische Positionen zu vertreten,. Die Allgemeinheit wird von diesen Trägern des kulturellen Gedächtnisses allerdings nicht mehr erreicht. Die theoretischen Erläuterungen zur Verweigerungsvariante münden in die folgenden drei Hypothesen.

H 11: Nach einer Phase abnehmenden Interesses für ein historisches Ereignis ist dieses in den kollektiven Erinnerungen unabhängig vom Zeitpunkt kaum noch präsent.

H 12: Gesellschaftliche Institutionen üben einen regelmäßigen Einfluß auf die kollektiven Erinnerungen mittels öffentlichen Gedenkens eines historischen Ereignisses aus.

H 13: Diese Einflüsse haben im Falle einer Verweigerung keinen Effekt mit der Folge, daß jenes Ereignis nur von wenigen Gesellschaftsmitgliedern als bedeutsam erinnert wird.

Ein konkretes Beispiel für diese Modellvariante sind die Bevölkerungsreaktionen in der alten Bundesrepublik auf den 17. Juni 1953. Mit dem Datum verbindet sich das Gedenken an den Aufstand der Arbeiter in der DDR. Sie wollten in erster Linie ihre ökonomische Unzufriedenheit ausdrücken. Schnell eskalierten die Demonstrationen und gipfelten in Forderungen nach freien Wahlen und Öffnung der Westgrenze (Schiller 1993: 35). Weil damit die Frage nach dem Systemzusammenhalt gestellt war, wurde die Erhebung binnen kurzer Zeit durch den Einsatz des sowjetischen Militärs brutal unterdrückt und jeder weitere Widerstand erstickt (Baring 1983; Hagen 1992).

Weil der Aufstand mit dem Verlangen nach Wiedervereinigung gekoppelt war, einigten sich die politischen Kräfte im Deutschen Bundestag mit Ausnahme der Kommunisten kurz danach auf die Einführung des 17. Juni als Nationalfeiertag (Schiller 1993: 36). Somit definierten zunächst die politischen Eliten grundlegende Vorstellungen zum Selbstverständnis der Bundesrepublik und gestalteten sie in den Folgejahren im Rahmen von Gedenkfeierlichkeiten aus (Wolfrum 1996b: 53). Doch beteiligten sich nicht nur zahlreiche gesellschaftliche und politische Gruppierungen an den kommemorierenden Inszenierungen. Wie Edgar Wolfrum (1996a: 436) hervorhebt, ist es bis Mitte der 60er Jahre „nicht gerechtfertigt, davon zu sprechen, der Tag der Deutschen Einheit sei [...] abgelöst von der Bevölkerung begangen worden." Im Gegenteil demonstrierten bis einschließlich 1962 bis zu zehn Millionen Menschen bei den jährlichen Kundgebungen (ders. 1997: 98f.). Auch wenn sich trotz beeindruckender Beteiligung schon in den 50er Jahren Desinteresse an der Beschwörung der nationalen Einheit breitmachte und die deutsche Teilung zunehmend verinnerlicht wurde (ders. 1996b: 64 u. 66), ist das Interaktionsmodell bezüglich der kollektiven Erinnerungen an den Aufstand in der DDR für den Zeitraum bis 1963 zutreffend.

Die Situation veränderte sich grundlegend mit dem Bau der Berliner Mauer. Im Wortsinne zementierte sie auf westdeutscher Seite die Wahrnehmung der Zweistaatlichkeit als historisch begründetes und politisch langfristig unveränderliches Faktum. Der 17. Juni wurde mehr und mehr als sozialer Besitzstand in einer Gesellschaft verstanden, die nicht bereit war, ihr Konsum- und Freizeitinteresse politischen Vorgaben unterzuordnen. Anstatt des historischen Geschehens zu gedenken, wurde der Feiertag zur persönlichen Entfaltung genutzt (ders. 1997: 112). Daran änderte die nach wie vor stattfindende öffentliche Kommemoration und deren Verbreitung in den Medien nichts. Weder die Ablösung der Gedenkfeiern durch die Präsentation des Berichts zur Lage der Nation im Bundestag in 1967, noch die Wiedereinführung von Gedenkreden Anfang der 80er Jahre hatten erkennbare Resonanzen in der breiten Bevölkerung zur Folge. Als Reaktion auf das allgemeine Desinteresse verstärkte sich ab 1970 die Forderung nach Abschaffung des 17. Juni als Feiertag (Schiller 1993: 36).

Damit zeigt sich, daß die von der Makroebene ausgehenden wiederkehrenden Anregungen zur Erinnerung eines historischen Datums auf der Mikroebene größtenteils wirkungslos verpufften. Demgegenüber hielt eine politische Lobby an dem Gedenken fest. Sie verfügte über so viel Macht als Gruppe, ihr Anliegen entgegen dem breiten Meinungstrend im kulturellen Gedächtnis zu verankern. Ihr Einfluß reichte allerdings nicht so weit, die kollektiven Erinnerungen zu verändern und die Bevölkerung dazu zu bringen, den Arbeiteraufstand in der DDR geschichtlich als bedeutsam für die Eigengruppe anzusehen.

Von den beiden diskutierten Varianten bezieht sich das Manipulationsmodell auf temporär als erinnernswert wahrgenommene historische Ereignisse. Der Verweigerungstyp liefert hingegen eine Konzeptualisierung für die Erinnerung solcher Ereignisse, derer entweder lediglich offiziell in der Form eines Pflichtbekenntnisses gedacht wird, oder die im Gegensatz zur großen Mehrheit der Kollektivmitglieder allein für eine politisch einflußreiche Minderheit wichtig sind. In ihrer Wirkungsweise differieren beide Modelle insoweit voneinander, als im ersten Fall von der Makroebene eine erfolgreiche Manipulation ausgeht. Der zweite zeichnet sich dadurch aus, daß sich die Akteure auf der Mikroebene Versuchen widersetzen, der Gesellschaft eine bestimmte Erinnerung aufzupfropfen.

2.7 Kollektive Erinnerungen: Eine Zusammenfassung

Die detaillierte Abhandlung des theoretischen Rahmens zum sozialen Gedächtnis zielt auf vier zentrale Aspekte:
- die soziale Verfaßtheit jeglicher Erinnerung;
- die Differenzierung nach kulturellem Gedächtnis und kollektiven Erinnerungen;
- die Abbildung kollektiver Erinnerungsprozesse mittels eines Mikro-Makro-Modells
- und die zeitliche Stabilität in den kollektiven Erinnerungen.

Beim ersten Punkt geht es darum, die soziale Rahmung *jeder* Erinnerung herauszustellen. Auch der autobiographische Rückblick auf die Vergangenheit ist von Kategorien oder Denkstilen geleitet, die die Gesellschaft als Bezugsgruppe vorgibt. Insofern dient Olicks (1999) Terminus des sozialen Gedächtnisses als Oberbegriff, unter den die verschiedenen Erinnerungsformen, vom autobiographischen bis hin zum kulturellen Gedächtnis, subsumiert sind.

In Anlehnung an Schuman und Scott (1989) sowie J. Assmann (1992) wird das soziale Gedächtnis nach seiner kulturellen Ausprägung und den kollektiven Erinnerungen differenziert. Mit dem Erstgenannten sind Objektivationen von Geschichte gemeint. Das Zweite bezieht sich auf individuelle Vorstellungen über Vergangenheit, insoweit sich die Einzelnen im Erinnerungsprozeß als Gruppenmitglieder begreifen. Damit setze ich mich von jenen Definitionen (J. Assmann 1992; Halbwachs 1950) ab, die versuchen, beide Dimensionen mittels inhaltlicher Kriterien voneinander zu trennen.

Drittens betrachte ich das soziale Gedächtnis unter dem Gesichtspunkt der Wechselbeziehung zwischen Individuen und Gesellschaft. Wie in anderen Bereichen der Sozialwissenschaften auch zielen die meisten Arbeiten zum Umgang mit Geschichte auf die individuellen Facetten von Erinnerung oder auf Formen öffentlichen Gedenkens, Vergangenheitspolitik etc. Demgegenüber geht es hier um die Frage, auf welche Weise die Träger des kulturellen Gedächtnisses die Bevölkerung einer Nation beeinflussen beziehungsweise inwieweit sie auf Bedürfnisse der breiten Mehrheit reagieren.

Mit den drei theoretischen Modellen zur Abbildung der Wechselbeziehung zwischen Institutionen und Gesellschaftsmitgliedern (Interaktions-, Manipulations- und Verweigerungsvariante) sind keineswegs alle Erscheinungsformen des sozialen Gedächtnisses erfaßt. So fehlt ein Konzept für die Gegenbilder einer Anti-Geschichte, die in Diktaturen seitens Oppositionsbewegungen entwickelt und der Staatsdoktrin entgegengesetzt werden. Um einen Machtwechsel zu erreichen, können diese Images als Mobilisierungsressourcen im politischen Kampf dienen (Wolfrum 1997: 89). Im Falle des Erfolges dürften sie dann allgemeine Anerkennung erlangen. Da eine derartige theoretische Ausarbeitung im vorliegenden Rahmen empirisch nicht umgesetzt werden kann und sich die Hypothesen nicht testen lassen, bleibt eine solche theoretische Skizze zukünftiger Forschung vorbehalten.

Der vierte Aspekt ist inhaltlich im Zusammenhang mit der Modellierung kollektiver Erinnerungen innerhalb von Mikro-Makro-Prozessen zu sehen. Die drei präsentierten Modelle bilden den wechselseitigen Einfluß zwischen Institutionen und Individuen bei der Rekonstruktion des sozialen Gedächtnisses ab. Weil diese Beziehungen im zeitlichen Ablauf dargestellt sind, stellt sich die Frage nach Rekonstruktion beziehungsweise Reproduktion von Erinnerungen. Aufgrund der Forschungsergebnisse gehe ich davon aus, daß historische Ereignisse, denen eine Gruppe herausragende Bedeutung zuspricht, von den Mitgliedern über lange Zeiträume stabil wiedererinnert werden, soweit es sich um generalisierte Kategorien handelt. Die Bewertung des jeweiligen Ereignisses sowie einzelne Details unterliegen demgegenüber dem Vergessen oder werden modifiziert wiedergegeben, weil sie Teil gegenwartsbezogener Interpretationsmuster und damit von den Anforderungen an aktuelle Gegebenheiten abhängig sind.

3 Subgruppenspezifische Erinnerungen

In seinem Essay über Notwendigkeit von Geschichte zielt Brückner (1995) zwar nicht auf Interessengruppen innerhalb einer Gesellschaft, deren Mitglieder sich auf jeweils unterschiedliche Vergangenheitsbilder beziehen. Doch liefert er implizit einen Gedankenansatz, der auf die Existenz von Machtkonstellationen verweist, die mit konkreten Geschichtsinterpretationen verknüpft sind. Für Brückner steht es außer Frage, daß sich Vorstellungen über Geschichte im Laufe der Zeit wandeln. „So wie der einzelne seine Lebensgeschichte in verschiedenen Lebensaltern [...] mit anderen Akzenten erzählt, so sieht [...] die Gruppe in verschiedenen Zeiten ihre Geschichte in je anderen Perspektiven, da sich auch ihre Wichtigkeiten [...] verschieben." (ebd.: 75) Während eines solchen Wandels entstünden oftmals Klagen über den Verlust von Geschichte. Damit wird aber nach Brückners Meinung der eigentliche Punkt verfehlt. In der Regel handele es sich nämlich um die Ablehnung einer bestimmten Auswahl aus der Vergangenheit. Was früher als Teil des allgemeinen Selbstverständnisses anerkannt gewesen sei, gehöre nun zu unglaubwürdig gewordenen historischen Interpretationsmustern. So besehen sei es unsinnig anzunehmen, Geschichte werde von der Gesellschaft vollständig über den Haufen geworfen.

Die referierte Textpassage beschreibt Situationen des Übergangs, in denen alte Orientierungsmuster einer Gesellschaft ihre Gültigkeit verlieren und durch neue ersetzt werden. Brückner stellt einen Zustand dar, wie er für demokratische Gemeinwesen typisch sein dürfte, in denen verschiedene Gruppen um Deutungsmacht konkurrieren. Sie streiten darum, wie Geschichte interpretiert, welche Vergangenheitspolitik betrieben wird. Darin spiegeln sich gegenwärtige Machtverhältnisse (Keller 1996: 56).

Gerade wenn es darum geht, jene innergesellschaftlichen Institutionen und Gruppen zu bestimmen, die auf die Ausgestaltung der gemeinschaftlichen Erinnerungen einen maßgeblichen Einfluß ausüben, stößt man auf Theoriedefizite. So ist es keineswegs selbstverständlich, die Spezifika dieser Gruppen herzuleiten. Nicht wenige empirische Studien zum Geschichtsbewußtsein thematisieren zwar Ost-West-Differenzen oder die Generationsfrage und berücksichtigen auch Geschlechterunterschiede. Jedoch machen sie die Begründung der Zusammenhänge dieser Variablen nicht zum Forschungsgegenstand.[1] Anders sind Arbeiten zu beurteilen, wie sie Schuman und

---

1 siehe hierzu Borries (1993a; 1993b) sowie Lutz (1993)

Scott (1989) sowie Scott und Zac (1993) vorlegten. In ihren Untersuchungen zu den Wirkungen von Alter auf Erinnerung diskutieren sie das Konzept der Generation. Weitere demographische Daten wie Bildung, ethnische Zugehörigkeit oder Geschlecht führen sie als stratifizierende Variablen ein. Deren theoretische Beziehung zu den erforschten Erinnerungen werden allerdings allein aus den Resultaten abgeleitet.

Wie unbefriedigend die theoretische Nichtintegration der Demographie ist, zeigt der Beitrag von Schuman et al. (1997). Zwar formuliert das Forschungsteam explizit Hypothesen zur Wirkung von Bildungseffekten und Geschlechtszugehörigkeit auf historisches Wissen. Doch fußen die Postulate allein auf ad hoc-Hypothesen. Selbstredend ist Bildung wichtige Quelle historischen Lernens und Wissens über die Vergangenheit (ebd.: 49). Vor dem Hintergrund der Operationalisierung von Bildung stellt sich aber die Frage, was real gemessen wird und in welchem Zusammenhang der erfaßte Bildungsgrad, nämlich die Anzahl der Jahre, die die Befragten zur Schule gingen, tatsächlich zur Erinnerung steht.

Allgemein betrachtet beruht die Differenzierung nach Subgruppen auf der Annahme, daß Geschichte aufgrund von Partizipationsmöglichkeiten und Rollenzuschreibungen, über bestimmte Sozialisationsagenturen oder auch in einzelnen Lebensabschnitten auf spezifische Weise erfahren beziehungsweise über wichtige Vermittlungsinstanzen aufgenommen wird. Demographische Größen sind ein Element, diese Subgruppen zu beschreiben. Im Rahmen dieser Studie beschränke ich mich auf die Erfassung von vier Variablen. Bei ihnen handelt es sich um:
- die Zugehörigkeit zur ost- beziehungsweise westdeutschen Teilgesellschaft,
- das Alter,
- das Geschlecht und
- den höchsten erreichten formalen Bildungsabschluß.

Diese demographischen Merkmale stehen im Vordergrund, weil ich davon ausgehe, daß sich sowohl politische Interessen als auch Überzeugungen über die Zeit verändern. Im Gegensatz dazu sind die ausgewählten Eigenschaften entweder überhaupt nicht oder nur unter sehr hohen Kosten wandelbar. Als wichtig sehe ich zudem jene Merkmale an, durch die Partizipationsmöglichkeiten festgelegt werden. Diese sind wiederum mit spezifischen Erinnerungen verknüpft beziehungsweise tragen dazu bei, solche zu produzieren.

Die Beschränkung auf die vier Merkmale orientiert sich an den Kriterien, wie sie für viele Untersuchungen gelten und wie sie standardmäßig erhoben werden. Andere Variablen bleiben dagegen unberücksichtigt, weil bei den entsprechenden Konzepten, wie etwa Ortsgröße (Schuman et al. 1998), der theoretische Zusammenhang zum sozialen Gedächtnis unklar ist, oder weil die entsprechenden Gruppen proportional zur vorliegenden Stichprobe zu klein für die statistische Auswertung wären. Letzteres betrifft zum Beispiel die kollektiven Erinnerungen von Immigranten. Generalisiert gilt für gruppenspezifische Perspektiven der Vergangenheitsbetrachtung, daß demographische Variablen die Wahrnehmung eines historischen Ereignisses insoweit beeinflussen,

H 14: als die Zugehörigkeit zu einer spezifischen Subgruppe dazu beiträgt, bestimmte geschichtliche Details für bedeutsam zu halten, die für die Mitglieder anderer Subgruppen irrelevant sind.

Empirisch prüfbar ist diese Hypothese ihrer allgemeinen Form wegen nicht. Sie dient lediglich als Ausgangspunkt meiner Überlegungen und zielt auf die oben postulierte Unterscheidung nach historischen Global- und Detailkategorien, die im ersten Fall für nahezu die gesamte Gesellschaft und im zweiten Fall nur für kleinere Gruppen von Bedeutung sind.

3.1 Das politische System als Ursache kollektiver Erinnerungen

Die Differenzierung der Befragten nach ihrer Zugehörigkeit zur ost- beziehungsweise westdeutschen Teilstichprobe berücksichtigt die Auswirkungen zweier gegensätzlicher politischer Systeme, denen die Bevölkerungen über Jahrzehnte hinweg ausgesetzt waren und die das Denken und Handeln der Staatsangehörigen mehr oder weniger stark beeinflußten.[2] Außerdem sind beide Gruppen von den Vereinigungsfolgen ungleich betroffen, und ihre Mitglieder haben sich gegenwärtig mit jeweils anderen Lebenskonditionen auseinanderzusetzen.

Als politische Makrovariable zielt die Ost-West-Zuordnung auf Systembedingungen. Sie setzt sich aus einem Bündel von teilweise disparaten Facetten zusammen, die mit dem Begriff der sozioökonomischen Faktoren umschrieben sind (Zelle 1998: 25). Er beinhaltet
- die wirtschaftlichen Rahmenbedingungen, die die materielle Basis des gesellschaftlichen Lebens sowie die Produktionsbedingungen für die Individuen festlegen und auf diese Weise regeln, wie gesellschaftliche Ressourcen verteilt sind, sowie
- die durch staatliche Institutionen und Organe gesetzten politischen Strukturen, durch die den Einzelnen allgemeinverbindliche Normen und politische Partizipationsmöglichkeiten geschaffen und garantiert werden.

---

2 Personen, die ihren Wohnsitz nach 1990 von Ost nach West beziehungsweise in umgekehrter Richtung verlegten, sind aus der Analyse ausgeschlossen. Auch wenn der prozentuale Anteil der Wechsler in der Stichprobe der zweiten Panelwelle deutlich größer ist als in der Gesamtbevölkerung (6% vs. 2%) (Glaser 1996: 33), macht eine vergleichende Analyse der geringen Fallzahl wegen (N=47) keinen Sinn.

Die abstrakten Kategorien und ihr komplexes Beziehungsgeflecht lassen sich am Beispiel der Sozialisation konkretisieren. Dabei handelt es sich um den Prozeß, durch den die Individuen Mitglieder einer Gesellschaft werden, indem sie sich die Kultur aneignen und ihre eigenen Rollen lernen. Auch wenn Sozialisation lebenslang erfolgt, liegt ihr Schwerpunkt in Kindheit und Jugend. Indem die Heranwachsenden Normen, Einstellungen, etc. internalisieren, formiert sich ihr Selbst und sie gliedern sich in die Gesellschaft ein (Berger / Luckmann 1969: 139-157; Hurrelmann / Ulich 1998).

Die Beantwortung der Fragen, was während der Sozialisation gelehrt wird, welche Chancen sich für die Jugendlichen eröffnen und welche Richtung ihre Entwicklung nehmen wird, hängt in wesentlichem Maße von den politischen Rahmenbedingungen, wirtschaftlichen Gegebenheiten und demographischen Faktoren ab. In dieser Hinsicht gab es in BRD und DDR erhebliche Differenzen.

Von der Teilung Deutschlands an und verstärkt nach den Staatsgründungen 1949 gingen beide Regierungen getrennte Wege im Bildungsbereich. Gerade in diesem Sektor fand im Osten verglichen mit dem Westen nicht nur eine relativ weitgehende politische Säuberung des Lehrkörpers statt, mit der in den Nationalsozialismus verstrickte Personen aus dem Schuldienst entlassen wurden (Ritter 1998: 133). Das Bildungswesen in der DDR wurde auch generell von den sozialstrukturellen Systemveränderungen erfaßt. Sie hingen mit dem Anspruch von Partei und Staat zusammen, eine sozialistische Gesellschaft aufzubauen. Dementsprechend kam es im Rahmen der Versuche, eine gesamtgesellschaftliche Nivellierung zwischen den Schichten herzustellen, im Schulwesen zur Fixierung auf die Arbeiterschaft. Sie erhielt eine vorrangige Förderung (Steinbach 1998: 28f.).

Die weiterführenden Schulen und die Universitäten unterlagen in der DDR weitreichenden Beschränkungen. Zwar trachteten die Behörden danach, die Berufswünsche der Auszubildenden zu berücksichtigen, doch mußten diese sich an ökonomische und politische Vorgaben anpassen (Geulen 1999: 6). Insgesamt war der Bildungssektor in der DDR zentral organisiert. Inhaltlich wurde Erziehung auf das Leitbild der „sozialistischen Persönlichkeit" ausgerichtet (ebd.: 6).

Die durch das föderale Prinzip geprägte Bildungslandschaft in der alten Bundesrepublik nahm sich aufgrund der schon bald nach Kriegsende einsetzenden Frontstellung im Kalten Krieg deutlich anders aus. Die Besatzungszeit durch die Westalliierten stellte eine nur kurze Unterbrechung der vorangegangenen Traditionen dar. Mit Beginn der 50er Jahre war das meiste im Zuge der Entnazifizierung entlassene Lehrpersonal wieder eingestellt (Ritter 1998: 34). Aufgrund dieser Personalpolitik war zumindest bis Anfang der 60er Jahre eine Kontinuität hinsichtlich früherer Bildungsziele gegeben, soweit sie nicht offensichtlich an nationalsozialistische Vorstellungen anknüpften. Eine Veränderung vollzog sich in diesem Teil Deutschlands in den 60er Jahren mit der Öffnung der weiterführenden Bildungseinrichtungen für die Angehörigen der unteren Schichten. Dieser Prozeß trug zu gesellschaftlichem Aufstieg und Abbau sozialer Barrieren bei (Steinbach 1998: 28).

Die institutionell unterschiedlichen Bedingungen in Ost und West wirkten sich auf die die Sozialisation durchlaufenden Individuen auf zwei Ebenen systemspezifisch aus. Der politisch vorgegebenen Struktur der Bildungseinrichtungen wegen bekamen die Einzelnen eine ihnen entsprechende Erfahrung vermittelt. Als gelebte Geschichte beeinflußte sie die Wahrnehmung der zeitlich parallel abgelaufenen Gesellschaftsprozesse. Außerdem wirkten sich die in beiden politischen Systemen teils erheblich voneinander abweichenden Bildungsziele und -inhalte auf das Geschichtsverständnis und damit auf die kollektiven Erinnerungen aus.

So einleuchtend diese Aussagen auf allgemeiner Ebene sind, so schwierig ist es, die konkreten Sozialisationshintergründe von Individuen zu erschließen und davon ausgehend Folgerungen bezüglich der Wirkungen einzelner Erziehungsinstanzen zu ziehen. Weder hinsichtlich kollektiver Erinnerungen, noch in bezug auf allgemeine Einstellungen ist es bislang gelungen, Systemeinflüsse exakt zu bestimmen, die aus dem Besuch des Kindergartens, den verschiedenen Schulformen oder den Berufsausbildungsgängen resultieren. Deshalb wird üblicherweise auf jegliche Spezifikation verzichtet und die Zuordnung zum politischen System als generalisierte Einflußgröße für das empirische Vorgehen benutzt.[3]

Prinzipiell ist es daher zweckmäßig, von einer Unterscheidungshypothese auszugehen. In bezug auf kollektive Erinnerungen darf aber nicht vergessen werden, daß trotz der gegensätzlichen politischen Systeme, in denen sich die Menschen bewegten und durch die sie beeinflußt wurden, beide Staaten die deutsche Geschichte als gemeinsamen Traditionshintergrund teilten (Krockow 1983: 167). Bei allem Trennenden hatten sich BRD und DDR mit dem Erbe aus der deutschen Geschichte auseinanderzusetzen. Nationalsozialismus und Zweiter Weltkrieg waren historische Ereignisse von einer Tragweite, die in beiden Gesellschaften erhebliche Bedeutung hatten (Lepsius 1989). Die politischen Gründungsgenerationen verhielten sich in Bonn und Ostberlin insoweit ähnlich, als der Nationalsozialismus abgelehnt wurde und die neu aufzubauenden Gemeinwesen ein Gegenbild darstellen sollten. Diese politischen Absichten fanden ihren Niederschlag in der öffentlichen Kommemoration des gesellschaftlichen Traumas und in der zumindest finanziellen Solidarität mit den Opfern. Wie Jeffrey Herf (1998) darlegt, endete diese Gemeinsamkeit in der konkreten Ausgestaltung der Vergan-

---

3 Auch Zelle (1998: 28) spricht dieses Problem bei seinem Versuch an, Einstellungsunterschiede zwischen Ost- und Westdeutschen über situative Bedingungen zu erklären, ohne zu einer befriedigenden Lösung zu kommen.

genheitspolitik. Im Osten zielte sie darauf ab, die zu etablierende kommunistische Vormachtstellung zu fundieren, während es im Westen um die Anknüpfung an Traditionen von vor 1933 ging. Aufgrund der unterschiedlichen Schwerpunktsetzungen in den kulturellen Gedächtnissen in Ost und West schließe ich auf abweichende kollektive Erinnerungen in beiden Landesteilen.

Generell sollte eine Fixierung auf den Nationalsozialismus als bedeutender Geschichtsepoche vorherrschen. Zudem ist zu erwarten, daß sich die Deutschen in den alten und neuen Bundesländern an unterschiedliche historische Inhalte erinnern, wenn sich ihre Gedanken auf den Zeitraum 1933 bis 1945 richten. Damit kommt die bereits eingeführte Differenzierung nach gesamtgesellschaftlich als wichtig betrachteten Globalkategorien und den voneinander abweichenden Urteilen über Detailerinnerungen zur Geltung.

Die Differenzannahme sollte ebenfalls in bezug auf Perzeption und Evaluation des deutschen Vereinigungsprozesses von 1989/90 gelten. Auch wenn diese Vorgänge von allen Deutschen als historisch bedeutsam eingestuft werden, bestehen gleichwohl Nuancen in den Beurteilungen, je nach dem ob sie von Ost- oder Westdeutschen abgegeben werden. Eine Abweichung zeigt sich bereits rein quantitativ, wenn Befragungen verglichen werden, bei denen mit unterschiedlichen Meßinstrumenten gearbeitet wurde. So führt die hier benutzte offene Frage nach wichtigen zeithistorischen Ereignissen mit *zwei* Antwortmöglichkeiten zu ähnlich hohen Nennungshäufigkeiten für Nationalsozialismus und deutsche Vereinigung (Heinrich 1996: 78f.). Bei einer ebenfalls 1995 durchgeführten IfD-Umfrage mit sinngemäß ähnlichem Stimulus sollten die Interviewten lediglich *ein* Ereignis erinnern, das für die deutsche Geschichte herausragend sei (Noelle-Neumann 1995). Aufgrund der Fragekonstruktion kommen hier abweichende Schwerpunktsetzungen in Ost und West zum Tragen. Für mehr als ein Viertel der Bürgerinnen und Bürger der neuen Bundesländer sind Berliner Mauer oder Vereinigung die herausragenden Spezifika deutscher Geschichte. Den Nationalsozialismus nennen 19 Prozent. Dieser wird dagegen im Westen von jeder zweiten Person assoziiert, während die Vereinigung eine deutlich geringere Rolle als im Osten spielt. Jüngere und jüngste Vergangenheit werden in Deutschland offenbar in Abhängigkeit von der Herkunft aus BRD oder DDR ungleich bewertet.

Damit ist als Angelpunkt erneut die Unterscheidung nach Global- und Detailerinnerungen berührt. Auch wenn es im Osten wie im Westen einige Menschen gibt, die sich die Mauer zurückwünschen, sind die Ereignisse von 1989 und 1990 allgemein anerkannt und werden befürwortet (Spittmann 1995). Der Rückblick auf den Mauerfall weist aber auch auf Differenzen in bezug auf die mit ihm verknüpften Hoffnungen und Wünsche hin, was sich bei den konkreten Erinnerungen auswirken sollte.

So stellte der Zusammenschluß von BRD und DDR für den Westen ein „Festival der Selbstbestätigung" dar (Glaser 1996: 38). Das Vereinigungsgebot des Grundgesetzes wurde nach 1990 als selbstverständliche Tradition in Anspruch genommen. Unterschlagen blieb in der Regel die Tatsache, daß die Zweistaatlichkeit vor 1989 allgemein akzeptiert war, die DDR im Bewußtsein der meisten Bundesdeutschen eine nur marginale Rolle spielte. In umgekehrter Richtung waren sowohl die Bevölkerung als auch die politische Elite der DDR auf die Bundesrepublik fixiert. Insofern lag eine asymmetrische kommunikative Beziehung vor (Faulenbach 1993: 182).

Weil in den alten Bundesländern keine Veranlassung dazu bestand, sich auf die Neubürgerinnen und -bürger einzulassen, blieb den Ostdeutschen nur übrig, sich gegenüber dem Westen abzugrenzen und auf die historische Eigenart, auf fünf Jahrzehnte Unterschiedsgeschichte zu beharren (Dieckmann 1999). Auslöser dieses Verhaltens sind die nach wie vor bestehenden sozialen Gegensätze zwischen beiden Landesteilen, was sich in der Arbeitslosenrate, niedrigerem Einkommen etc. ausdrückt.

Aufgrund dieser Überlegungen ist Hypothese H 14 mit der Einführung der Ost-West-Variablen zu modifizieren. Gleichzeitig werden, so weit es um Details geht, die unterschiedlichen Wahrnehmungen der historischen Vorgänge berücksichtigt.

H 15: Die Ost-West-Variable hat keinen Einfluß auf die kollektiven Erinnerungen, insoweit es sich bei ihnen um Globalkategorien handelt.

H 16: Geschichtsereignisse mit Detailcharakter werden in Ost- und Westdeutschland mit signifikant voneinander abweichender Wahrscheinlichkeit erinnert.

Da es weder eine Theorie noch empirisch getestete Annahmen darüber gibt, welche konkreten Ereignisse in Ost und West jeweils erinnert werden, ist es sinnvoll, es grundsätzlich bei der Unterschiedshypothese zu belassen. Auszunehmen sind hiervon folgende Bereiche, für die in der Literatur explizit Ost-West-Differenzen postuliert werden. Im Einzelnen handelt es sich um:
- den Umgang mit der gemeinsamen Vergangenheit des Nationalsozialismus,
- das Erleben der deutsch-deutschen Teilung,
- die Begründung eigener Traditionen und
- die mit der Vereinigung und ihren Konsequenzen verknüpften Erfahrungen.

3.1.1 Verschweigen als nationalsozialistisches Erbe

Nach 1945 waren die strukturellen Bedingungen für einen Gesellschaftsaufbau in der sowjetisch besetzen Zone fundamental andere als in den drei Westsektoren. Von daher waren Differenzen im weiteren Umgang mit dem

Nationalsozialismus vorprogrammiert. Im Westen wurde nach dem Scheitern der Entnazifizierung konsequent die Rehabilitierung der früheren Eliten und die Integration der Täter betrieben unter der unausgesprochenen Bedingung der Akzeptanz der Demokratie als Regierungsform. Im Gegensatz zu dieser pragmatischen Politik, die zur Stabilität in der Entwicklung der Bundesrepublik beigetragen haben dürfte (Wehler 1988: 47), drängten im Osten die Kommunisten mit Unterstützung der Sowjets zur Macht. Sie, die sich teils im Exil aufgehalten, teils in Konzentrationslagern überlebt hatten, wollten mit dem Faschismus und insbesondere dessen Ursachen abrechnen, die sie im kapitalistischen Wirtschaftssystem festmachten. Der Gegensatz in den Entnazifizierungsverfahren zwischen Ost und West lag deshalb weniger im Umfang der Entlassungen als in der später folgenden Rehabilitierungspraxis. „In der Sowjetzone (fand) eine tiefgreifende politische und soziale Umstrukturierung statt." (Vollnhals 1991: 53) Die alten Bildungs- und Besitzeliten wurden weitgehend nach politischen Maßstäben ersetzt.[4]

Grundsätzlich ist davon auszugehen, daß sich die Deutschen in der Zeit nach Kriegsende in ihrer Mehrheit selber als Opfer begriffen (Herbert / Groehler 1992: 12). Sie waren ausgebombt oder vertrieben, Männer, Väter oder Söhne hatten den Krieg nicht überlebt. Dementsprechend leicht fiel es der Bevölkerung, die eigentlichen Opfer, die Juden nämlich, zu vergessen, zumal diese, weil sie ermordet oder vertrieben worden waren, nicht mehr in der Öffentlichkeit wahrgenommen wurden (Traverso 1993: 185).

Aufgrund politischer Vorgaben gestaltete sich der Umgang mit der Verantwortung für die im Nationalsozialismus begangenen Verbrechen im geteilten Deutschland unterschiedlich. Auch wenn für die alte Bundesrepublik die Unfähigkeit zur Trauer (Mitscherlich / Mitscherlich 1967) und eine damit einhergehende „zweite Schuld" (Giordano 1987) angeprangert wurden, gab es von Anbeginn eine kritische Auseinandersetzung über das, was zwischen 1933 und 1945 in Deutschland geschehen war (Münkler 1996: 129). Sie konnte stattfinden, weil die westdeutsche Gesellschaft pluralistisch verfaßt war. Es gab immer Möglichkeiten, sich öffentlich gegen das allgemeine Schweigen zu wenden. In der Konsequenz wurde die Shoah nicht vergessen. Zumindest wurde das Wissen um sie in den verschiedenen Kontroversen über die Interpretation der Ära des Nationalsozialismus an die Bevölkerung sowohl auf lokaler als auch nationaler Ebene wieder und wieder herangetragen (Wielenga 1995).

In der DDR stellte sich der Umgang mit den Jahren 1933 bis 1945 deshalb anders dar, weil keine vergleichbare Öffentlichkeit wie im Westen existier-

---

4 Auch wenn in SBZ und DDR personelle Kontinuitäten zwischen nationalsozialistischen Eliten und neu aufzubauender Bürokratie stärker verhindert wurden als in der alten Bundesrepublik, gab es sie dennoch (Petzold 1993: 103; Hohlfeld 1992: 44-59).

te. Die Führungskader der kommunistischen Partei nahmen den Kampf gegen die Nationalsozialisten als gelebte Erfahrung wahr. Für sie war es konsequent, sich selber zu den „Siegern der Geschichte" zu zählen wie auch den Antifaschismus als Orientierungsziel zum Gründungsmotiv für den von ihnen aufzubauenden Staat zu machen (Mertens 1995). Der fundierende Mythos, demzufolge die DDR aus dem antifaschistischen Widerstand geboren worden war, mußte jedoch aufgrund der strukturellen Zusammensetzung der Gesellschaft zur Legende werden (Overesch 1995: 235). Schon die soziale Basis der SED belegte einen klaffenden Herkunftswiderspruch zwischen den kommunistischen Führern und der Mehrheit der einfachen Mitglieder. Von ihnen hatten viele ihre politische Sozialisation vor 1945 in der HJ erfahren (Niethammer 1994: 106). Als Folge interpretierte die Bevölkerung das, was die Parteispitze als gelebte Erfahrung in das System einbrachte, für sich als Freispruch von der Vergangenheit (Gießler 1996: 34). Diese Praxis dürfte politisch auch gewollt gewesen sein, weil sie die Bindung an das System erleichterte.

Im Ergebnis war es den einzelnen möglich, irritierende oder beschämende Aspekte ihrer Vergangenheit vom Ich abzuspalten und auf Herrschaftsgruppen sowie politische Strukturen abzuwälzen. „Das Eigene war der Antifaschismus, in dessen Tradition man sich stellte; der Faschismus dagegen war etwas Fremdes, für dessen Folgen man demgemäß [...] nicht aufzukommen hatte." (Münkler 1996: 128) Da der Antifaschismus zugleich als Propagandawaffe gegen die Bundesrepublik eingesetzt wurde (Kocka 1995: 100), kamen die persönlichen historischen Erfahrungen und die offizielle Geschichtsversion noch mehr in Gegensatz zueinander. Gehörten die besten Traditionen deutscher Geschichte zur Eigengruppe, saßen die alten Nationalsozialisten im Westen (Herbert / Groehler 1992: 30).

Die Abladung jeglicher Verantwortung auf die Kapitalisten als ehemals Herrschende und Verursacher der braunen Diktatur ermöglichte es der breiten Bevölkerung nicht allein, wie Christa Wolf (1976: 861) schon beklagte, jegliche Selbstreflexion zu unterlassen. Aus der allgemeinen historischen Betrachtung konnte auch das zentrale Ereignis der Jahre von 1933 bis 1945, die Shoah, verschwinden. Da Aufstieg und Herrschaft des Faschismus als Extremfall des Kampfes zwischen Arbeiterklasse und Kapital definiert waren (Thamer 1987: 36), gerann der Antisemitismus zum Überbauphänomen (Herbert / Groehler 1992: 52). Da die DDR zudem vorgab, mit dem Faschismus abgerechnet zu haben, wurde die Shoah an den Rand der öffentlichen Wahrnehmung gedrängt. Sie war kein Teil des kulturellen Gedächtnisses (Traverso 1993: 180).

Von diesen Überlegungen lassen sich Folgerungen für die kollektiven Erinnerungen der Deutschen ableiten. Laut einer Meinungsumfrage (Noelle-Neumann 1995) hat die Ermordung der Juden für Ostdeutsche wesentlich geringere Relevanz als für Westdeutsche. Daraus folgt

H 17: Westdeutsche erinnern mit signifikant höherer Wahrscheinlichkeit die Shoah als wichtiges historisches Ereignis, als es Ostdeutsche tun.

Eine weitere Hypothese zielt auf die sprachliche Form, in der über diesen Teil deutscher Vergangenheit gesprochen wird. Die offizielle Lesart der DDR verpönte den im Westen zwar umstrittenen aber üblicherweise benutzten singularisierenden Begriff „Nationalsozialismus" und sprach statt dessen generalisierend vom Faschismus. Weil die von der SED vorgegebene historische Interpretation der Bevölkerung auch eine Entlastung bot, stellt sich die Frage, ob sich der Sprachgebrauch in den kollektiven Erinnerungen spiegelt. Diese Vermutung beruht auf der Annahme, daß die Lebensverhältnisse der Sprache ihren Ausdruck geben. Sprachliche Formationen stehen in Wechselbeziehung zur gesellschaftlichen Praxis (Maas 1984: 18f.). In bezug auf die DDR verband sich mit den gebräuchlichen Bezeichnungen wie „deutscher Faschismus", „Hitler-Faschismus" oder „Nazi-Faschismus" eine Bewertung, der zufolge für die verbrecherische Politik der Jahre 1933 bis 1945 nur eine kleine Gruppe des reaktionären Finanzkapitals und ihrer faschistischen Agenten verantwortlich war (Thamer 1987: 27 u. 36). Die Übernahme des offiziellen Sprachgebrauchs ermöglichte eine individuelle Entlastung. Sollte diese Annahme gültig sein, folgt daraus eine spezifische Hypothese für die Befragten aus den neuen Bundesländern.

H 18: In Ostdeutschland wird die Ära von 1933 bis 1945 mit signifikant höherer Wahrscheinlichkeit als im Westen mit dem Terminus „Faschismus" bezeichnet.

Hingegen ist bei den Befragten aus den alten Bundesländern ein anderes Sprachmuster zu erwarten.

H 19: Westdeutsche benutzen hinsichtlich der Ära von 1933 bis 1945 mit signifikant höherer Wahrscheinlichkeit als Ostdeutsche den Begriff des Nationalsozialismus.

Ohne Zweifel ist diese Betrachtung auf die Entwicklung in der DDR fixiert. Zwar ist es wegen der Diktatur plausibel, Einheitlichkeit zu unterstellen. Doch klammern beide Hypothesen die lange, scharfe Debatte um den Faschismusbegriff in der alten Bundesrepublik aus (Dipper et al. 1998; Laqueur 1996: 14-20). Gerade für die politische Linke spielte der Antifaschismus eine beachtliche Rolle. Für sie hatte er ebenfalls identitätsstiftende Bedeutung (Diner 1995: 81). Damit werden die Annahmen zu Ost-West-Differenzen in bezug auf die Benutzung einer bestimmten Begrifflichkeit relativiert. Deshalb ist auch eine Alternativhypothese in Betracht zu ziehen.

H 20: In bezug auf die Verwendung der Begriffe „Nationalsozialismus" und „Faschismus" gibt es keine Differenzen zwischen Ost- und Westdeutschen.

Da theoretisch nicht zu entscheiden ist, wie weitgehend der Antifaschismus die westliche Gesellschaft prägte und welchen Einfluß die ihn vertretenden politischen Gruppen real hatten, muß empirisch über die vermutete Differenz entschieden werden.

3.1.2 Unterschiedliche Erinnerungen an die deutsche Teilung

Seitdem das Gebiet der DDR für eine öffentliche Sozialforschung zugänglich ist, konstatieren einige Untersuchungen geringere Einstellungsunterschiede als teilweise erwartet waren (Veen / Zelle 1995: 43). Für Oscar W. Gabriel (1994: 38) läßt sich derzeit nicht entscheiden, ob die Ergebnisse auf Unzulänglichkeiten in den Erhebungsmethoden beruhen oder auf eine partielle Übereinstimmung der politischen Kulturen in beiden Teilen Deutschlands hindeuten. Die Skepsis gegenüber Einstellungsähnlichkeiten etwa beim Konzept der politischen Kultur erscheint plausibel. Das politische System der DDR verstand sich schließlich als Gegenmodell zur bürgerlich-kapitalistischen Demokratie des Westens. Es dürfte zumindest in den 60er und 70er Jahren innerhalb der Bevölkerung mehrheitlich als legitimiert angesehen worden sein (Niemann 1993: 47). Auch wenn die Systemakzeptanz nach 1980 abgesunken ist, resultiert daraus nicht notwendig die Übernahme westlicher Wertvorstellungen. Sonst fänden sich derzeit kaum stereotypisierende Gruppenzuordnungen, wie sie in den Bezeichnungen vom „Ossi" beziehungsweise „Wessi" zum Tragen kommen.

Die 1990 erfolgte Vereinigung von BRD und DDR führte ohne Zweifel ungleiche Partner zusammen. Die Gegensätze entsprangen den politischen Systemen mit ihren andersartigen Traditionen und ihren auseinanderklaffenden ökonomischen Potentialen. Die fundamentalen Differenzen, die kurzfristig nicht überbrückbar sind, wirken sich auch auf der Mentalitätsebene aus (Ritter 1998: 241-245). Es bleibt aber zu bestimmen, in welchen Bereichen die Menschen diesen Einflüssen unterliegen und worauf - bei Berücksichtigung der historischen Vorgänge - der gegenseitige Entfremdungsprozeß zurückzuführen ist. Schließlich verlief die Entwicklung in beiden Landesteilen lediglich 40 Jahre lang nicht parallel.

In meinen Augen liegt eine Antwort in der ungleichen Weise, wie beide Gesellschaften aufeinander bezogen waren. Für die alte Bundesrepublik stellte der kommunistische Machtblock neben der nationalsozialistischen Diktatur das Gegenbild zur eigenen Verfassung und der westlichen Demokratieform dar. Für die Bürgerinnen und Bürger trug speziell der wirtschaftliche Erfolg der Bonner Republik zur Identifikation mit ihrem Staat bei. Im Laufe der Jahre kam das zur Geltung, was Habermas (1990b) als DM-Nationalismus bezeichnet. Mit dieser Entwicklung entfremdeten sich die Angehörigen der westlichen Teilnation schleichend vom Osten, weil sie sich auf diesem Wege ihrer eigenen Leistung vergewisserten. Damit zusammenhängend erfolgte die Emanzipation von alten Nationsvorstellungen. Sie wurde dadurch gefördert, daß der Westen den Begriff „Deutschland" vereinnahmte und allein auf sich bezog. Edgar Wolfrum (1997: 112) deutet dieses Verhalten einerseits als populären Ausfluß des bis 1968 regierungsamtlich vertretenen Alleinvertretungsanspruchs. „Andererseits kam hierin [...] eine zunehmende gefühlsmäßige Distanz zur DDR zum Ausdruck." (ebd.) Eine solche Eigenständigkeit in der alten Bundesrepublik spiegelt sich auch in Umfrageergebnissen (Weidenfeld / Glaab 1995: 2868f.). Sie verweisen auf die geringe Relevanz, die im westlichen Teil Deutschlands die Spaltung der Nation in der Wahrnehmung der Individuen hatte.

Aus ostdeutscher Perspektive dürfte die Teilung anders wahrgenommen worden sein. Von offizieller Warte aus war der Westen zwar definierter Klassenfeind war, doch dessen ökonomische Möglichkeiten wirkten gerade im Konsumbereich für die Individuen in der DDR anziehend. Außerdem hängt die Annahme, die Menschen in der DDR seien stärker auf die BRD fixiert gewesen als die Westdeutschen auf den Osten, mit dem Aspekt persönlicher Bindungen zusammen. Während in der Bundesrepublik allenfalls ein Drittel Verwandte in der DDR hatte, dürfte dieses Verhältnis in der anderen geographischen Richtung umgekehrt gewesen sein. Lutz Niethammer (1994: 100) folgert daraus, „daß von den lebensweltlichen Voraussetzungen her die Einstellungen in den Bevölkerungen zur nationalen Frage genau umgekehrt zur derjenigen ihrer Regierungen war." Unter diesem Gesichtspunkt nimmt sich die Teilung in zwei deutsche Staaten für die Menschen im Osten als schmerzlicher aus, als es für die Angehörigen der Bundesrepublik war. Von daher dürften die kollektiven Erinnerungen an diesen historischen Einschnitt unterschiedlich ausfallen.

H 21: Deutsche Teilung und Mauerbau 1961 werden im Osten Deutschlands mit signifikant höherer Wahrscheinlichkeit erinnert als im Westen.

Die voranstehenden Überlegungen verweisen auch auf die Erinnerung des 17. Juni als Datum des öffentlichen Gedenkens des Volksaufstandes in der DDR 1953. An jenem Tag wurde Widerstand gegen das politische System geübt und die Wiedervereinigung Deutschlands gefordert. Wolfrum (1997) zeichnet nach, in welch geringem Maße der Wunsch nach einer einheitlichen Nation in der alten Bundesrepublik verankert war. In bezug auf die Menschen in der DDR stellt er (ebd.: 443) die implizite Hypothese auf,

H 22, daß der 17. Juni 1953 im Osten signifikant stärker in den kollektiven Erinnerungen verankert sei als im Westen.

Seine Vermutung resultiert aus dem Wissen um die Präsenz des Datums in den westlichen Medien. Da dieser Tag in alljährlicher Wiederkehr öffentlich zelebriert wurde, und da die Bedeutung der Westmedien für die DDR-Bevölkerung kaum überschätzt werden könne, liege die Annahme nahe, der Tag der Deutschen Einheit sei im Osten auf größere Resonanz gestoßen als im Westen. Das gelte um so mehr, als dort mit dem historischen Ereignis eigene Lebenserfahrungen verknüpft waren und die Verhältnisse in der DDR durch ihn eine bestimmte Charakterisierung erfuhren. Allerdings gesteht Wolfrum (ebd.) zu, daß Ausmaß und Form dieses kollektiven Gedenkens nur schwer zu bestimmen seien.

3.1.3 Die eigene historische Tradition des Westens

Unter anderem wegen des Widerspruchs, der zwischen den Lebenserfahrungen der kommunistischen Führung und jenen der sich hauptsächlich aus ehemaligen Mitläufern des Nationalsozialismus zusammensetzenden Bevölkerung klaffte, fiel es im Laufe der Zeit immer schwerer, die antifaschistische Tradition an die Nachgeborenen weiterzuvermitteln (Münkler 1996: 135). Auch wenn die SED darauf reagierte, indem sie dem Staatsvolk als Kompensation eine breite Palette von Additionsmythen von Thomas Müntzer bis hin zur Neuinterpretation Friedrichs II. anbot, bildete sich in der DDR keine Tradition heraus, die einen Bezug zur eigenen 40jährigen Geschichte hergestellt hätte. Insofern konnte sich kein fundierender Mythos entwickeln, der den Nationsangehörigen dazu hätte dienen können, sich selber eine Rechtfertigung für die Unterordnung des Eigeninteresses unter die Anforderungen der Gemeinschaft zu geben.

Hierin besteht ein Gegensatz zur alten Bundesrepublik. Zwar verwiesen einige ihrer Politiker auf frühere Epochen und historische Persönlichkeiten, um Appelle zu unterstreichen, es sei die Zeit gekommen, aus dem Schatten der nationalsozialistischen Zeit herauszutreten und sich an der Geschichte früherer Jahrhunderte zu orientieren (Filbinger 1983: 174-178). Doch hatte sich mit der neuen demokratischen Ordnung eine eigene Tradition entwickelt, die die Bürgerinnen und Bürger als Richtschnur begriffen. Sie legitimierte das politische System und den gesellschaftlichen Zusammenhalt. Anknüpfungspunkte waren die Verabschiedung des Grundgesetzes und das Wirtschaftswunder nach dem Zweiten Weltkrieg.

Unabhängig von den konkreten historischen Gegebenheiten ist zunächst zu unterstellen, daß die Konstitution der BRD als ein fundierendes Moment zu betrachten ist und im Westteil der Nation einen entsprechenden Platz sowohl im kulturellen Gedächtnis als auch in den kollektiven Erinnerungen einnimmt. Der 23. Mai 1949 stellt ein erinnerungswürdiges Datum dar, weil die vom Parlamentarischen Rat verabschiedete Verfassung einen formellen Schlußpunkt unter eine obrigkeitstaatliche Tradition setzte. In ihr waren Bürgerrechte immer in Abhängigkeit von den Ansprüchen eines starken Staates definiert und der Bürgerschaft wurden nur dann individuelle Freiheiten eingeräumt, wenn sie sich den Erfordernissen des Staates und damit den herrschenden Eliten unterwarf (Braunthal 1989: 308f.). Mit dieser Entwicklung brach die Bundesrepublik. Indem im Grundgesetz die Freiheitsrechte der Einzelnen über den Staat garantiert waren, begann für die Bevölkerung im westlichen Teil Deutschlands ein neuer Abschnitt in der Geschichte.

Auch wenn der politische Gründungsmythos die Wurzeln der BRD auf Weimar zurückführt (Münkler 1996: 129), bot die politische Ordnung der ersten deutschen Republik allenfalls einen Orientierungsrahmen für die neu zu schaffende Staatsform. Die Jahre von 1918 bis 1933 wirkten vielmehr als Abschreckung wegen des Scheiterns und des Übergangs in die Diktatur. Die Vertreterinnen und Vertreter des Parlamentarischen Rates schufen mit der wehrhaften Demokratie statt dessen ein für Deutschland neues politisches System, bei dem als Lehre aus Weimar im Rahmen der Verfassung institutionelle Sicherungen konstruiert wurden, um ein erneutes Scheitern zu verhindern (ebd.).

Trotz aller Krisen in der 40jährigen Geschichte der Bundesrepublik ist zu unterstellen, daß sich das Grundgesetz bewährt hat. Studien zur nationalen Identität (Blank / Schmidt 1997: 142) belegen eine patriotischen Identifikation mit den demokratischen Institutionen, weshalb das Gründungsdatum bei den Westdeutschen in den kollektiven Erinnerungen verankert sein dürfte.

H 23: Westdeutsche erinnern mit signifikant höherer Wahrscheinlichkeit als Ostdeutsche die Gründung der BRD als historisch wichtig.

Bei dem zweiten für die alte Bundesrepublik relevanten Gründungsmythos handelt es sich um jene Ereignisse, die unter dem Begriff „Wirtschaftswunder" subsumiert werden. Dazu gehören die Währungsreform, der Wiederaufbau der Städte und Industrieanlagen und der bis in die 60er Jahre hinein andauernde Wirtschaftsboom. Auch wenn sich diese Vorgänge insgesamt über eine lange Zeit erstreckten, fokussiert der Mythos auf die Einführung der DM in 1948. Aus der Rückschau stellte sich der Währungsschnitt als ökonomischer Bruch mit der Vergangenheit dar. Hierbei spielt keine Rolle, daß die Grundlagen für den folgenden Boom schon vor Ende des Krieges gelegt und auch wirtschaftliche Reformen bereits vor der DM-Einführung durchgesetzt worden waren (Heldmann 1996). Unabhängig von der historischen Faktenlage bleibt das mit der Währungsreform verbundene Bild bestehen, demzufolge „alle mit 60 DM anfingen" und dann „die Ärmel hochgekrempelt" wurden (Abelshauser 1983: 51). Solch plastische Vorstellungen verweisen auf ihre Wurzeln in den kollektive Erinnerungen. Hinsichtlich des Wirtschaftswunders wurde „die Identifikation der Bürger mit ihrer Gemeinschaft [...] über [...] Narrationen" gestiftet (Münkler 1996: 129). Diese Erinnerung war den Westdeutschen in ihrer überwiegenden Mehrheit Symbol für die eigene Leistungsbereitschaft und die Fähigkeit, die materiellen Schäden der Vergangenheit zu beseitigen.

Ein derartiges Erfolgserlebnis hatten Ostdeutsche in dieser Form nicht. In stärkerem Maße als im Westen waren sie von Demontagen betroffen, die den wirtschaftlichen Aufbau erheblich erschwerten (Zank 1987: 18-29). Eine noch schwerwiegendere Differenz zur westlichen Ökonomie ergab sich durch die Errichtung einer zentralistischen Planungsbürokratie, die „zu einem gravierenden Verlust an wirtschaftlicher Dynamik und einem Zurückbleiben der technologischen Entwicklung" führte (Ritter 1998: 131). Aufgrund dessen ist zu erwarten,

H 24, daß das Wirtschaftswunder durch Westdeutsche mit signifikant höherer Wahrscheinlichkeit als durch Ostdeutsche erinnert wird.

Eine weitere Hypothese ist in diesem Zusammenhang hinzuzusetzen, die sich nicht direkt auf den Ost-West-Gegensatz bezieht. So wird in der Literatur von einer Rangfolge der erinnerten Gründungsmythen ausgegangen.

H 25: Innerhalb der westdeutschen Teilstichprobe wird das Wirtschaftswunder mit signifikant höherer Wahrscheinlichkeit erinnert als die Gründung der BRD.

Diese Gewichtung innerhalb der kollektiven Erinnerungen der Westdeutschen nehmen Herfried Münkler (1996: 129f.) wie auch Edgar Wolfrum (1998b: 6) vor. Sie sehen Währungsreform und Wirtschaftswunder als den „eigentlichen" Gründungsmythos der Bundesrepublik an. Dessen Botschaft lautete, daß politische Stabilität von ökonomischer Prosperität abhänge und damit letzterer nachgeordnet sei. Entscheidend ist hierbei die Differenzierung nach den Gedächtnisarten. Für das kulturelle Gedächtnis steht die staatliche Gründung im Vordergrund. Jedoch sind die persönlichen Erinnerungen derjenigen, die die Nachkriegsgeschichte in Westdeutschland miterlebt und teils auch mitgestaltet hatten, stark von Erfahrungen beeinflußt, die sich am wirtschaftlichen Wohlergehen orientierten (Benz 1995: 48).

3.1.4 Ost versus West: Der andere Blick auf die Vereinigung

Ohne Frage hat die Vereinigung von BRD und DDR herausragende historische Bedeutung und dürfte von vielen Deutschen in Ost und West auch als wichtiger geschichtlicher Einschnitt wahrgenommen werden. Diese Annahme beruht auf der allgemein geteilten Einschätzung, derzufolge der Niedergang des Kommunismus nicht allein die Verbreitung von Freiheit und Demokratie förderte. Durch ihn wurde zugleich die politische Landkarte Europas verwandelt, in dessen Mitte sich ein vergrößertes, einflußreicheres Deutschland bildete (Glaessner 1992: 220-224). Die Bedeutsamkeit der Ereignisse dürfte sich in den kollektiven Erinnerungen niederschlagen, weil die Entwicklung nach der Vereinigung auf individueller Ebene, etwa hinsichtlich der nationalen Identität, ebenfalls Konsequenzen zeitigte (Blank 1997; Blank / Schmidt 1997).

Die voranstehenden Bemerkungen sprechen die Ereignisse von 1989/90 als generalisierte Kategorie an, bei der die Sichtweisen in Ost und West kaum voneinander abweichen. Im Gegensatz dazu sind erhebliche Differenzen bei den von den Befragten genannten Details ihrer Assoziationen anzunehmen. Sie dürften sich nicht allein auf den Ereignisablauf beziehen, sondern auch persönliche Erfahrung und Bewertungen beinhalten. Diese Annahme begründet sich auf zwei Ebenen.

- Die den Entwicklungsprozeß auslösenden Akteure waren Ostdeutsche.
- Durch die Integration der DDR in die BRD veränderte sich die Gesellschaftsstruktur in Ostdeutschland grundlegend.

Der erste Punkt berücksichtigt die unterschiedlichen Handelnden. Den Westen, das heißt die Individuen wie auch die gesellschaftlichen Institutionen, traf die neue Situation unvorbereitet (Zelikow / Rice 1997: 17). Die politischen Akteure stellten sich eher instinktiv auf die sich verändernde Situation ein, als fundierte und ausgearbeitete Konzepte anzuwenden. Die Reaktionen demonstrieren, wie sehr sich die Westdeutschen mit der Teilung abgefunden, in welchem Maße sie die BRD als eigene Nation begriffen hatten und deshalb von der Entwicklung überrascht wurden. Insofern erfuhren sie die Konfrontation mit Veränderung erst durch den Fall der Mauer als einschneidendem historischen Ereignis. Weitere für den Westteil Deutschlands zentrale Vorgänge waren die Bestätigung der eigenen ökonomischen Überlegenheit, insbesondere die Attraktivität der DM, sowie der formelle und zugleich symbolische Vollzug der Vereinigung.

Ostdeutsche dürften bei ihrem Blick auf die Ereignisse von 1989/90 andere Schwerpunkte in ihren kollektiven Erinnerungen setzen. Zwar ist anzunehmen, daß sie den Mauerfall emotional ähnlich wahrnehmen wie Westdeutsche. Doch hatte er seinen Ursprung in den gesellschaftlichen Bedingungen, die Teil der gelebten Alltagserfahrung der DDR-Bevölkerung waren. Unabhängig davon, ob gegenwärtig die Darstellung der Ereignisabläufe in der individuellen wie öffentlichen Wahrnehmung von Wunschvorstellungen, verkürzenden Interpretationen etc. überlagert wird (Pollack 1999), sind für Ostdeutsche die Bürgerrechtsbewegung zusammen mit dem breiten Volksprotest sowie die massenhafte Abwanderung in den Westen der eigenen Geschichte zurechenbar. Diese Erfahrungen sollten sich in den kollektiven Erinnerungen spiegeln. Deshalb ist anzunehmen, daß

H 26, die Erinnerung an Bürgerrechtsbewegung und Bevölkerungsproteste sowie an den Zusammenbruch des Kommunismus in den neuen Bundesländern unter Ostdeutschen signifikant größer ist als unter Westdeutschen.

Demgegenüber läßt sich unterstellen, daß

H 27, der Mauerfall und die am 3. Oktober 1990 formell vollzogene Vereinigung in Ost- und Westdeutschland in ähnlichem Ausmaß in den kollektiven Erinnerungen verankert sind.

Schließlich ist davon auszugehen, daß

H 28, die Bewertung der Vereinigung von BRD und DDR in Ostdeutschland signifikant negativer ausfällt als in Westdeutschland.

Diese Aussage resultiert aus den gegenwärtig nach wie vor durch Disparitäten gekennzeichneten sozioökonomischen Verhältnissen in Ost und West. Zudem berücksichtigt sie die unterschiedlichen Erfahrungen, die in beiden Regionen mit der Vereinigung und auch mit den Menschen des jeweils anderen Landesteils gemacht wurden. So müssen sich Ostdeutsche seit 1990 mit erheblichen Veränderungen in ihren Lebensbedingungen abfinden. In den ersten Jahren danach gab es für sie Anpassungsschwierigkeiten und war ihre persönliche Situation durch Verlust der Arbeitsplatzsicherheit sowie soziale Ängste gekennzeichnet. Mittlerweile haben sich die Verhältnisse zwar stabilisiert, und das drastische Wohlstandsgefälle zu Westdeutschland wird als geringer eingeschätzt (Habich et al. 1999). Doch trotz der Modernisierungserfolge war das gesellschaftliche Klima im Osten wie im Westen in den zurückliegenden Jahren vielfach von Unzufriedenheit und gegenseitigen Ressentiments geprägt. Deshalb ist es naheliegend, Rückwirkungen dieser Stimmungslagen auf die kollektiven Erinnerungen zu unterstellen.

Allerdings müssen derartige Bewertungen nicht in der Nennung von Ereignissen zum Ausdruck kommen. Entscheidend sind eher die Gründe, die die Befragten für ihre Antwort anführen.

3.2 Erinnerungsdifferenzen durch persönliche Partizipation an Zeitgeschichte

Alter stellt eine zentrale Einflußgröße dar, weil das Wissen um vergangene Erfahrungen die Basis jeden menschlichen Handelns bildet (Wehler 1988: 11). Schon wenn wir Einstellungen zu Objekten entwickeln, benötigen wir Kenntnisse, die wir uns in der Vergangenheit aneigneten (Zanna / Rempel 1988: 319-324). Geht es darum, sachgerechte und situationsangemessene Entscheidungen zu treffen, greifen wir - vermittelt über Analogieschlüsse - auf Erfahrungen oder gelerntes Wissen zurück, das im Rahmen der Sozialisation in Kindheit und Jugend oder in der Ausübung des Berufs beziehungsweise anderen Formen zwischenmenschlichen Zusammenlebens erworben wird. Die Zeitdimension spielt hinsichtlich Gruppendifferenzen bei kollektiven Erinnerungen deshalb eine Rolle, weil davon auszugehen ist, daß die Individuen je nach Alter dem Geschichtsablauf in unterschiedlichem Maß unterworfen waren, was sich auf ihre Interpretationen von Historie auswirken dürfte (Koselleck 1992).

Der beschriebene Sachverhalt ist nicht zu trennen von der Generationsthematik. Zu deren Erklärung wird zumeist auf Karl Mannheims (1928) Konzept zurückgegriffen. Er postuliert eine nachhaltige, lebenslang wirkende Prägung von Jugendlichen und jungen Erwachsenen durch herausragende zeitgenössische Ereignisse (ebd.: 538 u. 356). Junge Menschen bildeten deshalb eine konkrete Gruppe, die Generationseinheit, weil sie noch keine weitreichenden Lebenserfahrungen sammeln konnten. Sie seien ungefiltert mit den neuen Ereignissen konfrontiert, könnten diese nicht einem Vorverständnis entsprechend eingefahrenen Erklärungsmustern zuordnen. Insoweit erhielten sie eine spezifische Prägung, die bei Älteren nicht beobachtbar sei.

Im Rahmen dieser Untersuchung wird die Generationsproblematik nicht näher analysiert, da es für die Testung der Mikro-Makro-Modelle zum sozialen Gedächtnis nicht von Belang ist, ob es Generationen mit spezifischen kollektiven Erinnerungen gibt, und welche Aspekte von Vergangenheit durch diese Gruppen am Leben gehalten werden. Statt dessen geht es um die grundlegendere Frage, inwieweit sich Alterseffekte generell auf die Wahrnehmung von Geschichte auswirken.

Da Generationen hier nicht im Vordergrund stehen, entschied ich mich zu einem pragmatischen Vorgehen, was die Operationalisierung der Variablen angeht. Weil davon auszugehen ist, daß Periodeneffekte vorliegen, Prägung der gesamten Gesellschaft durch historische Ereignisse, unterteile ich die Stichprobe allein nach den Merkmalen „vor 1940 geboren" sowie „nach 1939 geboren". Auf diese Weise versuche ich der Tatsache gerecht zu werden, daß die älteren Befragten den Nationalsozialismus selbst erlebten und insofern andere Erinnerungen mit ihm verbinden als die jüngeren. Gerade weil sich der Zweite Weltkrieg auf die gesamte Bevölkerung des Deutschen Reiches einschneidend auswirkte, muß hier von einem Epochenereignis gesprochen werden. Die Bedeutung, die die Älteren jener Ära zuschreiben, ist folglich anders einzuschätzen als die Bewertungen, die von den Nachgeborenen unternommen werden.

Aufgrund dieser Überlegungen ist Alter als unabhängiger Variablen ein wichtiger Einfluß auf Verhaltens- oder Einstellungsabweichungen innerhalb von Bevölkerungsaggregaten zu unterstellen (Bengtson / Cutler 1976: 133). Daraus leitet sich die vorläufige, in dieser Form nicht prüfbare Hypothese ab, die im Rahmen der weiteren Überlegungen modifizieren werden wird.

H 29: Alter übt als unabhängige Variable einen Kausaleffekt auf die kollektiven Erinnerungen innerhalb einer Gesellschaft aus.

3.2.1 Die Wirkung von Alterseffekten auf Erinnerungen

Generell ist davon auszugehen, daß in Abhängigkeit davon, auf welchen Alterseffekt sich eine Forschungsfrage bezieht, unterschiedliche Einsichten vermittelt werden hinsichtlich des Einflusses von Zeit und Alter auf den Wandel der sozialen Strukturen (Bengtson / Cutler 1976: 131). Frederick Weil (1987: 312f.) definiert in diesem Zusammenhang

- Epochal-,
- Lebenszyklus- und
- Kohorteneffekte.

Zudem berücksichtigt er noch Mischtypen. In bezug auf die kollektiven Erinnerungen von Deutschen sind zwei Effekte relevant, die aus den dramatischen Erfahrungen in der Zeit des Zweiten Weltkrieges resultieren. Die mit ihm einhergehenden Veränderungen in der deutschen Gesellschaft hatten für weitgehend alle ihrer Mitglieder einschneidende Folgen. Deshalb fokussieren die kollektiven Erinnerungen diese Vorgänge. Allerdings muß der Rückbezug auf die Vergangenheit seitens der damals Lebenden nicht für alle Nationsmitglieder gleich sein. Alan Spitzer (1973: 1363) bringt den Sachverhalt auf den Punkt: Im Krieg kämpfen und sterben die Jungen, während die Alten herrschen und trauern. Seine Charakterisierung individuell unterschiedlicher Wahrnehmung von Krieg als historischem Ereignis aufgrund der individuellen Stellung im Sozialgefüge eröffnet die Möglichkeit, die Wirkungsweise von Alterseffekten theoretisch zu explizieren.

Kriege dürften ab einem bestimmten Umfang und einer gewissen Dauer eine Gesellschaft in ihrer Gesamtheit beeinflussen. Bei den Einzelnen steht die allgemeine Kategorie „Krieg" dann für die von ihnen gemachten Erfahrungen und bildet aus der zeitlichen Distanz zu den Geschehnissen ein Synonym für sie.[5] Spitzer wie auch Koselleck (1992) betonen das nach Altersgruppen sehr differenziert ausfallende Erleben. Wird dieser Gedanke auf den Zweiten Weltkrieg übertragen, zeigt sich allerdings die Schwierigkeit, Regelhaftigkeiten zu bestimmen. So wurden damals im Laufe der Jahre mehr und mehr Jugendliche und Alte zum Waffendienst herangezogen. Weiterhin führte das Kriegsende für viele - unabhängig von ihrem Alter - zu einer Entwertung der vorher für sie gültigen rassistischen oder nationalistischen Normen und Einstellungen. Gerade weil breite Teile der Bevölkerung mit traumatischen Lebensereignissen konfrontiert waren, macht es wenig Sinn, Kohorteneffekte untersuchen zu wollen, bei denen ein besonderes Merkmal innerhalb einer eng begrenzten Gruppe zusammenhängender Geburtsjahrgänge in signifikant höherem Maße beobachtbar ist als in den übrigen Alterskohorten. Statt dessen sind Effekte anzunehmen, die sich tendenziell bei allen damals Lebenden zu beobachten sein dürften.

Auf die Analyse von Lebenszykluseffekten wird hier ebenfalls verzichtet, weil sie nicht an historische Ereignisse gebunden sind. Sie treten vielmehr aufgrund von Rollenanforderungen als wiederkehrende Verhaltensmuster auf und beziehen sich auf Zyklen, die an bestimmte Abschnitte des Lebenslaufes gebunden sind und sich erst im selben Lebenszyklus der nachwachsenden Generation wiederholen. Dementsprechend steht ein solcher Effekt der kontinuierlich verlaufenden Geschichte entgegen.

---

5 Dieser Sachverhalt drückt sich schon darin aus, daß eine Reihe von älteren Befragten „vom Krieg" sprechen. Sie müssen ihn nicht als den Zweiten Weltkrieg spezifizieren. Für sie ist es eindeutig, daß damit nur jener gemeint sein kann.

Relevant sind für die vorliegende Studie hingegen Epochaleffekte. Bei ihnen handelt es sich um Einflüsse von Ereignissen, die sich auf die gesamte Bevölkerung auswirkten, was Gruppendifferenzen jeder Art ausschließt (Fogt 1982: 36). Liegt ein solcher Fall vor, wird ein historisches Ereignis unabhängig vom Alter der Mitglieder einer Population gleich häufig erinnert. Mit zunehmender zeitlicher Distanz zum Ereignis nimmt die Erinnerung an jenes Geschehen über die gesamte Bevölkerung in gleicher Weise ab. Als Konsequenz darf bei diesem Effekt zu verschiedenen Befragungszeitpunkten die jeweilige Prozentrate der Erinnerung über alle Altersklassen nur innerhalb von Zufallsgrenzen schwanken. Lediglich die Häufigkeit, mit der das Ereignis über die Zeit erinnert wird, sinkt aufgrund des Vergessens.

Bei dem Gedanken an Epochaleffekte ist es in Deutschland naheliegend, an die Jahre 1933 bis 1945 sowie an die Vorgänge von 1989/90 zu denken. Beide Ereignisse hatten fundamentale Veränderungen für die Bevölkerung zur Folge und waren mit teilweise sehr belastenden Erfahrungen verbunden.

Die Situation nach der Kapitulation des Deutschen Reiches läßt sich für die Mehrheit der Deutschen als Extremfall politischen Wandels unter den Bedingungen eines gerade verlorenen Krieges und dem Wissen um die Verbrechen beschreiben, die im Namen der eigenen Nation begangen wurden und in die die Individuen mehr oder weniger stark involviert waren (König 1996: 165). Aufgrund der äußeren Umstände war die Bevölkerung zu grundlegenden Verhaltenskorrekturen gezwungen. Aber auch für die Kinder und Enkel von Tätern und Opfern ist die nationalsozialistische Vergangenheit noch gegenwärtig. Bei allen Nachgeborenen finden sich „Abwehr von Informationen über die Familienvergangenheit, Vernichtungsängste, Trennungsängste, Schuldgefühle, behinderte Autonomieprozesse und das Ausagieren der Vergangenheit in Phantasien und psychosomatischen Reaktionen." (Rosenthal 1997: 18) Insofern ist es naheliegend, von einer altersunabhängigen kollektiven Erinnerung auszugehen. Auf der Ebene der Globalkategorie postuliere ich daher

H 30: Der Nationalsozialismus wird unabhängig vom Alter der Befragten als wichtiges zeithistorisches Ereignis erinnert.

Die Vereinigung von BRD und DDR läßt sich ebenfalls als Epochaleffekt interpretieren. Dafür spricht die überwiegende Unterstützung, die sie erfährt (Westle 1993: 276). Zudem wandelte sich durch sie das Selbstverständnis aller Deutschen als Angehörige einer von da an vereinten Nation. Angesprochen sind hier Fragen der Integration der Ostdeutschen sowie Anpassungsnotwendigkeiten auf seiten der Westdeutschen (Habermas 1994; Blank / Schmidt 1997: 127). Damit sind wichtige Gründe für eine in der gesamten Bevölkerung verankerte Erinnerung an 1989/90 gegeben.

Wichtig ist bei der Einordnung der Vereinigung als Epochaleffekt zudem die temporäre Nähe des Ereignisses zum Befragungszeitpunkt. Auch ihretwegen ist zu vermuten, daß in bezug auf das Alter die Betroffenheit innerhalb der Bevölkerung in etwa gleichverteilt ist, was sich wiederum auf die kollektiven Erinnerungen an diese zeithistorischen Vorgänge auswirken dürfte. Zumindest stellt sich derzeit nicht die Frage, ob und inwieweit die Nachgeborenen sich mit den durch die Vereinigung verursachten gesellschaftlichen Veränderungen auseinandersetzen, oder ob diese sich als Vergangenheit darstellen, an der sich spätere Generationen noch abarbeiten müssen. Aufgrund dessen lautet die entsprechende Hypothese ähnlich wie bei den kollektiven Erinnerungen hinsichtlich des Nationalsozialismus.

H 31: Die Vereinigung von BRD und DDR wird unabhängig vom Alter der Befragten als wichtiges zeithistorisches Ereignis erinnert.

Sofern ein Epochaleffekt vorliegt, sollte er unabhängig von den oben postulierten Ost-West-Differenzen an.

So einleuchtend die Reduktion empirischer Wirklichkeit auf wenige Erklärungskategorien unter Effizienzgesichtspunkten ist, stellt sich die Frage nach der Validität von Epochaleffekten. Ohne Zweifel existieren sie und beeinflussen Gesellschaften (Fogt 1982: 36 u. 42). Jedoch dürften bei den ihnen zugrunde liegenden Ereignissen auch zusätzliche Altersgruppendifferenzen bestehen, die zu Mischeffekten führen.

Weil (1987: 312f.) sieht ebenfalls Einflüsse historischer Ereignisse auf Gesamtgesellschaften. Dennoch dürften Gruppen zusammenhängender Jahrgänge eine darüber hinausgehende, besonders ausgeprägte Erinnerung an diesen Teil der Geschichte haben, weil sie, etwa als Berufsanfängerinnen und -anfänger, in besonderer Weise von einem Zeitereignis wie Massenarbeitslosigkeit betroffen waren. Prinzipiell sind Epochaleffekte vorstellbar, die sich aber über die Zeit abschwächen. Gleichzeitig ist bei jener Geburtskohorte, die besonders betroffen war, der gemessene Effekt relativ gesehen höher als bei den übrigen Jahrgängen.

Weils Konzeption ist deshalb von Interesse, weil sie im Gegensatz zur Prägungshypothese Mannheims auch den Vorgang des Vergessens und zudem Mischtypen von Alterseffekten berücksichtigt. Hinsichtlich der Ära des Nationalsozialismus ist in bezug auf dessen Erinnerung desweiteren zu beachten, daß es sich um einen lang andauernden Zeitraum handelte und die damals Lebenden durch die für die Ära spezifischen gesellschaftlichen Institutionen sozialisiert wurden. Indem mit dem Epochenende auch die Gesellschaftsstrukturen einen Wandel erfuhren, veränderten sich auch die Sozialisationsbedingungen. Folglich konnten für die jüngeren Deutschen andere - auch von neuen Ereignissen ausgehende - geschichtliche Bezugspunkte Wichtigkeit erlangen. Daraus folgt notwendigerweise, daß ein Epochaleffekt weder unendlich anhält, noch kontinuierlich abfallen muß.

Dieser Sachverhalt läßt sich ebenfalls als Modell vorstellen. Danach wird ein epochales Ereignis in zeitlicher Nähe zu dessen Eintreten weitgehend durch die gesamte Bevölkerung erinnert. Es kommt dann zu einer Veränderung, wenn dieses Ereignis für die nachgeborenen Gesellschaftsmitglieder keine Bedeutung hat oder es ihnen nichts mehr sagt. Wenn sie zudem, wie es nach 1945 der Fall war, noch unter veränderten Bedingungen sozialisiert werden, erinnern nur wenige von ihnen Spezifika des Ereignisses. Da von den Älteren mehr und mehr sterben, erscheint zu einem Jahre oder Jahrzehnte späteren Meßzeitpunkt das, was ursprünglich einem Epochaleffekt entsprach, nur mehr als Erinnerung innerhalb der ältesten Geburtskohorte. Bei weiteren Messungen in der Zukunft dürfte dieser Effekt endgültig verschwinden und das Ursprungsereignis in den kollektiven Erinnerungen kaum mehr relevant sein.

Da ein solches Modell den Wandel über die Zeit berücksichtigt, benutze ich für dieses Konzept den Begriff des *Zeitenwendeeffekts*. Durch ihn werden strukturelle Einschnitte bei kollektiven Erinnerungen im Zeitablauf sichtbar. Im Prinzip ermöglicht das Modell in der Umkehrung des geschilderten Ablaufes zudem, einen Zeitpunkt darzustellen ab dem ein neues Erinnerungsobjekt für die Heranwachsenden einer Gesellschaft relevant wird.

Die Differenzierung zwischen den erörterten Alterseffekten ist vonnöten, weil Mischtypen als Regelfall zu erwarten sind. Schließlich ist die Annahme kaum glaubhaft, bestimmte wahrgenommene Ereignisse der Vergangenheit behielten ihre Bedeutung auf immer in gleicher Stärke bei. Genausowenig ist die Unterstellung plausibel, ein historischer Wandel betreffe allein eine bestimmte Geburtskohorte mit entsprechenden Folgen für die kollektiven Erinnerungen.

Empirisch ist es in bezug auf Detailerinnerungen wichtig, einzelne Alterseffekte auseinanderzuhalten. So konnte ich in einer Analyse zur Flakhelfer-Generation zwar nachweisen, daß die Angehörigen der Jahrgänge 1928 bis 1930 das Kriegsende 1945 signifikant stärker erinnern als alle übrigen Befragten (Heinrich 1997). Die dort präsentierten Ergebnisse zeigen aber ebenfalls, daß sich die Kapitulation des Deutschen Reiches damals einem Epochaleffekt ähnlich auf die gesamte Bevölkerung auswirkte. Insofern liegt ein Zeitenwendeeffekt vor, auf den zusätzlich ein Kohorteneffekt aufgesetzt ist. Für die in dieser Studie verfolgte Fragestellung resultieren daraus Hypothesen zur Wahrnehmung des Kriegsendes wie auch von persönlichen Erfahrungen im Krieg durch die zwei hier relevanten Altersgruppen, die älteren und jüngeren Deutschen.

H 32: Der 8. Mai 1945 wird von den vor 1940 geborenen Befragten mit signifikant höhere Wahrscheinlichkeit erinnert als von den jüngeren.

H 33: Die Erinnerungskategorie persönlicher Kriegserfahrungen wird von den vor 1940 geborenen Befragten mit signifikant höhere Wahrscheinlichkeit erinnert als von den jüngeren.

Im beiden Fällen sollte die Verteilung der Erinnerungshäufigkeiten einem Zeitenwendeeffekt entsprechen, dem zufolge die Älteren im Interview die jeweilige Kategorie stark, die Jüngeren kaum assoziieren.

3.2.2 Perzeption des Nationalsozialismus bei Alt und Jung

Die im vorliegenden Rahmen gewählte Altersklassifizierung, die die Stichprobe entsprechend den vor 1940 und den nach 1939 Geborenen trennt, bedarf allerdings der theoretischen Herleitung. Schließlich sind auch andere Abgrenzungen denkbar.

Der Begriff der Kohorte bezieht sich auf ein Aggregat von Individuen, die im selben Zeitraum einem Ereignis ausgesetzt sind (Ryder 1965: 845). Die Geburtskohorte bezeichnet im Gegensatz zu anderen Arten von Kohorten eine Personengruppe, die in einem definierten Zeitintervall geboren wurde. Zu den anderen Gesellschaftsangehörigen besteht eine Differenz dann, wenn ihre Mitglieder in einem gegebenen Zeitraum aufgrund der Gleichaltrigkeit den Auswirkungen gesellschaftlicher Ereignisse auf ähnliche Weise ausgesetzt sind, was nicht selten auf Jugendliche zutrifft, die sich in einem vergleichbaren Entwicklungsstadium der Transition und damit in einer ähnlichen sozialen Situation befinden (Bengtson / Cutler 1976: 131). Diese Erfahrung unterscheidet sich von derjenigen der anderen Altersgruppen, weil die spezifische Geburtskohorte im Gegensatz zu allen übrigen Gesellschaftsmitgliedern in ihrem damaligen Lebenszyklus auf besondere Weise von dem Ereignis betroffen war. Insoweit keine anderen Einflüsse wirksam sind oder waren, sollte die Differenz zwischen den Geburtskohorten über mindestens zwei Meßzeitpunkte nachweisbar sein.[6]

Wenn ich hier von Geburtskohorten ausgehe, mache ich damit noch keine Annahme hinsichtlich des Lebensalterszeitpunktes, zu dem das Ereignis eintrat, sowie zu der Art des Einflusses. Er muß nicht zwingend dauerhaft mental auf die Mitglieder einer Geburtskohorte einwirken. Da keine Bedingungen über prägende Einflußfaktoren in die Definition einfließen, zielt der von mir benutzte Konzeptbegriff generell auf Einstellungsunterschiede zwischen Altersgruppen, deren Mitglieder zu jeweils anderen Zeitpunkten geboren wurden (Bengtson 1979: 40f.).

Wird der Nationalsozialismus als Beispiel für ein beeinflussendes Ereignis genommen, sollten sich hinsichtlich seiner Erinnerung aus heutiger Perspektive zwei Gruppen feststellen lassen:

---

[6] Die von Rosow (1978: 67) postulierte Stabilität einer Geburtskohorte über ihren ganzen Lebenslauf hinweg ist nicht zwingend. Am Resultat eines empirisch zweimal gemessenen Kohorteneffekts ändert sich nichts, wenn er im späteren Lebensalter der Mitglieder dieser Geburtskohorte nicht mehr auftreten sollte. Statt dessen wäre dann nach den Gründen für das Verschwinden des Effektes zu fragen.

- diejenigen, die jene Zeit selber erlebten und
- die später Geborenen.

Bei den Erstgenannten dürften autobiographische Erfahrung und Erinnerung untrennbar verbunden sein, auch wenn tiefergehende Zusammenhänge der historischen Vorgänge erst nach 1945 vermittelt wurden. Weil diese Altersgruppe zu den Involvierten gehört, sehen sich ihre Angehörigen mit dem Vorwurf der Verstrickung konfrontiert. Jüngere Befragten geben bei ihren Erinnerungen statt dessen geschichtliches Wissen wieder (Ivo 1986: 231). Sie haben ein qualitativ anderes Verhältnis zu jenen Ereignissen, die als ferne Vergangenheit nicht als zur eigenen Biographie gehörig betrachtet werden (Kohlstruck 1997: 79).

Insoweit lassen sich widersprechende Äußerungen zur Vergangenheit auf verschiedene Grade historischer Teilhabe zurückführen. Einerseits können die Alten etwas erlebt haben, was für die Nachgeborenen bedeutungslos ist. Andererseits ist es möglich, daß letztere auf einen Wandel reagieren, der für das Leben der Altvordern ohne Belang ist.

Im Gegensatz zu Heinz Bude (1998) mit seinem Interesse für politische Generationen als eng definierten Jahrgangsintervallen zielt mein Vorgehen auf einen Zeitenwendeeffekt und damit auf eine Unterteilung, durch die die Deutschen in zwei getrennte Altersgruppen zerfallen. Dieser Konzeption liegt die Annahme politischer Trennungslinien innerhalb der Gesellschaft zugrunde, wie sie Ralf Dahrendorf (1974: 101) für das Deutschland der Nachkriegszeit beschreibt. Er sieht einen durch den Nationalsozialismus verursachten Riß, der die Deutschen spalte. Für ihn steht es außer Frage, daß der antiparlamentarische Dogmatismus der nationalen Rechten, der in den Völkermord mündete, keineswegs 1945 zu Ende gegangen sei. Vielmehr habe sich ein Graben aufgetan zwischen ihren Vertretern beziehungsweise den vielen Mitläufern und den Nachgeborenen. Dadurch bestünden unüberbrückbare Gegensätze innerhalb der Gesellschaft.

Da zwischen den konservativen Eliten und den Nationalsozialisten politische Affinitäten bestanden (Heinrich 1991: 387), erfolgte gegen die Diktatur nicht nur kein Widerstand. sondern entwickelte sich eine Interessenidentität zwischen beiden Seiten im Rahmen eines gemeinsamen Handlungsbündnisses unter Führung der NSDAP. Dieser Anpassung wegen mußte der programmatische Gehalt früherer Traditionen notwendigerweise nach 1945 ambivalent bleiben und für eine Identitätsstiftung ausscheiden (Niethammer 1982: 68). Folglich ist der von Ronald Inglehart (1977) beobachtete Wertewandel nicht nur Resultat einer wohlfahrtsstaatlichen Entwicklung. Im Falle der Bundesrepublik hängt er auch mit Traditionsdiskontinuitäten zusammen. Die westdeutsche Nachkriegsgesellschaft hielt zunächst Normen aufrecht, deren Beitrag zum Funktionieren der nationalsozialistischen Diktatur nicht thematisiert wurde. Diese „gewisse Stille" (Lübbe 1983: 585) wurde erst von den Nachgeborenen aufgebrochen.

Die Trennungslinie zwischen den Altersgruppen zu fixieren, ist in der Literatur bislang nicht übereinstimmend gelöst. Da eine Entscheidung über Verstricktsein in die Geschichte implizit mit moralischen Schuldzuschreibungen verbunden ist, führt die Klassifizierung sowohl zu Konflikten auf subjektiver als auch zu Schwierigkeiten auf objektiver Ebene.

Tab. 3: Altersgrenzen der vom Nationalsozialismus beeinflußten Abstammungsgenerationen

Quelle	in NS Verstrickte	Nach-geborene	Abgrenzungskriterium
Ivo (1986: 232)	vor 1925	1925 ff.	Volljährigkeit bis 1945
Kohlstruck (1997: 289ff.)	vor 1930	1930 ff.	indiv. Schuldzuschreibung
Eckstaedt (1989: 495)	vor 1940	1940 ff.	Verstrickung und Sozialisation
Treplin (1992: 170f.)	vor 1945	1945 ff.	Geburt vor / nach 8. Mai 1945

Der in Tab. 3 systematisierte Vergleich mehrerer Studien bringt zutage, daß die einzelnen Abstammungsgenerationen, die Täter, deren Kinder und Enkel, zwar nach Jahrgängen definiert, für sie aber keine identischen Altersgrenzen angegeben werden.

An Hubert Ivos Klassifizierungsversuch bleibt das Kriterium der Volljährigkeit unbefriedigend. Verstrickung in das damalige Regime setzte nicht zwangsläufig erst mit 21 Jahren ein. Michael Kohlstruck (1997: 77) weist darauf hin, daß Angehörige der Jahrgänge bis 1930 aktiv an Kampfhandlungen beteiligt waren. Aufgrund dessen könne ihnen Mitverantwortung nicht abgesprochen werden. Deshalb legt er seiner Altersgruppenklassifikation die Schuldthematik zugrunde (ebd.: 289ff.). Sie ist mit dem Kombattantenstatus verknüpft. Wer aktiv in den Krieg involviert war, ist mit der Möglichkeit individueller Schuldzuschreibung konfrontiert. Deshalb zählt Kohlstruck alle vor 1930 geborenen Deutschen zur Ersten Generation, die Jahrgänge ab 1930 als Nachgeborene.

Mit diesem Vorgehen bleiben Formen des Involviertseins in die nationalsozialistische Diktatur unberücksichtigt, die außerhalb von Kriegshandlungen bestanden. Kohlstrucks Festlegung berücksichtigt nicht die Möglichkeit einer Schuldverstrickung von Kindern und Jugendlichen. Im damaligen Gesellschaftsklima von Angst, Terror, Unterdrückung und Denunziation konnten sie real Macht über ihre Eltern oder andere Verwandte ausüben. Kindliche Allmachts- und Vernichtungswünsche, unter anderen Umständen allein in der Phantasie auszuleben, waren zwischen 1933 und 1945 potentiell umsetzbar (Benz 1992; Müller-Hohagen 1992).

Bezüglich kollektiver Erinnerungen dürfte eine Altersklassifizierung dann zu eng gefaßt sein, wenn sie sich auf die den Befragten eröffnete Möglichkeit fixiert, Kriegsverbrechen begangen haben zu können. Bei dieser Sichtweise bleiben von Kindern erlittene traumatische Erfahrungen außen vor, wie sie Tilman Moser (1993) in einer therapeutischen Fallbeschreibung darlegt. Zweifellos schlagen sich das Erleben von Flucht mit Heimatverlust, von Vergewaltigungen, Bombenkrieg und später der Konfrontation mit den Bildern über Auschwitz in den persönlichen Erinnerungen nieder und dürften sich nach wie vor in der kollektiven Wahrnehmung dieser Vergangenheit bemerkbar machen.

Derartige Einwände berücksichtigt Anita Eckstaedts (1989) Studie implizit. Sie widmet sich der Frage, auf welche Weise die Erfahrung des Nationalsozialismus mit dem Zweiten Weltkrieg im psychischen Untergrund der familialen Generationenfolge fortwirkt. Aufgrund der Altersstruktur ihrer Analysanden legt sie die Grenze zwischen Tätern und Nachgeborenen auf die Jahreswende von 1939 auf 1940 fest.[7] Die Trennung zwischen beiden Altersklassen begründet die Autorin sowohl mit dem Aspekt der Verstrickung in das damalige Herrschaftssystem als auch dem der nationalsozialistischen Sozialisation. Eckstaedt nimmt von den Kindern, die während des Krieges geboren wurden, an, sie seien durch das politische Umfeld der Gesellschaft nur indirekt, nämlich vermittelt über ihre primären Bezugspersonen beeinflußt worden. Die älteren Kinder seien demgegenüber den nationalsozialistischen Sozialisationsinstanzen noch direkt ausgesetzt gewesen.

Weil Eckstaedt die Täterseite beleuchtet, trug ihr die Altersklassifizierung heftige Kritik ein. Vera Treplin (1992: 171) beharrt als Rezensentin des Buches auf einem völkerrechtlichen Standpunkt. Demzufolge sind als Täter alle Deutschen einzustufen, die bis zur Kapitulation geboren wurden.

Unabhängig davon, ob es sinnvoll ist, Kleinkinder als Täter einzustufen, behauptet diese Einteilung eine Klarheit, die innerhalb meines Untersuchungsrahmens empirisch nicht einlösbar ist. Da es sich bei dem kollektiven Rückbezug auf die Vergangenheit um Reaktionen auf einen sozialen Rahmen handelt, spielt die Kommunizierbarkeit der Erinnerungen unab-

---

[7] Auch wenn die Rezensionen von Treplin (1992: 170) und Moser (1992: 47) den Eindruck exakter Definition vermitteln, nennt Eckstaedt (1989: 495) explizit keine Jahreszahl. Ihre Patienten „waren noch vor dem, im oder kurz nach dem Zweiten Weltkrieg geboren." Da lediglich einer der von ihr vorgestellten Analysanden vor Kriegsbeginn geboren wurde, halte ich es aus inhaltlichen Gründen für zulässig, ihre Abgrenzung auf die Jahreswende 1939/40 festzulegen.

dingbar in diesen Prozeß hinein. Genau sie ist der Grund, warum ich mich für die Abgrenzungsvariante von Eckstaedt entscheide. Forschungen zur Kindheitsamnesie (Kotre 1995: 155-162) belegen zwar, daß sich schon Babys visuelle Eindrücke merken, Situationen wiedererkennen etc. Doch für autobiographische Erinnerungen ist es notwendig, Ereignisse aus dem Gedächtnis abzurufen. Um solches zu leisten, müssen Kinder in der Lage sein, sie in Worte zu kleiden und zum Selbst in Beziehung zu setzen. Daniel Schacter (1999: 535) bestätigt zwar, daß das Erleben von Vorgängen aus den ersten Lebensjahren teilweise über lange Zeitintervalle behalten wird. Doch rührt frühkindliche Amnesie von der Unfähigkeit her, derartige „Ereignisrepräsentationen [...] in die narrative Form [zu; H.A.H.] übersetzen, die für einen späteren Abruf erforderlich ist." (ebd.)

Da für kollektive Erinnerungen zudem die Übernahme der Nationsperspektive Bedingung ist, was bei Kindern nicht vorausgesetzt werden kann, halte ich es zur Untersuchung der Assoziationen an den Nationalsozialismus für zweckmäßig, die Jahreswende 1939/40 als Grenze zwischen den Gruppen der Jungen und der Alten einzuführen.

3.3 Frauengeschichte versus Männergeschichte

Die beiden voranstehenden Teilkapitel machen deutlich, inwieweit sich sowohl die räumliche als auch die zeitliche Dimension auf kollektive Erinnerungen auswirken. Aus den einzelnen Perspektiven folgt dann eine je typische Wahrnehmung historischer Ereignisse. Ähnliches gilt hinsichtlich der Geschlechtsvariablen. Allerdings fallen bei ihr Schlußfolgerungen deshalb schwer, weil grundlegende theoretische Positionen umstritten sind. Sie betreffen insbesondere die Entscheidung darüber, ob es sich bei Geschlecht um eine biologische beziehungsweise soziale Konstruktion handelt.

Auf empirischer Ebene berichtete schon Milton Rokeach (1973: 57-59) von geschlechtsspezifischen Subgruppen innerhalb der Gesellschaft. Den Ergebnissen seiner Befragungen zufolge stellen Frauen in stärkerem Maße als Männer auf die interpersonale und emotionale Dimension von Interaktion ab. Die männliche Subkultur zeichne sich demgegenüber durch die Betonung einer instrumentellen und rationalen Dimension aus.

Zu einem ähnlichen Resultat kommt Barbara Norrander (1997: 475). Mit ihren empirischen Daten liefert sie einen Beleg für Carol Gilligans (1984: 81f.) Schlußfolgerungen. Frauen bewerten Beziehungen zu anderen als für sie sehr wichtig, während Männer die eigene Unabhängigkeit als zentral begreifen. Dementsprechend haben Frauen und Männer ein für sie typisches Sprechverhalten (McMillan et al. 1977: 554). In ihrer Kommunikation sind Frauen stärker als Männer gefühlsmäßig involviert. Bei letzteren spielen statt dessen Vorstellungen von Macht und Hierarchie eine Rolle, wenn sie in Kontakt zu anderen treten (Lohauß 1995: 86).

Auf der Basis dieser Forschungsergebnisse ist anzunehmen, daß Frauen und Männer nicht nur eine andere Perspektive auf die Welt haben, sondern Welt per se anders sehen (Bernard 1973: 20). Diese grundlegende Verhaltensdifferenz sollte sich in den autobiographischen Erinnerungen wie auch in der Wahrnehmung der Geschichte einer Gesellschaft sowie in der Kommunikation über sie niederschlagen.

In ihrem Interviewmaterial findet Lerke Gravenhorst (1998: 341) Anhaltspunkte für solche Verhaltensweisen. Die befragte Frau sieht sich - anders als ihr Bruder - eher nicht als Handelnde in der Geschichte. Wegen der unterschiedlichen Koordinaten des Zugangs zur Vergangenheit schreibt Gravenhorst (ebd.: 12) Frauen und Männern einen hierarchisch geordneten Status als Geschichtssubjekt zu.

Julie McMillan et al. (ebd.: 546) begründen solche Einstellungs- und Verhaltensdifferenzen mit sozialen Unterschieden zwischen den Geschlechtern. Sie seien gegeben, weil kulturelle und gesellschaftliche Traditionen beiden Gruppen spezifische Rollen vorschreiben. Diese Interpretation ist aber nicht unumstritten. Sie basiert auf einer Definition von Weiblichkeit, die von der Gleichheit der Geschlechter ausgeht. Die Gegenposition dazu behauptet eine fundamentale Differenz der Geschlechter, von der aus dann Weiblichkeit als Gegensatz zu Männlichkeit erscheint (Göttner-Abendroth 1984).

Geschlecht als grundlegende Identitätsfiguration erscheint deshalb als natürlich und angeboren, weil es mit der Geburt angenommen werden muß und nur schwer wechselbar ist. Allgemein spielt die Annahme, die soziale und psychische Differenzierung zwischen Frau und Mann sei maßgeblich durch den biologischen Unterschied determiniert, in der feministischen Debatte kaum mehr eine Rolle (Hoffmann 1997: 182). Wenn im Diskurs nach wie vor die Geschlechterdifferenz betont wird, zielt die Begründung dafür eher auf ein *trait*-Modell. Nach Nancy Chodorow (1985) wird Mütterlichkeit durch unterschiedliche Objektbeziehungserfahrungen in der frühkindlichen Sozialisation reproduziert und führt zu geschlechtsspezifischen Charakterzügen. „Weil sie von Frauen aufgezogen wurden, wollen Frauen eher als Männer [...] sich (auch) selbst in eine primäre Mutter-Kind-Beziehung zurückversetzen, Befriedigung aus dieser Beziehung ziehen und die psychologischen und beziehungsmäßigen Fähigkeiten dafür entwickeln." (ebd.: 267) Deshalb wichen frühe sowie präödipale Beziehungsmuster bei Knaben und Mädchen voneinander ab, was sich wiederum auf die Entwicklung der Geschlechtlichkeit auswirke (ebd.).

Aber auch die extreme Gegenposition, der postmoderne Dekonstruktionsversuch der Geschlechtskategorien, ist erheblicher Kritik ausgesetzt (Niekant 1999). Das Postulat, der Geschlechtsunterschied sei eine Fiktion, eine Produktion, die als Imitation ohne Original auftrete (Butler 1991: 203), leugnet die alltägliche Wahrnehmung von geschlechtsdifferenten leiblichen Erfahrungen, die dann vor dem Hintergrund eines sozialen Rahmens interpretiert werden (Heinsohn 1995: 52). Aufgrund dessen beharrt Wolfgang Mertens (1992: 30) darauf, jede Kognition bleibe an Leiblichkeit gebunden. Geschlecht ist unzweifelhaft sozial konstruiert. Doch sind die Vorstellungen darüber nicht beliebig austauschbar. Das Faktum der Generativität bringt zwei Geschlechtskategorien hervor. Allerdings ist deren Verfaßtheit nicht festgelegt und wird durch die Kultur beeinflußt. Barbara Holland-Cunz (1999: 26) prägt in diesem Sinn den Terminus eines „konstruktivistisch informierten Essentialismus". Geschlecht wird danach zwar gesellschaftlich generiert und bestimmt. Doch geht in diese Bestimmtheit immer auch ein verbleibender Rest an „Natur" ein, „einige wenige vordiskursive Essentials materialer Körperlichkeit" (ebd.).

Theoretisch sehe ich diese Position deshalb als plausibel an, weil sie empirisch untermauert wurde (Nash / Feldman 1981). So zweifelt auch Gertrud Nunner-Winkler (1991: 149f.) nicht an der objektiven biologischen Differenz zwischen Frauen und Männern. Jedoch führen sie die eigenen Experimente zu dem Ergebnis, daß Frauen deshalb oft fürsorglich agieren, weil sie häufig diffuse Rollen innehaben (ebd.: 159).

Im folgenden verfahre ich in Anlehnung an Sharon Nash und Shirley Feldman (1981: 31). Hinsichtlich der in der allgemeinen Debatte gestellten Frage, ob Geschlecht Charakterzüge bezeichnet oder ob es sich rollen- beziehungsweise situationsspezifischen Einflüssen verdankt, kann ich insofern eine neutrale Position einnehmen, als sich für die vorliegende Fragestellung keine Konsequenzen in bezug auf die Festlegung von Geschlecht als unabhängiger Variable ergeben. Im empirischen Test bleiben die kollektiven Erinnerungen jene Größe, die aufgrund der Geschlechtszugehörigkeit der Befragten variiert. An diesem theoretischen Befund ändert sich nichts, ob Geschlecht biologisch bedingt ist, es sich um eine Charaktereigenschaft oder eine soziale Konstruktion handelt.

3.3.1 Frauen und Geschichte

Wie Karin Hartewig (1995) darlegt, schlug sich die feministische Theoriediskussion auch in den Forschungen zur Frauen- und Geschlechtergeschichte nieder. Bei der Vergangenheitswahrnehmung durch die Individuen sind jedoch die Ursachen des unterschiedlichen Verhaltens bei Frauen und Männern nach wie vor ungeklärt. Anerkannt dürfte lediglich sein, daß das Interesse an Historiographie bei Frauen eher gering ist. Lektüre von Geschichtsbüchern etwa in der schulischen Ausbildung wird von ihnen oft als Pflicht begriffen. Mit Interesse können demgegenüber historische Romane rechnen. Im Gegensatz zur Fachlektüre sind in ihnen wie im wirklichen Leben Frauen präsent und spielen auch zentrale Rollen (Pomata 1984: 113f.).

Dieser Gedanke erhellt die Resultate einer Studie zum Geschichtsbewußtsein Jugendlicher (Borries 1991: 120). Ihre Daten zeigen, daß Mädchen ein geringeres Interesse an Darstellungen der Vergangenheit im Unterricht haben als Jungen. Soll es aber nicht bei dieser Tatsachenfeststellung bleiben, bietet sich Gianna Pomatas Bild der gelangweilten Frau zur Interpretation an. Ihr historisches Interesse dürfte deshalb geringer als das der Männer sein, weil die entsprechenden Fachbücher auf eine Weise gestaltet sind, die der nach wie vor bestehenden Auffassung folgen, „Männer machten Geschichte" (Ackermann 1995: 264f.). Für Frauen bietet Historie in der Art, wie sie zumeist rezipiert wird, kaum Identifikationsmöglichkeiten, was zu Desinteresse wie auch anderen Erinnerungen als bei Männern führen dürfte.

Theoretisch läßt sich das beschriebene Verhalten analog zum politischen Desinteresse von Frauen interpretieren. Üblicherweise wird es mit der Einbindung von Frauen in das Familienleben und sich daraus ergebender Isolation (Almond / Verba 1963: 398), mit niedrigerem Bildungsniveau als dem der Männer (Fend 1988: 256f.) oder einem zu geringen Selbstbewußtsein (Hagemann-White 1987: 36) erklärt. Derartige Begründungen können letztlich nicht überzeugen. Vorstellungen zur geringeren weiblichen Präsenz im öffentlichen Raum erhalten, wie Birgit Meyer (1992: 6) ausführt, ihre Gültigkeit nur vor der Folie männlicher Maßstäbe. Zumeist werden allein herkömmliche Formen von Politik und politischem Engagement ins Visier genommen. Das empirische Ergebnis von Untersuchungen zum Thema dürfte anders ausfallen, wenn sich die Autorinnen und Autoren für andere politische Institutionen, Stile und Inhalte interessierten (ebd.: 7). Dann träte zutage, daß Frauen sich weniger für eine konventionelle als für eine Politik zu engagieren bereit sind, die sich nicht an den klassischen Ressortzuständigkeiten orientiert, sondern an den komplexen Problemen moderner Gesellschaften (ebd.: 8).

Niethammer (1980: 8) weist in diesem Zusammenhang auf Parallelen zur Geschichtswahrnehmung hin. Unter Betonung der von ihm favorisierten Methode der *oral history* stellt er klar, daß Geschichte in der Regel ohne Mitgestaltungsmöglichkeiten der Betroffenen „gemacht" wird. Ihre Produzenten und diejenigen, die sie verbreiten, sind zumeist akademische Spezialisten, Lehrer oder Publizisten. Sie zeichnen sich neben hoher Bildung durch ihre männliche Geschlechtszugehörigkeit aus (ebd.). Durch die Reproduktion strukturell ähnlicher Geschichtsbilder ist es für Männer selbstverständlich, sich als Geschichtssubjekte zu begreifen, während Frauen selten auf für sie relevante eigenständige Vorbilder zurückgreifen können.

Vor diesem Hintergrund begreifen Männer das gesellschaftliche und politische Geschehen als für sie unmittelbar relevant und schätzen sich selber als aktiv handelnde Akteure innerhalb öffentlicher oder beruflicher Zusammenhänge ein (Gravenhorst 1998: 303). Im Rahmen ihrer Sozialisation wird ihnen Geschichte als Horizont für neue erlebbare Erfahrungen vermittelt beziehungsweise für solche, an denen sie partizipieren können. Da Frauen oft eine Sozialisation erfahren, in deren Mittelpunkt ein Selbstkonzept mit Verständnis und Verantwortung für andere steht, erscheint ihnen eine gesellschaftlich formulierte Aufgabe demgegenüber ebenso fremd wie die Möglichkeit, ein selbstbestimmtes Leben führen zu können (ebd.: 321 u. 330). So nehmen sie sich weniger als historische Subjekte wahr, die Vergangenheit als Teil eigenen Handelns und eigener Verantwortlichkeit betrachten.

Aus dem Gesagten resultieren zwei Schlußfolgerungen. Wegen des anzunehmenden Desinteresses an Geschichte seitens der Frauen ist bei ihnen eine überzufällig höhere Missing-Rate als bei den Männern zu vermuten. Außerdem gehe ich davon aus, daß auf der Ebene der Globalkategorien „Nationalsozialismus", „Zweiter Weltkrieg" und „deutsche Vereinigung" keine Differenzen in der Nennungshäufigkeit zwischen den Geschlechtern nachweisbar sind.

Wie empirisch vielfach belegt, werden offene Fragen in stärkerem Maße von Personen mit höherer Bildung beantwortet als von solchen mit niedrigen Schulabschlüssen (Stanga / Sheffield 1987: 833). Da Frauen durchschnittlich ein geringeres Bildungsniveau aufweisen als Männer (Frenzel 1995: 69), erscheint meine erste Annahme plausibel. Einzuwenden ist aber, daß es nicht ausreicht, die Demographie allein als erklärende Größe anzusehen. John Geer (1988: 368f.) legt ernstzunehmende Belege für eine weitergehende Interpretation vor. Eine geringe Antwortbereitschaft auf offene Fragen kann nicht mit der Unterstellung, diese Personen seien intellektuell nicht in der Lage, ausformulierte Antworten zu geben, auf ein niedriges Bildungsniveau zurückgeführt werden. Vielmehr käme auch das Interesse an der Thematik hinzu. Personen mit geringem Bildungsgrad interessieren sich häufig nicht in dem Maße wie solche mit hohem für bestimmte Themen. Inhaltlich sagt aber auch Geer nichts dazu, ob das fehlende Interesse auf die unterschiedliche schulische Sozialisation oder darauf zurückzuführen ist, daß spezifische Themen im Lebensalltag einzelner Bildungsschichten irrelevant sind. Hier vermute ich eine Parallele zur Wahrnehmung der gesellschaftlichen Vergangenheit durch Frauen. Weil Geschichte von Männern für Männer produziert wird, sehen Frauen in geringerem Maße als Männer einen Anlaß, sich dazu zu äußern. Deshalb postuliere ich

H 34: Frauen geben in signifikant stärkerem Maße als Männer keine Antwort auf die offene Frage nach bedeutsamen historischen Ereignissen.

Die Annahme, Nennungen zu den generalisierten historischen Ereigniskategorien seien nicht durch die Geschlechtsvariable beeinflußt, leite ich von der Charakterisierung von Geschichte als männlich dominierter Kommunikationsform über Vergangenheit ab. Genausowenig wie Frauen das in der Gesellschaft verbreitete Geschichtsbild als Teil des eigenen Selbst begreifen, geben die in der Historie dargestellten Inhalte weibliche Erfahrungen wieder. Vorbildcharakter in Gegenwart und Zukunft hat Vergangenheit daher kaum für die eigene Geschlechtsrolle. Wenn aber ein Geschlecht die

Form des Sprechens über Geschichte sowie deren Inhalte bestimmt, ist anzunehmen, daß sich die Angehörigen des anderen Geschlechts dem verweigern oder anpassen. Ist der erste Sachverhalt mit Hypothese H 34 beschrieben, gilt für den zweiten:

H 35: Frauen und Männer unterscheiden sich nicht hinsichtlich der Nennungshäufigkeit der wichtigsten generalisierten historischen Ereigniskategorien.

Auf dieser Diskussionsebene ist nichts über die Detailerinnerungen ausgesagt. Bei ihnen können sich Unterschiede ergeben, weil in ihre Perzeption geschlechtsspezifische Rollen- oder Erfahrungsdifferenzen hineinspielen können.

Die voranstehenden Erörterungen machen allerdings eine designbedingte Schwierigkeit meiner Studie deutlich, die Thomas Kühne (1996: 15) generell diskutiert. Sowohl in diesen als auch in den folgenden Hypothesen ist Geschlecht als unabhängige Variable eingesetzt. Vor dem Hintergrund der dargelegten Theoriediskussion ist aber die Beziehungsrichtung grundsätzlich zu bedenken.

Werden Geschlechtsdifferenzen auf der Basis spezifischer Erfahrung von Leiblichkeit gedacht, bleibt Geschlecht die unabhängige Variable. Das wäre etwa beim Empfinden von Empathie der Fall, insofern diese der Leiblichkeit von Frauen zugeschrieben wird. Sie ist dann Ursache bestimmter Wahrnehmungsformen und auch Erinnerungen, die Männer ihrer anderen Empfindungen wegen nicht haben.

Die Beziehungsstruktur muß aber eine andere sein, wenn geschlechtsspezifisches Verhalten Ergebnis von Rollenvorgaben ist. Dann ist Geschlecht lediglich intervenierende Variable. Es wirkt zwar nach wie vor auf Einstellungen oder kollektive Erinnerungen ein, ist aber abhängig vom gesellschaftlichen Rahmen. Dieser definiert Rollen, über die die Geschlechter mit spezifischen Verhaltensanforderungen konstruiert werden. Außerdem eröffnen sich Frauen und Männern Handlungsmöglichkeiten, die mit Einschränkungen einhergehen, weil einzelne gesellschaftliche Partizipationsformen einem bestimmten Geschlecht vorbehalten sind beziehungsweise von ihm erwartet werden.

Die Testung dieser Zusammenhänge bleibt allerdings Aufgabe zukünftiger Forschung. Da dieser Aspekt empirisch nach wie vor nicht geklärt ist, kann ich in der Interpretation meiner Daten lediglich Aussagen darüber machen, wie sich die Zugehörigkeit zu einer Geschlechtsgruppe auf kollektive Erinnerungen auswirkt. Weitergehende Schlußfolgerungen, etwa ob spezifische Vergangenheitsbilder auf die soziale Konstruiertheit von Geschlecht zurückgehen, lassen sich allein als ungetestete Hypothesen formulieren.

3.3.2 Geschlechtsspezifische Erfahrung im Nationalsozialismus als Erinnerungsbasis

In ihren Einstellungen, Grundüberzeugungen oder Selbstbildern weichen Frauen und Männer teils erheblich voneinander ab. Unabhängig von der theoretischen Diskussion über die Ursache der Verhaltensdifferenzen ist anzunehmen, daß die kollektiven Erinnerungen an den Nationalsozialismus ebenfalls nicht unbeeinflußt von dieser Variablen erfolgen, insoweit die Befragten diese Epoche selbst erlebten. Eve Rosenhafts (1996: 258) allgemeine Feststellung, Geschlecht meine ein Kategoriensystem, das gleichzeitig bipolar und hierarchisch ist, beschreibt präzise die deutsche Gesellschaft in den Jahren 1933 bis 1945, wie sie in der nationalsozialistischen Ideologie vorgestellt wurde. So sprach Adolf Hitler über Gesellschaft als von einer zweigeteilten Entität, getrennt in eine Domäne der Frauen und eine der Männer (Domarus 1962: 450).

Auch wenn führende Nationalsozialisten das Muttersein als Naturbestimmung von Frauen begriffen (Klinksiek 1982: 23) und diese außerhalb von politischer Machtausübung dachten, ermöglichte ihnen die braune Diktatur politische Partizipation. Frauen waren also keineswegs nur Opfer einer brutalisierten Männerherrschaft (Kundrus 1996: 499). Vielmehr eröffnete ihnen der Nationalsozialismus Möglichkeiten für ein gesellschaftliches Engagement im vorgegebenen ideologischen Rahmen rassenhygienischer, bevölkerungspolitischer und antisemitischer Konzepte. Den nationalsozialistischen Vorstellungen von Gesellschaft folgend nahm das Volk den ersten Platz in der Werthierarchie ein. Entsprechend grenzte die Definition der „deutschen" Frau deren anders klassifizierte Geschlechtsgenossinnen aus.

Auch wenn „Frauen im allgemeinen [...] sehr viel weiter davon entfernt waren als Männer, das [...] Vernichtungsprogramm zu verwirklichen" (Gravenhorst 1998: 46), ist weibliche Täterschaft auf der Basis von Ausgrenzung zu bewerten. Sie umfaßte, den Männern zwar nicht im Ausmaß aber in der Bandbreite ähnlich, das gesamte Spektrum von innerer Emigration und Mitläufertum über Denunziation bis hin zu selbstverantwortlichen Morden (Krafft 1995).

Die Herrschaft des Nationalsozialismus hatte nicht nur auf propagandistischer Beeinflussung und Einschüchterung durch Terror beruht, sondern gründete auch auf einem hohen Maß sozialer Akzeptanz (Vollnhals 1991: 57). Deshalb kam es nach 1945 zu keiner kollektiven Verständigung über Schuld und Verstrickung in den Völkermord. So wenig das Schweigen der zeitgenössischen Generationen über die Verbrechen während der 13jährigen Diktatur ein Schichtspezifikum darstellte, so wenig kann es allein einem der beiden Geschlechter angelastet werden. Deutsche insgesamt zeigten Trotzreaktionen oder Abwehrhaltungen und waren nicht bereit, sich über das kollektive Versagen auseinanderzusetzen (Benz 1995: 48).

Wie schon dargelegt definierten sich viele Deutsche nach 1945 selber als Opfer. So verständlich die Wahrnehmung eigenen Leids in vielen Fällen war, trug die Übernahme dieser Rolle zur persönlichen Entlastung bei. Sie wurde dazu benutzt, nicht sich selbst als tatbeteiligt begreifen zu müssen. Deshalb nehme ich an, daß in der Gegenwart bei den Älteren die eigenen Kriegserfahrungen einen dominierenden Einfluß auf die kollektiven Erinnerungen ausüben. Unter diesem Gesichtspunkt sind bei den älteren Befragten in den Begründungen für die Assoziation von Nationalsozialismus oder Zweitem Weltkrieg als wichtigen historischen Ereignissen Äußerungen zu erwarten, die die unterschiedlichen Rollen der Geschlechter spiegeln. Frauen dürfte das Erleben an der „Heimatfront" gewärtig sein, während Männer ihr Soldatsein ansprechen werden. Dementsprechend erwarte ich folgende Beziehungsstruktur:

H 36: In der Gruppe der vor 1940 Geborenen nennen Frauen mit höherer Wahrscheinlichkeit als Männer Kriegserfahrungen, die sich auf die Bombardierung deutscher Städte, Flucht und Vertreibung aus den Ostgebieten des Deutschen Reiches, Verlust von Angehörigen etc. beziehen.

H 37: In der Gruppe der vor 1940 Geborenen nennen Männer mit höherer Wahrscheinlichkeit als Frauen Kriegserfahrung aus der Perspektive von Soldaten.

Mir ist klar, daß die beiden voranstehenden Aussagen einen Sachverhalt darstellen, der evident ist und nicht explizit getestet werden muß. Ich integriere beide Hypothesen lediglich aus systematischen Gründen. Allerdings ist zu beachten, daß sich gegen den in H 37 angesprochenen Aspekt theoretische Einwände erheben. Sie verweisen auf weitergehende Verhaltensdifferenzen zwischen Frauen und Männern. Oliva Wiebel-Fanderl (1996: 157) konstatiert bei weiblichen Befragten eine höhere Bereitschaft, im Interview auch intimere Dinge zu offenbaren. Männer hielten sich demgegenüber mit der Äußerung persönlicher Erfahrungen in einem öffentlichen Setting zurück. Das sollte sich auch in den Assoziationen zu kollektiven Erinnerungen niederschlagen.

Allerdings verzichte ich darauf, eine Alternativhypothese zu H 37 zu formulieren. An dem zu erwartenden Geschlechtergegensatz bei der Kategorie „Soldatsein" dürfte sich nichts ändern, unabhängig davon, wie viele oder wie wenig Männer ihre Antwort auf die offene Frage nach Geschichtsereignissen mit eigenen damaligen Erfahrungen begründen. Statt dessen nehme ich aber an, daß die älteren Frauen eher bereit sein werden, in ihren Antworten auch das persönliche Erleben einfließen zu lassen. Werden die einzelnen Kategorien („Erleben der Heimatfront", „Soldatsein" und „Flucht") zu einer Gesamtkategorie „persönliches Kriegserleben" zusammengefaßt, ist davon auszugehen, daß,

H 38, in der Gruppe der vor 1940 Geborenen Frauen mit höherer Wahrscheinlichkeit als Männer Assoziationen nennen, die unter der Gesamtkategorie „persönliches Kriegserleben" kodiert werden.

Wiebel-Fanderls Aussage weist zudem über diese Verhaltensbeschreibung hinaus. Die Bereitschaft, persönliche Angelegenheiten öffentlich zu kommunizieren, hängt nämlich mit einer anderen als weiblich geltenden Eigenschaft zusammen. Im Gegensatz zu Männern wird Frauen die Fähigkeit zugeschrieben, einfühlsam zu sein. So folgert Nunner-Winkler (1991: 149f.) aus Ergebnissen ihrer Experimente auf eine größere Empathie bei Frauen als bei Männern. Sie ergibt sich als Resultat der geschlechtshierarchischen Arbeitsteilung, weil Frauen mehr als Männer auf den Bereich der Fürsorge verwiesen werden. Frauen orientieren sich an den Bedürfnissen anderer dann, wenn sie sich selber traditionellen Lebensvorstellungen mit entsprechenden Rollenmustern verpflichtet fühlen (Gravenhorst 1998: 72).

Die größere Empathiefähigkeit von Frauen übertragen Wagner-Pacifici und Schwartz (1991: 397) auf den Bereich kollektiver Erinnerungen. Indem ein Monument wie das Vietnam Veterans' Memorial Empathie hervorruft, spreche es Frauen mehr an als Männer. Letztere sind dem ihnen zugeschriebenen Rollenbild folgend tendenziell weniger bereit als Frauen, sich auf Emotionen einzulassen, die zur Aufrechterhaltung von Beziehungsnetzen unabdingbar sind. Das betrifft vornehmlich Empfindungen des Mitgefühls mit den Anderen, der Trauer sowie des Ausdrucks von Sorge um sie.[8]

Gravenhorst (1998: 72) diskutiert diesen Zusammenhang in ihren weiteren Ausführungen im Detail. Für sie resultiert aus der größeren Fähigkeit von Frauen zu Empathie, daß diese mit kollektiven Traumata anders umgehen als Männer, indem sie solche historischen Prozesse nicht aus der Perzeption herausdrängen. Weil das weibliche Rollenbild die Bereitschaft vorschreibt, für andere da zu sein, sind Frauen eher als Männer dazu in der Lage, kollektive Verbrechen als solche zu begreifen und die Opfer derartiger Untaten wahrzunehmen sowie das an ihnen begangene Unrecht anzuerkennen.

Meines Erachtens stößt die Verallgemeinerung dieser Aussagen bei Gravenhorst insoweit auf Grenzen, als sie sich durch ihre Interviews eines Geschwisterpaares allein Personen zuwandte, die nach dem Zweiten Weltkrieg geboren wurden. Bei einer Generalisierung muß jedoch das Alter und damit das persönliche Involviertsein in den historischen Prozeß berücksichtigt werden. Weil sich der ältere Teil der deutschen Bevölkerung durchgängig mit Fragen nach dem eigenen Versagen in den Jahren 1933 bis 1945 konfrontiert sah, ist innerhalb dieser Altersgruppe eine Verhaltensdifferenz zwischen Männern und Frauen unwahrscheinlich. Vielmehr gehe ich davon

---

8 Beim Vietnam Veterans' Memorial eröffnet der Spiegelungseffekt der Mauer den Betrachtenden die Möglichkeit, eine Beziehung zu sich und den im Stein per Namenszug verewigten toten Angehörigen herzustellen.

aus, daß auch letztere sich weigern, mit Juden und anderen Opfergruppen jene zu erinnern, deren Leid sie zumindest hinnahmen und folglich akzeptierten.

Deshalb vermute ich einen Überlagerungseffekt zwischen den Variablen Geschlecht und Alter. Die Verstrickung der älteren Deutschen berücksichtigend gehe ich davon aus, daß es unter den nach 1939 Geborenen tendenziell die Frauen sind, die in ihren kollektiven Erinnerungen die Opfer rassistischer Verbrechen in Deutschland berücksichtigen.

H 39: Die nach 1939 geborenen Frauen erinnern im Gegensatz zu allen übrigen Befragten mit signifikant höherer Wahrscheinlichkeit die Opfer der nationalsozialistischen Verbrechen.

Um keine Mißverständnisse aufkommen zu lassen, sei betont, daß sich diese Aussage auf die *Kommunikation* über die Shoah bezieht. Auch wenn sich die Annahme bestätigt, derzufolge jüngere Frauen stärker als die übrigen Deutschen die nationalsozialistischen Verbrechen und deren Opfer nennen, ist damit kein Urteil über moralische Differenzen gesprochen. Der gemessene Sachverhalt, das heißt die kollektiven Erinnerungen, ermöglichen keine Aussage über die moralische Empfindsamkeit in bezug auf die damals begangenen Massenmorde (ebd.: 13).

3.3.3 Frauenarbeitslosigkeit beeinflußt kollektive Erinnerungen

Auch bei den kollektiven Erinnerungen an den revolutionären Wandel in der DDR und den Zusammenschluß von BRD und DDR sind Geschlechterunterschiede zu erwarten. Diese Annahme liegt nahe, weil im Rahmen der damaligen Geschehnisse und aufgrund von deren Konsequenzen Frauen und Männer je eigene Erfahrungen machten.

Genau genommen ist hier von einem Überlagerungseffekt die Rede, in diesem Fall der Variablen Geschlecht und Regionszugehörigkeit. Ursächlich dafür sind zunächst die im Gegensatz zu den Westdeutschen fundamental anderen Auswirkungen, die das Ende der DDR für deren Bevölkerung hatte. Wie bereits geschildert, verabschiedeten sich die Menschen nicht nur von einer Diktatur, ihnen wurden ebenfalls Verhaltenssicherheiten wie das Recht auf Arbeit oder die soziale Absicherung im Alltag genommen. Weiterhin waren Frauen in der DDR in weit höherem Maße als im Westen in den Produktionsprozeß integriert. Sie waren es zudem, die mehr als die Männer die Folgen des ökonomischen Kollapses der Planwirtschaft mit Arbeitslosigkeit und geringeren Chancen für einen Wiedereinstieg ins Arbeitsleben zu tragen hatten (Hahn 1993: 90-95).

Für die zu postulierende Beziehung zwischen Erinnerungen an den Vereinigungsprozeß als auslösendem Ereignis für hohe Arbeitslosigkeit in Ostdeutschland und der Geschlechtsvariablen sind vier Alternativhypothesen denkbar. Sie sind alle aufgeführt, da es aufgrund abweichender Bewertungen theoretisch nicht möglich ist, vorab eine Entscheidung über ihre Richtigkeit im einzelnen zu treffen.

H 40: Ostdeutsche assoziieren die gesellschaftlichen Veränderungen von 1989/90 mit signifikant höherer Wahrscheinlichkeit mit Arbeitslosigkeit als Westdeutsche.

H 41: Ostdeutsche Männer assoziieren die gesellschaftlichen Veränderungen von 1989/90 mit signifikant höherer Wahrscheinlichkeit mit Arbeitslosigkeit als Westdeutsche sowie ostdeutsche Frauen.

H 42: Ostdeutsche Frauen assoziieren die gesellschaftlichen Veränderungen von 1989/90 mit signifikant höherer Wahrscheinlichkeit mit Arbeitslosigkeit als Westdeutsche sowie ostdeutsche Männer.

H 43: Ostdeutsche assoziieren die gesellschaftlichen Veränderungen von 1989/90 mit signifikant höherer Wahrscheinlichkeit mit Arbeitslosigkeit als Westdeutsche. Zudem assoziieren ostdeutsche Frauen diesen Aspekt mit nochmals höherer Wahrscheinlichkeit als alle Befragten.

Die unterschiedlichen Überlegungen, die mit diesen Hypothesen verknüpft sind, resultieren aus der Einschätzung des Grades der Emanzipation von Frauen in der DDR sowie der Wahrnehmung von Arbeitslosigkeit als dramatischer Konsequenz aus der Übernahme des kapitalistischen Wirtschaftssystems.

Der Wandel in der DDR macht es evident, daß die sozialen Errungenschaften für eine langfristige, auch Krisen überstehende Systemunterstützung nicht hinreichten (Ritter 1998: 163). Weil sich mit dem Wegfall sozialer Sicherungen die Lebensbedingungen dramatisch verschlechterten, mußte sich der neue politische Rahmen an den Maßstäben der früheren Gegebenheiten messen lassen. Der Umstellungsschwierigkeiten wegen gab es viele Klagen über die soziale Kälte der Westdeutschen und den durch Arbeitslosigkeit verursachten Ausschluß aus dem gesellschaftlichen Leben (ebd.: 217).

Von dieser Ebene aus gesehen wäre zu erwarten, daß der Vereinigungsvorgang für die Ostdeutschen mit negativen Assoziationen besetzt ist (H 40), weshalb sich die Erfahrung von Arbeitslosigkeit bei allen Befragten im Osten auf die Erinnerung des auslösenden historischen Ereignisses auswirken sollte. Diese Annahme beruht auf Umfragedaten zu Wertorientierungen. Danach hat in den neuen Bundesländern Erwerbsarbeit für die Frauen einen ähnlich hohen Stellenwert wie bei den Männern (Hahn 1993: 111).

Dieser Sachverhalt ist nicht unumstritten. Damit zusammenhängend stellen sich grundsätzliche Fragen nach der Bewertung des Emanzipationsprozesses von Frauen in der DDR generell wie auch im Vergleich mit der alten BRD. „Der Maßstab für die Gleichberechtigung [in der DDR; H.A.H.] blieb unhinterfragt der Mann." (Böhm 1992: 30) Frauen hätten sich nicht nur der Reproduktion und der Beziehungsarbeit widmen müssen, sondern seien zusätzlich dazu aufgefordert gewesen, ihren Beitrag im Produktionsprozeß zu leisten. Der von ihnen gezahlte Preis sei allemal hoch gewesen. Weil den Frauen eine Mehrfachbelastung aufgebürdet worden sei, standen ihnen geringere Zeit- und Energieressourcen zur Verfügung, um noch andere Aktivitäten entfalten zu können. Insgesamt besehen partizipierten Frauen in der DDR zwar am Erwerbsleben, doch hatte sich am Geschlechtsrollenbild nichts geändert (Eifler 1998: 39). Deshalb blieben sie aus den zentralen Entscheidungsprozessen in der Gesellschaft ausgegrenzt. Diesen Einschätzungen folgend wäre bei ostdeutschen Frauen eine Ambivalenz gegenüber beidem, Erwerbstätigkeit wie auch Fürsorgepflichten zu erwarten. Dann ist es aber unwahrscheinlich, daß die Erfahrung von Arbeitslosigkeit oder die Drohung davor als ein dramatischer Einschnitt erlebt wurde. Auf dieser Basis läßt sich kaum deren Assoziation im Zusammenhang mit der Nennung der deutschen Vereinigung als wichtigem historischen Ereignis erwarten. Folglich sind es die ostdeutschen Männer, die im Gefolge der gesellschaftlichen Umwälzungen einen Einbruch in jene Domäne erleben mußten, die ihnen die Vorrangstellung im Verhältnis der Geschlechter sicherte. Sie sollten also Arbeitslosigkeit thematisieren (H 41).

H 42 basiert auf einer konträren Bewertung der Situation von Frauen in der DDR. Dieser Staat hatte die Grundlagen dafür geschaffen, daß Frauen in der Tendenz ein höheres Selbstbewußtsein haben konnten als ihre Geschlechtsgenossinnen in der alten BRD. Mit der Vereinigung wurde ihnen eine Position genommen, die sie sich in vierzig Jahren erkämpft hatten. Damit waren sie auf eine Erfahrung zurückgeworfen, „in der sie sich beim Beginn der DDR als industrielle Reservearmee befunden hatten". (Niethammer 1994: 103)

Befragungsdaten, die zumeist vom Deutschen Jugendinstitut vor 1989 erhoben worden waren, zeigen, daß die Frauen ihre berufliche Gleichberechtigung als einen Vorzug ihres politischen Systems vor dem der BRD ansahen (Förster 1995: 1244). Weil Frauen sowohl um 1980 als auch in 1989 ein geringeres Verständnis für das Verlassen der DDR als Männer zeigten (ebd.: 1250f.), wäre zu fragen, ob es sich Tatjana Böhm (1992) nicht zu einfach macht, wenn sie im Nachhinein konstatiert, in der DDR habe es keine „wirkliche" Emanzipation gegeben. Frauen in den neuen Bundesländern wollen nach wie vor in weitaus geringerem Maße als die im Westteil der Republik das Erleben von Selbständigkeit und Selbstbestätigung durch den Beruf nicht vermissen (Hahn 1993: 124). Dieser Sachverhalt läßt sich als eine Folge von Handlungsmöglichkeiten in der DDR interpretieren. Danach sind ostdeutsche Frauen weniger als ihre Geschlechtsgenossinnen im Westen dazu bereit, freiwillig in die stille Reserve zu gehen und auf ihre Ansprüche am Arbeitsmarkt zu verzichten.

Wenn ostdeutsche Frauen ihrer Beteiligung am Erwerbsleben eine große Bedeutung zuschreiben, ist es nachvollziehbar, wenn die Folgen der Vereinigung beider Staaten auf den Arbeitsmarkt von ihnen besonders einschneidend empfunden werden. Das gilt um so mehr, als sich schon in früheren Zeiten Frauen stärker mit der DDR als Männer identifizierten (Förster 1995: 1243). Deshalb erscheint es gerechtfertigt anzunehmen, daß sie es sind, die die Vorgänge von 1989/90 eng im Zusammenhang mit dem Verlust von Arbeitsplätzen assoziieren.

Auf diesen Überlegungen basiert H 43. Allerdings berücksichtigt diese Hypothese den trotz allem bestehenden Ost-West-Gegensatz. Da der Kollaps der DDR-Wirtschaft für die gesamte Bevölkerung Ostdeutschlands einen dramatischen Bruch mit vertrauten sozialen Sicherheiten bedeutete, sehen Frauen und Männer den Vereinigungsvorgang nicht frei von den für alle schmerzlichen Veränderungen. Deshalb postuliere ich mit H 43 einen generellen Ost-West-Effekt. Er ist zusätzlich durch die noch stärkere Reaktion der ostdeutschen Frauen überlagert.

3.3.4 Maueröffnung und Familienzusammenführung als Frauenthema

Ein weiteres Feld, das paradigmatisch für die den Frauen zugeschriebene stärkere Beziehungsfähigkeit und Fürsorgebereitschaft steht, ist das Wiedersehen lange voneinander getrennter Familienmitglieder als Folge des Falls des Eisernen Vorhangs. Da die Familie bei den ostdeutschen Frauen durchgängig auf dem ersten Rangplatz verschiedener Werte rangiert (Hahn 1993: 111), sollte dieser Aspekt bei ihnen eine wichtigere Rolle in der Wahrnehmung der Ereignisse von 1989/90 als bei denen aus dem Westen spielen.

H 44: Ostdeutsche Frauen assoziieren die gesellschaftlichen Veränderungen von 1989/90 mit signifikant höherer Wahrscheinlichkeit mit Familienzusammenführung als alle übrigen Befragten.

H 44 berücksichtigt deshalb ein Übergewicht in derartigen Assoziationen bei den Frauen aus den neuen Bundesländern im Gegensatz zu denen aus dem Westen, weil Ostdeutsche insgesamt stärker mit Westdeutschen verwandtschaftlich verflochten sind, als es in der umgekehrten Richtung der Fall ist (Förster 1995: 1220f.). Insofern sollte sich bei ihnen ein noch stärkerer Bezug auf die Familie als bei ihren Geschlechtsgenossinnen aus dem Westen ergeben.

3.4 Bildungsunterschiede und kollektive Erinnerungsdifferenzen

Bei der vierten und letzten in die Analyse einbezogenen unabhängigen Variablen scheint der von ihr verursachte Effekt auf der Hand zu liegen. Gerade für historische Erinnerung gilt das Axiom, demzufolge das Wissen um Geschichtsfakten Grundbedingung ist, um es zu einem späteren Zeitpunkt im Handeln berücksichtigen zu können (Zelikow / Rice 1997: 17). Doch ergeben sich nicht erst bei der Operationalisierung Schwierigkeiten, wenn es darum geht, jenen Aspekt festzulegen, in dem sich Personen aufgrund ihres abweichenden Bildungsgrades voneinander unterscheiden sollen. Schon auf theoretischer Ebene stellt sich die Frage nach der inhaltlichen Definition dessen, was Bildung ausmacht. Grundsätzlich sind hier zwei Bedeutungsebenen relevant (Reinhold 1997: 63).

- Bildung gilt als kulturell vorgegebener Standard für einen Bestand von für notwendig erachteten Kenntnissen und Fähigkeiten.
- Weiterhin bezieht sich der Begriff auf den Aneignungsprozeß von Wissen.

Die erste Definition, in der Bildung als Kulturgut erscheint, spielt in den heutigen Gesellschaften eine geringere Rolle als etwa vor 100 Jahren. So markierte Bildung früher „eine klare Grenze zwischen Ungebildeten und Gebildeten. Dieser Spalt vertiefte sich zusehends und trennte das Bürgertum ab vom Proletariat. Es hatte sich der Beamtenstaat konsolidiert, dessen Leistungselite sich durch Examina qualifizierte, so daß streckenweise 'gebildet' und 'maturiert' gleichzusetzen war." (A. Assmann 1993: 66) Aufgrund dessen geriet Bildung zum Attribut einer staatstragenden Schicht. Dieser Zustand war allerdings nur in einer Gesellschaft möglich, in der vertikale Durchlässigkeit weitgehend unterbunden wurde. Mit zunehmender Demokratisierung ging nicht nur der Verlust bürgerlicher Traditionen einher, sondern es kam auch zum Verlust des Bildungsprivilegs (ebd.: 32).

Gegenwärtig kann keine einzelne soziale Schicht, dem Bildungsbürgertum ähnlich, den Anspruch erheben, die Wissensmaßstäbe für die gesamte Gesellschaft als verbindlich vorzuschreiben. Als Konsequenz fehlender Normenübereinstimmung ist es nicht möglich, Richtwerte in bezug auf notwendig zu erwartende historische Kenntnisse theoretisch abzuleiten und spezifischen Gruppen zuzuordnen.

Eine ähnliche Schwierigkeit besteht auch bei der zweiten Definition. Sie fokussiert den Zeitraum, in dem Wissen als zentrales Element von Bildung erlernt wird. Um die Phasen menschlicher Entwicklung näher zu charakterisieren, in denen solche Kenntnisse erworben werden, greife ich auf Denkansätze zur Sozialisation zurück. Generell unterstellen sie, mit Bildung erwürben sich Menschen die Einstellungen und Überzeugungssysteme der in der Gesellschaft anerkannten Kultur (Hyman / Wright 1979: 60). Danach ist zu erwarten, daß insbesondere Personen mit höherem Bildungsgrad die Wertvorstellungen übernehmen, die sich in den westlichen Gesellschaften an den Zielen des Humanismus orientieren. Schon Gabriel Almond und Sidney Verba (1963: 323-330) legten dar, wie soziale Kompetenzen aufgrund politischer Sozialisation entstehen.

In empirischen Tests erweist sich die Beziehung zwischen Bildung und Einstellungen jedoch keineswegs als allgemeingültig (Weil 1985). Offensichtlich spielen in diesen Zusammenhängen noch andere Variablen eine Rolle. Die vorliegenden empirischen Resultate werfen in jedem Fall mehr Fragen auf, als sie beantworten. So wissen wir im Prinzip nicht, was die Bildungsinstitutionen inhaltlich an die Lernenden weitergeben. Zudem ist nach wie vor offen, zu welchen Anteilen schulische und außerschulische Sozialisationsinstanzen zur Ausprägung von Einstellungen wie auch von kollektiven Erinnerungen beitragen. Die Anerkennung von Normen sowie das Wissen um Erfahrungen können auch über andere Träger als die klassischen Bildungsinstitutionen vermittelt sein.

Die Fixierung auf den schulischen Wissenserwerb grenzt notwendig Erfahrungen aus anderen Lebenszusammenhängen aus. Noch wichtiger ist die Kritik, daß in vielen Analysen die Beschränkungen des schulischen Vermittlungsrahmens unreflektiert bleiben. So richten sich die Lerninhalte nicht nach gesellschaftlichen Normen, Problemen oder Entwicklungsideen, sondern sind ohne Bezug zur Lebenspraxis nach Fachrichtungen geordnet (Ulich 1998: 387). Im Schulalltag bewältigen die Schülerinnen und Schüler die gestellten Aufgaben tendenziell unter Vernachlässigung der zu lernenden Inhalte. Die Anstrengungen, die sie unternehmen, um die notwendigen Leistungsanforderungen zu erfüllen, führen bei ihnen zu einer inhaltlichen Distanzierung. Da die Lerngegenstände selten für das außerschulische Leben relevant sind, ist die Leistungsmotivation in der Regel auch nicht inhaltlich begründet. So sieht Klaus Ulich (ebd.: 388) die Förderung einer inhaltsunabhängigen Leistungsbereitschaft als den wichtigsten Sozialisationseffekt von Schule an.

Da hier Bildung mit dem höchsten formalen Schulabschluß gleichgesetzt ist, sind keine Aussagen darüber möglich, welches Wissen über Geschichte vorhanden ist. Gerade aufgrund der Fachwahlmöglichkeiten für Schülerinnen und Schüler können Personen mit Abitur genauso lange Geschichtsunterricht genossen haben wie andere, die einen Realschulabschluß vorweisen. Unerfaßt bleiben erst recht jene Wissensbestände, die außerhalb des schulischen Leistungszusammenhangs aus persönlichem Interessen angeeignet wurden.

Die hinter diesem Aspekt stehende Problematik wird deutlich, wenn Erkenntnisse aus Jugendbefragungen in die Überlegungen einbezogen werden. So konstatiert Bodo von Borries (1994), gemessen an Richtlinienerwartungen seien die Geschichtskenntnisse bei befragten Schülerinnen und

Schülern äußerst bescheiden. Das „Wissen und Können der Lernenden (bleibt) für ihre politischen Wertungen und Engagements durchweg irrelevant." (ebd.: 380)

Ich stimme Borries zu, wenn er die Ursachen der rechtsradikalen Jugendgewalt Anfang der 90er Jahre nicht im vorhandenen oder mangelnden Geschichtsbewußtsein der Jugendlichen sieht, sondern sie eher im sozialen Umfeld lokalisiert. Damit zeigt sich aber auch die Notwendigkeit, die schulische Sozialisation in ihrer Abhängigkeit von anderen Erziehungsinstanzen zu sehen. Untersuchungen zum Geschichtswissen müßten also die wechselseitige Beziehung zwischen Schule und Elternhaus in die Überlegungen einbeziehen (Ulich 1998: 379).

Der Stellenwert von Geschichte im Rahmen schulischer Erziehung kann als ein bildungsbürgerliches Ziel gelten, das von außen an die Schülerinnen und Schüler herangetragen wird. Demgegenüber ist gerade angesichts der von Borries präsentierten Ergebnisse nicht auszuschließen, daß die Internalisierung allgemeiner gesellschaftlicher Normen nicht vom Wissen um deren Ursprünge und ihrer historischen Entwicklung abhängt.

Schließlich ist angesichts der gesellschaftlichen Entwicklungen zu fragen, inwieweit die Fixierung auf den Schulabschluß heute noch gerechtfertigt ist, um etwas wie Bildung beziehungsweise historische Kenntnisse und Fähigkeiten zu erfassen. Weil sich das Lernen mehr und mehr zum lebenslangen Prozeß entwickelt, wandert es aus den herkömmlichen Bildungseinrichtungen in andere Institutionen ab (Welsch 1999: 30). Wenn dieser Prozeß auch nicht auf die älteren Befragten zutreffen mag, sollte er dennoch bei der Interpretation der Daten berücksichtigt werden.

Aufgrund dieser Überlegungen läßt sich der mittels Schulabschluß gemessene Sachverhalt lediglich als grober Indikator für Bildung interpretieren. Deshalb verzichte ich darauf, detaillierte Aussagen darüber zu postulieren, wie Personen mit bestimmten Bildungsabschlüssen zu den kollektiven Erinnerungen von Deutschen beitragen. Über die allgemeine Hypothese H 14 hinausgehend läßt sich beim derzeitigen Stand der theoretischen Diskussion wie auch aufgrund der vorliegenden empirischen Daten ein bestimmtes Antwortverhalten kaum als durch Bildungsunterschiede ausgelöst begründen.

Dennoch komme ich nicht umhin, historisches Wissen als Basis kollektiver Erinnerungen anzusehen. Deshalb und in Anbetracht eines fehlenden adäquaten Meßinstrumentes setze ich in meine Analysen zwar die Variable „Schulabschluß" als unabhängige Größe ein. Ob der theoretischen und methodischen Unklarheiten belasse ich es aber bei einer empirischen Entscheidung über mögliche Zusammenhänge. Sollten sie belegbar sein, sind die Ergebnisse in der Diskussion nochmals vor dem Hintergrund der hier angesprochenen Probleme zu erörtern.

4 Methodische Überlegungen

Da es hier in erster Linie um die inhaltliche Frage geht, was Deutsche in der Rolle als Mitglieder ihrer Nation als zeitgeschichtlich bedeutsam erinnern, beschränke ich mich im folgenden auf die Modellierung der im Theorieteil skizzierten Mikro-Makro-Relation sowie auf die Operationalisierung der einzelnen Hypothesen. Dieses Vorgehen zielt auf die vertiefte Darstellung verschiedener Interaktionsformen über Vergangenheit innerhalb der deutschen Gesellschaft. Die weiteren Details zum methodischen Vorgehen wie die Meßinstrumentenentwicklung, die Stichprobenbeschreibung sowie die besonderen Aspekte des Auswertungsverfahrens, etwa die Darstellung der computergestützten Inhaltsanalyse, werden hier nur in der gebotenen Kürze dargelegt. Methodisch interessierte Leserinnen und Leser können sich über alle relevanten Fragen im Internet informieren (Heinrich 2002). Dort werden außerdem alle Koeffizienten der statistischen Analysen präsentiert sowie die Originaldaten verfügbar gemacht, um die Intersubjektivität der Studie zu gewährleisten.

4.1 Zur Operationalisierung des Konzepts kollektiver Erinnerungen

Zur Messung kollektiver Erinnerungen übernahmen wir für die zweite Welle der Hauptstudie unseres Forschungsprojektes ein von Schuman und Scott (1989) entwickeltes Instrument. Ihr Stimulus zielt verbal eng auf zeithistorisches Geschehen. Die Interviewten sind aufgefordert, von ihnen als bedeutsam eingeschätzte geschichtliche Ereignisse und Veränderungen der jüngeren Vergangenheit zu nennen. Der Text lautet:

> „In dieser Frage geht es darum, wie Leute über die Vergangenheit denken. In *den letzten sechzig Jahren - etwa von 1930 bis heute* - gab es eine Reihe national oder auch weltweit bedeutender Ereignisse und Veränderungen. Erinnern Sie bitte *ein* oder *zwei* solcher Ereignisse oder Veränderungen, die Ihnen persönlich als besonders bedeutend erscheinen."
> [Hervorh. im Orig.; H.A.H.]

In Abweichung von der 1985 durchgeführten Originalstudie setzten wir den zeitlichen Erinnerungsrahmen nicht auf fünfzig, sondern auf sechzig Jahre fest. Auf diese Weise bleibt die Vergleichsbasis 1930 für beide Studien bestehen, und die für die deutsche Geschichte als wichtig anzusehende Zeit von Nationalsozialismus und Zweitem Weltkrieg wird nicht aufgrund methodischer Beschränkung ausgeklammert. Die Variation wiegt die Vorteile einer exakten Replikation auf.

Weil sich Schuman und Scott für Generationszusammenhänge interessierten, führt die im Stimulus enthaltene Restriktion auf einen festgelegten Zeitraum dazu, daß die kollektiven Erinnerungen von Deutschen nicht generell erfaßt sind. Vielmehr lassen sich gesicherte Aussagen allein zu den *zeit*geschichtlichen Erinnerungen der Befragten machen.

Trotzdem sehe ich den Stellenwert meiner Untersuchung als nur unwesentlich beeinträchtigt an. Für eine weitere von mir durchgeführte Regionalstudie zu kollektiven Erinnerungen wurde der von Schuman und Scott entwickelte Stimulus auf zweifache Weise variiert. Der Zeitrahmen der Erinnerungen wurde auf die gesamte deutsche Geschichte ausgeweitet und die Befragten sollten getrennt je zwei positive und negative Ereignisse nennen (Hechtel / Heinrich 1997). An der Struktur des Ergebnisses, demzufolge Nationalsozialismus und die deutsche Vereinigung als zentrale Einschnitte deutscher Geschichte wahrgenommen werden, ändert sich nichts. Zudem nannten weniger als 20% der Interviewten irgendein Ereignis vor 1900.[9] Deshalb halte ich die vorliegenden Befunde meiner Studie in ihrer Struktur bezüglich kollektiver Erinnerungen für aussagekräftig.

4.1.1 Die Operationalisierung von Erinnerungsstabilität

Die von Mannheim (1928) formulierte Kernhypothese des Generationskonzepts, die eine lebenslange Stabilität der in Jugend und jungem Erwachsenenalter als prägend erfahrenen Gesellschaftsereignisse postuliert, wurde bislang keinem empirischen Test unterworfen. Daher läßt sich der empirischen Literatur keine endgültige Aussage über die Stabilität kollektiver Erinnerungen oder deren immerwährende Rekonstruktion entnehmen.

Dieser Mangel ist auf methodische Schwierigkeiten zurückzuführen. So existieren nur wenige Beispiele für die Untersuchung von Paneldaten aus Antworten auf offene Fragen. Hauptgrund dafür ist das Skalenniveau des empirischen Materials. Es erlaubt lediglich eine nominale Kategorienzuordnung entsprechend den Merkmalsausprägungen „genannt" beziehungsweise „nicht genannt". Dabei ist es nicht möglich, auf Mittelwerten basierende Verfahren wie die Faktorenanalyse anzuwenden. Zudem gibt es kaum multivariate Verfahren für Nominaldaten (Engel / Reinecke 1994).

Dieser Methodenschwäche wegen werden in der Literatur üblicherweise nur grobe Bewertungsmaßstäbe genannt, die eine Beurteilung der intraindividuellen Erinnerungsstabilität über die Zeit erlauben. Kent Jennings und

---

9 Lediglich die Bismarck-Ära mit der Sozialgesetzgebung sowie Luther mit der Reformationszeit wurden von mehr als 3% der Befragten erinnert.

Richard Niemi (1981) benutzten hierzu die Übereinstimmungen, die sich zwischen beiden Meßzeitpunkten ergaben (*gross stability*). Alternativ kontrollierten sie ihre Resultate mittels zweier Rangkorrelationskoeffizienten als Assoziationsmaß für die Stärke des Zusammenhangs zwischen den gemessenen Variablen. Zweifellos liefern diese Verfahren ein grobes Stabilitätsmaß für die gegebenen Antworten. Im strengen Sinne sind sie jedoch inadäquat, da sie teils den Zufallsfehler unberücksichtigt lassen, teils Ordinalskalenniveau voraussetzen. Deshalb werde ich mit logistischen Regressionen arbeiten, die dem Nominalskalenniveau angemessen sind.

Um Erinnerungsstabilitäten testen zu können, wie ich sie in den Hypothesen H 5 und H 6 postulierte, dient die 1995 bei der ersten Panelwelle erfaßte Nennungskategorie zu einem spezifischen historischen Ereignis als Prediktor für die Nennungskategorie desselben Ereignisses in der Wiederbefragung von 1996. Über eine logistische Regression läßt sich die Wahrscheinlichkeit für die Stabilität der zeitgeschichtlichen Erinnerung der einzelnen historischen Ereignisse sowohl als Global- wie auch als Detailkategorien vorhersagen. Gleichzeitig wird die Wirkung des Prediktors getestet. Das Resultat ist dann signifikant, wenn die Wahrscheinlichkeit, einen bestimmten Geschichtsabschnitt zu nennen, für diejenigen überzufällig höher ist, die dieses historische Ereignis bereits anderthalb Jahre zuvor assoziiert hatten. In diesen Fällen kann auf Erinnerungsstabilität geschlossen werden.

4.2 Kollektive Erinnerungen als Mikro-Makro-Relation

Ausgangspunkt der folgenden Überlegungen zum sozialen Gedächtnis sind die im Theorieteil vorgestellten Modellvarianten, die in bezug auf die Erinnerung einzelner Geschichtsereignisse zu spezifizieren sind.

Mit der Konzeptualisierung des sozialen Gedächtnisses ziele ich auf einen wechselseitig bezogenen Prozeß, in dem gesellschaftliche Gruppen miteinander um die Interpretation der Vergangenheit streiten. Solche „Kulturkämpfe" (Hunter 1991) spielen sich zumeist dann ab, wenn eine Vergangenheit negativ bewertet ist, sie aber wegen der Konsequenzen des Ereignisses nicht vergessen werden kann. Solche Konflikte gibt es im Streit um die „Vergangenheitsbewältigung" in Deutschland (Wöll 1997b), bei den Auseinandersetzungen um Kommunismus und Nationalsozialismus in ostmitteleuropäischen Staaten (Reinprecht 1998) oder in den politischen Diskussionen um das Gedenken der in Vietnam gefallenen US-Soldaten (Wagner-Pacifici / Schwartz 1991). An dieser Stelle sollen am Beispiel Deutschlands Veränderungsprozesse in der historischen Wahrnehmung aufgezeigt werden, die auf Entwicklungen auf gesellschaftlicher Ebene zurückgehen.

4.2.1 Der Nationalsozialismus als Konstante im sozialen Gedächtnis von Deutschen

Der erste Schritt der Modellspezifikation zielt auf das in den Hypothesen H 5 und H 6 ausgedrückte Erinnerungsverhalten über die Zeit. Weil es anders ausfallen dürfte, je nach dem ob es sich um Global- oder Detailerinnerungen handelt, kann dieser Punkt aus zwei Perspektiven betrachtet werden. Im folgenden verzichte ich aus Gründen der Übersichtlichkeit darauf, alle möglichen Strukturen im einzelnen zu begründen und für sie Hypothesen herzuleiten. Statt dessen beschränke ich mich stellvertretend auf zwei Beispiele. Das eine bezieht sich auf die Ära des Nationalsozialismus insgesamt, während das andere mit dem 8. Mai 1945 ein konkretes Geschichtsdatum dieser Epoche herausstellt.

H 45: Die Gesamtepoche des Nationalsozialismus wird von den Befragten über beide Meßzeitpunkte intraindividuell stabil erinnert.

H 46: Die in der ersten Panelwelle 1995 erfolgte Assoziation des Kriegsendes 1945 ist auf intraindividueller Ebene kein Prediktor für die Erinnerung desselben Ereignisses bei der zweiten Panelwelle.

Hypothese H 45 schließt alle Assoziationen ein, die in irgendeiner Weise auf die nationalsozialistische Diktatur und den Zweiten Weltkrieg Bezug nehmen. Die Stabilitätsannahme ergibt sich aus Stellungnahmen zum gesellschaftlichen Umgang mit dieser Epoche wie auch aus Studien zu lebensgeschichtlichen Erzählungen. Werner Weidenfeld und Felix Lutz (1994: 117) charakterisieren die Auseinandersetzung mit dem Nationalsozialismus als fortdauernden Prozeß. Ihm könnten sich die Deutschen weder als Einzelne noch als Kollektiv entziehen. Selbst wenn tatsächlich 60% der Deutschen einen Schlußstrich wünschen und die Auseinandersetzung mit der Zeit vor 1945 abgeschlossen wissen möchten,[10] sorgen die immer wieder aufbrechenden Kontroversen und Skandale mit ihren entsprechenden Reaktionen in den Leserbriefspalten der Presse dafür, daß die Deutschen in ihrer großen Mehrheit häufig mit dem Thema konfrontiert sind (Müller 1994: 7).

Diese öffentliche Aufmerksamkeit dürfte auf der Mikroebene dazu beitragen, daß das Thema für wichtig erachtet wird, unabhängig davon, ob eine Person davon nichts mehr hören mag oder nicht. Weil es kein öffentliches Vergessen gibt und die Einzelnen immer wieder auf diese Vergangenheit gestoßen werden, erfolgt in der Auseinandersetzung mit dem von Teilen der Bevölkerung als Zumutung empfundenen öffentlichen Gedenken eine Art negativer Erinnerung. Die Geschichte ist den Deutschen präsent, auch wenn jede weitere Beschäftigung damit abgelehnt wird.

---

10 Die Prozentzahl beruht auf Umfragen aus den 80er und 90er Jahren. Die Varianz in den Ergebnissen dürfte auf Differenzen im Itemwortlaut zurückzuführen sein.

Was die Detailerinnerungen an die Jahre 1933 bis 1945 angeht, dürfte sich die Wahrnehmung von Geschichte mit den Jahren verändern. Hier sollten sich die öffentlichen Debatten genauso niederschlagen wie die im Wechsel stattfindenden Gedenkfeiern zur Machtübergabe an die Nationalsozialisten, die Reichspogromnacht, den Widerstand sowie die Kapitulation des Deutschen Reiches etc. Unabhängig vom konkreten Anlaß geht es immer um Grundthemen wie Täter, Opfer, Schuld, Scham oder Verantwortlichkeit. Sie werden an den spezifischen historischen Daten festgemacht, die bei den Individuen wiederum Wiedererkennenseffekte hinsichtlich des Detailereignisses auslösen. Davon unberührt bleibt die Einschätzung des Nationalsozialismus als einer Epoche, der nach wie vor Bedeutung beigemessen wird.

Für die Annahme nichtstabiler Detailerinnerungen wählte ich in H 46 exemplarisch das Ende des Zweiten Weltkrieges aus. Weil es sich zwischen beiden Befragungswellen zum 50. Mal jährte, kam es zu einem öffentlich begangenen Gedenken. Insofern ist es naheliegend, hier fehlende Persistenz anzunehmen. Allerdings läßt sich dazu noch zusätzlich eine ergänzende Hypothese postulieren.

H 47: Der 8. Mai 1945 wird in der Umfrage 1996 signifikant häufiger als bedeutsames historisches Ereignis assoziiert als in der Befragung von 1995.

Die Annahme, die Nennungen zum Kriegsende müßten zugenommen haben, basiert auf der Überlegung, daß das Ereignis durch die Medienaufmerksamkeit im Gedenkjahr den Deutschen erneut nahe gebracht wurde. Der Wiedererkennenseffekt sollte sich dann in einem entsprechend veränderten Antwortverhalten niederschlagen.

4.2.2 Erinnerungstabilität am Beispiel des Golfkriegs

Der Golfkrieg war 1991 und in den folgenden Jahren ein herausragendes Medienthema (MacArthur 1993), dessen publizistischer Ausdruck auf der Makroebene zu verorten ist. Zugleich löste er in Deutschland individuelles Handeln aus. Gerade junge Menschen engagierten sich politisch und demonstrierten gegen das Blutvergießen (Venedy 1996). Ihre Aktivitäten wirkten sich nachweislich auf die kollektiven Erinnerungen aus. Schuman et al. (1998: 435) belegen für ihre 1991 in Deutschland mit demselben Meßinstrument durchgeführte Befragung, daß 10,4% der Interviewten - und zwar gerade die jungen unter ihnen - die kriegerische Auseinandersetzung als historisch bedeutsamen Vorgang assoziierten.

In seiner Skizzierung der „89er" hält es Claus Leggewie (1995: 233) für nicht ausgeschlossen, daß sich diese jungen Leute über ihre gemeinsame Erfahrung politischen Engagements gegen den Krieg zukünftig als Generation konstituieren werden. Da sich Leggewie (ebd.: 21) auf die Mannheimsche Generationsthese bezieht, folgt daraus, daß der Golfkrieg für die Demonstrantinnen und Demonstranten eine stabile Größe in ihren kollektiven Erinnerungen darstellt. Diese Vermutung begründet sich weiterhin dadurch, daß die Auseinandersetzungen zwischen Irak und den USA auch in den Folgejahren virulent waren und über sie immer wieder in den Medien berichtet wurde. Werden sowohl das damalige politische Engagement von Deutschen als auch die Medienpräsenz des Themas Golfkrieg in die Überlegungen einbezogen, folgen daraus zwei Hypothesen. Die erste bezieht sich auf die Wichtigkeit dieses Ereignisses in der Wahrnehmung aus der Vergangenheitsperspektive generell. Ich unterstelle damit, daß sich an der Einschätzung des damaligen Konflikts als eines Einschnittes in der deutschen Außenpolitik nichts geändert hat.

H 48: Der Golfkrieg wird fünf Jahre später ähnlich häufig als geschichtlich bedeutsam erinnert wie 1991.

Die zweite Hypothese bezieht sich auf die Persistenz, mit der der Golfkrieg aufgrund der ihm zugeschriebenen Wichtigkeit wahrgenommen wird.

H 49: Der Golfkrieg wird in beiden Panelwellen in 1995 und 1996 intraindividuell stabil als historisch wichtig erinnert.

Werden beide Hypothesen bestätigt, folgt daraus, daß die Bedingungen unverändert sind, die zu der Bewertung dieser kriegerischen Auseinandersetzung im Nahen Osten als bedeutsamem Ereignis führten. Außerdem zeigte sich darin ein Hinweis für die Annahme einer Jugendprägung.

Allerdings sind die beide Hypothesen begründenden Annahmen nicht unumstritten. Andere Autoren beziehen dazu eine klare Gegenposition. Ihnen folgend breitete sich schon kurz nach Ende der Kampfhandlungen ein allgemeines Desinteresse aus. Es veränderte sich auch nicht durch die immer wieder aufbrechenden Krisen um den Irak. Vielmehr sei der Golfkrieg nur der erste bewaffnete Konflikt von mehreren gewesen, die im Zeitalter der neuen Weltordnung nach 1989 unter der Ägide der Vereinigten Staaten folgen sollten (Lutz 1998). Wenn es aber den friedenspolitisch Engagierten damals weniger um das für Öl vergossene Blut und statt dessen um deutsche Politik und Grundpositionen zu Krieg und Frieden ging, kommt dem Ereignis selber in der Rückschau ein nur geringer Stellenwert zu. Dann lag der Grund für die Nennungshäufigkeit zum Golfkrieg in 1991 in dessen Aktualität. Aus gegenwärtiger Sicht handelt es sich um „Erinnerungsballast" (Weinrich 1997: 163), der für das Heute keine Bedeutung mehr hat. Unter dieser Prämisse formuliere ich die Gegenhypothese

H 50: Der Golfkrieg wird sowohl in 1995 als auch in 1996 nur marginal erinnert.

Beide Positionen können für sich Plausibilität beanspruchen. Welche von ihnen die gesellschaftliche Wirklichkeit angemessener abbildet, sehe ich daher als empirische Entscheidung an.

4.2.3 Sozialstruktur als intervenierende Variable: Wahrnehmung der deutschen Vereinigung

Selbstredend kommt der Vereinigung von BRD und DDR eine herausragende historische Bedeutung zu. In dieser Weise dürfte sie auch von vielen Deutschen eingeschätzt werden. Damit beziehe ich mich auf das Ereignis als generalisierter Kategorie. An dieser Einschätzung dürfte sich zwischen beiden Meßzeitpunkten nichts ändern. Die Vorgänge von 1989/90 sollten über die Zeit invariabel als wichtiges Geschichtsereignis wahrgenommen werden. Diese Annahme resultiert aus der Wahrnehmung, der Niedergang des Kommunismus habe zum Sieg von Freiheit und Demokratie geführt und die politische Landkarte Europas zu einem vergrößerten und außenpolitisch einflußreicheren Deutschland verwandelt (Glaessner 1992: 220-224). Diese Entwicklung hat für die Deutschen - das heißt auf individueller Ebene - Konsequenzen, weil jene Ereignisse etwa in bezug auf Fragen zur nationalen Identität nach wie vor Wirkung zeigen (Blank 2002).

H 51: Die intraindividuelle Wahrnehmung der Globalkategorie „deutsche Vereinigung" als historisch bedeutsam ist stabil über die Zeit.

Bei den Gründen, die die Befragten für ihre Erinnerung der deutschen Vereinigung nennen, gehe ich, wie beim Beispiel des Nationalsozialismus, von deren Variabilität aus. Auf diese Weise sind die Veränderungen in den Lebensbedingungen der Ostdeutschen seit dem Ende der DDR berücksichtigt. Zwar sollten die nach wie vor bestehenden Schwierigkeiten und die unzulänglichen Arbeitsmarktverhältnisse in den neuen Bundesländern nicht übersehen werden. Doch unzweifelhaft verbesserte sich die Situation gegenüber der von 1990 und ist das Wohlstandsgefälle zu Westdeutschland mittlerweile geringer geworden. Meinungsumfragen zeigen, wie sich mit der Angleichung der Lebensverhältnisse in Ost und West auch die Einstellungsstrukturen wandeln (Walz 1996; Habich et al. 1999). Diese Veränderungen mit dem langsamen Abbau der vorhandenen Unzufriedenheiten und gegenseitigen Ressentiments sollten sich auch in den Wahrnehmungen von Vergangenheit niederschlagen. Dementsprechend erwarte ich eine Instabilität in den Detailerinnerungen der Befragten.

H 52: Die mit der deutschen Vereinigung als wichtigem historischen Ereignis verknüpften Bedeutungen sind intraindividuell nicht stabil über die Zeit.

Hinter dieser Hypothese steht der Gedanke, daß in die Begründung für eine Erinnerung Gegenwartswahrnehmungen einfließen. Generell erklärt sich das Individuum den Istzustand aus Entwicklungen der Vergangenheit. Weil Zukunft aber nicht durch einen einzelnen Vorgang ein für allemal festgelegt wird, berücksichtigen die Einzelnen in ihrer Rückschau auf das, was passiert ist, Veränderungen, die sich erst in der näheren Vergangenheit als Folgen des Ursprungsereignisses einstellten. Auf diese Weise erfolgt die immer neu ansetzende Rekonstruktion des Gestern.

Werden diese Überlegungen mit dem von mir ausgearbeiteten Interaktionsmodell des sozialen Gedächtnisses verknüpft, stehen am Anfang des Prozesses die Umwälzungen in den Staaten des Warschauer Paktes sowie die Vereinigung von BRD und DDR als Kette von Ereignissen, die die Individuen aufgrund der Folgewirkungen als historisch bedeutsam begreifen. Insofern bleibt das generalisierte Ereignis in den kollektiven Erinnerungen gespeichert. Dessen Konsequenzen wirken sic h auf der Mikroebene mehr oder weniger stark aus, was wiederum individuelle Reaktionen hervorruft, die erneut in politische Initiativen seitens Regierung oder anderen Institutionen münden. Die Panelbefragung nimmt von daher einen Ausschnitt aus einem langfristigen Prozeß wahr. Da sich im Laufe der Zeit die Lebensbedingungen verändern, sollten sich auch die Assoziationen wandeln, die sich auf das Ausgangsereignis beziehen.

4.2.4 Der Medieneinfluß auf kollektive Erinnerungen: Zehn Jahre Tschernobyl

Der nuklearen Katastrophe im ukrainischen Kernkraftwerk kommt als historischem Ereignis deshalb ein besonderer Stellenwert zu, weil sie viele Deutsche zu Handlungskonsequenzen etwa bei ihren Ernährungsgewohnheiten veranlaßte. Aufgrund dieser direkten Auswirkungen wäre zu erwarten, daß der Name Tschernobyl als Zeichen für Umweltrisiken längerfristig in den kollektiven Erinnerungen gespeichert bleibt. Faktisch ist das aber nicht der Fall. Die von Schuman et al. (1998) in 1991 durchgeführte Umfrage zeigt, daß Deutsche dieses Ereignis kaum als historisch bedeutsam wahrnehmen. Unbestreitbar standen sie zum Erhebungszeitpunkt unter dem aktuellen Eindruck der Umwälzungen in den ehemaligen Ostblockstaaten. Dennoch wäre zumindest eine mehr als vernachlässigbare Assoziationshäufigkeit zu erwarten gewesen. Grund für dieses Resultat dürfte sein, daß die gewandelten Eßgewohnheiten spätestens nach zwei Jahren weitgehend aufgegeben werden konnten oder teilweise ins Alltagsverhalten integriert worden waren. Somit verloren sie für die Einzelnen ihren Ausnahmecharakter. Eine Extremsituation war nicht mehr gegeben. Zudem stellte sich der GAU langfristig gesehen nicht als Wendemarke in der Nuklearpolitik heraus.

Grundsätzlich sollte Tschernobyl dieser Gründe wegen auch durch die Befragten der vorliegenden Panelstudie keine Bedeutung zugemessen werden. Diese Schlußfolgerung ist allerdings einzuschränken. Da sich der Atomunfall im Frühjahr 1996 zum zehnten Mal jährte, gab es ein diesem Datum entsprechendes Presseecho.[11] Insofern ist es möglich, daß das öffentlich in-

---

11 Im Literaturverzeichnis sind die zwischen beiden Meßzeitpunkten erschienenen Artikel zum Thema Tschernobyl aus den wichtigsten Tageszeitungen aufgelistet.

szenierte Gedenken bei den Individuen dazu führte, die Erinnerung an die
Vorgänge vor zehn Jahren aufzufrischen. Weil der Jahrestag zwischen beiden Panelwellen lag, könnte daraus in 1996 eine stärkere Wahrnehmung der
atomaren Katastrophe als historischer Zäsur resultieren, als es bei der ersten
Befragung 1995 der Fall war. Daraus folgen zwei Annahmen.

H 53: In den kollektiven Erinnerungen der Befragten wird die Reaktorkatastrophe von Tschernobyl 1996 stärker wahrgenommen als 1995.

Aufgrund der postulierten Differenz folgt als Konsequenz

H 54: Eine intraindividuelle Stabilität liegt bei den kollektiven Erinnerungen an Tschernobyl nicht vor.

Nachdem Schuman et al. keine Hinweise auf Tschernobyl in den Erinnerungen von Deutschen fanden, könnte hier ein Beispiel für die Manipulationsvariante meines Modells dann vorliegen, wenn das Ereignis nach dem
Jahrestag aufgrund der Medienreaktion in den kollektiven Erinnerungen
wieder präsent ist. Ein solcher Fall belegte, daß eine vermehrte kommemorierende Berichterstattung ein Ereignis auf der Mikroebene wieder ins Bewußtsein ruft.

4.2.5 Wechselwirkung zwischen Mikro und Makro: Erinnerung des Widerstands gegen den Nationalsozialismus

Der Widerstand gegen den Nationalsozialismus, zumindest was das Geschehen des 20. Juli 1944 betrifft, hat für die nationale Gedenkkultur in
Deutschland einen herausragenden Stellenwert (Wöll 1998: 18). Mit der
regelmäßigen öffentlichen Würdigung dieses Datums macht die deutsche
Gesellschaft deutlich, wie sehr das Handeln der Widerstandskämpferinnen
und -kämpfer eine Leitbildfunktion für die freiheitliche Demokratie erfüllt
(Steinbach 1994: 291). Für solcherart gewürdigte Schlüsselerfahrungen gilt
generell, daß sie „aus Legitimitätsgründen für die Stabilität und Bestandswahrung herangezogen werden" (Schiller 1993: 32). Im Falle des Widerstandes insgesamt und des 20. Juli im besonderen geht es darum, an eine
Tradition anzuknüpfen, die den Zivilisationsbruch des Nationalsozialismus
als kollektives Erbe entschärft. Sie hebt einen Ausschnitt aus jener Vergangenheit hervor, an den es möglich ist anzuknüpfen, ohne sich zu kompromittieren. Insofern Gedenktage darauf abzielen, Massenloyalität zu erzeugen und zu sichern, postuliere ich eine stabile Verankerung des Widerstandes in den kollektiven Erinnerungen.

H 55: Die Erinnerung des Widerstandes gegen den Nationalsozialismus wird innerhalb der deutschen Bevölkerung in beträchtlichem Ausmaß erinnert.

H 56: Die Erinnerung des Widerstandes gegen den Nationalsozialismus erfolgt intraindividuell stabil über die Zeit.

Da eine Theorie über Schwellenwerte von Loyalität zum staatlichen Gemeinwesen nicht vorliegt und es genausowenig geklärt ist, in welchem Ausmaß das kulturelle Gedächtnis zu ihr beiträgt, gebe ich hier keinen Prozentwert zur Nennungshäufigkeit an. Ich nehme aber eine höhere Erinnerungsrate an, weil die politische Theorie davon ausgeht, daß über die öffentliche Erinnerung von Geschichte Massenloyalität im Sinne „persönliche[r] Bindungen der breiten Bürgerschaft an politische Objekte" hergestellt wird (Kaase 1983: 224). Gedenktage sind Teil von Ausdrucksmitteln, deren Einsatz zur Identifikation mit dem politischen System führt (Schiller 1993: 32). Wird dieser theoretische Sachverhalt als gültig angenommen, sollte ein mehr als nur marginaler Teil der Bevölkerung den 20. Juli 1944 als bedeutsam erachten.

Stabilität auf der Mikroebene kann gegeben sein, weil der Widerstand als Leitbild für die demokratische Verfaßtheit der Bundesrepublik schon seit langem ein wichtiger Teil in den Schulcurricula ist. Schon den jungen Bürgerinnen und Bürgern wird die Leistung derjenigen vermittelt, die den Nationalsozialismus bekämpften und damals für ein anderes Deutschland eintraten. Zudem handelt es sich bei diesem Teil der deutschen Vergangenheit auf der Makroebene um eine zentrale Konstante des kulturellen Gedächtnisses. Aufgrund der Verankerung im politischen Bewußtsein sowie der Regelmäßigkeit der Interventionen seitens gesellschaftlicher Institutionen gehe ich in H 56 von intraindividueller Stabilität der Erinnerungen an den Widerstand aus.

Entgegen den voranstehenden Annahmen weist Steinbach (1994: 290ff.) auf Ambivalenzen hin, die die Beschäftigung mit dem Widerstand seit dem Ende des Zweiten Weltkrieges immer hervorrief. Schließlich erinnert das Wissen um diese Männer und Frauen daran, daß auch in der Diktatur Handlungsalternativen bestanden. Als Folge fühlten sich Millionen Mitläuferinnen und Mitläufer kompromittiert. Sie hatten sich angepaßt und dem verbrecherischen Treiben ohne zu widersprechen zugesehen. Deshalb kam es nach 1945 zu Verdrängung oder zu Hetze gegen die Würdigung des Widerstands. Um den unangenehmen Fragen nach dem eigenen Handeln beziehungsweise nach dem der Eltern oder Großeltern zu entgehen, ist daher auch ein anderes als das postulierte Erinnerungsverhalten denkbar, was zu folgender Alternativhypothese führt.

H 57: Der Widerstand gegen den Nationalsozialismus spielt in den kollektiven Erinnerungen der Deutschen eine nur marginale Rolle.

Mit dieser Aussage erübrigen sich Überlegungen zur Stabilität. Hier gälte sie letztlich nur für die Nicht-Erinnerung.

Beide Vorstellungen zur Wahrnehmung des Widerstands repräsentieren jeweils andere Varianten des Mikro-Makro-Modells. Die zweite Annahme stellt auf die der Verweigerung ab. Nicht zu klären ist lediglich die Ausgangssituation. Wenn sich viele Deutsche von Anbeginn einer Würdigung der Kämpferinnen und Kämpfer gegen den Nationalsozialismus widersetzten, ist nicht ausgeschlossen, daß der Widerstand, statt in einem längeren Prozeß vergessen zu werden, erst gar keine Aufnahme in die kollektiven Erinnerungen fand.

Bei dem in den Hypothesen H 55 und H 56 postulierten Zusammenhang ist es nicht möglich, mit dem vorliegenden Forschungsdesign zu klären, ob es sich um das Interaktionsmodell oder um die Manipulationsvariante handelt. Dazu bedürfte es zusätzlicher Daten, was Bewertungen, Einstellungen etc. zum Widerstand angeht. Erst dann ließe sich klären, ob die Erinnerungen an die Gegnerschaft zur Diktatur vor 1945 zu verschiedenen Meßzeitpunkten in Verbindung mit jeweils anderen Assoziationen rekonstruiert wird.

In bezug auf die Manipulationsvariante ist zu bedenken, daß wegen des fünfzigsten Jahrestages des 20. Juli zwölf Monate vor der Panelwelle 1995 öffentlich mit großem Aufwand des Widerstandes gedacht wurde. Im Nachhinein läßt sich nicht klären, ob die Medienbeiträge bzw. die Veranstaltungen ein Wiedererkennen von Vergessenem bewirkten, was auf eine Beeinflussung deutete, oder ob die Bestätigung des kulturellen Gedächtnisses dazu beitrug, im Sinne einer Interaktion Bekanntes anders zu interpretieren und damit die Erinnerung neu zu rekonstruieren.

4.2.6 Indirekte Erfassung des kulturellen Gedächtnisses

Wie ich im Theorieteil bereits ausführte, werden kollektive Erinnerungen mittels Befragung oder Beobachtung von Individuen ermittelt. Bei Interviews bietet sich das Instrument der offenen Frage an, weil sie ohne inhaltliche Vorgabe jene Kognitionen als Reaktion hervorruft, die im Gedächtnis präsent sind. Geschlossene Items führen hingegen zu Wiedererkennenseffekten in bezug auf den durch den Stimulus angesprochenen Inhalt. Die Befragten sind mit Sachverhalten konfrontiert, von denen angenommen wird, daß diese Personen davon irgendwann einmal gehört haben und sie sich damit auseinandersetzten. Der Bekanntheit des Themas wegen sind die Interviewten dann in der Lage, auf einer Skala ihre persönliche Einstellung im Verhältnis zu der im Stimulus geäußerten zu positionieren oder die Intensität ihrer Zustimmung zum Itemtext zu abschätzen (Rabinowitz / MacDonald 1989: 94ff.). Weil das angesprochene Thema als bekannt vorausgesetzt wird, können die bei unserer Panelbefragung eingesetzten geschlossenen Items als Teil der allgemeinen sozialen Rahmen und - insoweit sie sich auf die Vergangenheit beziehen - als Teil des kulturellen Gedächtnisses interpretiert werden. Das gilt insbesondere für zwei Items zu Nationalsozialismus und Shoah. Sie waren innerhalb einer Fragebatterie zu Aspekten plaziert, die Deutschland betreffen, sowie in einer Antisemitismusskala. In beiden Itemtexten erkennen die Befragten Einstellungen zur deutschen Geschichte der Jahre 1933 bis 1945, wie sie auch in der Öffentlichkeit diskutiert werden. Insoweit lassen sich die Antworten der Interviewten als Reaktionen auf das kulturelle Gedächtnis interpretieren.

Grundsätzlich bestehen somit Reihenfolgeeffekte, da die Präsentation der Items die Erinnerungen als Reaktion auf die offene Frage beeinflussen dürfte. Diesem unerwünschten Aspekt läßt sich eine positive Seite abgewinnen. So müßte der Methodeneffekt dazu führen, daß die Individuen aufgrund der öffentlichen Diskussionen über die Verbrechen an den Juden dieses Thema als bedeutsam wiedererkennen und im hinteren Teil des Fragebogens das Ereignis bei der offenen Frage entsprechend erinnern. Die Präsentation der Items erweist sich dabei als Beeinflussung, die auf gesellschaftliche Normen zum Umgang mit dem Nationalsozialismus verweist und zu einem bestimmten Erinnerungsverhalten auffordert.

Um diesem Sachverhalt nachzugehen, beziehe ich zwei Items in meine Analyse ein, die Einstellungen zu diesem Teil deutscher Geschichte erfassen. Eines zielt auf die Stärke der Belastung, welche das Wissen um die Judenverfolgung im Nationalsozialismus für die befragte Person aktuell hat (*Shoah_Belastung*). Das zweite mißt den Grad der Zustimmung zu einer Aussage, mit der die Abwälzung von Schuld thematisiert wird (*NS_Schuld*). Die Fragetexte lauten folgendermaßen:

Shoah_Belastung:
„Die Judenverfolgung im Nationalsozialismus ist für mich persönlich ..."
Skalierung:
„keine Belastung" = 1 bis 7 = „eine sehr große Belastung"

NS_Schuld:
„Das Schuldbewußtsein über den Nationalsozialismus ist uns von den Alliierten doch nur eingeimpft worden."
Skalierung:
„stimme überhaupt nicht zu" = 1 bis 7 = „stimme voll und ganz zu"

Die Items können als validiert gelten (Hübner 1995). Ihre Integration in die Regressionsgleichung führt zu Erkenntnisse hinsichtlich der Wirkungsweise emotionaler und kognitiver Aspekte auf kollektive Erinnerungen. Da bislang keine konkreten theoretischen Vorstellungen über die Stärke dieser Größen bestehen, wird auf die Ausformulierung expliziter Hypothesen verzichtet. Statt dessen werden mögliche empirische Ergebnisse als Basis für eine theoretische Weiterentwicklung genommen.

4.3 Untersuchungsdesign und methodisches Vorgehen

Durch die Wahl eines Forschungsdesigns wie auch durch die angewendeten Analyseverfahren werden immer schon ergebnisrelevante Vorentscheidungen gefällt, die bestimmte Resultate ausschließen. So ist hier der qualitativen Daten wegen eine Auswertung mittels solcher multivariater statistischer Verfahren nicht möglich, die ordinales oder höheres Skalenniveau voraussetzen. Einwänden, die aufgrund dessen einen Mangel unterstellen, sind aber nicht haltbar. Mit der logistischen Regression liegt ein komplexes Testverfahren für nominalskalierte Daten vor. Außerdem wird Kritik an der Datenqualität durch die Tatsache aufgewogen, daß es gerade die Antworten auf die offene Frage erlauben, auf Erinnerungen zurückzuschließen.

Die Verallgemeinerbarkeit der Ergebnisse ist, was die Repräsentativität der Stichprobe angeht, eingeschränkt. Die kollektiven Erinnerungen wurden im Rahmen einer Befragungsstudie zur nationalen Identität der Deutschen untersucht. Weil es um die Messung von Veränderungen im Zeitverlauf in Ost und West ging, wurde in Kooperation mit GFM/GETAS, Hamburg, von Herbst 1993 an im Abstand von jeweils fünfzehn Monaten ein Drei-Wellen-Panel erhoben.

Wirkten an der ersten Panelwelle 1281 Personen mit, waren 1995 732 und in 1996 noch 630 Befragte. Auch wenn die Ausgangsstichprobe als repräsentativ für die deutsche Wahlbevölkerung gelten kann (Krebs 1995: 121), ist dieser Sachverhalt in bezug auf die vorliegenden Daten aus zwei Gründen nicht mehr gegeben. Weil zum Zeitpunkt der ersten Panelwelle kein adäquates Meßinstrument vorlag und die offene Frage nach wichtigen zeithistorischen Ereignissen erst in den Fragebogen von 1995 aufgenommen wurde, liegen lediglich Daten für die zweite und dritte Panelwelle vor, deren Stichprobenumfänge aufgrund der zurückgegangenen Wiederbefragungsbereitschaft entsprechend reduziert sind. Außerdem belegt eine *Non-Response*-Analyse, daß ein Selbstselektionsprozeß unter den Interviewten der ersten Panelwelle nicht auszuschließen ist. Möglicherweise wurde die Befragungsbereitschaft durch „eine substanzielle Einstellung zur deutschen Vergangenheit [...] befördert bzw. verhindert" (ebd.: 124). Diejenigen, die der Einstellung zustimmen, es sei an der Zeit, die Erinnerung an die nationalsozialistische Vergangenheit ruhen zu lassen, lehnten eine Teilnahme an der schriftlichen Befragung überproportional ab. Schließlich stand die offene Frage nach bedeutsamen historischen Ereignissen der letzten 60 Jahre am Ende des langen Fragebogens. Weil von den 119 voranstehenden geschlossenen Items einige auf den Umgang mit dem Nationalsozialismus sowie andere auf Einschätzungen zur deutschen Vereinigung abheben, sind Kontexteffekte nicht ausgeschlossen. Infolge dessen lassen sich meine Ergebnisse im Hinblick auf die deutsche Bevölkerung nur begrenzt generalisieren. Insbesondere erwarte ich stichprobenspezifische Variationen bei Kennwerten der deskriptiven Statistik.

Dennoch gehe ich davon aus, daß sich die vorgefundenen *strukturellen* Beziehungen in anderen repräsentativen Stichproben replizieren lassen. Diese Annahme beruht auf dem Vergleich der in der zweiten Welle erhobenen westdeutschen Daten mit den Ergebnissen zweier Studien, bei denen dasselbe Frageinstrument ohne kontextuelle Beeinflussung durch andere Stimuli eingesetzt wurde (Blank 1995; Schuman et al. 1998).

Der Vergleich dieser Ergebnisse mit meinen Daten belegt eine nahezu identische Nennungsrangfolge in allen drei Stichproben. Eine signifikante Häufigkeitsdifferenz weist lediglich auf eine Verzerrung bei Assoziationen zum Zweitem Weltkrieg hin. Sie dürfte mit dem abgewandelten Fragestimulus zu erklären sein. Hatten Schuman et al. den Erinnerungsrahmen von 1940 bis in die Gegenwart festgelegt, wurde dieser Zeitraum in der vorliegenden Untersuchung auf die Jahre ab 1930 ausgedehnt. Folglich lassen sich unter Berücksichtigung dieser Abweichung die hier präsentierten Befunde in ihren strukturellen Beziehungen verallgemeinern.[12]

Dem Resultat der ebenfalls durchgeführten Missinganalyse zufolge ist bei den Befragten aus den alten Bundesländern die Wahrscheinlichkeit höher als bei den Ostdeutschen, die offene Frage zu beantworten. Noch stärker wirkt sich der formale Schulabschluß aus. Bei Personen mit Abitur ist es eher unwahrscheinlich, daß sie die Antwort auslassen. Demgegenüber werden Interviewte ohne irgendeinen oder mit Hauptschulabschluß mit höherer Wahrscheinlichkeit zu jenen gehören, die nichts zur Geschichte assoziieren. Allerdings hängt die Antwortbereitschaft nicht allein von demographischen Merkmalen ab. Wichtig sind auch emotionale, evaluative und kognitive Aspekte des in der offenen Frage angesprochenen Themas. Wer auf die deutsche Geschichte stolz ist, wird mit höherer Wahrscheinlichkeit zu den Antwortverweigerern gehören als diejenigen, die dieses Gefühl nicht haben. Umgekehrt gehören jene, die in ihrer Rolle als Deutsche die Geschichte der eigenen Nation als wichtig einstufen und politisch stark interessiert sind, mit geringerer Wahrscheinlichkeit zur Missinggruppe als die Personen, für die die deutsche Geschichte eher unbedeutend ist und die sich kaum für Politik aufgeschlossen zeigen.

Schließlich beeinflußte die Interviewsituation die Reaktion auf die offene Frage. Zwar spielt die empfundene Schwierigkeit des Meßinstrumentes keine Rolle. Doch wirkt sich die Konzeption des Fragebogens derart aus, daß, wer ihn nicht interessant fand, mit höherer Wahrscheinlichkeit als jene die offene Frage unbeantwortet ließ, die sich durch den Fragebogen angeregt fühlten.

Da der formale Schulabschluß den stärksten Einfluß auf die Verweigerungsrate ausübt, bestätigt die Analyse gängige Missinguntersuchungen. Nicht-Antwortende haben tendenziell einen niedrigen Bildungsgrad. Jedoch läßt dieser Sachverhalt keinen Rückschluß auf deren Artikulationsfähigkeit zu, wie gelegentlich angenommen wird. John Geer (1988: 369) gesteht explizit zu, daß es Personen geben mag, die nicht in der Lage sind, einen

---

12 Eine detaillierte Darstellung des Vergleichs mit den Validierungsstudien findet sich an anderer Stelle (Heinrich 2002).

eigenständigen Gedanken zu formulieren. Doch weisen die Daten ähnlich wie bei Geer eher auf ein geringes Interesse hin, das die Angehörigen der Missinggruppe einem Thema wie der deutschen Geschichte entgegenbringen beziehungsweise einem Interview darüber.

Mit den Charakterisierungen der beiden Panelstichproben wird deutlich, daß in bezug auf Repräsentativität Vorsicht bei der Verallgemeinerung der ausgezählten Nennungshäufigkeiten walten sollte. Trotzdem zeigen die Ergebnisse der zeitlich parallel durchgeführten Valdierungsstudien, daß bei weiteren Umfragen strukturell ähnliche Resultate zu erwarten sind.

Hinsichtlich des konkreten Analyseverfahren besteht bei der Auswertung offener Fragen generell die Notwendigkeit, die Vielfalt der gegebenen Antworten zu strukturieren und deren Variationsbreite zu reduzieren. Folglich ist der Textkorpus mittels Klassifikation aller Antworten zu reduzieren. Hierzu werden hypothesenrelevante Kategorien definiert. Anschließend erfolgt die Zuordnung der Texteinheiten zu diesen Kategorien nach festgelegten Regeln (Geis / Züll 1996: 170). Bei der Kategorienkonstruktion geht es darum anzugeben, „auf welche einzelnen, unterscheidbaren Merkmale sich die Analyse beziehen soll und [...] welche konkreten Texteinheiten unter einem gemeinsamen übergeordneten Gesichtspunkt als ähnlich betrachtet werden." (Früh 1981: 132) Um das Resultat nicht auf die Epochenebene zu beschränken, wurden die Einträge in den Diktionär detailliert nach historischen Einzelereignissen unterschieden. Dieses Vorgehen trägt dem Gedanken Rechnung, daß die Betonung spezifischer Vorkommnisse in der Vergangenheit mit bestimmten Einstellungen oder Bewertungen einhergeht, denen mein Interesse gilt.

Das primäre Zuordnungskriterium der Kategorien sind hier historische Daten sowie soziale Strömungen oder Veränderungen des 20. Jahrhunderts im Zeitablauf. Die Gliederung des Schemas entspricht der Abfolge der Ereignisse vom Ersten Weltkrieg bis zum Jugoslawienkrieg und der deutschen Innenpolitik um 1990. Inhaltlich sind die jeweiligen Epochen nach Einzelereignissen wie dem Kriegsende am 8. Mai 1945 aufgefächert.

Um zusätzlich die kollektiven Erinnerungen an die epochalen Vorgänge messen zu können, wurden die numerischen Kodes für alle Detailkategorien einer Ära aufaddiert und in einer neuen Variablen zusammengefaßt. Außerdem konstruierte ich für Nationalsozialismus und Zweiten Weltkrieg noch separate Kategorien, die die Nennungshäufigkeiten beinhalten, in denen der jeweilige Zeitabschnitt ohne zusätzliche Erläuterung assoziiert wurde.[13]

---

13 So wurde die Antwort „Zweiter Weltkrieg - es ist viel Unrecht geschehen" (Westdeutscher, Jg. 1960) entsprechend kategorisiert. Das Gesagte bezieht sich auf den ganzen Zeitraum 1939 bis 1945, ohne konkrete Vorkommnisse wie den Kriegsbeginn 1939 oder die Flucht aus dem Osten zu assoziieren.

Aufgrund des empirischen Resultats nahm ich schließlich noch allgemeine Aussagen als Kategorien auf, auch wenn sie keine Ereignisse repräsentieren, die für einen konkreten Zeitpunkt stehen. Es handelt sich um Assoziationen zu sozialen Bewegungen oder auch um abstrakte Kategorien wie Frieden, Freiheit etc. Gemeint sind Beschreibungen gesellschaftlicher Zustände beziehungsweise Vorgänge, die sich über längere, teilweise Dekaden umfassende Zeiträume erstreckten.

Da mit einer computergestützten Inhaltsanalyse gearbeitet wurde, ist die erreichte Reliabilität maximal. Gleiches trifft auf die Validität nicht zu. Das Gütekriterium ist bei einem solchen Verfahren nicht selten deshalb problematisch, weil Kontexte, in denen Einzelworte unterschiedliche Bedeutungen annehmen können, im Gegensatz zum menschlichen Sprachvermögen der Kodierer per Rechenalgorithmus nur beschränkt berücksichtigt werden (Giegler 1992: 345). Im vorliegenden Fall greift das Argument aber nicht, weil mit den Reaktionen auf die offene Frage hauptsächlich wenn nicht Einzelwortantworten, dann syntaxlose Aneinanderreihungen von Substantiven vorliegen, die, der Frageintention folgend, historische Ereignisse oder Veränderungen kennzeichnen. Ein durch Satzbau erzeugter Kontext spielt somit keine Rolle. Der vorgetragenen Gründe wegen sehe ich gerade bei diesem Textkorpus die computergestützte Inhaltsanalyse als adäquates Untersuchungsinstrument an.

Zur Durchführung benutzte ich das Computerprogramm INTEXT (Klein 1996). Nach dem abschließenden Programmlauf wurden die dabei automatisch generierten numerischen Daten in eine SPSS-Datei eingelesen. Vor ihrer endgültigen Analyse wurden sie nach der nominalen Ausprägung „nicht genannt" oder „genannt" rekodiert.

In Anlehnung an das Vorgehen bei Schuman und Scott (1989: 363f.) beschränke ich mich bei der Datenauswertung auf jene Kategorien, die von drei Prozent und mehr Personen assoziiert wurden. Die geringen Häufigkeiten der restlichen Kategorien lassen statistische Analysen kaum zu. Ausnahme hiervon sind nur diejenigen Ereignisse, die zwar nur von wenigen assoziiert, zu denen aber Hypothesen postuliert wurden.

Ging es im ersten Analyseschritt darum, mittels Häufigkeitsauszählungen die kollektiven Erinnerungen von Deutschen zu beschreiben, prüfte ich im weiteren die aufgestellten Hypothesen auf die in ihnen postulierten Zusammenhänge zwischen demographischen Variablen und historischer Erinnerung. Diese Beziehungen deckte ich mittels logistischer Regressionen auf. Die demographischen Merkmale des Bildungsgrades, der Regions-, der Geschlechts- sowie der Altersgruppenzugehörigkeit bilden dabei die unabhängigen Variablen in den Modellgleichungen. Geprüft wurde deren Einfluß auf die einzelnen historischen Assoziationskategorien als abhängigen Größen. Weiterhin erfolgte eine systematische Analyse auf Interaktionseffekte, da nicht unterstellt werden kann, daß die demographischen Variablen voneinander unabhängig sind. Hierzu wurden Produktvariablen zu den einzelnen Merkmalskombinationen gebildet. Schließlich setzte ich zur Erfassung der Erinnerungsstabilität die 1995 erfolgte Assoziation einer Kategorie als weitere unabhängige Variable in die Regressionsgleichung ein, um ihren Einfluß auf die in 1996 erfolgte Nennung desselben historischen Ereignisses zu testen.

Im vorliegenden Zusammenhang sollten diese kurzgefaßten Bemerkungen zur methodischen Vorgehensweise genügen, um eine Vorstellung über die benutzten Auswertungsverfahren zu vermitteln. Um Detailfragen zu beantworten und Interessierten die Möglichkeit der Replikation zu geben, ist das gesamte Procedere an anderer Stelle ausführlich dokumentiert (Heinrich 2002).

5 Das Konzept kollektiver Erinnerungen im empirischen Test

Es kann nicht überraschen, daß die Ära von 1933 bis 1945 sowie der Umbruch von 1989/90 im Vordergrund der Erinnerungen der Befragten stehen. Für sich allein wäre die beiden Ereignissen zugesprochene Bedeutsamkeit kaum berichtenswert. Wichtiger sind jedoch folgende Fragen:
- Welche Teilaspekte werden in bezug auf den Nationalsozialismus und die deutsche Vereinigung assoziiert?
- Welche historischen Ereignisse werden sonst noch erinnert, die andere zeithistorische Facetten beleuchten?
- Sind die Erinnerungsinhalte über die gesamte Stichprobe gleichmäßig verteilt, oder gibt es Subgruppen, deren Assoziationen auf ihre soziale Situation zurückzuführen sind?
- Erfolgen die Erinnerungen über die Zeit stabil oder wandeln sie sich je nach den jeweiligen Gegenwartsbedürfnissen?

Von diesen Fragen lasse ich mich bei der Präsentation der Ergebnisse leiten. Sie zielen auf Schlußfolgerungen darüber, ob und wie sich Institutionen, Gruppen und Individuen über die Vergangenheit auseinandersetzen und gegenseitig in ihren Erinnerungen beeinflussen.

5.1 Kollektive Erinnerungen von Deutschen: Ergebnisüberblick

Der erste Auswertungsschritt beschränkt sich auf die Datendeskription. Sie belegt, welche zeithistorischen Momente in den kollektiven Erinnerungen von Deutschen präsent sind. Damit ergeben sich erste Hinweise darauf, inwieweit die Annahmen zur Mehrheitlichkeit dieser Erinnerungen in einer Gesellschaft bei Global- wie bei Detailkategorien (H 1 bis H 4, vgl. S. 48) zutreffend formuliert sind. In Kombination mit den Erkenntnissen, die auf Studien in anderen Ländern beruhen, erlaubt die Häufigkeitsauszählung, den Grad der Übereinstimmung in einer Nation abzuschätzen.

Andere Studien zeigen, daß in den USA (Schuman / Scott 1989: 363) und Großbritannien (Scott / Zac 1993: 321) der Zweite Weltkrieg mit 29,3% respektive 45,4% am häufigsten als historisch wichtig genannt wurde. Unter Litauern stand die Wiedergeburt des Landes mit 57,7% an erster Stelle (Schuman et al. 1994: 320). Andere Ereignisse wie Vietnam für die USA

(22,0%), die EU für Großbritannien (29,8%) sowie die sowjetische Okkupation für Litauen (17,9%) folgen in der jeweiligen Häufigkeitsrangordnung erst mit deutlichem Abstand. Eine ähnliche Struktur findet sich bei den in der Bundesrepublik gemessenen kollektiven Erinnerungen. Die Gesamtübersicht in Tab. 4 verdeutlicht die alles überragende Bedeutung, die dem Nationalsozialismus und dem Umwälzungsprozeß in der DDR von 1989/90 zukommt. Von den 649 Befragten, die 1995 im Osten und Westen des Landes interviewt wurden und mindestens ein zeithistorisches Ereignis nannten, sehen 66,1% die Ära von 1933 bis 1945 und 61,7% die welt- und deutschlandpolitischen Veränderungen zum Ende der 80er Jahre als bedeutsam an. Die Zahlen der nachfolgenden Erhebung in 1996 weichen davon nur unerheblich ab. Auf die beiden zentralen Kategorien folgen Nennungen zur Nachkriegszeit (14,2%) sowie zu den 80er Jahren (10,8%) mit sehr deutlichem Abstand. Folglich reduziert sich Vergangenheit in der Wahrnehmung von Deutschen auf zwei als epochal bedeutsam begriffene Ereig-nisketten. Relativ zu ihnen verblasst in den kollektiven Erinnerungen die übrige Zeitgeschichte.

Tab. 4: Relative Häufigkeiten der Nennungen 1995 und 1996 zu den Epochen des vergangenen Jahrhunderts

Zeitperiode	1995	1996
Erster Weltkrieg	1,2%	1,4%
Weimar	1,2%	1,2%
NS insgesamt	66,1%	64,6%
NS-Zeit bis 1939 *	17,4%	13,1%
Zweiter Weltkrieg	59,2%	59,1%
Nachkriegszeit insgesamt	14,2%	14,0%
Gründung BRD	5,2%	4,3%
DDR-Zeit insgesamt	3,9%	4,8%
50er Jahre	1,4%	2,2%
60er Jahre	7,6%	9,5%
70er Jahre	5,5%	4,1%
80er Jahre	10,8%	9,3%
deutscher Vereinigungsprozeß	61,1%	63,9%
90er Jahre	4,6%	5,4%

* Hinzugerechnet sind Assoziationen zu den Massenverbrechen und zum Widerstand.

Tab. 5: Relative Häufigkeiten der 1995 und 1996 erinnerten zeithistorisch bedeutsamen Ereignisse

Ereignis	1995	1996
deutsche Vereinigung 1990	39,0%	38,0%
Zweiter Weltkrieg allgemein	24,2%	27,1%
Kriegsende 1945	23,4%	18,5%
Zusammenbruch Ostblock	19,0%	24,4%
Mauerfall 1989	17,9%	17,3%
NS-Verbrechen	11,9%	8,5%
Kriegserleben Heimat	7,1%	6,7%
NS an Macht 1933	6,8%	4,8%
Teilung Europas	5,9%	4,8%
Flucht	5,4%	8,8%
Gründung BRD	5,2%	4,3%
Soldatenerfahrung	4,3%	4,0%
Weltraumfahrt	4,2%	3,5%
Wirtschaftswunder	4,0%	3,1%
Computer und Technik	4,0%	5,0%
Mauerbau 1961	3,9%	6,4%

Das nationalsozialistische Herrschaftssystem bildet somit nach wie vor den entscheidenden Bezugspunkt für das Selbstverständnis der Deutschen (Lepsius 1989: 247). Andernfalls wäre die Epoche von 1933 bis 1945 nicht in einem derartigen Ausmaß bewußt. Diese Ära dominiert aber nicht mehr ausschließlich, wie es vor 1989 gewesen sein mag. Der Zusammenbruch der SED-Herrschaft und die deutsche Vereinigung werden ähnlich wie der Nationalsozialismus als historische Wendemarke wahrgenommen.

Diese Schlußfolgerung bestätigt sich beim Blick auf die am häufigsten genannten Geschichtsdaten. Tab. 5 listet dazu jene Ereignisse auf, die in beiden Panelwellen von 3% und mehr der Befragten genannt wurden.[1] Von den 16 Kategorien sind mehr als die Hälfte Teil der Kernpunkte kollektiver Erinnerungen von Deutschen. Die Teilung Europas als erste jener Katego-

---

[1] Die selten erwähnten Kategorien sind bei Heinrich (2002) aufgelistet.

rien, die sich nicht auf Nationalsozialismus und deutsche Vereinigung beziehen, steht in 1995 mit 5,9% an neunter Stelle in der Rangfolge. In 1996 steht auf demselben Rang der Mauerbau 1961. Auch unter den Detailerinnerungen dominieren somit solche, die die Jahre 1933 bis 1945 sowie 1989/90 kennzeichnen.

Beide Ereignisketten beschreiben Globalkategorien, die von mehr als 50% der Befragten assoziiert wurden. Inwieweit das Resultat die Hypothesen zur Mehrheitlichkeit kollektiver Erinnerungen (H 1, H 2, vgl. S. 48) bestätigt, ist in der Ergebnisdiskussion noch zu erörtern. Werden nämlich die Befunde der Detailkategorien in Tab. 5 genauer betrachtet, zeigt sich, daß ein Fünftel beziehungsweise ein Viertel der Interviewten konkrete Ereignisse wie das Kriegsende 1945 oder den Zusammenbruch des Ostblocks assoziieren. Im Vergleich mit den Daten aus den USA (Schuman / Scott 1989) folgt daraus, daß die für Deutschland wichtigen Detailkategorien ähnlich häufig genannt werden wie die Globalkategorien in den USA. Danach ist es fraglich, ob sich kollektive Erinnerungen nach dem Mehrheitlichkeitskriterium definieren lassen.

Neben Nationalsozialismus und deutscher Vereinigung kommt anderen Geschichtsaspekten eine wenn auch geringere, so doch nicht zu vernachlässigende Bedeutung zu. Werden alle Ereigniskategorien zusammengefaßt, die sich auf keinen der beiden genannten epochalen Einschnitte beziehen,[2] zeigt sich, daß 46,1% der Befragten (1996: 47,2%) Vorgänge der deutschen Geschichte erinnern, die in keinem Bezug zu den beiden dominanten Epochen stehen. Offensichtlich sind die übrigen zeithistorischen Geschehnisse keineswegs vergessen oder verdrängt. Immerhin kommt insgesamt die Hälfte der Befragten auf sie zu sprechen.

Muß das Postulat mehrheitlicher Erinnerung noch intensiver diskutiert werden, decken die Daten Widersprüchlichkeiten bei den Hypothesen H 3 und H 4 (vgl. S. 48) auf. In bezug auf Mehrheitlichkeit postulieren sie eine Differenz zwischen Global- und Detailkategorien. Die generalisierte Form der Erinnerung führe zu weiter Verbreitung. Angesichts der Ergebnisse ist eine Spezifikation der Hypothesen notwendig. Teilweise wird Einzelereignissen quantitativ eine größere Bedeutung beigemessen als es für ganze Epochen der Fall ist, weswegen H 3 als widerlegt anzusehen ist. Deutlich wird dieser Sachverhalt bei dem Vergleich von Assoziationen zum Vereinigungsvorgang von BRD und DDR am 3. Oktober 1990 oder dem Kriegsende 1945 im Gegensatz zu einem Epochenabschnitt wie den 60er Jahren. Letztere spielen eine nur marginale Rolle in den kollektiven Erinnerungen. Auch wenn ich an dieser Stelle noch nicht auf Subgruppen eingehe, stellt sich die

---

2 Gemeint sind Kategorien mit Bezug auf konkrete Geschichtsdaten, Objekte oder Perioden. Unbeachtet bleiben zeitlich nicht bestimmbare Entwicklungen wie Computer und Technik oder politische Zustände wie Frieden oder Freiheit.

Frage, ob die knapp 40% der Befragten, für die der 3. Oktober 1990 ein bedeutsames Datum darstellt, das gesamte Bevölkerungsspektrum abdecken. Folglich sind Zweifel angebracht, ob H 4 zutrifft, der zufolge von einem solchen Antwortverhalten auszugehen wäre.

5.2 Die Gegenwärtigkeit des Nationalsozialismus

Die Verankerung des Nationalsozialismus in den kollektiven Erinnerungen ergibt sich schon wegen der öffentlichen Diskussion mit der beständigen Thematisierung jener Epoche und ihren Folgen. Generell gelten die Jahre der Diktatur als das zentrale Referenzereignis für das gesellschaftliche Selbstverständnis der Deutschen. Alfred Grosser (1990: 210) beschreibt die „Hitlervergangenheit" als „feste Größe in der Innen- und Außenpolitik". Implizit beziehen sich diese Äußerungen auf das kulturelle Gedächtnis. Doch die empirischen Daten belegen, daß die Einsicht in die Bedeutsamkeit jener Ära auf der Ebene kollektiver Erinnerungen ebenfalls außer Zweifel steht, dieser Zeitabschnitt vielen Deutschen gegenwärtig ist.

Tab. 6: Relative Häufigkeiten der 1995 und 1996 erinnerten Einzelaspekte aus der Ära des Nationalsozialismus

Ereignis	1995	1996
NS insgesamt	66,1%	64,6%
NS allgemein	1,5%	2,1%
NS an Macht 1933	6,8%	4,8%
NS-Zeit 1933-39	0,9%	1,2%
NS-Verbrechen	*11,9%	*8,5%
Widerstand gegen NS	0,3%	0,2%
Zweiter Weltkrieg insgesamt	59,2%	59,1%
Zweiter Weltkrieg allgemein	24,2%	27,1%
Kriegsbeginn 1939	4,6%	2,6%
persönliches Kriegserleben	14,8%	17,3%
Soldatenerfahrung	4,3%	4,0%
Kriegserleben Heimat	7,1%	6,7%
Flucht	*5,4%	*8,8%
Kriegsende 1945	*23,4%	*18,5%

Bei den kursiv gedruckten und mit * versehenen Koeffizienten liegen signifikante Differenzen zwischen den Ergebnissen beider Panelwellen vor.

Die Nennungshäufigkeiten der Detailkategorien zur Ära 1933 bis 1945 in Tab. 6 machen den thematischen Schwerpunkt deutlich, der die kollektiven Erinnerungen an diese Zeit kennzeichnet. Die Mehrheit der Befragten nehmen in erster Linie den Weltkrieg als das entscheidende Ereignis wahr. Ihn erinnern nahezu 60% als bedeutsames historisches Datum.

Das Gewicht, das die Kriegsjahre 1939 bis 1945 in den Erinnerungen bezüglich der Zeit des Nationalsozialismus haben, wird noch deutlicher, wenn der Anteil derjenigen berechnet wird, die ausschließlich Kriegsereignisse assoziieren. In 1995 sind es mit 47,1% (1996: 49,4%) nahezu die Hälfte der Interviewten, denen von der nationalsozialistischen Epoche ausschließlich der Zweite Weltkrieg präsent ist. Demgegenüber sind die Anteile bei jenen niedrig, die die Zeit von 1933 bis 1945 entweder unter einen Sammelbegriff fassen, ohne auf Details einzugehen (1995: 1,5%; 1996: 2,1%), oder die allein Ereignisse aus der Vorkriegszeit erinnern (1995: 5,4%; 1996: 3,5%).

5.2.1 Reduziert sich Erinnerung des Nationalsozialismus auf den Zweiten Weltkrieg?

Äußerungen zum Zweiten Weltkrieg unterliegen einer noch weitergehenden Fixierung auf einzelne konkrete Vorkommnisse. Tab. 6 sind drei Aspekte zu entnehmen, die für die Befragten die entscheidende Rolle spielen. Ein Viertel von ihnen nennt die Kriegsjahre ohne weitere Spezifikation. Ungefähr ein Sechstel der Interviewten kommen auf selbst erlebte Geschehnisse zu sprechen. Dabei handelt es sich um Hinweise auf das eigene Schicksal als Soldat beziehungsweise später als Kriegsgefangener, die Erfahrung des Bombenkrieges, den Verlust von Verwandten, Flucht und Vertreibung sowie das Erleben von Hunger. Schließlich nennt etwa ein Fünftel das Ende des Krieges. Der Schlußpunkt dieser Epoche spielt in den Erinnerungen somit eine erheblich größere Rolle als deren Beginn in 1933 oder auch als der von deutscher Seite aus betriebene Kriegsanfang.

Tab. 7: Relative Nennungsanteile pro Altersklasse zu Zweitem Weltkrieg und persönlichen Kriegserfahrungen in 1995 und 1996

„Zweiter Weltkrieg ohne NS genannt"			„persönliche Kriegserfahrungen"	
1995	1996	Altersklasse	1995	1996
62,6%	65,4%	vor 1940 geb.	37,4%	40,0%
39,7%	40,6%	nach 1939 geb.	3,9%	4,8%

In diesem Zusammenhang berücksichtige ich unter Vorgriff auf die Subgruppenanalysen bereits an dieser Stelle das Alter der Befragten. Es liegt auf der Hand, daß jüngere Befragte kaum persönliche Kriegserfahrungen assoziieren. Bei den älteren sollten dementsprechend die Prozentanteile hinsichtlich der Nennung des Zweiten Weltkriegs noch höher als die in der Gesamtstichprobe ausfallen. Werden daher die Häufigkeiten berechnet, mit denen in den zwei Altersklassen ausschließlich Kriegsereignisse sowie persönliche Kriegserfahrungen assoziiert werden, ergeben sich die in Tab. 7 aufgelisteten Werte. Sie verdeutlichen das Ausmaß, in dem der Krieg bei den älteren Interviewten die Erinnerungen dominieren.

Der Vergleich der Nennungshäufigkeiten von 1995 und 1996 mittels Chi^2-Test weist bei der Kategorie „Kriegsende 1945" eine signifikante Abnahme vom ersten zum zweiten Befragungszeitpunkt aus. Dieser Sachverhalt widerspricht der in H 47 postulierten Annahme (vgl. S. 115). Sie unterstellt den gegenteiligen Zusammenhang als Ergebnis des öffentlichen Gedenkens dieses Datums in der Zeit zwischen beiden Erhebungen. Offensichtlich wirkte sich die Medienaufmerksamkeit zum fünfzigsten Jahrestag in 1996 nicht als Stimulus der Makroebene auf die Erinnerungen von Deutschen aus. Warum es im Befragungszeitraum zu dieser Abnahme in den Wahrnehmungen kam, wird noch zu erörtern sein.

Ein gegenteiliger Effekt, nämlich ein signifikantes Ansteigen der Nennungshäufigkeit von einer Panelwelle zur nächsten, ist bei der Kategorie „Flucht" zu beobachten. Beantworteten in 1995 5,4% die offene Frage nach bedeutsamen historischen Ereignissen mit einem Verweis auf die persönliche Erfahrung der Vertreibung, waren es im Folgejahr 8,8%. Die deskriptive Auswertung allein vermag das Resultat nicht zu erklären. Es stellt sich die Frage, ob und, wenn ja, welche Subgruppen die Kategorie „Flucht" erinnern. Von daher wird zu prüfen sein, inwieweit die höhere Nennungshäufigkeit mit demographische Besonderheiten erklärbar ist.

Konträr zur Bedeutung des Zweiten Weltkrieges stehen die marginalen Nennungshäufigkeiten zum Widerstand gegen die nationalsozialistische Diktatur. Er wurde in beiden Panelwellen nur rudimentär genannt. Insofern kann Hypothese H 57, die diesen Effekt postuliert (vgl. S. 120), als bestätigt angesehen werden. Dieser Aspekt der Vergangenheit spielt in den kollektiven Erinnerungen keine Rolle. H 55 mit ihrer gegenteiligen Aussage ist also widerlegt. H 56, die in diesem Zusammenhang von intraindividueller Stabilität ausgeht, ist aufgrund des Resultats gegenstandslos.

5.2.2 Erinnerung an die Shoah - eine Marginalie?

Im Vergleich zu den Nennungen zum Zweiten Weltkrieg wurden auch die Verbrechen, die Deutsche in der Zeit des Nationalsozialismus begingen, von nur wenigen Befragten assoziiert. Noch deutlicher wird diese Diskrepanz, wenn die Äußerungen zur Shoah mit den Erinnerungen verglichen werden, die sich auf das persönliche Kriegserleben beziehen. Hier zeigt sich, daß 1995 14,8% der Befragten (17,3% in 1996) das historische Ereignis des Nationalsozialismus im Kontext eigener beziehungsweise familiärer Erfahrungen während des Krieges wahrnehmen. Die Erinnerungen eigenen und fremden Leids weichen insofern noch stärker voneinander ab, als die Meßwerte zur Shoah als überschätzt gelten müssen. Kontexteffekte dürften dazu beigetragen haben, daß mehr Befragte die Vernichtung der Juden assoziierten als aufgrund des Ergebnisses von Schuman et al. (1998: 439) zu erwarten war. Letztere verzeichneten in ihrer Studie einen relativen Anteil von einem Prozent bei dieser Kategorie. Gerade wegen des Schätzfehlers bestätigen die vorliegenden Daten die These, daß Deutsche tendenziell eher sich selber denn Juden, Behinderte, Sinti oder andere als Opfer betrachten.

Dieser Schluß bestätigt sich bei dem Vergleich mit den zu Kontrollzwecken zeitgleich in Münster erhobenen Daten (Blank et al. 1995). Auch sie weisen signifikant geringere Erinnerungen zur Shoah aus. Bei dieser regional durchgeführten telefonischen Erhebung nannten auf die kontextfrei gestellte offene Frage nach bedeutsamen zeithistorischen Ereignissen nur 2,9% der Interviewten die damaligen Verbrechen verglichen mit 14,2% bei den Westdeutschen aus der bundesweiten Stichprobe. Diese Kategorie wird in der Münsteraner Studie weitaus seltener genannt, als aufgrund der Randsummenverteilung zu erwarten wäre. Insofern ist das Resultat dem vergleichbar, über das Schuman et al. (1998: 439) berichten.

Die Studienvergleiche legen den Schluß nahe, daß bei dem hier ausgewerteten Datensatz die Nennungshäufigkeit zur Shoah deshalb über dem wahren Wert liegt, weil die Interviewten bei der schriftlichen Befragung mit anderen Items zur Ära des Nationalsozialismus konfrontiert waren und damit Wiedererkennungseffekte ausgelöst wurden. Offensichtlich erinnern Deutsche die Shoah tendenziell nur marginal. Somit besteht eine Diskrepanz zwischen der Bedeutung, welche die damaligen Verbrechen im öffentlichem Diskurs einnehmen, und jener, die sie in den kollektiven Erinnerungen der Deutschen haben.

Tab. 8: Einstellungsitems mit Fragewortlaut, Häufigkeiten und statistischen Kennwerten (Stichprobe 1995)

Variable	Skalenwerthäufigkeiten							$\bar{x}$	S.D.
	1	2	3	4	5	6	7		
Shoah_ Belastung	9,5%	5,9%	8,4%	12,0%	15,5%	19,4%	29,3%	4,94	1,97
NS_ Schuld	56,5%	14,6%	7,5%	9,8%	5,5%	2,6%	3,4%	2,15	1,67

Wird in die Analyse dieses Resultats das Ergebnis der beiden geschlossenen Items zur Bewertung von Nationalsozialismus und den damals begangenen

Verbrechen hinzugezogen, bestätigt sich das Vorhandensein einer normativen Tendenz, die eine Distanzierung vom Nationalsozialismus verlangt. Häufigkeiten und statistische Kennwerte in Tab. 8 belegen in beiden Fällen eine schiefe Verteilung. Den Mittelwerten zufolge empfinden die Befragten durchschnittlich eine durch das Wissen um die Shoah verursachte relativ hohe persönlichen Belastung. Die Aussage zu einem manipulierten Schuldbewußtsein von Deutschen wird dagegen zurückgewiesen. Die Mittelwerte betragen bei einer von 1 bis 7 reichenden Bandbreite 4,94 bei dem Item „*Shoah_Belastung*" und 2,15 bei „*NS_Schuld*".

Noch deutlicher wird dieser Sachverhalt, bei der Betrachtung der Häufigkeitsverteilung. 48,7% der Befragten empfinden wegen der damals begangenen Verbrechen für sich persönlich eine hohe Belastung. Sie kreuzen die Werte 6 oder 7 auf der siebenstufigen Skala an. 56,5% von allen lehnen jede Zustimmung zu der Meinung ab, die Alliierten hätten der deutschen Bevölkerung ein Schuldbewußtsein über den Nationalsozialismus eingeimpft. Sie wählen den Skalenwert 1. Die Antwortmuster bestätigen die gesellschaftlichen Erwartungen zum Umgang mit dieser Vergangenheit.

Die Diskrepanz zwischen der hohen Anerkennung dieser gesellschaftlichen Normen und der niedrigen Erinnerungsrate hinsichtlich der damals begangenen Verbrechen läßt sich mittels logistischer Regressionen erhellen, bei denen die geschlossenen Items jeweils als unabhängige Kovariate und die Erinnerungen der Kategorie „NS-Verbrechen" als abhängiger Variable eingesetzt sind. Die Ergebnisse weisen bei beiden Items auf einen Einfluß dieser Einstellungen auf Erinnerung hin. Mit einer vorausgesagten Wahrscheinlichkeit von 15,5% wird dieses historische Ereignis durch diejenigen erinnert, die die Judenverfolgung für sich als stark belastend empfinden (Skalenpunkt 7). Für jene, die ein solches Gefühl überhaupt nicht äußern (Skalenpunkt 1), wird eine Wahrscheinlichkeit von lediglich 6,0% errechnet, jene Verbrechen als geschichtlich wichtig zu erinnern.

Im zweiten Fall, dem Item zur Projektion von Schuldvorwürfen auf die Alliierten, ist ein inhaltlich ähnlicher Effekt meßbar. Wer der Aussage voll und ganz zustimmt (Skalenpunkt 7), hat mit 1,3% eine sehr geringe Wahrscheinlichkeit, auf die offene Frage nach bedeutsamen historischen Ereignissen den damals begangenen Völkermord zu nennen. Bei Personen hingegen, die dieses Item gänzlich ablehnen (Skalenpunkt 1), liegt die Wahrscheinlichkeit, die Shoah zu erinnern, bei 16,1% signifikant höher.

In bezug auf die Wahrnehmung der im Nationalsozialismus begangenen Verbrechen untermauern die vorliegenden Daten die festgestellte Diskrepanz zwischen der Bedeutsamkeit der Shoah im kulturellen Gedächtnis und den kollektiven Erinnerungen an diesen negativen Aspekt deutscher Vergangenheit. Der Vergleich der Antworten auf die offene Frage mit anderen Studien sowie mit den Reaktionen auf ebenfalls abgefragte geschlossene Items verdeutlicht zudem die Anerkennung der durch die Gesellschaft aufgestellten Normen, die ein bestimmtes Verhalten zum Umgang mit dem Nationalsozialismus einfordern. Zugleich trägt die Anerkennung dieser normativen Vorgaben offensichtlich nicht dazu bei, daß die Shoah Deutschen in dem Ausmaß im Gedächtnis präsent ist, wie bei einer Normanerkennung eigentlich zu erwarten wäre.

5.3 Gruppenspezifische Erinnerungen des Nationalsozialismus

Die vorliegenden Daten belegen generell einen Einfluß der Altersvariablen auf die Detailkategorien zur Geschichte von 1933 bis 1945. Wie im folgenden anhand der verschiedenen Geschichtsaspekte gezeigt wird, wirkt sich Alter als Kovariate bei allen relevanten Kategorien aus, die mehr als drei Prozent der Befragten nannten. Die anderen demographischen Merkmale spielen für die kollektiven Erinnerungen dagegen nur von Fall zu Fall eine Rolle. Somit erfolgt der Rückbezug auf die Vergangenheit durch alle Individuen nicht ähnlich, weshalb Hypothese H 30 widerlegt ist. Sie postuliert bei Globalkategorien die Unabhängigkeit kollektiver Erinnerungen von demographischen Variablen (vgl. S. 88). Der Nationalsozialismus läßt sich somit nicht als Epochaleffekt interpretieren, der sich definitionsgemäß in der gesamten Bevölkerung gleichverteilt auswirkt (Weil 1987: 312f.).

5.3.1 Alter als zentrale Einflußgröße auf die Erinnerung des Nationalsozialismus

Die Bedeutung der Altersvariablen für die kollektiven Erinnerungen zeigt sich bereits bei allen zusammengefaßten Nennungen, die sich sowohl auf die Ära 1933 bis 1945 als auch den Zweiten Weltkrieg insgesamt beziehen. In beiden Fällen beeinflußt die Zugehörigkeit zu den Altersklassen das Antwortverhalten. Deshalb kann kein Epochaleffekt vorliegen.

Die Regression liefert die prognostizierten Wahrscheinlichkeiten, mit denen die Vorgänge aus der Zeit des Nationalsozialismus durch jüngere und ältere Befragte als geschichtlich bedeutsam erinnert werden. Für die Stichprobe 1995 beträgt sie bei den nach 1939 geborenen Inteviewten 57,3%. Bei den älteren liegen die Werte je nach Bildungsgrad zwischen 80,1% für Personen mit niedriger und mittlerer Bildung sowie 94,1% für jene, die Fachhochschul- oder Hochschulreife als höchsten Bildungsabschluß angeben.

Die Daten der Wiederbefragung in 1996 führen zu einem ähnlichen Ergebnis hinsichtlich der Altersvariablen. Die jüngeren Interviewten assoziieren Ereignisse aus dem Zeitraum von 1933 bis 1945 mit einer Wahrscheinlichkeit von 54,2%. Bei den älteren liegt dieser Wert bei 83,6%. Ein Bildungseffekt ist in diesem Datensatz nicht mehr nachweisbar. Ob diese Verschiebung auf die bildungsbedingte Veränderung in der Panelzusammensetzung zurückzuführen ist, läßt sich an dieser Stelle nicht entscheiden. Der Alterseffekt bleibt in jedem Fall auch dann bestehen, wenn die logistische Regression über jene Interviewten berechnet wird, die sich an beiden Befragungen beteiligten. Die Daten belegen neben dem Alterseffekt noch zusätzlich die Wirkung von Erinnerungsstabilität als Einflußgröße. Wer nach 1939 geboren wurde und die nationalsozialistische Epoche bei der ersten Befragung nicht assoziierte, wird diesen Geschichtsabschnitt bei der zweiten Welle nur mit einer Wahrscheinlichkeit von 31,6% nennen. Bei den älteren, die 1995 die Ära des „Dritten Reiches" ebenfalls nicht assoziierten, beträgt der Wert zwar schon 55,2%, doch bleibt der Abstand zu denen mit stabilem Erinnerungsverhalten erheblich. Wer bereits im ersten Interview auf diesen negativen Teil deutscher Geschichte zu sprechen kam, wird ihn je nach Altersgruppenzugehörigkeit mit einer Wahrscheinlichkeit von 72,3% (jüngere Befragte) oder 87,4% (Ältere) erneut erinnern.

Wie die Ergebnisse zeigen, ähneln die Wahrscheinlichkeiten für die beiden Altersgruppen bei der Globalkategorie zum Zweiten Weltkrieg denen der Nennungen zum Nationalsozialismus insgesamt. Im Datensatz von 1995 assoziieren die jüngeren Befragten die Jahre des Krieges signifikant seltener als die älteren. Die Wahrscheinlichkeit beträgt für die erstgenannte Gruppe 50,4%, für die andere 76,7%. Diese Relation ist der der Stichprobe 1996 vergleichbar. Allerdings ist dort zusätzlich ein Interaktionseffekt zwischen der Gruppe der älteren Interviewten und der Ost-West-Variablen wirksam. Liegt die Nennungswahrscheinlichkeit der Kategorie „Zweiter Weltkrieg insgesamt" für die nach 1939 Geborenen bei 48,3%, beträgt dieser Wert bei den älteren Westdeutschen 73,5%. Bei den älteren Ostdeutschen liegt er mit 88,4% nochmals überzufällig höher.

Die Regionsvariable, die sich nur im zweiten Datensatz auswirkt, ist als Einflußgröße auch im Panel nachweisbar. Die Assoziation von Ereignissen aus der Zeit des Zweiten Weltkrieges hängt bei diesem Datensatz in hohem Maße von der Erinnerungsstabilität, dem Alter der Befragten sowie der Ost-West-Zugehörigkeit ab. Die Regression belegt die stärkste Differenzierung zwischen jenen, die das Ereignis bei beiden Befragungen stabil erinnern, und denen, die sich in 1995 nicht auf den Weltkrieg beziehen.Grundsätzlich gilt, daß wer in 1995 Vorgänge zum Zweiten Weltkrieg erinnerte, bei der Folgebefragung mit hoher Wahrscheindlichkeit (61,6% bis 89,8%) ähnlich reagiern wird. Bei den anderen Interviewten betragen die Werte zwischen 27,6% und 66,5%. Innerhalb beider Gruppen haben die Älteren eine höhere Wahrscheindlichkeit als die Jüngeren und in diesen beiden jeweils wiederum die Ostdeutschen höhere als die Westdeutschen.

Insgesamt ist die aus der Erinnerungsstabilität resultierende Differenz nicht zu übersehen. Jedoch tragen die anderen Kovariaten des Alters und der Ost-West-Zuordnung dazu bei, daß die jeweiligen Subgruppen in sich nochmals deutlich voneinander abweichen. Wer den Jahrgängen vor 1940 entstammt, kommt signifikant häufiger auf die Kriegsereignisse zu sprechen als die Nachgeborenen. Zusätzlich haben Personen aus den neuen Bundesländern eine höhere Nennungswahrscheinlichkeit als die aus den alten. Insoweit sind Zweifel an Hypothese H 15 angebracht. Sie postuliert, Ost- und Westdeutsche unterschieden sich nicht in ihren kollektiven Erinnerungen auf der Ebene von Globalkategorien (vgl. S. 75). Eine endgültige Aussage ist zwar nicht möglich, weil der Regionseffekt im Datensatz von 1995 nicht nachweisbar ist. Dennoch ist die Hypothese aufgrund der Resultate in 1996 sowie im Panel zu bezweifeln. Werden alle Nennungen zum Zweiten Weltkrieg zusammengefaßt, sind Ost-West-Differenzen nicht auszuschließen, obwohl ältere Deutsche diese Vergangenheit gemeinsam erlebten.

Werden die Resultate zu den beiden Globalkategorien zusammen betrachtet, treten zwei Aspekte in der Vordergrund. Neben der Bedeutung, die das Alter für die kollektiven Erinnerungen der Ära des Nationalsozialismus hat, sind beide Kategorien in den Wahrnehmungen der Individuen tendenziell stabil verankert. Dieser Sachverhalt läßt sich auch auf deskriptiver Ebene verdeutlichen. Von allen, die die Gesamtepoche bei der ersten Befragung assoziierten, waren es 82,8%, die auf diese Ära in 1996 erneut zu sprechen kamen. Was alle Nennungen zur Kriegsphase angeht, beträgt der Wert 76,6%. Insoweit kann H 45 als bestätigt angesehen werden. Sie nimmt eine intraindividuell stabile Erinnerung für die Gesamtepoche an (vgl. S. 114).

Ergänzend gehe ich auf die Analyse jener Nennungen ein, bei denen Befragte den Zweiten Weltkrieg generalisiert ansprechen, ohne auf konkrete Details dieses historischen Zeitraumes einzugehen. Hier macht die Regression deutlich, daß die Erinnerungen, in denen der Zweite Weltkrieg ohne weitere Erläuterung angesprochen wird, auf andere Subgruppen zurückgehen als es bei den beiden behandelten Globalkategorien der Fall ist. Die ermittelten Koeffizienten belegen einen umgekehrten Alterseffekt. Werden die unter den Globalkategorien subsumierten Nennungen tendenziell von den älteren Interviewten als historisch bedeutsam assoziiert, stammen die allgemeingehaltenen Verweise auf den Zweiten Weltkrieg mit überzufällig hoher Wahrscheinlichkeit von Deutschen, die nach 1939 geboren wurden. Der entsprechende Wert lautet bei ihnen auf 28,3%, während er bei den Angehörigen der Erlebnisgeneration nur 16,3% beträgt.

Wie die Ergebnisse von 1996 zeigen, ist nicht auszuschließen, daß sich die Altersgruppenzugehörigkeit nur zusammen mit der Geschlechtsvariablen auswirkt. Aus den Koeffizienten der logistischen Regression errechnet sich bei der zweiten Panelwelle die höchste Wahrscheinlichkeit mit 36,1% für die nach 1939 geborenen Frauen. Bei allen anderen Befragten ist eine Nennung mit 21,3% signifikant seltener zu erwarten.

Innerhalb des Panels ergibt sich ein komplexerer Zusammenhang. Es wirken sich die Altersvariable, die Erinnerungsstabilität wie auch ein Interaktionseffekt zwischen Stabilität, Geschlecht und Alter als Einflußgrößen auf die generalisierte Nennung des Zweiten Weltkrieges aus. Für die jüngeren Frauen. die die Kriegszeit bereits 1995 in allgemeiner Form assoziierten, wird mit 61,0% die höchste Nennungswahrscheinlichkeit vorausgesagt. An zweiter Stelle stehen die nach 1939 geborenen Männer mit stabilem Antwortverhalten (42,2%). Bei den restlichen Befragten lauten die Werte auf unter 27%. Insgesamt hat die Nennung in 1995 den stärksten Effekt. Er wird verstärkt oder abgeschwächt durch das Alter der Befragten. Bei den Jüngeren kommt noch zusätzlich die Geschlechtsvariable zur Geltung.

Im Ergebnis bestätigt sich auch bei dieser Kategorie die in Hypothese H 45 postulierte Stabilitätsannahme für die Erinnerung der Epoche des Nationalsozialismus (vgl. S. 114). Werden die Resultate für die beiden Globalkategorien hinzugezogen, zeigt sich allerdings, daß die zwei Altersgruppen offensichtlich andere Aspekte der Vergangenheit in ihren Antworten auf die offene Frage berücksichtigen. Auf den zusätzlich gemessenen Geschlechtseffekt werde ich in der Diskussion noch genauer eingehen. Theoretisch war er nicht postuliert worden.

5.3.2 Konkrete Wahrnehmungen der Zeit des Nationalsozialismus

Mit der näheren Untersuchung der Nennungen zu den historischen Einschnitten 1933, 1939 sowie 1945 lassen sich jene Zeitpunkte aus der Gesamtepoche des Nationalsozialismus analysieren, die als Detailaspekte neben den Assoziationen zu persönlichen Kriegserfahrungen von einer relevanten Anzahl der Befragten als geschichtlich bedeutsam erinnert werden.

Auch bei den drei zentralen historischen Daten jener Jahre wirkt sich die Altersvariable in der Weise aus, daß die älteren Befragten diese Daten signifikant häufiger als historisch bedeutsam erinnern als die jüngeren. Aufgrund der geringen Nennungshäufigkeiten sind die vorhergesagten Wahrscheinlichkeiten zu den Ereignissen 1933 und 1939 niedriger als die zum Kriegsende 1945. Doch ist der Gegensatz zwischen den Altersgruppen in allen drei Fällen überzufällig und fällt auch numerisch deutlich aus.

Erinnerungen zur Machtübergabe an die Nationalsozialisten sind neben der Altersvariablen durch einen Interaktionseffekt zwischen Alter, Ost-West-Zugehörigkeit und Bildungsgrad beeinflußt. Die höchste Wahrscheinlichkeit, den 30. Januar 1933 zu nennen, haben die vor 1940 Geborenen mit 13,4% in 1995 sowie 8,0% in 1996. Als zweite Gruppe sind die jüngeren Westdeutschen mit Fachhochschulabschluß oder Abitur von Bedeutung. Bei ihnen lauten die entsprechenden Wahrscheinlichkeiten 6,9% und 8,0%. Bei den restlichen Interviewten ist es dagegen äußerst unwahrscheinlich, daß sie auf die offene Frage nach bedeutsamen historischen Ereignissen den Beginn der Kanzlerschaft Hitlers erinnern. Ihre Wahrscheinlichkeitsraten betragen 2,3% beziehungsweise 1,2%.

Der Befund ist nicht nur in den Querschnittstichproben nachweisbar. Er ist auch intraindividuell über die Zeit stabil. So beträgt die Wahrscheinlichkeit für die älteren Befragten, für die diese Kategorie schon 1995 kodiert wurde, 33,3%, daß sie dieses Ereignis erneut assoziieren. Jüngere Westdeutsche mit höherer Schulbildung, die schon in der ersten Panelwelle die Machtübergabe 1933 als historisch bedeutsam ansahen, erinnern sich daran im Folgejahr mit einer Wahrscheinlichkeit von 22,2%. Bei allen anderen Befragten ist dieser Wert mit 3,3% vernachlässigenswert.

In Ergänzung zum deskriptiven Resultat wird hier der Einfluß der höheren Schulbildung bei den jüngeren Befragten deutlich, die zur Erinnerung dieses Ereignisses beiträgt. Unter den Älteren hat der Bildungsgrad dagegen keine Wirkung auf die Stabilität. Als beachtlich kann weiterhin gelten, daß eine Trennung zwischen Ost- und Westdeutschen nur bei den nach 1939 Geborenen auszumachen ist. Bei den Älteren ist die Regionszugehörigkeit in bezug auf diese Kategorie irrelevant.

Ist der Anfang der nationalsozialistischen Diktatur im Vergleich mit den Nennungen zum Kriegsende 1945 eher wenigen in Erinnerung, gilt das noch mehr für den Beginn des Zweiten Weltkrieges. Die Regressionskoeffizienten zu diesem Ereignis weisen darauf hin, in welch starkem Ausmaß die Assoziation dieser Kategorie durch ältere Deutsche erfolgt. Deren Wahrscheinlichkeit liegt bei den 1995 erhobenen Daten bei 10,9%, während sie bei den jüngeren mit nur 1,4% als marginal anzusehen sind.

Für die Daten von 1996 wie auch für die des Panels sind bei der Kategorie „Kriegsbeginn 1939" keine Regressionsanalysen möglich, weil das Ereignis in 1996 ausschließlich von Personen assoziiert wird, die vor 1940 geboren wurden. Zudem geht die Erinnerungsstabilität allein auf ältere Westdeutsche zurück (5 bei N=501). Der extrem ungleichen Verteilung wegen besteht keine Varianz, was zu Schätzproblemen führt. Insofern ist nur die deskriptive Interpretation möglich.

Alternativ führte ich für die Stichprobe 1996 einen Chi^2-Test durch, um die empirische Häufigkeitsverteilung mit der hypothetisch zu erwartenden zu vergleichen. Der Test belegt das Ungleichgewicht in der Altersgruppenverteilung. Die vor 1940 geborenen Befragten erinnern den Kriegsbeginn signifikant häufiger, als aufgrund der Randsummenverteilung zu erwarten wäre. Folglich besteht in 1996 ein Übergewicht der älteren Deutschen bei den Nennungen zu dieser Kategorie.

Beim Kriegsende 1945 als der am häufigsten genannten Detailkategorie mit Bezug auf den Nationalsozialismus wirkt sich das Alter ebenfalls als zentrale Einflußgröße auf die Nennungshäufigkeit aus. Damit kann Hypothese H 33 als bestätigt gelten, die diesen Effekt postulierte (vgl. S. 90).

Daneben ist noch die Geschlechtsvariable wirksam. Unterscheiden sich in 1995 ausschließlich ältere und jüngere Deutsche mit Wahrscheinlichkeiten von 19,0% und 32,7%, zeigt sich bei den Daten der Folgebefragung eine Tendenz, der zufolge Männer dieses Datum eher als Frauen erinnern. So lauten die Wahrscheinlichkeitswerte für jüngere weibliche Befragte 9,6% und die für die gleichaltrigen Männer 16,5%. In der Gruppe der Älteren fallen die entsprechenden Werte mit 22,9% und 35,6% deutlich höher aus.

Geschlechtszugehörigkeit und Alter beeinflussen die Nennungshäufigkeit auch im Panel. Allerdings tritt die Geschlechtsvariable hier als Interaktionseffekt zusammen mit der Nennung des Kriegsendes in der Umfrage 1995 als Merkmal für Erinnerungsstabilität in Erscheinung.

Das Ergebnis weist bei den jüngeren Befragten mit nichtstabiler Erinnerung unabhängig von ihrem Geschlecht eine niedrige Nennungswahrscheinlichkeit von 9,3% aus. Zu dieser Gruppe zählen zusätzlich noch die nach 1939 geborenen Frauen, die das Ereignis bereits bei der ersten Umfrage erinnerten. Bei den älteren Interviewten mit nicht stabiler und den älteren Frauen mit stabiler Erinnerung lautet der Wert 23,5%. Mit 35,4% ist der Effekt bei jenen jüngeren Männern noch stärker, die diese Kategorie in 1995 assoziierten. Die höchste Wahrscheinlichkeit, das Kriegsende 1945 in 1996 zu nennen, wird mit 62,2% für die älteren Männer ermittelt, für die das Ereignis schon im Vorjahr als Antwort auf die offene Frage kodiert wurde.

Wie schon bei der deskriptiven Auswertung konstatiert, können die kollektiven Erinnerungen an den 8. Mai 1945 entgegen der Aussage von H 47 (vgl. S. 115) nicht als Beispiel für die Manipulationsvariante meines Interaktionsmodells des sozialen Gedächtnisses angesehen werden. Das öffentliche Gedenken zum 50. Jahrestag führte in 1996 nicht zu einer höheren Nennungsrate gegenüber der ersten Befragung. Im Gegenteil verringerte sich der relative Anteil bei der zweiten Panelwelle. Die Vorgänge um die Kapitulation des „Dritten Reiches" erinnerten weniger Interviewte.

Die in diesem Zusammenhang außerdem postulierte Hypothese H 46 zur Erinnerungsstabilität (vgl. S. 114) muß ebenfalls zurückgewiesen werden. In ihr ging ich wegen der vermuteten Wirkung des öffentlichen Diskurses auf die Individuen davon aus, daß das Kriegsende in ihren Erinnerungen aufs Neue verankert wurde. Entsprechend könne keine Stabilität bestehen. Die vorliegenden Daten belegen demgegenüber die Persistenz des historischen Datums in den Gedächtnissen der Befragten. Jedoch trifft dieser Sachverhalt nur auf eine Subgruppe, die Männer, zu. Dabei handelt es sich um einen Effekt, der in dieser Form nicht theoretisch postuliert war, was in der Diskussion noch zu berücksichtigen ist.

5.3.3 Geschlechterdifferenzen als Folge unterschiedlichen Kriegserlebens

Es liegt auf der Hand, daß in jeden Rückblick auf Vergangenheit auch persönliche Erfahrungen mit der Geschichte der eigenen Gesellschaft einfließen. Deshalb sollten Assoziationen zum Nationalsozialismus nicht nur mit Alterseffekten einhergehen. Aufgrund theoretischer Überlegungen zum Geschlechterverhältnis erwarte ich bei Frauen und Männern Nennungen zu für sie spezifischen Erfahrungen aus der damaligen Zeit. Diese Annahme führte zur Konstruktion der Kategorien „Soldatenerfahrung" und „Kriegserleben Heimat". Beide sind von den Inhalten her auf die damaligen Geschlechtsrollen zugeschnitten. Die Untersuchung bestätigt meine Vorannahmen zwar tendenziell. Doch weisen die Befunde auch auf die Notwendigkeit hin, theoretische Gesichtspunkte zu korrigieren.

Die Regressionsanalyse über die Kategorie „Soldatenerleben" bestätigt Hypothese H 37. Sie unterstellt eine durch Alter und Geschlechtszugehörigkeit beeinflußte Wahrnehmung dieser Geschichtsaspekte (vgl. S. 102). Mit 0,5% ist es für die Interviewten, die nach 1939 geboren wurden, in beiden Stichproben äußerst unwahrscheinlich, daß sie Leiderfahrungen von Soldaten ansprechen. Die älteren Befragten unterscheiden sich allerdings nicht wie erwartet ausschließlich aufgrund ihres Geschlechtes in ihrem Antwortverhalten. Statt dessen wird durch das Modell zunächst für alle älteren Personen eine mit 8,8% (6,9% in 1996) signifikant höhere Wahrscheinlichkeit vorhergesagt als bei den jüngeren. Zusätzlich ist bei dieser Kategorie noch ein aufgesetzter Interaktionseffekt von Alter, Geschlecht und niedrigem Bildungsgrad wirksam. Danach assoziieren vor 1940 geborene Männer ohne oder mit Hauptschulabschluß Erfahrungen als Soldaten bei der offenen Frage nach bedeutsamen historischen Ereignissen. Bei ihnen betragen die errechneten Werte 20,4% in 1995 beziehungsweise 20,0% in 1996.

Bei den Panelergebnissen spielt die Bildungsvariable keine Rolle mehr. Bei der Merkmalsausprägung des höheren Alters kombiniert mit männlichem Geschlecht ist eine größere Wahrscheinlichkeit zur Assoziation dieser Kategorie zu erwarten. Jedoch besteht ein zweiter, stärkerer Interaktionseffekt. Bei ihm ist Erinnerungsstabilität nicht mit der Geschlechtsvariablen gekoppelt sondern mit der Altersgruppenzugehörigkeit. Eindeutig ist das Resultat in bezug auf die jüngeren Interviewten. Bei allen von ihnen sind Assoziationen zur Soldatenerfahrung im Zweiten Weltkrieg nahezu unwahrscheinlich (1,2%). Denselben Wert haben die älteren Frauen, die die Kategorie 1995 nicht nannten. Bei den älteren Männern ist die Wahrscheinlichkeit in jedem Fall höher, auch wenn für sie die Kategorie bei der ersten Umfrage nicht kodiert wurde. Dann beträgt der Wert 8,0%. Allerdings gilt generell, daß die höchsten Wahrscheinlichkeiten für Personen vorausgesagt werden, die die Kategorie bereits 1995 erwähnten. Hier gibt es nochmals einen Unterschied zwischen Frauen (13,9) und Männern (54,2). Ohne Frage sind letztere es, bei denen am ehesten eine entsprechende Erinnerung erwartet werden kann. Doch wird mit dem Resultat die Bedeutung deutlich, die bei dieser Kategorie auch älteren Frauen zukommt.

Generell kann H 37 als bestätigt angesehen werden. Ältere Männer nennen signifikant häufiger als Frauen und als die jüngeren Geschlechtsgenossen Soldatenerfahrungen aus der Zeit des Zweiten Weltkrieges. Trotzdem wird noch die Bedeutung der Bildungsvariablen sowie die Tatsache zu diskutieren sein, daß die Kategorie für Frauen keineswegs irrelevant ist.

In bezug auf eine umgekehrte Wirkung der Geschlechtsvariablen lassen sich ähnliche Schlußfolgerungen aus dem Ergebnis für die Kategorie „Kriegserleben Heimat" ziehen. Zu beobachten ist eine Grundtendenz, nach der die vor 1940 geborenen Frauen diesen Geschichtsaspekt stärker als die übrigen Befragten erinnern. Allerdings wirken sich die anderen demographischen Merkmale in unterschiedlicher Weise bei beiden Erhebungen aus.

Die Regressionskoeffizienten belegen für die Stichprobe 1995 das Vorhandensein eines Alters- sowie eines Interaktionseffektes zwischen Alters-, Ost-West- und Geschlechtsvariablen. Dem zufolge kommen ältere Befragte mit 13,6% wahrscheinlicher als jüngere auf die Kriegszeit aus Heimatfrontperspektive zu sprechen. Wer zu den Nachgeborenen zählt, hat bei dieser Kategorie nur einen Wert von 1,9%. Die altersbedingte Erinnerungsdifferenz wird aber zusätzlich überlagert durch einen Effekt der vor 1940 geborenen ostdeutschen Frauen. Sie assoziieren die damaligen Erfahrungen nochmals signifikant stärker als alle anderen Interviewten (30,8%).

Im Datensatz von 1996 ist der Einfluß der Ost-West-Variablen nicht mehr nachweisbar. Statt dessen besteht neben den Einflüssen von Alter und Geschlecht ein Interaktionseffekt über beide Variablen kombiniert mit höherer Bildung. So ist die Nennungswahrscheinlichkeit bei den älteren Frauen mit Fachhochschulreife oder Abitur mit 47,6% am höchsten. Jene mit niedrigerem Schulabschluß assoziieren die Kategorie mit 21,1% signifikant seltener. Bei den Männern aus derselben Altersklasse fallen die Werte mit 7,6% deutlich geringer aus. Für die nach 1939 Geborenen ist es nahezu unwahrscheinlich, daß sie auf dieses Thema zu sprechen kommen. Für sie errechnen sich 2,3% bei den Frauen und 0,7% bei den Männern.

Im Panel haben weder Bildungs- noch Ost-West-Effekt einen Einfluß auf die abhängige Größe. Bei der Wiederholungsbefragung wirken sich drei Kovariaten auf die Nennungen zum Kriegserleben aus: die Assoziation derselben Kategorie bei dem vorangegangenen Interview, die Altersgruppenzugehörigkeit sowie ein Interaktionseffekt die vor 1940 geborenen Frauen betreffend. Die Erinnerungsstabilität übt den stärksten Einfluß aus. Wer ein entsprechendes Ereignis in 1995 assoziierte, wird bei der Folgebefragung tendenziell ein ähnliches Antwortverhalten zeigen.

Insgesamt trennen sich aber auch hier die Deutschen nach alt und jung. So sind Antworten zum Erleben des Krieges an der „Heimatfront" bei Personen, die nach 1939 geboren wurden, kaum zu erwarten. Je nach Stabilität der Erinnerung lauten ihre Erwartungswerte 1,4% oder 7,9%. Wie in H 36 postuliert (vgl. S. 102) kommt bei den älteren Interviewten dagegen das Geschlecht zur Geltung. In Abhängigkeit von der Erinnerungsstabilität sind es die Frauen, für die das Kriegserleben abseits der Front Teil der historischen Erinnerung ist. Insbesondere jene von ihnen, die ein solches Ereignis bereits in 1995 assoziierten, erinnern es mit einer Wahrscheinlichkeit von 54,7% im Folgejahr erneut.

Aber auch hier tragen ältere Männer nicht unerheblich zur Nennungshäufigkeit der Kategorie bei, soweit sie ein derartiges Ereignis bereits in 1995 erinnerten. Ihre Wahrscheinlichkeit beträgt 24,6%. Zwar ist H 36 im Prinzip bestätigt. Doch ist in der Diskussion zu klären, unter welcher Perspektive ältere Männer die Kriegsfolgen in ihrer damaligen Heimat erinnern.

Hinsichtlich der dritten Erlebenskategorie war keine Hypothese zur Beziehung zwischen Nennungshäufigkeit und Geschlecht der Befragten formuliert worden. Zwar wurden Trecks und Vertreibungen insbesondere von Alten, Frauen und Kindern durchlitten. Doch ist bei letzteren nicht prognostizierbar, ob unter ihnen eher Frauen oder Männer die Assoziation des Zweiten Weltkriegs mit dem damaligen traumatisierenden Geschehen begründen.[3] Schließlich erfuhren auch die später aus der Gefangenschaft zurückkehrenden Soldaten den Heimatverlust, was ebenfalls unter dieser Kategorie subsumiert ist, sofern sie es ansprechen.

Das Resultat der multivariaten Analyse bestätigt die theoretischen Überlegungen. Allerdings zeigt sich für beide Erhebungen wie auch im Panel neben dem Einfluß der Altersvariablen noch ein Ost-West-Effekt. Aus den Regressionskoeffizienten errechnet sich sowohl in 1995 als auch in 1996 die höchste Nennungswahrscheinlichkeit für Ostdeutsche, die vor 1940 geboren wurden. Die Werte betragen in dieser Gruppe 21,8% respektive 27,3%. Bei den älteren Westdeutschen liegen sie mit 9,9% beziehungsweise 14,5% signifikant darunter. Abgesehen von der Ost-West-Differenz erinnern Nachgeborene die Kategorie „Flucht" dagegen tendenziell nicht. Ihre Wahrscheinlichkeiten liegen in 1995 unter 2,2% und in 1996 unter 4,9%.

Die Beziehungsstruktur bestätigt sich bei der Analyse der Paneldaten. Allerdings bewirkt auch hier die Stabilität der Antworten den stärksten Effekt. Die Regionszugehörigkeit beeinflußt die Assoziationen nur in Interaktion mit dem Alter. So geht die Erinnerung jener Ereignisse in der Panelstichprobe auf Personen zurück, die vor 1940 geboren wurden und ihr Erleben von Flucht und Vertreibung bereits 1995 erinnerten. Bei ihnen haben gerade die Ostdeutschen mit 85,2% die höchste Nennungswahrscheinlichkeit. Die der gleichaltrigen Westdeutschen ist mit 64,0% signifikant geringer.

---

3 Wenn, käme nur Hypothese H 38 zur Geltung, mit der angenommen wird, Frauen gäben eher als Männer persönliche Gefühle etc. preis (vgl. S. 103).

Im Gegensatz zu den anderen Kategorien persönlichen Kriegserlebens wird Flucht, wenn auch deutlich geringer, in nicht zu vernachlässigender Weise auch von Jüngeren erwähnt. Wer von den nach 1939 Geborenen sich zu diesem Thema bereits 1995 äußerte, wird bei der Folgedbefragung mit einer Wahrscheinlichkeit von 33,4% erneut in dieser Weise antworten. Von Bedeutung ist ebenfalls, daß seitens derjenigen mit nichtstabiler Erinnerung die älteren Ostdeutschen mit 16,2% die höchste Nennungswahrscheinlichkeit aufweisen. Durch diesen Wert, der deutlich von den Koeffizienten der restlichen Befragten mit nichtstabiler Erinnerung abweicht (unter 5,8%), dürfte sich die Zunahme der relativen Anteile bei der Fluchtkategorie in der zweiten Panelwelle erklären. In der Ergebnisdiskussion werde ich mich noch eingehend mit der Frage beschäftigen, warum von den drei Kategorien zur persönlichen Kriegserfahrung allein hier ein Ost-West-Gegensatz zu verzeichnen ist. Vorab war er nicht erwartet worden.

Als letzten Schritt in der Auswertung der Kategorien „Soldatenerleben", „Kriegserleben Heimat" und „Flucht" führte ich eine logistische Regression über die Gesamtvariable durch, bei der für jede Person kodiert ist, ob sie Vorgänge aus der deutschen Vergangenheit erinnert, die sich auf einen der drei Aspekte beziehen. Im Kern geht es dabei um den Test von Hypothese H 38. Gestützt auf die theoretischen Überlegungen zu geschlechtsspezifischem Rollenverhalten gehe ich davon aus, daß Frauen in höherem Maße als Männer persönliche Erfahrungen thematisieren (vgl. S. 103).

Die Ergebnisse widersprechen diesem Postulat. In der Stichprobe 1995 besteht allein der erwartete Gegensatz zwischen beiden Altersklassen. Bei den jüngeren Befragten ist die Nennungswahrscheinlichkeit mit 3,5% marginal. Die Äußerungen, die diesen thematischen Aspekt treffen, gehen statt dessen auf Personen zurück, die vor 1940 geboren wurden. Bei ihnen ist eine Kodierung mit einer Wahrscheinlichkeit von 35,6% vorhergesagt. In der Folgebefragung von 1996 erfährt das Resultat insofern eine Modifizierung, als neben der Altersvariablen noch ein Interaktionseffekt zwischen Alter, Geschlecht und Regionszugehörigkeit wirksam ist. Auch hier lassen sich die Äußerungen zu persönlichen Kriegserfahrungen nicht auf jüngere Interviewte zurückführen. Ihre Wahrscheinlichkeit beträgt 4,9%. Die Gruppe derjenigen, die vor 1940 geboren wurden, gliedert sich in die älteren Westdeutschen zusammen mit den gleichaltrigen ostdeutschen Männern. Für sie errechnet sich eine Wahrscheinlichkeit von 36,4%. Indes sind es tendenziell die älteren ostdeutschen Frauen, die in 1996 Kriegserfahrungen in ihren Antworten auf die offene Frage ansprechen. In ihrer Gruppe ist ein solches Verhalten zu 60% zu erwarten.

Im Panel ist dieser zusätzliche Interaktionseffekt nicht mehr nachweisbar. Die Erinnerung persönlicher Kriegserfahrung als historisch bedeutsam ist in der Umfrage von 1996 neben dem Alter der Interviewten vom Interaktionseffekt zwischen Alter sowie dem Antwortverhalten bezüglich der offenen

Frage in der vorangegangenen Befragung abhängig. Mit diesem Effekt wird neben den älteren Personen die Bedeutung derjenigen hervorgehoben, die nach 1939 geboren wurden und bereits in 1995 auf eigenes Kriegserleben beziehungsweise das von Familienmitgliedern zu sprechen kommen. Bei ihnen beträgt die Nennungswahrscheinlichkeit 38,5%. Sie ist signifikant niedriger als die der älteren Interviewten mit stabiler Erinnerung. Deren Wert beläuft sich auf 62,1%. Sie ist aber zugleich überzufällig höher als die Wahrscheinlichkeit jener Deutschen, die in 1995 in ihren Antworten auf die offene Frage kein Ereignis assoziierten, das unter die drei Erlebenskategorien kodiert wurde. Das Ergebnis der Befragten mit nichtstabiler Erinnerung belegt, inwieweit das Antwortverhalten auch dieser Gruppe durch die Zugehörigkeit zur Altersklasse beeinflußt wird. Bei jenen, die vor 1940 geboren wurden, beträgt die Wahrscheinlichkeit 27,1%. Demgegenüber ist sie bei den jüngeren Befragten mit 2,6% vernachlässigenswert.

Insgesamt ist mit den präsentierten Ergebnissen Hypothese H 38 als widerlegt anzusehen. Mit ihr wird angenommen, daß Frauen im Gegensatz zu Männern in Interviews eine höhere Bereitschaft zeigen, persönliche und intime Dinge zu offenbaren (vgl. S. 103). Die sozialen Vorgaben für die Geschlechtsrolle führen aber nicht dazu, daß Frauen in ihren kollektiven Erinnerungen zur deutschen Zeitgeschichte in stärkerem Maße als Männer persönliche Leiderfahrungen nach außen artikulieren. Selbst wenn der Interaktionseffekt im Datensatz 1996 berücksichtigt wird, bleibt erklärungsbedürftig, warum ostdeutsche Frauen hier eine herausragende Rolle spielen, nicht aber ihre Geschlechtsgenossinnen in den alten Bundesländern.

In der Ergebnisdiskussion werde ich mich zudem mit der Erinnerungsstabilität beschäftigen. Die Paneldaten belegen die Bedeutung dieses Aspektes. Jüngere Befragte, die in 1995 ein Ereignis nannten, das unter die drei Erlebenskategorien kodiert wurde, werden es wahrscheinlich auch zu einem späteren Zeitpunkt assoziieren. Dieses Verhalten ist bei ihnen in jedem Fall eher als bei älteren Interviewten mit nichtstabiler Erinnerung zu erwarten.

5.3.4 Wer erinnert die Shoah?

Hinsichtlich der Erinnerung der nationalsozialistischen Verbrechen postulierte ich insgesamt vier Hypothesen. Sie resultieren aus Annahmen über verschiedene Subgruppen, demzufolge bei ihnen ein abweichendes Erinnerungsverhalten naheliegend ist. Im einzelnen gehe ich aus von
- Erinnerungsdifferenzen bei Detailkategorien ausgelöst durch die Regionszugehörigkeit der Befragten (H 16; vgl. S. 75);
- einer höheren Nennungswahrscheinlichkeit bei Westdeutschen, weil die Shoah kein Aspekt der öffentlichen Gedenkkultur der DDR war und deshalb bei Ostdeutschen kaum Spuren hinterließ (H 17; vgl. S. 78);
- einer höheren Erinnerungsrate bei jüngeren Frauen, da ihnen eine stärkere Empathiefähigkeit als Männern zugesprochen wird und sie sich im

Gegensatz zu ihren älteren Geschlechtsgenossinnen nicht selber als mitverantwortlich für die Shoah ansehen müssen (H 39; vgl. S. 104);
- einem generellen Alterseffekt, da ältere Deutsche im Gegensatz zu jüngeren in jene Ära involviert waren und deshalb eher dazu neigen werden, diese belastende Geschichte nicht zu erinnern (H 29; vgl. S. 86).

Die logistischen Regressionen bestätigen keine der vier Hypothesen in ihrer vorliegenden Form. Werden die Querschnitte getrennt untersucht, zeigt sich in beiden derselbe Interaktionseffekt. Bei jüngeren westdeutschen Frauen ist am ehesten die Assoziation der Shoah als bedeutsames historisches Ereignis zu erwarten. Ihre Nennungswahrscheinlichkeit beträgt 20,2% in 1995 und 14,1% in der Folgebefragung. Bei allen übrigen Interviewten ist es im Gegensatz dazu mit 8,8% und 6,5% eher unwahrscheinlich, daß sie auf diesen negativen Aspekt deutscher Geschichte zu sprechen kommen.

Werden damit alle vier dargelegten Hypothesen zumindest teilweise bestätigt, wandelt sich die Interpretation bei der Betrachtung der Paneldaten. Keines der vier demographischen Merkmale wirkt sich in überzufälliger Weise auf das Ergebnis aus. Statt dessen entfaltet in der zweiten Panelwelle allein die Assoziation der Shoah in 1995 eine Wirkung auf die Nennung desselben Geschichtsaspekt. Die aus den Regressionskoeffizienten errechneten Wahrscheinlichkeiten für eine Assoziation der nationalsozialistischen Verbrechen in 1996 lauten 31,6% für jene, die sich bei der Erstbefragung in gleicher Weise äußerten. Bei den anderen Interviewten ist es mit 5,8% demgegenüber kaum zu erwarten, daß sie bei der Folgebefragung die Verbrechen in der Zeit des Nationalsozialismus erinnern werden.

Damit wird die Bedeutung von Erinnerungsstabilität gegenüber den anderen in die Analyse einbezogenen Variablen deutlich. Auf Längsschnittebene sind alle vier Hypothesen, mit denen subgruppenspezifische Differenzen postuliert wurden, zu verwerfen. Unter dem Gesichtspunkt einer längerfristig stabilen Erinnerung der Shoah gibt es weder Ost-West-Unterschiede (H 16 und H 17), noch spielen Alter (H 29) oder Geschlecht (H 39) der Befragten eine Rolle. Im Panel ist allein ausschlaggebend, ob die Shoah auf Dauer im aktiven Gedächtnis gespeichert ist. Bei wem das nicht der Fall ist, ist auch zu späteren Zeitpunkten eine Erinnerung kaum zu erwarten.

5.3.5 Sprachunterschiede in der Darstellung von Vergangenheit

In der Frage, ob Ost- und Westdeutsche die nationalsozialistische Vergangenheit mittels ähnlicher Terminologie beschreiben oder nicht, liegen gegensätzliche Theoriepositionen vor. Deshalb muß empirisch geklärt werden, ob die Menschen in beiden Teilen der Republik dieselbe Sprache sprechen. Bei Differenzen läßt sich auf abweichende Interpretationen und damit auf einen je spezifischen Umgang mit der Ära von 1933 bis 1945 schließen.

Um diesen Sachverhalt zu testen, erarbeitete ich ein separates Kategorienschema mit sechs Klassen. Ihre Einträge setzen sich aus den Wortstämmen für die einzelnen Begrifflichkeiten zusammen, die jeweils an bestimmte Sprachtraditionen anknüpfen. Es handelt sich um die folgenden Ausdrücke, mit denen dieser Teil deutscher Vergangenheit beschrieben wird.

Tab. 9: Relative Häufigkeiten der in 1995 und 1996 benutzten sprachlichen Ausdrücke für die Ära von 1933 bis 1945

1995			1996	
gesamt	Ost / West	Terminus	gesamt	Ost / West
4,8%	* *12,6% / 1,5%*	Faschismus	3,8%	* *7,9% / 2,0%*
7,4%	5,8% / 8,1%	Hitler	5,4%	4,0% / 6,0%
6,6%	* *2,1% / 8,5%*	Nationalsozialismus	5,0%	* *1,7% / 6,5%*
1,8%	1,1% / 2,2%	NS	3,1%	3,4% / 3,0%
1,8%	0,5% / 2,4%	Nazi	1,2%	0,0% / 1,7%
2,5%	** *0,0% / 3,3%*	„Drittes Reich"	2,4%	** *0,6% / 3,2%*

Bei den kursiv gedruckten und mit * versehenen Koeffizienten bestehen signifikante Differenzen zwischen Ost- und West. Bei den kursiv gedruckten und mit ** versehenen Koeffizienten ist wegen zu geringer Zellenbesetzung kein Chi^2-Test möglich.

- Faschismus,
- Hitler,
- Nationalsozialismus,
- NS,
- Nazi,
- „Drittes Reich".[4]

Wie aus den Gesamthäufigkeiten in Tab. 9 hervorgeht, wird dieser Teil deutscher Geschichte am ehesten mit den drei zuerst aufgeführten Begriffe umschrieben. In die Detailanalysen beziehe ich zusätzlich noch die letzte Kategorie mit ein, da sie für Westdeutsche spezifisch ist. Bei ihnen beträgt die Nennungsrate in beiden Befragungen mehr als drei Prozent.

Schon der Vergleich der für Ost und West getrennt ausgezählten Häufigkeiten mittels Chi^2-Test bestätigt die in den Hypothesen H 18 und H 19 postulierte Differenz zwischen alten und neuen Bundesländern (vgl. S. 78). Die

---

4 Nahezu alle Befragten, die in ihrer Antwort die Jahre 1933 bis 1945 mit diesem Terminus beschreiben, benutzen ihn in der Form, wie ihn auch die Nationalsozialisten selber gebrauchten. Lediglich zwei Personen setzen ihn in Anführungszeichen, was ich als Distanzierung interpretiere. Der geringen Fallzahl wegen ist eine weitergehende Analyse dieser Befragtengruppe nicht möglich.

regionale Unterteilung in Tab. 9 bestätigt die theoretischen Annahmen. Ostdeutsche reden eher vom Faschismus, während für den Westen die Termini Nationalsozialismus oder „Drittes Reich" typisch sind. Damit kann H 20 in ihrer allgemeinen Form als widerlegt betrachtet werden. In ihr hatte ich bezüglich der Begriffe „Faschismus" und „Nationalsozialismus" eine Gleichverteilung unterstellt (vgl. S. 78. Auch wenn der Antifaschismus für die politische Linke in der alten BRD einen nicht zu unterschätzenden Stellenwert hatte und nach wie vor haben mag, erlangte er keineswegs eine solche Bedeutung, daß dadurch im Westen das Sprachverhalten der Bevölkerung geprägt worden wäre.

Die Auswertung der Daten mittels logistischer Regressionen weist allerdings auf differenziertere Ergebnisse hin, die der Mittelwertsvergleich allein nicht aufdeckt. Indem die Effekte der verschiedenen demographischen Variablen in ihrem Zusammenwirken getestet werden, kommt bei der Untersuchung der Terminologie zum Nationalsozialismus insbesondere die Bildungsvariable zur Geltung.

Zunächst bestätigt sich die bei den Mittelwertsvergleichen bereits festgestellte Differenz nach der Regionszugehörigkeit. Ostdeutsche sprechen signifikant häufiger als Westdeutsche über Faschismus, wenn sie die Diktatur der Jahre 1933 bis 1945 erinnern. Das Resultat der multivariaten Analyse belegt aber zugleich, daß es innerhalb der Bevölkerung aus den neuen Bundesländern eine Gruppe gibt, die sich durch diesen Sprachgebrauch in noch stärkerem Maße auszeichnet. Bei den ostdeutschen Männern mit hohem Bildungsabschluß beträgt die Wahrscheinlichkeit 30,0%, für diesen Aspekt deutscher Geschichte den Terminus „Faschismus" zu benutzen. Der Wert ist deutlich höher als bei den übrigen Befragten aus den Neuen Bundesländern. Sie erreichen in 1995 eine Nennungswahrscheinlichkeit von 9,2%, die immer noch signifikant höher ist als bei denen aus dem Westen. Bei ihnen ist dieser Sprachgebrauch mit 1,6% nahezu unwahrscheinlich.

Ob sich die Menschen in Ost und West generell voneinander unterscheiden, was die Benutzung des Faschismusbegriffs angeht, müßte zukünftig noch eingehender geklärt werden. Bei der Befragung in 1996 läßt sich der allgemeine Ost-West-Effekt nicht replizieren. Hier sind es ausschließlich die ostdeutschen Männer mit hohem Schulabschluß, die den für sie bedeutsamen Vergangenheitsausschnitt als Faschismus bezeichnen (30,0%). Die Wahrscheinlichkeit bei den restlichen Interviewten beträgt 2,4%.

Der generelle Ost-West-Einfluß ist auch im Panel nicht nachweisbar. Im Längsschnitt reduziert sich der Interaktionseffekt auf die ostdeutschen Männer. Unter dem Gesichtspunkt der Verhaltensstabilität spielt der Bildungsgrad bei der Wortwahl somit keine Rolle mehr. Statt dessen zeigt sich auch hier der Stellenwert der Stabilität im Antwortverhalten. Wer in 1995 vom Faschismus redete, wird mit signifikant höherer Wahrscheinlichkeit auch in 1996 auf denselben Terminus zurückgreifen als die Befragten, die in der ersten Panelwelle einen anderen Ausdruck wählten, um den Nationalsozialismus zu beschreiben. Eine Abweichung ergibt sich zusätzlich hinsichtlich der ostdeutschen Männer. Unabhängig vom Bildungsgrad sind sie es, die auf diesen Begriff zurückzugreifen. Ihre Nennungswahrscheinlichkeit liegt bei 35,4%, soweit sie schon 1995 die damalige Diktatur in dieser Form kennzeichneten. Bei den übrigen Befragten mit stabilem Verhalten beträgt der Wert nur 12,7%, bei den Nichtstabilen liegt er unter 7,7%.

Grundsätzlich ist damit H 18 bestätigt, die eine Differenz zwischen Ost und West unterstellt (vgl. S. 78). Die Auswertung legt aber eine Modifikation der Hypothese nahe. Die Charakterisierung der bis 1945 herrschenden Diktatur als Faschismus geht unzweifelhaft auf ostdeutsche Männer zurück. Den Gesichtspunkt, inwieweit ihr Bildungsgrad eine zusätzliche Rolle spielt und damit zu berücksichtigen ist, werde ich in der Ergebnisdiskussion nochmals aufgreifen.

Bei dem Terminus des Nationalsozialismus ist das Resultat im Prinzip ähnlich, nur tritt der Ost-West-Effekt hier umgekehrt auf, was den theoretischen Erwartungen entspricht. Sowohl in 1995 als auch in 1996 benutzen westdeutsche Männer mit Abitur oder Fachhochschulreife dieses Wort, wenn sie die Jahre 1933 bis 1945 erinnern. Die entsprechenden Wahrscheinlichkeiten betragen beide Male circa 15%. Im ersten Querschnitt tritt zwar noch ein genereller Ost-West-Effekt auf, dem zufolge dieser Sprachgebrauch bei Personen aus den neuen Bundesländern am unwahrscheinlichsten ist (2,2% versus 7,1% für die übrigen Westdeutschen). Doch läßt sich dieser Einfluß in der Stichprobe 1996 nicht mehr nachweisen.

Auch in diesem Fall kann die Ausgangshypothese H 19 als grundlegend bestätigt angesehen werden (vgl. S. 78). Die Annahme einer für Westdeutsche typischen Ausdrucksweise hinsichtlich der Ära 1933 bis 1945 ist verifiziert. Dennoch ist eine Modifikation vonnöten, zumal der Interaktionseffekt über westdeutsche Männer mit hohem Schulabschluß auf der Panelebene wirksam bleibt. Im Längsschnitt beeinflussen die die Stabilität anzeigende Variable wie der genannte Interaktionseffekt in gleichem Ausmaß die abhängige Variable. In 1996 ist bei den westdeutschen Männern mit Abitur oder Fachhochschulreife mit 37,1% die höchste Nennungswahrscheinlichkeit für die Verwendung des Terminus „Nationalsozialismus" dann zu erwarten, wenn sie bereits im Vorjahr eine solche Ausdrucksweise verwendeten. Die Wahrscheinlichkeit, das für bedeutsam gehaltene Geschichtsereignis mit diesem Begriff zu charakterisieren, ist bei den Angehörigen der gleichen Gruppe mit 12,1% signifikant geringer, wenn sie im vorangehenden Interview eine andere Wortwahl getroffen hatten. Dieser Wert unterscheidet sich nicht von demjenigen der restlichen Befragten mit stabilem Antwortverhalten (13,2%). Bei den übrigen Interviewten ist dagegen kaum zu erwarten, daß ihnen der Ausdruck „Nationalsozialismus" im Gedächtnis präsent ist, um die Geschichte von 1933 bis 1945 zu beschreiben. Die Nennungswahrscheinlichkeit beträgt bei ihnen 3,4%.

Auch die Analyse der beiden anderen Begriffskategorien macht deutlich, daß die Wortwahl bei der Erinnerung der jüngeren Zeitgeschichte nicht auf Zufall beruht. Der Terminus des „Dritten Reiches" geht weitgehend auf Westdeutsche zurück. In 1995 verwendet keine Person aus den Neuen Bundesländern diesen Begriff. Außerdem ist unter Westdeutschen kein Effekt meßbar. Unter ihnen wird die Bezeichnung von allen mit gleicher Wahrscheinlichkeit benutzt. Was die Bildungsvariable angeht, relativiert sich damit das Ergebnis von 1996. Zum zweiten Meßzeitpunkt assoziieren gerade ältere Westdeutsche mit hoher Bildung diesen Ausdruck. Ihre Wahrscheinlichkeit beträgt 9,4% versus 2,0% bei allen übrigen Interviewten.

In bezug auf die Verhaltensstabilität bleibt der in 1996 wirksame Interaktionseffekt in dieser Form nicht bestehen. Unabhängig vom Schulabschluß werden diejenigen älteren Westdeutschen, die in 1995 in ihren Äußerungen den Begriff des „Dritten Reiches" benutzten, mit hoher Wahrscheinlichkeit (24,3%) dasselbe Antwortverhalten auch in 1996 zeigen. Bei den jüngeren Westdeutschen mit stabilem Antwortverhalten liegen die Werte mit 7,7% deutlich niedriger. Bei den übrigen Interviewten sind sie nur mehr marginal. Neben der Stabilität spielen demnach das Alter eine wichtige Rolle. Für die Ostdeutschen gilt allerdings auch über die Zeit, daß bei ihnen diese Ausdrucksweise nicht zu erwarten ist.

Bei dem vierten Begriff, den eine Reihe von Befragten assoziiert, fällt das Resultat der logistischen Regression insofern anders aus, als bei der Stichprobe 1995 keine der vier demographischen Variablen einen Effekt verursacht. Die Assoziation Hitlers im Zusammenhang mit der Erinnerung an die Zeit der Diktatur von 1933 bis 1945 erfolgt unabhängig von Ost-West-Zugehörigkeit, Alter, Geschlecht sowie Bildungsgrad der Interviewten. Eine Veränderung ergibt sich erst in der Folgebefragung. In der durch die Panelmortalität veränderten Stichprobe 1996 sind es insbesondere die vor 1940 geborenen Frauen, bei denen es mit 10,8% gegenüber 4,5% bei den restlichen Befragten am wahrscheinlichsten ist, daß sie diesen Teil der Geschichte zusammen mit dem Namen Hitlers erinnern.

Diese Gruppe ist es auch, die, zusätzlich beeinflußt von der die Stabilität repräsentierenden Nennungsvariablen für 1995, über die Zeit dieselbe Reaktion zeigt. Bei den älteren Frauen, die schon in 1995 Hitler im Zusammenhang mit dem von ihnen genannten zeithistorischen Ereignis erwähnten, beträgt die Wahrscheinlichkeit 50,1%, bei der Folgebefragung dasselbe Antwortverhalten zu zeigen. Bei allen übrigen, die sich im vorangehenden Interview auf Hitler bezogen, liegt die Wahrscheinlichkeit, das historische Ereignis erneut mit der Person in Verbindung zu bringen, mit 22,7% signifikant niedriger. Bei allen mit nicht stabilem Sprachgebrauch liegen die

Werte dann nochmals deutlich niedriger. Aber auch hier besteht die Differenz zwischen den älteren Frauen (9,6%) und allen anderen (3,0%).

Auch wenn sich generell die Fixierung auf die Person Hitlers wegen des Resultats in 1995 keiner spezifischen Gruppe zuordnen läßt, zeigen die älteren Frauen in dieser Hinsicht offensichtlich ein stabileres Antwortverhalten.

5.4 Die jüngste Zeitgeschichte als weiterer Erinnerungsschwerpunkt

Wie die Datendeskription ausweist, gibt es in den kollektiven Erinnerungen von Deutschen offensichtlich einen zweiten Schwerpunkt. Der Umfang der Nennungen zum Nationalsozialismus stellt die Bedeutung heraus, die jener Epoche seitens der in sie Verstrickten wie auch der Nachgeborenen beigemessen wird. Die ähnlich hohe Nennungshäufigkeit für die kollektiven Erinnerungen der Vorgänge von 1989/90 läßt sich dagegen neben dem geschichtlichen Stellenwert des Ereignisses auch mit den Gegenwartskonsequenzen erklären, die die revolutionären Veränderungen im Westen sowie insbesondere im Osten hatten und nach wie vor haben.

Die Zusammenstellung in Tab. 10 dokumentiert, wenn auch in unterschiedlicher Intensität, die Präsenz der facettenreichen Entwicklung im deutschdeutschen Verhältnis in den kollektiven Erinnerungen. Deutsche assoziieren alle Phasen der jüngsten Vergangenheit von der Teilung über die nachfolgende Abgrenzung, die krisenhaften Zuspitzungen zwischen beiden Machtblöcken bis hin zu den Entspannungsbemühungen und den Auflösungserscheinungen in den Staaten des Warschauer Paktes.

Ähnlich wie bei den Erinnerungen an den Nationalsozialismus war auch in bezug auf die Vorgänge von 1989/90 eine hohe Assoziationsrate zu erwarten. Hier handelt es sich schließlich um Ereignisse, durch die ganze Gesellschaften in ihren Grundstrukturen verändert wurden, was sich auf das Leben der Individuen fundamental auswirkte. Allerdings gehe ich von vornherein davon aus, daß Ost- und Westdeutsche den Gesamtprozeß der Vereinigung beider Staaten anders bewerten und deshalb auch anders erinnern. Die Differenz steht zu erwarten, weil beide Gruppen von den Vorgängen unterschiedlich betroffen waren und den Umwälzungsprozeß mit unterschiedlich starker Intensität erfuhren.

Zwischen den Assoziationen zum Nationalsozialismus sowie denen zum langen Prozeß von deutscher Teilung, Zusammenbruch der SED-Diktatur und Vereinigung besteht insoweit eine Parallele, als der Schlußpunkt der jeweiligen Entwicklung am stärksten in den kollektiven Erinnerungen präsent ist. Der 3. Oktober 1990 wird von knapp zwei Fünfteln der Interviewten als historisch bedeutsam genannt. Die Häufigkeit liegt damit deutlich vor den weiteren Nennungen, wie sie in Tab. 10 aufgeführt sind.

Tab. 10: Relative Häufigkeiten der Nennungen 1995 und 1996 zu den einzelnen Entwicklungsphasen der deutschen Frage

Ereignis	1995	1996
Teilung Europas	5,9%	4,8%
17. Juni 1953	0,0%	0,2%
Mauerbau 1961	*3,9%*	*6,4%*
Kalter Krieg	2,8%	3,1%
KSZE-Prozeß	1,8%	1,2%
Glasnost in UdSSR	2,9%	1,7%
Vereinigungsprozeß insgesamt	61,6%	63,9%
Bürgerbewegung in DDR	2,2%	1,6%
Zusammenbruch Ostblock	*19,0%*	*24,4%*
Mauerfall 1989	17,9%	17,3%
deutsche Vereinigung 1990	39,0%	38,0%

Bei den kursiv gedruckten und mit * versehenen Koeffizienten bestehen signifikante Differenzen zwischen beiden Panelwellen.

An die Erinnerung der staatlichen Vereinigung von BRD und DDR schließen in der Rangfolge der Nennungshäufigkeiten die Assoziationen zum Zusammenbruch des Ostblocks sowie zum Mauerfall an. Beide Aspekte assoziieren etwa ein Fünftel der Befragten. Aber auch diese beiden Ereignisse beziehen sich noch auf die allerjüngste Vergangenheit. Die früheren Phasen der Teilungsgeschichte spielen in den kollektiven Erinnerungen eine nur untergeordnete, wenn nicht marginale Rolle. Die relativen Anteile liegen deutlich unter zehn Prozent. Das trifft auf alle Phasen des Kalten Krieges zu von der Teilung Europas über den Mauerbau bis hin zu den Demokratisierungsbemühungen im Zeichen von Glasnost in der Sowjetunion.

Als vernachlässigbar muß das Gedenken des 17. Juni 1953 angesehen werden. Dieser Tag fand in 1995 überhaupt keine Erwähnung. Fünfzehn Monate später nannte ihn eine Person. Damit ist H 22 widerlegt. In ihr wurde eine starke Verankerung dieses Datums in den Erinnerungen derjenigen postuliert, die Bürgerinnen und Bürger der DDR waren (vgl. S. 80). Das Resultat zeigt aber, daß weder bei Ost- noch bei Westdeutschen der Arbeiteraufstand gegen das SED-Regime im Gedächtnis verankert ist.

Demgegenüber ist der signifikante Anstieg der Assoziationen zum Mauerbau 1961 bemerkenswert. Der relative Anteil verändert sich signifikant zwischen 1995 und 1996 von 3,9% auf 6,4%. Auch wenn das Ereignis im

Vergleich keinen hohen Stellenwert in den kollektiven Erinnerungen genießt, sollte in bezug auf den prozentualen Anstieg bei der Interpretation bedacht werden, daß sich das Ereignis am 13. August 1996 zum fünfunddreißigsten Mal jährte. Die Wiederbefragung wurde kurz danach begonnen. In weiteren Verlauf der Analyse wird zu klären sein, ob es sich hier um ein Beispiel für die Interaktionsvariante kollektiver Erinnerungen handelt.

Schließlich bedarf es noch eines Hinweises zur ersten in Tab. 10 aufgelisteten Kategorie. Der präsentierten Form nach geht es um die frühe Nachkriegsphase von der Aufteilung des Deutschen Reiches in die vier Sektoren der Alliierten bis hin zur Gründung zweier Staaten und damit der faktischen Trennung in Ost und West. Den Einträgen für den Diktionär folgend ergibt sich eine Zuordnung zu dieser Kategorie bei Antworten wie:

Westdeutsche, Jg. 1950 [Stichprobe 1995]:
2. Weltkrieg - Teilung Deutschlands als Folge.

Westdeutsche, Jg. 1966 [Stichprobe 1995]:
2. Weltkrieg - Der 2. Weltkrieg hat die Trennung von Ost- und Westdeutschland zur Folge.

Ostdeutscher, Jg. 1926 [Stichprobe 1995]:
Vertreibung der Deutschen aus den Ostgebieten und Spaltung Europas – [...] rigoroser Abbruch der natürlichen Verbindungen zwischen Ost- und Westdeutschen. Zerreißung der Beziehungen zwischen den Menschen.

Zwar orientierte ich mich bei der Diktionärskonstruktion am historischen Zeitablauf, doch im Ergebnis entsprechen nicht alle Nennungen der beabsichtigten zeitlichen Zuordnung. Die beiden folgenden Beispiele belegen unterschiedliche temporäre Vorstellungen im Zusammenhang mit der Teilungsgeschichte, wie sie mit der jeweiligen Assoziation verknüpft sind.

Westdeutsche, Jg. 1952 [Stichprobe 1995]:
2. Weltkrieg - Die Besetzung Deutschlands und bis 1990 andauernde Teilung.

Ostdeutscher, Jg. 1941 [Stichprobe 1995]:
Die Trennung Deutschlands war die Schuld der alten BRD - Die Schaffung der Bi- und Tri-Zone sowie die Gründung war Ausgangspunkt zur Teilung Deutschlands.

Beziehen sich die meisten Äußerungen eindeutig auf das Ende der 40er Jahre, beschreiben die letzten beiden Zitate mehr den Status, wie er lange zwischen beiden Teilen Deutschlands herrschte. Insofern lassen sich nicht alle Aussagen auf die Jahre direkt nach dem Kriegsende beziehen. Eine systematische Verzerrung ist insofern nicht auszuschließen. Deshalb verzichte ich auf weitergehende Interpretationen, zumal die logistische Regression über die Kategorie „Teilung Europas" als abhängiger Variablen zu keiner eindeutigen Bestätigung von H 21 führt. In ihr ist unterstellt, daß die ostdeutsche Bevölkerung dieses zeithistorischen Ereignisses mit signifikant höherer Wahrscheinlichkeit wahrnimmt als die westdeutsche (vgl. S. 80). Eine Bestätigung erfährt die Annahme nur eingeschränkt auf Querschnittsebene In 1995 wie in 1996 besteht bei einem Teil der Ostdeutschen eine Tendenz, diese Kategorie mit signifikant höherer Wahrscheinlichkeit als die restlichen Befragten zu nennen. Jedoch ähneln sich die zu beiden Zeitpunkten spezifizierten Gruppen nur bedingt. Außerdem beeinflußt im Panel nur die im Vorjahr assoziierte Nennung der Kategorie „Teilung Europas" das Ergebnis derselben Kategorie von 1996. Effekte der demographischen Variablen bestehen bei der Längsschnittanalyse nicht. Für die Verifikation von H 21 solle aber gerade im Panel ein Ost-West-Effekt eintreten. Wenn Ostdeutsche der Teilung eine größere Bedeutung als Personen aus dem Westen beimäßen, muß dieser Geschichtsaspekt bei den erstgenannten stabil im Gedächtnis verankert sein. An dieser Stelle läßt sich nicht klären, ob das der theoretischen Annahme widersprechende Resultat auf die erwähnte unzulängliche Kodierung zurückzuführen ist. Dieses Problem ließe sich nur über eine hermeneutische Interpretation der einzelnen Aussagen lösen.

5.4.1 *Unterschiedliche Gewichtung der Erinnerungen an 1989/90*

Aus dem unteren Teil von Tab. 10 läßt sich ablesen, daß die Befragten bei dem Wandel von 1989/90 klare Akzentsetzungen vornehmen und einzelne Gesichtspunkte stärker als andere erinnern. Den Vereinigungsvorgang von BRD und DDR nennen sie am häufigsten. Er wurde für knapp vierzig Prozent der Interviewten kodiert. Der staatliche Zusammenschluß stellt somit jenen Fixpunkt in den kollektiven Erinnerungen dar, der zukünftig, ähnlich wie schon der 8. Mai 1945, sowohl das Ende eines historischen Prozesses als auch den Beginn einer neuen Entwicklung markieren dürfte.

Die Vorgänge, die zum 3. Oktober hinführten und die staatiche Vereinigung erst ermöglichten, nehmen in den kollektiven Erinnerungen einen sichtbar geringeren Rang ein. Die relativen Anteile der Nennungen zum Zusammenbruch der Ostblockstaaten sowie zum Mauerfall liegen nur halb so hoch wie bei denen zum Zentralereignis.

Äußerungen zur Bürgerbewegung in der DDR spielen nahezu keine Rolle. Auch die regional getrennt erfolgten Häufigkeitsauszählungen ändern nichts an diesem Sachverhalt. Nur 3,2% der Befragten aus den Neuen Bundesländern erinnern 1995 die Protestbewegung in der DDR, im Westen sind es 1,7% (1996: 1,7% vs. 1,5%). Der geringen Fallzahlen wegen ist ein statistischer Test der Differenz nicht möglich. Es läßt sich daher nicht entscheiden, ob sie lediglich zufallsbedingt ist oder auf einen inhaltlich substantiellen Sachverhalt verweist, wie er in H 26 postuliert ist (vgl. S. 84). Die Hypothese konstatiert einen Unterschied, weil Ostdeutsche mit ihren Demonstrationen den Umbruch erzwangen. Doch zeigt die Auszählung, daß dieses Faktum weder in Ost noch in West präsent ist. Offensichtlich haben diejenigen Gruppen in den kollektiven Erinnerungen wenig Resonanz, die den revolutionären Umbruch in der DDR initiierten. Sicherlich bedarf es weiterer Untersuchungen ähnlich der von Ingrid Miethe (1999), um zu zeigen, wie die Rolle der Bürgerrechtlerinnen und -rechtler aus der Rückschau bewertet wird. In jedem Fall belegen die gemessenen Daten zur Assoziation jener Bewegung deren geringen Stellenwert in den kollektiven Erinnerungen der heutigen Gesellschaft.

5.4.2 Gruppendifferenzen bei den Erinnerungen zur deutschen Vereinigung

Werden alle vier Kategorien zum Vereinigungsvorgang zusammengenommen betrachtet, widerlegen die Daten ähnlich wie im Fall der Erinnerung des Nationalsozialismus die Annahme eines Epochaleffektes. Obgleich es sich um erst kurz zurückliegende Ereignisse handelt, erfolgt deren Wahrnehmung nicht zufallsbedingt. Die Resultate der logistischen Regressionen für die Querschnitte 1995 und 1996 sowie für die Panelstichprobe weisen nicht nur auf Ost-West-Differenzen hin, sondern auch auf Unterschiede innerhalb beider Bevölkerungsteile. So wirkt sich im Quer- wie im Längsschnitt der gleiche Interaktionseffekt als Kombinationen von Altersklasse und Regionszugehörigkeit aus. Lediglich im Falle des Panels kommt zusätzlich noch die Erinnerungsstabilität als Einflußgröße zum tragen.

Generell gibt es zu beiden Meßzeitpunkten je einen positiven und negativen Effekt, die beide die Nennungswahrscheinlichkeit der Befragten bei der Gesamtkategorie beeinflussen. Bei den jüngeren Ostdeutschen ist mit Werten von 85,2% in 1995 beziehungsweise 85,0% in 1996 am ehesten eine Assoziation zum Vereinigungsvorgang zu erwarten. Da bei den vor 1940 geborenen Westdeutschen ein negativer Interaktionseffekt vorliegt, sind sie diejenigen, bei denen die Wahrscheinlichkeit am geringsten ausfällt, jenen Prozeß zu erinnern. Bei ihnen errechnen sich Werte von 45,9% respektive 47,7%. Die übrigen Interviewten nehmen mit 60,8% für 1995 und 64,3% für die Umfrage im Folgejahr eine Mitteposition ein.

Damit ist H 31 widerlegt. Sie postuliert ausgehend von Überlegungen zum Epochaleffekt, daß die Zughörigkeit zu einer bestimmten Altersgruppe ohne Einfluß auf die abhängige Variable bleibt (vgl. S. 89). Diese theoretische Vorstellung ist unzutreffend, da sich sowohl Ost- als auch Westdeutsche jeweils nach Altersklassen getrennt in ihren Erinnerungen unterscheiden.

Entsprechend den in den Querschnitten gemessenen gegenläufigen Assoziationswahrscheinlichkeiten reagieren die nach 1939 geborenen Ostdeutschen und die der Altersklasse der Älteren zuzurechnenden Westdeutschen auch über die Zeit intraindividuell unterschiedlich. Wie aus der Regressionsanalyse abgeleitet werden kann, zeichnet sich die erstgenannte Gruppe im Gegensatz zu den übrigen Interviewten signifikant durch eine hohe Antwortstabilität aus. Die Wahrscheinlichkeit, wie schon in 1995 eine Kategorie zur deutschen Vereinigung bei der Folgeumfrage erneut zu erinnern, beträgt bei ihnen 90,3%. Bei den älteren Westdeutschen, die schon in 1995 kein Ereignis zu diesen Vorgängen in der jüngsten Vergangenheit assoziierten, ist es im Gegensatz dazu am wenigsten wahrscheinlich, daß ihnen bei der zweiten Panelwelle dieser Teil deutscher Geschichte im Gedächtnis präsent ist. Der Wert lautet bei ihnen 31,7%.

Es verbleiben noch zwei Gruppen, die sich sowohl untereinander als auch von den anderen nach dem Merkmal der Verhaltensstabilität signifikant unterscheiden. Alle übrigen, die in 1995 nichts zum Vereinigungsvorgang assoziierten, werden fünfzehn Monate später lediglich mit einer Wahrscheinlichkeit von 49,2% ein Ereignis zu diesem Teil der Geschichte assoziieren. Wer von den Westdeutschen beziehungsweise den vor 1940 geborenen Ostdeutschen hingegen schon in 1995 die Vorgänge von 1989/90 zur Antwort gab, wird sich mit einer Wahrscheinlichkeit von 71,3% bei der zweiten Panelwelle ähnlich verhalten.

Aufgrund dieser Resultate ist H 51 zur intraindividuellen Erinnerungsstabilität prinzipiell bestätigt (vgl. S. 117). Allerdings muß auch diese Hypothese hinsichtlich unterschiedlicher Verhaltensweisen in Ost und West und innerhalb der Altersklassen modifiziert werden.

Wird der 3. Oktober 1990 und damit das Einzelereignis als konkreter politischer sowie gesellschaftlicher Vorgang separat betrachtet, ergibt sich ein weitaus weniger eindeutiges Bild als bei der Gesamtkategorie, unter die der gesamte historische Prozeß subsumiert wurde. So ist es bei dem Einzelaspekt nicht möglich, in der Stichprobe 1996 Einflüsse der demographischen Merkmale auf die abhängige Variable nachzuweisen.

Im Datensatz von 1995 sind zudem ausschließlich Differenzen zwischen Ost und West meßbar. Andere Interaktionseffekte liegen nicht vor. Für Personen aus den Neuen Bundesländern kann in signifikant höherem Maße die Assoziation dieser Kategorie erwartet werden als bei Befragten aus dem Westen. Die Relation der Wahrscheinlichkeiten lautet 45,1% zu 36,6%. Allerdings ist der Einfluß der Regionsvariablen nur knapp auf dem 5%-Niveau signifikant. Dieser Sachverhalt ist von Bedeutung, weil der gemessene Zusammenhang bei den Daten der zweiten Panelwelle nicht besteht.

Der Vergleich der Häufigkeiten der beiden regionalen Teilstichproben zwischen 1995 und 1996 zeigt, daß es sowohl für Ost als auch für West eine nur geringe numerische Abnahme gibt. Sie ist in keinem der beiden Fälle signifikant. Insgesamt muß daher der Ost-West-Effekt auch für die Daten von 1995 als schwach eingeschätzt werden.

Ob H 27 das vorliegende Ergebnis bestätigt, läßt sich mit den präsentierten Daten nicht entscheiden. Entgegen der theoretischen Annahme belegen die

Daten von 1995 eine Differenz zwischen Ost und West. So ging ich davon aus, der Tag der deutschen Einheit werde in der gesamten Gesellschaft als historisch bedeutsam begriffen (vgl. S. 84). Das Resultat von 1996 stimmt mit der Hypothese wiederum überein. Die Ergebnisse lassen es aber nicht zu, die Ursache der Abweichung zu bestimmten.

Die Untersuchung der Paneldaten zeigt, daß die kollektiven Erinnerungen zum 3. Oktober 1990 bei der zweiten Befragung ausschließlich durch das Antwortverhalten in 1995 bestimmt sind. Wer damals diese Kategorie assoziierte, wird mit einer Wahrscheinlichkeit von 53,9% in signifikant stärkerer Weise als die übrigen Interviewten den Vereinigungsvorgang erneut erinnern. Bei der Gruppe der Nichtstabilen beläuft sich der Wert lediglich auf 26,3%.

Die Stabilität in der Erinnerung dieses zeithistorischen Ereignisses ist folglich bei allen hier untersuchten Subgruppen gleich. Dieser Aspekt spricht eher für eine Bestätigung von H 27, der zufolge der Zusammenschluß beider Staaten sowohl in Ost- als auch in Westdeutschland in ähnlicher Weise als bedeutsam eingeschätzt wird.

Mit dieser Hypothese postulierte ich aber nicht nur eine Annahme zur Erinnerung der Vereinigung von BRD und DDR. Da es mir um jene Ereignisse geht, die in Ost und West vermutlich ähnlich eingeschätzt werden, nehme ich auch für den Mauerfall als symbolischem Ausdruck des Endes der SED-Diktatur gleiche Wirkungen in beiden Landesteilen an. Die Daten liefern auch hierzu kein schlüssiges Resultat. In 1995 ist ein Ost-West-Effekt nicht nachweisbar. Die Nennung des Mauerfalls wird durch die Altersklasse sowie einen Interaktionseffekt beeinflußt. Er spezifiziert die jüngeren Frauen mit niedrigem Bildungsgrad als Subgruppe. Aufgrund der Koeffizienten besteht eine grundlegende Trennung zwischen älteren und jüngeren Befragten. Erstgenannte assoziieren den 9. November 1989 mit einer Wahrscheinlichkeit von 11,4% signifikant seltener als die Angehörigen der Jahrgänge 1940 und folgende.

Die nach 1939 Geborenen unterteilen sich aufgrund des Interaktionseffektes nochmals. Kommen die meisten von ihnen auf jenen zeithistorischen Moment mit einer Wahrscheinlichkeit von 19,1% zu sprechen, sind es die jüngeren Frauen ohne jeden oder mit Hauptschulabschluß, denen dieses Ereignis im Gedächtnis präsent ist. Bei ihnen lautet der Wert auf 33,3%.

Das Resultat von 1995 läßt sich mit den Daten der Folgebefragung nur teilweise replizieren. Die Bildungsvariable fällt aus dem Interaktionseffekt heraus. In der Stichprobe 1996 beeinflußt die Regionszugehörigkeit das Resultat zum Antwortverhalten zur Erinnerung des 9. November 1989 auf zweifache Weise. In der Regressionsgleichung sind zwei Interaktionseffekte wirksam. Der eine setzt sich aus der Altersklasse und der Ost-West-Variablen zusammen und weist aus, daß bei älteren Ostdeutschen mit 4,4%

eine signifikant geringere Nennungswahrscheinlichkeit als bei den übrigen Befragten zu erwarten ist. Entsprechend der anderen Produktvariablen sind es demgegenüber tendenziell jüngere Frauen aus dem Westen, die sich mit einem Wert von 28,9% überzufällig häufiger als alle anderen Interviewten des Mauerfalls erinnern. Bei den restlichen Befragten beträgt die Wahrscheinlichkeit 15,0%.

Auf der Basis der Querschnittsstichproben läßt sich somit keine endgültige Entscheidung darüber treffen, ob H 27 mit ihrer Annahme gleichverteilter kollektiver Erinnerungen die empirische Wirklichkeit zutreffend beschreibt oder nicht. Weil bei der zweiten Befragung eher von einem Wandel der Vergangenheitsinterpretationen auszugehen ist, denn von einem bei der Stichprobenzusammensetzung, deutet einiges auf intraindividuelle Veränderungen im Erinnerungsverhalten hin.

Diese Vermutung bestätigt sich, wenn der Paneldatensatz analysiert wird. Dabei wird deutlich, daß neben der die Stabilität repräsentierenden Variablen dieselben Interaktionseffekte das Antwortverhalten beeinflussen wie bei der Analyse der Daten von 1996 als Querschnitt. Zunächst besteht eine grundlegende Trennung nach den älteren Ostdeutschen und den übrigen Befragten. Da auch hier ein negativer Effekt vorliegt, assoziieren die vor 1940 Geborenen aus den Neuen Bundesländern den Mauerfall signifikant geringer als alle anderen. Die Wahrscheinlichkeiten lauten bei ihnen 9,5% und 3,2%, je nach dem ob sie dieses Ereignis bereits in 1995 nannten oder nicht.

Bei allen anderen Interviewten ist ebenfalls die Trennung nach Verhaltensstabilität und -nichtstabilität beobachtbar. Interviewte mit persistenter Erinnerung werden mit signifikant höherer Wahrscheinlichkeit die Vorgänge um den 9. November 1989 erneut erinnern als diejenigen, die in der vorangegangen Umfrage andere Ereignisse assoziierten. Entscheidend ist aber zusätzlich, daß in Abhängigkeit von ihrer Verhaltensstabilität bei den westdeutschen Frauen der Jahrgänge 1940 und folgende signifikant häufiger als bei den anderen Interviewten die Nennung des Mauerfalls erwartet werden kann. Die Wahrscheinlichkeit beträgt bei ihnen 46,0% (21,2% für jene, bei denen der Mauerfall bei der ersten Panelwelle nicht kodiert wurde.). Bei den restlichen Befragten, das heißt den älteren Westdeutschen, den nach 1939 geborenen Männern aus dem Westen sowie den jüngeren Ostdeutschen, betragen die Wahrscheinlichkeit je nach Stabilität in den Erinnerungen 21,2% oder 12,5%.

Wird H 27, abgesehen von den oben diskutierten Beurteilungsschwierigkeiten, allgemein als zutreffend beurteilt, legt die Panelanalyse eine Modifikation der Hypothese nahe. Selbst wenn generell von einem ähnlichen Erinnerungsverhalten in Ost und West ausgegangen wird, belegen die Daten, daß es im Zeitverlauf bei Ostdeutschen der Jahrgänge 1940 und folgende tendenziell zu Veränderungen in der Wahrnehmung der jüngsten Vergangenheit kommt. Gegensätzlich verhalten sich hier die jüngeren westdeutschen

Frauen. Schließlich lassen sich Ostdeutsche, die vor 1940 geboren wurden, wiederum als jene beschreiben, die sich am ehesten stabil in bezug auf die Nichterinnerung des Mauerfalls verhalten. Somit bestehen konträr zur theoretischen Vorannahme in bezug auf das demographische Merkmal der Regionszugehörigkeit sehr wohl Differenzen bei den Assoziationen zur Öffnung des Eisernen Vorhangs.

Bei der vierten und letzten Ereignisvariablen, die einen Aspekt des Umwälzungsprozesses Ende der 80er Jahre beschreibt, wird die vorab postulierte Hypothese zwar bestätigt. Doch muß auch sie modifiziert werden. Die Assoziationen zum Zusammenbruch des Ostblocks resultieren aus einem Ost-West-Effekt. Damit wäre dieser Aspekt von H 26 bestätigt (vgl. S. 84). Doch weisen die Regressionskoeffizienten weiterhin einen nicht unerheblichen Bildungseffekt aus, der das Resultat zusätzlich beeinflußt. Zunächst besteht eine allgemein stärkere Tendenz für Ostdeutsche, diese Kategorie zu assoziieren. In 1995 sind es in den Neuen Bundesländern insbesondere Personen mit Abitur oder Fachhochschulreife, die in ihren Antworten auf die offene Frage nach zeitgeschichtlich bedeutsamen Ereignissen den Zusammenbruch der Gesellschaftsstrukturen in den Staaten des Warschauer Paktes erinnern. Ihre Wahrscheinlichkeit beträgt 57,9%. Am geringsten ist der Wert bei Westdeutschen mit Real- oder niedrigerem Schulabschluß. Assoziationen zum Ende der Ostblockregime sind bei ihnen nur mit 8,3% zu erwarten. Für die restlichen Ostdeutschen errechnet sich als eine Art Mitteposition eine Wahrscheinlichkeit von 25,0%. Bei den jüngeren Westdeutschen mit hohem Bildungsgrad lautet der Wert auf 27,1%.

In der Stichprobe 1996 ist das Ergebnis im Prinzip unverändert. Allerdings kommt der Interaktionseffekt hier nicht mehr zur Geltung. Die Altersvariable hat somit bei der Wiederbefragung keine Bedeutung mehr. Statt dessen wirken sich Regionszugehörigkeit und Bildungsvariable getrennt auf die Assoziation der Kategorie „Zusammenbruch Ostblock" aus.

Grundsätzlich ist bei den Ostdeutschen das Ende der Regime in den Staaten des Warschauer Paktes tendenziell eher in Erinnerung als Befragten aus den alten Bundesländern. Innerhalb beider Gruppen sind es dann in hohem Maße Personen mit Abitur und Fachhochschulabschluß, die diese Geschichtskategorie auf die offene Frage hin assoziieren. Die überragende Differenz zwischen Ost- und Westdeutschen zeigt sich daran, daß unter den Befragten mit hohem Schulabschluß jene aus dem östlichen Teil der Bundesrepublik mit 42,8% die höchste Wahrscheinlichkeit haben, den Zusammenbruch des Ostblocks als bedeutsames zeitgeschichtliches Ereignis zu erinnern. Bei den Westdeutschen mit demselben Bildungsabschluß liegt der Wert dagegen mit 28,0% deutlich niedriger.

Aber auch zwischen den Bildungsgruppen sind die Unterschiede beträchtlich. Auf die genannte Wahrscheinlichkeit von 42,8% für Ostdeutsche mit Abitur oder Fachhochschulreife folgen in den Neuen Bundesländern mit

31,8% Nennungswahrscheinlichkeit jene, die einen der mittleren Reife entsprechenden Schulabschluß vorweisen können. Bei den restlichen ostdeutschen Interviewten liegt die Wahrscheinlichkeit einer Nennung der hier behandelten Kategorie mit 22,5% nochmals niedriger. Für Westdeutsche sind die Relationen entsprechend, wenn auch die Werte insgesamt schwächer ausfallen (19,5% und 13,1%). Auf Querschnittsebene muß H 26 folglich um eine Aussage zur Wirkung der Bildungsvariablen ergänzt werden.

An der voranstehenden Aussage ändert sich grundlegend nichts, wenn innerhalb der Panelstichprobe zusätzlich der Einfluß der Ereignisnennung von 1995 auf die von 1996 gemessen wird. Der Stabilitätseffekt hat keine eigenständige Wirkung. Er tritt in Interaktion mit der Dummyvariablen für hohe Bildung auf. Den Koeffizienten folgend geht von dieser Produktvariablen der stärkere Einfluß auf die Nennung der Erinnerungskategorie „Zusammenbruch Ostblock" aus. Daneben bleibt mit niedrigerem Koeffizienten der Ost-West-Effekt bestehen.

Demnach haben Ostdeutsche mit hohem Bildungsgrad, die schon in 1995 das Ende der Diktaturen des Ostblocks als geschichtlich bedeutsam assoziierten, im Folgejahr mit 65,9% die höchste Wahrscheinlichkeit, diese historischen Vorgänge erneut zu erinnern. Mit 50,0% fällt der Wert bei Westdeutschen mit vergleichbarem Bildungsniveau signifikant niedriger aus. Nochmals deutlich geringere Wahrscheinlichkeiten haben die übrigen Interviewten, die sich ebenfalls nach ihrer Regionszugehörigkeit unterscheiden. Bei den restlichen Befragten aus den Neuen Bundesländern ist eine Nennung dieser Kategorie mit 29,0%, bei denen aus dem Westen nur mehr mit 17,5% zu erwarten.

Insgesamt wird die Erinnerung der hier analysierten Ereigniskategorie neben der vorhergesagten unterschiedlichen Gewichtung in beiden Landesteilen der Bundesrepublik hauptsächlich durch Personen mit höherer Bildung getragen. Dieser Aspekt wird in der Ergebnisdiskussion noch ausführlich zu erörtern sein.

Den Bau der Berliner Mauer behandele ich deshalb im Rahmen kollektiver Erinnerungen an die deutsche Vereinigung, weil sich mit diesem Ereignis die damals unumkehrbar erscheinende Trennung zwischen beiden Teilen Deutschlands endgültig manifestierte (Wolfrum 1997: 99). Insofern handelt es sich um ein Ereignis, das den geschichtlichen Hintergrund für das Geschehen der jüngsten Vergangenheit bildete. Erst mit dem Wissen um die Erfahrung jenes historischen Einschnittes werden die Emotionen der Vorgänge vom November 1989 begreifbar.

Aufgrund der schlechteren Startbedingungen für die Menschen in der sowjetischen Besatzungszone ist es plausibel anzunehmen, daß für Ostdeutsche die Teilung beider Staaten von größerer Relevanz als für Westdeutsche war. Gerade der Bau der Berliner Mauer bedeutete den endgültigen Verzicht auf eine ähnliche ökonomische Entwicklung wie im kapitalistischen Westen. Dementsprechend postulierte ich in H 21 in bezug auf den Mauerbau eine höhere Erinnerungsrate für die Befragten aus den neuen Bundesländern als für jene aus den alten (vgl. S. 80).

Das Resultat der Querschnittsanalysen für 1995 und 1996 verweist demgegenüber auf andere Zusammenhänge. Es belegt hauptsächlich einen Einfluß der Geschlechtsvariablen. Bei der ersten Befragung tritt er als Interaktionseffekt, bei der zweiten zusammen mit einem solchen auf. In 1995 liegt ein schwacher Effekt bei den nach 1939 geborenen Frauen mit niedrigem Bildungsabschluß vor. Bei ihnen beträgt die Wahrscheinlichkeit, den Mauerbau zu erinnern, 9,3% im Gegensatz zu 2,9% bei den restlichen Befragten. Im Folgejahr ist die Bandbreite der gemessenen Wahrscheinlichkeiten stärker ausgeprägt. Aufgrund der Effektkombination sind es hier die nach 1939 geborenen ostdeutschen Frauen, die mit 17,9% die höchste Wahrscheinlichkeit haben, sich des Mauerbaus zu erinnern. Mit deutlichem Abstand folgen die jüngeren Frauen aus den alten Bundesländern sowie alle älteren Ostdeutschen (7,4%) und die jüngeren ostdeutschen Männer (6,2%). Eine zu vernachlässigende Wahrscheinlichkeit errechnet sich schließlich für alle älteren Westdeutschen sowie die nach 1939 geborenen Männer aus den alten Bundesländern. Bei ihnen lautet der Wert auf 2,3%.

Im Paneldatensatz verändert sich das Ergebnis durch die Hinzunahme der Variablen für Erinnerungstabilität in seiner Struktur nur geringfügig. Es treten zwei miteinander kombinierte Interaktionseffekte auf. So assoziieren beim zweiten Meßzeitpunkt jene Frauen den Mauerbau 1961, die dieses Ereignis bereits im Vorjahr genannt hatten. Weiterhin wirkt sich das Alter zusammen mit der Regionsvariablen auf die Nennung dieser Kategorie aus. Jüngere Ostdeutsche erinnern sich dieses zeithistorischen Datums signifikant häufiger als die übrigen Befragten.

Da sich beide Produktvariablen in ihren Effekten überschneiden, haben jene nach 1939 geborenen ostdeutschen Frauen mit 64,2% die höchste Nennungswahrscheinlichkeit, die den Mauerbau bereits 1995 als geschichtlich bedeutsam wahrnahmen. Mit 34,2% verzeichnen die übrigen Frauen aus der gesamten Bundesrepublik mit stabiler Erinnerung einen halb so hohen Wert. Aufgrund des Ost-West-Effekts haben Befragte aus den Neuen Bundesländern, die nach 1939 geboren wurden und die die Kategorie in 1995 nicht assoziierten, mit 11,2% eine noch immer etwas höhere Wahrscheinlichkeit als die restlichen Befragten. Deren Wert beträgt 3,5%.

Zusammenfassend läßt sich die längerfristig stabile Erinnerung an den Bau der Berliner Mauer den Frauen zuordnen. Unter ihnen sind es dann insbesondere die jüngeren aus Ostdeutschland, denen sich die damals endgültig erscheinende Teilung Deutschlands offensichtlich ins Gedächtnis einprägte. Der in H 21 postulierte Ost-West-Gegensatz besteht folglich nur in modifizierter Form. Bei der Interpretation der Ergebnisse ist es daher sinnvoll, eine Verknüpfung zu den theoretischen Annahmen in bezug auf die Differenz zwischen Männern und Frauen herzustellen.

5.4.3 Kollektive Erinnerungen an die Gründungsmythen der BRD

Insgesamt fällt an den Ergebnissen zu den kollektiven Erinnerungen von Deutschen die geringe Resonanz auf, die die deutsche Zweistaatlichkeit hervorruft. Hierbei ist es notwendig sich zu vergegenwärtigen, daß mit der Gründung der BRD die Fundamente unserer heutigen Gesellschaft gelegt wurden. Dieser Staat existierte zudem 45 Jahre. Werden die drei Kategorien „Gründung der BRD", „Wirtschaftswunder" und „Wiederaufbau" zu einer einzigen zusammengezogen, zeigt sich, daß die zentralen Aspekte des bundesdeutschen Gründungsmythos nur von 10,3% in 1995 sowie von 11,2% in 1996 genannt werden. Die Anteile fallen mit 13,7% respektive 14,7% nur leicht höher aus, wenn ausschließlich Westdeutsche betrachtet werden. Die Gründung der DDR, die DDR-Zeit insgesamt wie auch einzelne Abschnitte aus der Geschichte der BRD (Ära Adenauer, die Zeit der sozial-liberalen Koalition) sind schließlich zu vernachlässigende Größen in den kollektiven Erinnerungen.

Um die geringe Wahrnehmung der Verabschiedung des Grundgesetzes zu erklären, liefert die Regressionsanalyse wichtige Hintergrundinformationen. Selbstredend bestätigen die Daten Hypothese H 23, mit der die Kommemoration des 23. Mai 1949 zum Spezifikum der kollektiven Erinnerungen von Westdeutschen erklärt wird (vgl. S 82). Weil dieses Datum für Ostdeutsche politisch nur indirekt relevant und die alte BRD nicht ihr Staat war, kann es nicht überraschen, daß nur drei Personen aus den Neuen Bundesländern dieses Ereignis in 1995 assoziieren. Im Folgejahr ist es dann nur noch eine. Der geringen Nennungsraten wegen beschränkt sich die Regressionsanalyse auf die Fälle der westdeutschen Teilstichprobe.

Die Datenanalyse belegt, daß nur eine spezifische Gruppe von Westdeutschen die Gründung der BRD als historisch bedeutsam im Gedächtnis behält. Sowohl bei beiden Querschnitten als auch im Panel sind es die nach 1939 geborenen Personen mit Abitur oder Fachhochschulreife, die diese Kategorie bei der offenen Frage angeben. Jüngere Westdeutsche mit hohem Bildungsabschluß haben sowohl 1995 als auch 1996 eine signifikant höhere Wahrscheinlichkeit als die übrigen Interviewten der Teilstichprobe, dieses geschichtliche Datum zu nennen. Die Werte lauten auf 10,7% zu 5,0% in 1995 und - nahezu ähnlich - auf 11,1% zu 4,1% bei der fünfzehn Monate später erfolgten Befragung.

Bei demselben Personenkreis besteht auch eine signifikant höhere Erinnerungstabilität. Wer von den jüngeren Westdeutschen mit hohem Bildungsgrad die Gründung der BRD bereits in 1995 assoziierte, wird dieses Antwortverhalten im Folgejahr mit einer Wahrscheinlichkeit von 29,2% wiederholen. Bei den anderen Interviewten aus den alten Bundesländern bleibt es dagegen mit 4,6% sehr unwahrscheinlich, daß ihnen dieser Teil deutscher Geschichte als bedeutsam einfällt.

Nach der Erfahrung der nationalsozialistischen Diktatur setzte die Verabschiedung des Grundgesetzes den entscheidenden Rahmen für ein neues demokratisches Deutschland. Bei der längerfristigen Akzeptanz des neuen Gemeinwesens erfüllten aber auch Wiederaufbau und Wirtschaftswunder ähnlich zentrale Rollen. Daher werden beide Vorgänge dem Gründungsmythos zugerechnet (Münkler 1996: 129). Die Gegenüberstellung der relativen Nennungsraten für die drei Kategorien „Gründung BRD", „Wirtschaftswunder" und „Wiederaufbau" in Tab. 11 verdeutlicht die vergleichbar hohen Häufigkeiten wie auch insgesamt deren untergeordnete Rolle in den kollektiven Erinnerungen. Chi^2-Tests mit paarweisen Vergleichen über die einzelnen Kategorien widerlegen H 25. Aufgrund theoretischer Annahmen aus der Literatur war ich von einer signifikant höheren Assoziationsrate ausgegangen, mit der Westdeutsche den schnellen ökonomischen Aufschwung in der Nachkriegszeit erinnern im Gegensatz zur Schaffung des politischen und staatlichen Rahmens der 1949 neuentstandenen Demokratie (vgl. S. 83). Der statistische Vergleich der Häufigkeiten der Kategorie zur Gründung der BRD mit denen zu Wirtschaftswunder und Wiederaufbau falsifiziert das Postulat. Die in der Tabelle aufgeführten Werte unterscheiden sich nicht überzufällig voneinander. Insofern läßt sich nicht unterstellen, Westdeutsche nähmen die Erfolgsgeschichte ihres Staates hauptsächlich aus ökonomischer Perspektive wahr.

Tab. 11: Relative Nennungshäufigkeiten der Erinnerungskategorien zum Gründungsmythos der BRD (westdeutsche Teilstichprobe)

Jahr	Kategorien		
	Wiederaufbau	Wirtschaftswunder	Gründung der BRD
1995	6,8%	5,7%	3,9%
1996	6,0%	4,5%	6,0%

Die deskriptive Auswertung verdeutlicht die erwarteten Ost-West-Gegensätze in der Geschichtswahrnehmung bei diesem Themenfeld. Alle drei Aspekte der bundesrepublikanischen Entwicklung sind für Bürgerinnen und Bürger der Neuen Bundesländer faktisch nicht relevant. Was schon für die Nennungen zur Gründung der BRD galt, trifft auch auf die beiden ökonomischen Kategorie zu. Von Ostdeutschen werden sie kaum oder gar nicht erinnert. Insofern bestätigt sich Hypothese H 24 (vgl. S. 83). Deshalb bleiben die weitergehenden statistischen Analysen auf die westdeutsche Teilstichprobe beschränkt.

Vor dem Hintergrund der subgruppenspezifischen Erinnerungen der Gründung der BRD fällt das Resultat der Analyse zur Kategorie „Wirtschaftswunder" anders aus. Die Untersuchung der beiden Querschnittsstichproben belegt die Bedeutung der Altersvariablen. Im Gegensatz zur Verabschiedung des Grundgesetzes wird das Wirtschaftswunder tendenziell von jenen erinnert, die vor 1940 geboren wurden. So errechnet sich für diese Gruppe in 1995 eine Wahrscheinlichkeit von 9,6%. Die jüngeren Westdeutschen verzeichnen mit 4,1% einen signifikant niedrigeren Wert.

Bei der Befragung im Folgejahr gehen die Erinnerungen an den wirtschaftlichen Erfolg nach dem Zweiten Weltkrieg insbesondere auf die älteren Frauen mit niedrigem Schulabschluß zurück. Bei ihnen ist eine Nennung dieser Kategorie mit 23,1% im Gegensatz zu den restlichen westdeutschen Interviewten zu erwarten. Letztere haben lediglich eine Wahrscheinlichkeit von 3,0%.

Der 1996 im Gegensatz zur ersten Umfrage durch Geschlechts- und Bildungsvariable verursachte zusätzlich gemessene Effekt ist möglicherweise auf die panelbedingte Reduzierung der Stichprobe zurückzuführen. Werden im Längsschnittvergleich nur die Befragten herangezogen, die sich an beiden Wellen beteiligten, läßt sich zwar ein Modell mit dem Einfluß der Produktvariablen aus Alter, Geschlecht und niedrigem Schulabschluß konstruieren. Doch bestehen der geringen Fallzahl wegen Schätzprobleme bei der Standardabweichung. Dementsprechend ist eine Replikation des Resultats vonnöten. Als Konsequenz daraus beschränke ich mich auf ein Regressionsmodell ohne den entsprechenden Interaktionseffekt.

Tab. 12: Nennungswahrscheinlichkeiten für die Begriffskategorie
„Wirtschaftswunder" bei den Bildungsgruppen (1996)

„Wirtschaftswunder" 1995 erinnert	Bildungsgrad		
	hoch	mittel	niedrig
nein	1,8%	3,6%	6,7%
ja	8,4%	15,2%	26,1%

Danach wirken sich in 1996 auf die Nennung des Wirtschaftswunders als zeitgeschichtlich bedeutsam die Assoziation dieser Kategorie im Vorjahr sowie der Bildungsgrad aus. Wer den Nachkriegsboom schon im ersten Interview assoziierte, wird mit signifikant höherer Wahrscheinlichkeit die gleiche Antwort im Folgejahr erneut geben als jene, die 1995 ein anderes Ereignis für geschichtlich bedeutsam erachteten. Beide Gruppen mit stabiler beziehungsweise nichtstabiler Erinnerung sind in sich nochmals entsprechend des Bildungsgrades der Interviewten untergliedert. Die Wahrscheinlichkeitswerte in Tab. 12 machen deutlich, daß der Nachkriegsaufschwung im Westen intraindividuell stabil insbesondere bei Personen mit Haupt- oder ohne Schulabschluß in der Erinnerung verankert ist. Kann bei den Assoziationen zur Gründung der BRD und zum Wirtschaftswunder von Alters- und Bildungsgegensätzen bei der geschichtlichen Wahrnehmung ausgegangen werden, trifft dieser Sachverhalt bei der Kategorie des Wiederaufbaus nicht zu. Abgesehen davon, daß auch dieser Erinnerungsaspekt für Ostdeutsche irrelevant ist, lassen sich keine sonstigen subgruppenspezifischen Besonderheiten feststellen. Die Regressionsanalyse weist keinen Einfluß der anderen demographischen Größen auf die abhängige Variable als überzufällige Abweichung aus. Demnach wird der nach dem Zweiten Weltkrieg geleistete Aufbau unabhängig vom Alter, dem Geschlecht und dem Bildungsgrad der westdeutschen Befragten in ähnlicher Weise als zeithistorisch bedeutsam eingestuft.

5.4.4 Von der Mondlandung zur Computerentwicklung

So beherrschend Nationalsozialismus und deutsche Vereinigung in den kollektiven Erinnerungen von Deutschen sind, so lohnend ist es dennoch, sich mit den Assoziationen zu historischen Entwicklungen zu beschäftigen, die der breiten Mehrheit der Befragten kaum im Gedächtnis präsent sind. Schon der Ergebnisüberblick machte deutlich, in welchem Ausmaß die meisten auf politische Ereignisgeschichte sowie auf das Geschehen der eigenen Nation fixiert sind. Obwohl der Fragestimulus den Interviewten die Möglichkeit eröffnet, nationale oder weltweite Vorgänge zu erinnern wie auch soziale Veränderungsprozesse zu benennen, geht nur eine Minderheit auf dieses Angebot ein. Statt dessen assoziieren die meisten Befragten ein auf Deutschland bezogenes zeithistorisches Geschehen, das mit einem konkreten Datum verknüpft ist. Werden die entsprechenden Kategorien zusammengezogen, zeigt sich, daß nur 11,1% (12,8% in 1996) auf andere Ländern zu sprechen kommen. Der Einsatz von Atomwaffen im Krieg gegen Japan 1945 ist 1995 zu 2,8% Teil der kollektiven Erinnerungen (5,2% in 1996). Damit gehört dieses Ereignis neben dem Verweis auf Glasnost in der Sowjetunion zu den am häufigsten genannten Kategorien, die die Geschichte außerhalb Deutschlands berühren. Abgesehen davon nennen jeweils weniger als zwei Prozent einzelne internationale Ereignisse.

Soziale Veränderungen, die sich auf gesellschaftspolitische Zustände beziehen, sowie längerfristige Entwicklungen, die ebenfalls an kein bestimmtes Geschichtsdatum gebunden sind, assoziieren 18,8% der Befragten in 1995 und 14,3% in 1996. Anders als bei internationalen Ereignissen erreichen zumindest zwei dieser Kategorien zu beiden Meßzeitpunkten eine Nennungshäufigkeit von mehr als drei Prozent. Die Weltraumfahrt einschließlich der Landung von Menschen auf dem Mond halten 4,2% in 1995 und 3,5% in 1996 für historisch bedeutsam. Den Wandel in den Bereichen der Computer- und Biotechnologie nennen 4,0% beziehungsweise 5,0%.

Die Wahrnehmung beider Kategorien läßt sich als Reaktion auf die mit den technischen Weiterentwicklungen einhergehenden grundlegenden gesellschaftlichen Veränderungen ansehen. Allerdings ist es nicht möglich, diese Annahme hier zu testen, weil entsprechende Meßinstrumente nicht zur Verfügung stehen. Vorab war ein solches Antwortverhalten der Interviewten auf die offene Frage nicht erwartet worden. Sowohl bei deren Anwendung in Deutschland und Japan 1991 (Schuman et al. 1998) als auch in Großbritannien (Scott / Zac 1993) und Litauen (Schuman et al. 1994) sind keine Assoziationen zu langfristigen sozialen Veränderungen dokumentiert. Lediglich Schuman und Scott (1989: 363) berichten von 3,9% der Befragten, die die Kategorie „Computer" erwähnt hatten. Aufgrund der Reaktionen in den einzelnen Ländern auf das gleiche Meßinstrument ist anzunehmen, daß der Geschichtsbegriff im Stimulus dazu führt, daß die Interviewten auf konkrete Ereignisse statt auf längerfristige Prozesse fokussieren. Ein solches Resultat war deshalb auch in unserem Datensatz erwartet worden. Deshalb erarbeitete ich keine spezifischen Annahmen für die Kategorien „Weltraumfahrt" sowie „Computer und Technik". Aufgrund des empirischen Resultats unterzog ich die Daten einer Regressionsanalyse, um explorativ Detailerkenntnisse zu gewinnen.

Die Auswertung der Aussagen zur Erkundung des Weltraums belegt, inwieweit dieser Teil der Technikgeschichte in einer bestimmten Bevölkerungsgruppe verankert ist. Sowohl aus den Resultaten der Querschnittsanalysen als auch aus dem der Panelstichprobe geht übereinstimmend eine signifikant höhere Erinnerung bei den nach 1939 geborenen Westdeutschen gegenüber den restlichen Interviewten hervor. Die errechneten Wahrscheinlichkeiten sind für beide Gruppen in 1995 und 1996 nahezu gleich. Das Verhältnis der Werte beträgt bei der ersten Befragung 5,3% zu 1,7% und im Folgejahr 6,1% zu 1,3%. Der inhaltliche Sachverhalt bestätigt sich auch im Längsschnitt. In der Regressionsanalyse über die Paneldaten wirkt sich die gleiche Produktvariable ergänzt um die 1995 erfolgte Nennung zur Weltraumfahrt auf die abhängige Größe aus.

Danach nennen innerhalb der Panelstichprobe die jüngeren Westdeutschen, die schon im ersten Interview auf die Weltraumfahrt zu sprechen kamen, diese Kategorie mit einer Wahrscheinlichkeit von 26,7% signifikant häufiger als alle übrigen Befragten. Bei den zuletzt genannten beträgt der Wert lediglich 2,5%.

Hinsichtlich des Einflusses der Altersvariablen bestätigt sich damit der von Schuman und Scott (1989: 363) vorgelegte Befund, daß die Raumfahrt tendenziell von jüngeren Menschen als zeithistorisch wichtig begriffen wird. Warum in unserem Datensatz die Regionsvariable ebenfalls einen Einfluß ausübt, wird noch zu diskutieren sein. Zunächst leuchtet das Resultat nicht ein, denn die UdSSR konnte ähnlich wie die USA Erfolge bei der Erforschung des Weltraums vorweisen. Sie finden ihren Niederschlag auch in einigen Antworten von Ostdeutschen. Sie denken an den Sputnik oder die an Juri Gagarin. Gemessen an der Landung auf dem Mond ist die Resonanz darauf aber offenbar schwach.

Die zweite von etwas mehr als drei Prozent der Interviewten genannte Kategorie, die sich nicht auf ein konkretes Geschichtsdatum bezieht, behandelt ebenfalls den technischen Fortschritt. Unter sie fallen Äußerungen zur Entwicklung in den Bereichen Computer-, Medizin- und Biotechnologie. Auch hier sind es die jüngeren Befragten, die diese Vorgänge für zeitgeschichtlich bedeutsam halten und sie deshalb im Rahmen der offenen Frage erinnern. Die Assoziationswahrscheinlichkeit für diese Gruppe ist deutlich höher als bei den restlichen Interviewten. Allerdings gibt die signifikante Differenz zwischen den Wahrscheinlichkeiten von 5,6% zu 1,0% nicht mehr als einen Hinweis auf eine gruppenspezifische Wahrnehmung. Die Auswertung der Daten von 1996 sowie derjenigen des Längsschnitts legt zwar nahe, daß jüngere Westdeutsche mit hohem Bildungsabschluß Stichworte zu Computer und Technik bei der offenen Frage niederschreiben. Die geringen Fallzahlen führen jedoch zu Schätzproblemen, weshalb weitergehende Schlußfolgerungen nicht möglich sind.

Eine Erklärung für die Schätzprobleme ergibt sich aus der Altersklassifizierung. So kamen 1995 und 1996 nur jeweils zwei Personen der vor 1940 Geborenen auf den Technikbereich als geschichtsrelevant zu sprechen. Weiterhin macht die Aufgliederung der Daten auf die einzelnen Geburtsjahrgänge deutlich, daß die Kategorie insbesondere von Personen assoziiert wird, die zum Befragungszeitpunkt zwischen 25 und 40 Jahre alt waren. Insofern erscheint es für weitergehende Erkenntnisse sinnvoll, die Analyse zukünftig mit einem feineren als dem hier benutzten Klassifikationsschema für die Variable Alter zu wiederholen.

5.5 Anpassungsprozesse bei kollektiven Erinnerungen

Bei einer Reihe von Ereigniskategorien belegen die voranstehenden Ergebnisse zum Teil beachtlich hohe Wiedererinnerungswahrscheinlichkeiten in der zweiten Panelwelle und damit ein über die Zeit stabiles Antwortverhalten. Sie gelten allerdings nur für Subgruppen, die sich durch demographische Merkmale auszeichnen. Weil ein solcher Effekt bei allen hier näher untersuchten Ereigniskategorien beobachtbar ist, muß Hypothese H 9 zurückgewiesen werden. Geschichte wird offenbar nicht immer rekonstruiert (vgl. S. 63). Vielmehr besteht teilweise Erinnerungspersistenz.

Auch wenn Geschichte demnach nicht laufend neu geschrieben wird, darf die gemessene intraindividuelle Stabilität nicht zu unzulässigen Verallgemeinerungen führen. Als bestätigt kann allein H 5 gelten, die solches Verhalten auf der Ebene von Globalkategorien wie dem Nationalsozialismus postuliert (vgl. S. 51). Zu beachten sind jedoch auch der Grad der Detailliertheit einer Kategorie sowie die in einer Antwort enthaltenen Bewertungen. Bestehen bei Nennung epochaler Ereignisse hohe Wahrscheinlichkeiten einer erneuten Assoziation dieses Themas beim zweiten Meßzeitpunkt, stellt sich der Sachverhalt in bezug auf Detailkategorien komplizierter als theoretisch postuliert dar. Sowohl H 6 als auch H 8, die beide einen Wandel in den Erinnerungen von Detailaspekten postulieren (vgl. S. 52 u. S. 61), lassen sich in der vorliegenden Form empirisch nicht bestätigen. Dem stehen die Resultate im Längsschnitt bei konkreten zeithistorischen Daten entgegen. In diesen Fällen bewirkt die Erinnerung des Ereignisses in 1995 dessen erneute Assoziation im Folgejahr insoweit, als die Nennung bei der ersten Befragung zu einer signifikant höheren Wahrscheinlichkeit für die gleiche Antwort im zweiten Interview führt. Subgruppenspezifische Abweichungen im Antwortverhalten sind an dieser Stelle unerheblich. Entscheidend ist die Frage, ob ein Ergebnis anders ausfällt, je nach dem es sich um eine Global- oder eine Detailkategorie handelt.

Werden alle Resultate betrachtet, zeigt sich jedoch, daß bei den Detailkategorien die errechneten Werte in der Regel erheblich unter denen für die beiden zentralen Kategorien des Nationalsozialismus und der deutschen Vereinigung liegen. Die Wahrscheinlichkeiten für ein stabiles Antwortverhalten bei beiden Epochalereignissen lauten auf Werte zwischen 31,1% und 87,5% für die Ära von 1933 bis 1945 respektive 31,7% und 90,3% für die Veränderungen im Gefolge des Zusammenbruchs der Ostblockstaaten. Bei den meisten Detailkategorien liegen sie für die Gruppe mit dem jeweils höchsten Wert um 50%. Allerdings gibt es auch hier Ausnahmen, was sich an der Kategorie „Flucht" zeigt. Hier reicht die Spannweite für die vorhergesagten Erinnerungswahrscheinlichkeiten im Panel von 1,7% bis 85,2%. Zwar muß sich die Assoziation bestimmter geschichtlicher Details keineswegs von einem Zeitpunkt zum nächsten derart wandeln, daß später andere Aspekte einer historischen Epoche für bedeutsam gehalten werden. Auch geschichtliche Details erinnern Angehörige von einzelnen Subgruppen intraindividuell stabil. Doch sind die Wahrscheinlichkeiten für ein solches Antwortverhalten zumeist niedriger als bei den Globalkategorien.

Ob sich die Bewertungen zeitgeschichtlicher Ereignisse ändern, wird noch näher untersucht. Diese Frage stellt sich im Zusammenhang mit Überlegungen darüber, inwieweit gesellschaftliche Interaktion die individuellen Interpretationen von Vergangenheit beeinflußt und sich damit auf die Erinnerungsstabilität auswirkt. Auch wenn bei der Analyse dieses Aspektes nicht vergessen werden darf, daß der zeitliche Abstand zwischen beiden Befragungen mit fünfzehn Monaten relativ gering ist, ermöglichen die vorliegenden Befunde dennoch einige grundlegende Antworten, zumal Paneldaten zu kollektiven Erinnerungen bislang nicht vorliegen.

In jedem Fall bin ich mir über eine grundlegende Beschränkung meiner Aussagen im klaren. Soweit sich die nachfolgend präsentierten Resultate auf die Makroebene beziehen, handelt es sich um Folgerungen, die sich aus dem Antwortverhalten der Befragten ergeben. Der tatsächliche Einfluß durch gesellschaftliche Institutionen wie etwa den Medien wurde nicht gemessen. Annahmen dazu beruhen auf Inferenzschlüssen, die bei jedem Beispiel einzeln zu begründen sind.

Tab. 13: Relative Nennungshäufigkeiten zu den Ereignissen von 1989/90

1995			1996	
Ost	West		Ost	West
(N=190)	(N=459)	Ereignis	(N=177)	(N=402)
** *76,3%*	** *55,6%*	Vereinigung insgesamt	** *77,4%*	** *58,0%*
3,2%	1,7%	Bürgerbewegung in DDR	1,7%	1,5%
** *31,6%*	** *13,7%*	Zusammenbruch Ostblock	** *33,9%*	** *20,1%*
15,3%	19,0%	Mauerfall 1989	** *10,7%*	** *20,1%*
44,2%	36,8%	deutsche Vereinigung 1990	42,9%	35,8%

Bei den kursiv gesetzten und mit ** versehenen Häufigkeiten bestehen signifikante Ost-West-Differenzen. Bei der Kategorie „Bürgerbewegung in DDR" sind Chi^2-Tests wegen zu geringer Fallzahlen nicht möglich.

5.5.1 Wandel in der Interpretation von Vergangenheit

Die kollektiven Erinnerungen zum Vereinigungsprozeß von BRD und DDR sind ein Beispiel, an dem sich die Wirkungsweise des Interaktionsmodells demonstrieren läßt. Die Äußerungen über den Zusammenbruch der kommunistischen Gesellschaften können deshalb dazu dienen, den Wandel persönlicher Einschätzungen der Vergangenheit darzulegen, weil die Bevölkerung der DDR gezwungen war, auf die Veränderungen zu reagieren, die aus der Übernahme einer fremden Kultur resultieren.

Grundlage der Analyse sind die Hypothesen H 51 und H 52. Die eine unterstellt bei der Globalkategorie zur deutschen Vereinigung eine intraindividuell stabile Wahrnehmung (vgl. S. 117). Die andere postuliert bei den Bedeutungen, mit denen die Vorgänge von 1989/90 aufgeladen sind, Veränderungen über die Zeit (vgl. S. 117). Diese Annahme steht wiederum in Beziehung zu H 7, die generell instabile Vergangenheitsbewertungen unterstellt (vgl. S. 60). Schließlich spielt bei dem Ost-West-Vergleich H 28 eine Rolle. In ihr nehme ich an, daß die Befragten aus den Neuen Bundesländern die Vereinigung negativer als die aus den alten bewerten (vgl. S. 85).

Im ersten Analyseschritt greife ich nochmals auf die Häufigkeiten zurück, mit denen die Befragten jene Vorgänge assoziierten. Tab. 13 führt die Ergebnisse für die Globalkategorie sowie die Detailereignisse in den zwei Panelwellen jeweils getrennt nach beiden Landesteilen auf. In den relativen Häufigkeiten spiegelt sich grob das Resultat der gruppenspezifischen Unterschiede, wie sie oben bereits diskutiert wurden. Die Globalkategorie sowie der Zusammenbruch der Gesellschaften im sowjetischen Machtbereich werden tendenziell eher von den Befragten aus den Neuen Bundesländern, der Mauerfall eher von denen aus der alten BRD erinnert. Die staatliche Vereinigung 1990 wird laut Chi^2-Tests in beiden Teilstichproben ähnlich häufig genannt. Allerdings kann der Höhe des Chi^2-Wertes wegen keine Gleichverteilung unterstellt werden. Unter Berücksichtigung des Resultats der logistischen Regression ist zumindest in 1995 ein Übergewicht von Ostdeutschen anzunehmen.

Tab. 14: Relative Häufigkeiten und Korrelationskoeffizienten der in beiden Panelwellen intraindividuell übereinstimmenden Nennungen zu den Ereignissen von 1989/90

relative Häufigkeit			Stabilität	
Ost	West		Ost	West
(N=148)	(N=353)	Ereignis	r	r
** *64,2%*	** *39,1%*	Vereinigung insgesamt	++ *,352*	++ *,292*
0,6%	0,7%	Bürgerbewegung in DDR	++ *,239*	++ *,275*
** *13,5%*	** *6,8%*	Zusammenbruch Ostblock	,094	++ *,264*
3,4%	7,4%	Mauerfall 1989	+ *,192*	++ *,251*
21,6%	21,2%	deutsche Vereinigung 1990	,120	++ *,361*

Bei den kursiv gesetzten und mit ** versehenen Häufigkeiten bestehen signifikante Ost-West-Differenzen. Bei den kursiv gesetzten und mit + oder ++ versehenen Korrelationskoeffizienten besteht eine signifikante Beziehung zwischen beiden Nennungen im Panel (+ = Sign. $\leq ,05$; ++ Sign. $\leq ,01$).

Insgesamt werden die Ereignisse der jüngsten Vergangenheit tendenziell eher von Ostdeutschen als historisch bedeutsam assoziiert als von Befragten aus dem Westen. Auf der Ebene von ad hoc-Erklärungen erscheint der Befund plausibel, denn Ostdeutsche mußten im Gegensatz zu den Menschen aus dem Westen völlig neue Erfahrungen verarbeiten.

Hinsichtlich der Erinnerungsstabilität sind die Ergebnisse jedoch nicht so eindeutig wie in den Hypothesen H 51 und H 52 postuliert. Dieser Sachverhalt geht aus Tab. 14 hervor. Bei erinnerungsstabilen Personen zeigt sich ein ähnliches Ost-West-Verhaltensmuster wie bei den Querschnittsdaten. Von besonderem Interesse sind hier die Korrelationskoeffizienten in den letzten beiden Spalten. Sie erlauben zwei Rückschlüsse.

- Westdeutsche zeigen tendenziell ein stabileres Antwortverhalten als Ostdeutsche.
- Die gemessene Stabilität ist im Vergleich mit derjenigen von Persönlichkeitseigenschaften oder dem Selbstkonzept insgesamt eher schwach.

Die zweite Schlußfolgerung ergibt sich aus Duane Alwins (1993; 1994) Persistenzstudien. Per Simulation zeigt er, daß Koeffizienten bei langfristiger Stabilität über ,800 liegen müssen, um bei einem Zeitraum von neun Jahren ein in hohem Maße unverändertes Antwortverhalten annehmen zu können (Alwin 1994: 143). Die vorliegenden Ergebnisse lassen dagegen nur den Schluß zu, daß Einschätzungen von Geschichte eher häufig über die Zeit wechseln. So bestätigen die Daten die in H 51 und H 52 postulierten Aussagen nur begrenzt. Werden die gemessenen Stabilitäten auf einen längeren Zeitraum hochgerechnet, tendieren alle gegen Null. In dieser Hinsicht gibt es keinen Unterschied zwischen Global- und Detailkategorien.

Unabhängig von dieser Erkenntnis erlauben die Korrelationskoeffizienten aus Tab. 14 eine Bewertung der regionalen Differenzen. Abgesehen von den Daten für die Globalkategorie ist die Stabilität im Westen ausgeprägter als im Osten. Den Unterschied führe ich darauf zurück, daß Ostdeutsche durch die ökonomischen Konsequenzen der Vereinigung stärker betroffen sind als die Westdeutschen. Sie sind mit einem beständigen Wandel konfrontiert, der dazu führt, daß dessen historische Ursache situativ bedingt reinterpretiert wird.

Diese Annahme läßt sich über die Begründungen belegen, die die Befragten für ihre Nennungen geben. Die in Tab. 15 aufgelisteten Themen werden mindestens zum einen der beiden Erhebungszeitpunkte jeweils von drei Prozent oder mehr aller Befragten geäußert. Auch wenn aufgrund zu geringer Fallzahlen nicht in allen Fällen eine statistische Beweisführung möglich ist, macht der Überblick unterschiedliche Schwerpunkte in Ost und West deutlich. Wird der Freiheitsbegriff in beiden Landesteilen in ähnlichem Ausmaß mit 1989/90 in Verbindung gebracht, gibt es bei einigen anderen der häufig aufgeführten Begründungen deutliche Abweichungen zwischen den Gruppen. Ostdeutsche erwähnen signifikant häufiger ihre Enttäuschung über die Entwicklungen als Westdeutsche. Für letztere ist die gewonnene Reisefreiheit von überzufällig geringerer Relevanz als für die Befragten aus den Neuen Bundesländern. Schließlich lassen sich für die erste Panelwelle zwei weitere Differenzen ausmachen. Im Querschnitt 1995 erwähnen die Interviewten aus den alten Bundesländern häufiger als Ostdeutsche, die Vereinigung sei für sie überraschend gekommen. Außerdem assoziieren sie den aufgrund des Wandels veränderten Lebensstandard signifikant seltener als Personen aus dem Osten.

Weil die beiden zuletzt genannten Themen im Folgejahr keine Regionsdifferenz mehr aufweisen, ergibt sich hier ein Hinweis auf Veränderungen

Tab. 15: Relative Häufigkeiten jener Themen, mit denen die Erinnerung der Ereignisse von 1989/90 begründet werden

1995		Begründung	1996	
Ost	West		Ost	West
(N=145)	(N=255)		(N=116)	(N=210)
16,6%	16,5%	Freiheit	16,4%	13,3%
** *28,3%*	** *6,3%*	Enttäuschung	** *21,6%*	** *6,7%*
** *12,4%*	** *6,3%*	Reisefreiheit	** *12,9%*	** *4,3%*
6,9%	7,5%	Familienzusammenführung	3,4%	5,2%
4,8%	8,2%	Frieden	0,9%	8,6%
7,6%	7,8%	Gewaltlosigkeit	6,9%	6,2%
2,1%	7,1%	deutsche Einheit = natürlich	7,8%	6,2%
** *1,4%*	** *7,1%*	Überraschung	3,4%	5,7%
** *7,6%*	** *3,1%*	Lebensstandard	1,7%	1,0%
3,4%	2,4%	Demokratie	3,4%	1,0%
4,1%	1,6%	Zukunftshoffnung	4,3%	3,8%
0,7%	3,5%	neg. Konsequenzen f. West	0,0%	3,8%
4,1%	1,6%	DDR-Chaos	0,9%	1,0%
2,1%	0,4%	positive Erfahrungen	5,2%	1,9%

Bei den kursiv gesetzten und mit ** versehenen Häufigkeiten bestehen signifikante Ost-West-Differenzen.

über die Zeit. 1996 spielt der Lebensstandard für weniger Ostdeutsche eine Rolle als im Vorjahr. Außerdem sehen erheblich mehr von ihnen die deutsche Einheit als etwas Natürliches an. In bezug auf das Erleben der Vereinigung als etwas Überraschendem, mit dem niemand rechnen konnte, ergibt sich demgegenüber eine Angleichung zwischen beiden Landesteilen. Auch wenn deskriptiv betrachtet die positiven Erfahrungen mit der Vereinigung bei Ostdeutschen leicht zunehmen, bleiben insgesamt die oben beschriebenen grundlegenden regionalen Differenzen bestehen. An der Enttäuschung der Ostdeutschen ändert sich ebensowenig wie an ihren anderen Schwerpunkten in der Bewertung der geschichtlichen Vorgänge.

Das Resultat behält, wie Tab. 16 zu entnehmen ist, seine Gültigkeit in der Panelstichprobe. Von den Befragten, die 1989/90 in beiden Interviews als bedeutsames zeithistorisches Ereignis erinnern, äußern sich Ostdeutsche signifikant häufiger als Westdeutsche zu beiden Meßzeitpunkten enttäuscht über den Zusammenschluß von BRD und DDR. Außerdem assoziieren im Gegensatz zu Personen aus dem Westen erheblich mehr Interviewte aus den Neuen Bundesländern intraindividuell stabil die Reisefreiheit.[5]

Tab. 16: Relative Häufigkeiten und Korrelationskoeffizienten der in beiden Panelwellen intraindividuell übereinstimmenden Begründungen für die Erinnerung der Ereignisse von 1989/90

relative Häufigkeit			Stabilität	
Ost	West		Ost	West
(N=96)	(N=140)	Begründung	r	r
4,2%	5,0%	Freiheit	,057	++ *,254*
** *11,5%*	** *1,4%*	Enttäuschung	++ *,344*	++ *,226*
8,3%	0,0%	Reisefreiheit	++ *,527*	-,029
3,1%	1,4%	Familienzusammenführung	++ *,441*	+ *,187*
0,0%	2,9%	Frieden	-,021	++ *,222*
2,1%	4,3%	Gewaltlosigkeit	++ *,269*	++ *,453*
0,0%	0,7%	deutsche Einheit = natürlich	-,042	,043
1,0%	2,1%	Überraschung	++ *,335*	++ *,232*
1,0%	0,0%	Lebensstandard	++ *,220*	-,013
1,0%	0,7%	Demokratie	++ *,262*	++ *,495*
0,0%	0,0%	Zukunftshoffnung	-,049	-,026
0,0%	1,4%	neg. Konsequenzen f. West	÷	++ *,387*
0,0%	0,7%	DDR-Chaos	-,021	++ *,493*
0,0%	0,0%	positive Erfahrungen	-,024	÷

Bei den kursiv gesetzten und mit ** versehenen Häufigkeiten bestehen signifikante Ost-West-Differenzen. Bei den kursiv gesetzten und mit + oder ++ versehenen Korrelationskoeffizienten besteht eine signifikante Beziehung zwischen beiden Nennungen im Panel (+ = Sign. ≤,05; ++ Sign. ≤,01).

Zur Beurteilung der Erinnerungspersistenz ist zwar zu berücksichtigen, daß bei relativ niedrigen Korrelationskoeffizienten nicht von langfristiger Stabilität ausgegangen werden kann. Da mich jedoch die gesellschaftliche Inter-

---

5 Wegen Schätzproblemen beruht die Schlußfolgerung auf dem deskriptiven Resultat.

aktion innerhalb eines begrenzten Zeitraumes kurz nach dem Eintreten eines gesellschaftlich relevanten Ereignisses interessiert, erlauben die in den beiden rechten Spalten von Tab. 16 aufgelisteten Werte Rückschlüsse darauf, ob sich das Antwortverhalten zwischen den Meßzeitpunkten wandelte oder nicht. Angesichts der dargestellten Ergebnisse müssen die voranstehend gemachten Aussagen modifiziert werden.

Tab. 16 folgend wird der in beiden Querschnittsstichproben ungefähr gleichverteilte Gedanke der Freiheit im Westen intraindividuell relativ stabil erinnert. Bei Ostdeutschen ist demgegenüber bei dieser Kategorie keine solche Beziehung zwischen erster und zweiter Panelwelle nachweisbar. Offensichtlich nehmen Interviewte aus den alten Bundesländern die Vorgänge von 1989/90 über die Zeit stabil in Zusammenhang mit dem Freiheitsbegriff wahr. Bei Befragten aus dem Osten wechselt eine derartige Einschätzung demgegenüber situationsbedingt.

Der Betonung von Freiheit vergleichbar sind die Ergebnisse für die Kategorien „Frieden" und „Demokratie". Auch sie werden in den alten Bundesländern über die Zeit intraindividuell stabiler beurteilt als im Osten. Ähnliches gilt für die Betonung der Gewaltlosigkeit, mit der die Revolution in der DDR vonstatten ging.

Im Gegensatz zu den Westdeutschen gibt es bei den Befragten aus dem Osten eine Tendenz zu einem stabileren Antwortverhalten, wenn es in den Begründungen zum Vereinigungsprozeß um Themen der Reisefreiheit, der Familienzusammenführung sowie der Erhöhung des Lebensstandards geht. Diesen positiven Konsequenzen aus dem Geschehen in 1989/90 steht der Vergleich der Korrelationskoeffizienten für die Kategorie „Enttäuschung" entgegen. Numerisch liegt der Wert für die ostdeutsche Teilstichprobe über dem der Westdeutschen. Zudem wird deutlich, daß es sich bei Aussagen über die negativen Konsequenzen der Vereinigung wie Steuererhöhungen oder bei den Beschreibungen der DDR als ökonomischem Desaster um Vergangenheitsbilder von Westdeutschen handelt, die relativ stabil über die Zeit vorgetragen werden. Aufgrund dessen ist ein abschließendes Urteil über H 28 nicht möglich. Die vorliegenden Daten erlauben keine Entscheidung darüber, ob Ostdeutsche den Zusammenschluß beider Gesellschaften negativer als die Westdeutschen bewerten (vgl. S. 85). Die Ergebnisse auf der Basis der Panelbefragung erlauben allein den Schluß, daß die Erinnerungen an die Vereinigung in Ost- und Westdeutschland mit unterschiedlichen Konnotationen verknüpft sind.

Zudem läßt sich auch nicht die in den Hypothesen H 51 und H 52 postulierte Stabilität von Bedeutungen aufrechterhalten, soweit es die Unterscheidung nach Globalkategorie und Bewertung betrifft. Fraglos verändert sich die Wahrnehmung der Befragten über die Zeit. Sie geben im zweiten Interview teilweise andere Gründe dafür an, warum ihnen die deutsche Vereinigung als geschichtlich bedeutsam einfällt. Dennoch sind einige der mit dem

Ereignis verknüpften Bedeutungen intraindividuell ähnlich stabil wie dessen Erinnerung selber. Die Korrelationen bei den einzelnen Kategorien erreichen Werte bis zu r=,527. In diesen Fällen liegen sie höher als die für die Geschichtskategorien ermittelten. Demnach macht es keinen Sinn, hinsichtlich der Stabilität zwischen assoziiertem Zeitabschnitt und den in der Gegenwartssituation gegeben Begründungen für die Erinnerung zu differenzieren. In diesem Zusammenhang ist auch H 7 nicht länger haltbar. Die mit dem historischen Geschehen verknüpften Bewertungen sind nicht per se instabil über die Zeit (vgl. S. 60).

Insgesamt läßt sich folgern, daß die Erinnerung historisch bedeutsamer Ereignisse in ähnlicher Weise stabil ist wie allgemeine politische Einstellungen. Verglichen mit Grundüberzeugungen oder emotionalen Bindungen wechseln sie offenbar häufiger innerhalb der Lebensspanne.

Bei der Analyse der Begründungen zur Assoziation der deutschen Vereinigung als bedeutsamem zeithistorischen Ereignis stellt sich weiterhin die Frage, inwieweit die massenhafte Erfahrung von Arbeitslosigkeit das Antwortverhalten von Ostdeutschen beeinflußt. In H 40 gehe ich von einer solchen Wirkung aus (vgl. S. 105). Zudem spezifiziere ich in den weiteren Hypothesen H 41 bis H 43 verschiedene Subgruppen, bei denen in der Literatur unterstellt wird, für ihre Mitglieder habe die Entlassung aus der sozialen Sicherheit ihres Berufes erheblichen Einfluß auf ihre Einstellungen zur Geschichte. Deshalb bestimme dieser Sachverhalt auch die kollektiven Erinnerungen mit.

Generell übt der Verlust des Arbeitsplatzes einen viel geringeren Einfluß auf die kollektiven Erinnerungen von Ostdeutschen aus als erwartet. Deshalb ist die Kategorie in Tab. 15 nicht extra aufgelistet, sondern unter das allgemeinere Thema „Enttäuschung" subsumiert. Für Westdeutsche spielt dieser Gesichtspunkt bei Häufigkeiten unter 1,3% faktisch keine Rolle. Aber auch bei den Befragten aus den neuen Bundesländern sind die Anteile mit 5,5% in 1995 und 5,2% in 1996 niedrig.

Weder bei der ersten noch bei der zweiten Panelwelle wird eine Gesamthäufigkeit von 2,5% überschritten. Ein Ost-West-Vergleich mittels Chi^2-Test ist wegen zu geringer Fallzahlen weder für die Daten des einen noch die des anderen Jahres möglich. Allerdings läßt es sich der hohen numerischen Differenz bei den Nennungshäufigkeiten in beiden Landesteilen wegen als gesichert ansehen, daß Ostdeutsche diesen Aspekt häufiger im Zusammenhang mit Gedanken zur Vereinigung wahrnehmen als die Interviewten aus dem Westen. Insofern sehe ich H 40, die diesen Effekt postuliert (vgl. S. 105) als bestätigt an. Es bleibt aber zu beachten, daß unabhängig vom Vergleich auch im Osten die Assoziationshäufigkeit niedrig ist.

Ebenfalls der geringen Fallzahlen wegen sind Subgruppenanalysen mittels logistischer Regression lediglich bei der Stichprobe 1995 möglich. Dabei ergibt sich ein Hinweis auf die Erklärung der empirischen Wirklichkeit durch H 41 (vgl. S. 105). Wie das Ergebnis der Regression belegt, sind es die ostdeutschen Männer, die in ihrer Erinnerung die Vereinigung mit dem Gedanken an Arbeitslosigkeit koppeln. Ihre Wahrscheinlichkeit einer solchen Assoziation beträgt 7,5% und liegt signifikant über derjenigen der übrigen Befragten mit 1,2%. Folglich sind es nicht, wie in H 42 und H 43 unterstellt, die Frauen aus den Neuen Bundesländern, die sich die deutsche Vereinigung zusammen mit der Erfahrung von Arbeitslosigkeit vergegenwärtigen (vgl. S. 105). Auch wenn die numerische Wahrscheinlichkeit nur einen geringen Wert voraussagt, zeigen tendenziell ostdeutsche Männer ein solches Antwortverhalten, obwohl sie in geringerem Maße als Frauen aus dem Arbeitsleben entlassen wurden.

Von Bedeutung ist hier zudem der Vergleich beider Panelwellen. Bei keiner Person läßt sich Verhaltensstabilität hinsichtlich dieser thematischen Kategorie beobachten. Die Assoziation dieses Aspekts erfolgt offensichtlich situationsabhängig. Insoweit es sich um ein Massenschicksal handelt, kann Arbeitslosigkeit als Einflußgröße auf kollektive Erinnerungen angesehen werden. Die vorliegenden Daten geben Hinweise auf einen solchen Interaktionseffekt seitens der Makroebene. Bestimmte Aspekte der Vergangenheit werden ad hoc entsprechend den Konsequenzen beurteilt, die sich aus dem geschichtlichen Prozeß ergeben.

Aufgrund theoretischer Vorannahmen ist die durch die Vereinigung möglich gewordene Familienzusammenführung ein weiterer Analyseschwerpunkt. Die Daten ermöglichen den Test der in H 44 postulierten Zusammenhänge. Ausgangspunkt ist die Bedeutung, die Frauen im Gegensatz zu Männern der Familie rollenbedingt zuschreiben. Deshalb sollte der weibliche Teil der ostdeutschen Bevölkerung anders als alle übrigen Befragten der Möglichkeit des ungehinderten Familienbesuchs im Zusammenhang mit Erinnerungen an die deutsche Vereinigung eine besondere Bedeutung zuschreiben (vgl. S. 107). Die Auswertung bestätigt diese Annahme nur zum Teil und gibt Anlaß, jene Aspekte eingehender zu diskutieren, durch die kollektive Erinnerungen über die Zeit beeinflußt werden.

Dem Resultat der Befragung von 1995 zufolge geht die Thematisierung der Familienzusammenführung bei Erinnerungen an die deutsche Vereinigung auf Frauen generell und nicht schwerpunktmäßig auf jene aus Ostdeutschland zurück. Beträgt die Wahrscheinlichkeit, den ungehinderten Familienbesuch nach dem Fall der Mauer als Folge der Vorgänge von 1989/90 zu assoziieren, bei Männern lediglich 4,4%, ist sie bei den Frauen mit 10,0% signifikant höher. Im Folgejahr kommt die Geschlechtsvariable nur noch in Interaktion mit der Regions- und Altersgruppenzugehörigkeit zur Geltung. Da letztgenannter Effekt nicht in der Hypothese postuliert ist, wird H 44 auch hier nur teilweise bestätigt. In 1996 sind es die vor 1940 geborenen ostdeutschen Frauen, die mit 20,0% eine überzufällig höhere Wahrscheinlichkeit als die restlichen Interviewten dafür verzeichnen, die Familienzusammenführung zu thematisieren. Bei den anderen sind solche Äußerungen mit 4,0% dagegen eher unwahrscheinlich.

Dieselbe Produktvariable ist auch im Längsschnitt wirksam. In der Panelstichprobe beeinflußt neben dem Interaktionseffekt für die älteren ostdeutschen Frauen nur noch die Kovariate für die Nennung dieses Themas in 1995 die abhängige Variable. Danach gehen in 1996 Assoziationen zur Familienzusammenführung auf die genannte Frauengruppe insbesondere dann zurück, wenn sie diesen Gedanken bereits in 1995 ansprachen. Ihre Wahrscheinlichkeit beträgt 61,6%, ihn erneut zu nennen. Bei allen übrigen Befragten liegen die Wahrscheinlichkeitswerte deutlich niedriger. So beträgt die Wahrscheinlichkeit für die restlichen Befragten mit stabilem Antwortverhalten nur 17,5%, für die älteren ostdeutschen Frauen, die dieses Thema in 1995 nicht assoziierten, 12,8% und für alle anderen 1,9%. Der grundlegende Sachverhalt bestätigt sich, wenn im Paneldatensatz erste und zweite Nennung für die zwei hier wichtigen Subgruppen miteinander korreliert werden. Bei allen Frauen lautet der Korrelationskoeffizient auf ,210. Bei jenen, die aus den neuen Bundesländern stammen sowie 55 Jahre und älter sind, ist die gemessene Beziehung mit ,556 erheblich stärker.

Entgegen der hypothetischen Annahme gehen die Assoziationen zur Familienzusammenführung nicht auf ostdeutsche Frauen in ihrer Gesamtheit zurück. Zunächst bestätigen die Querschnittsdaten von 1995, daß die Erinnerungen von Frauen durch dieses Thema stärker beeinflußt sind als die der Männer. Die Interpretationen des Datensatzes von 1996 sowie der Panelstichprobe verdeutlichen aber die Unmöglichkeit, in dieser Hinsicht ostdeutsche Frauen als einheitliche Gruppe anzusehen. Vielmehr sind es die älteren unter ihnen, die die ungehinderte Kommunikation zwischen Familienmitgliedern im Gedächtnis haben, wenn sie die Vereinigung von BRD und DDR erinnern.

Bei diesem Resultat läßt sich die Veränderung des Subgruppeneffektes nicht auf die Panelmortalität zurückführen. Statistische Vergleiche zwischen beiden Stichproben weisen bei beiden Panelwellen ähnliche Proportionen bezüglich der Frauen, unter ihnen hinsichtlich der Anteile bei der Regionszugehörigkeit und unter den ostdeutschen Frauen zur Relation zwischen älteren und jüngeren aus. Die westdeutschen Frauen, die bei den 1995 durchgeführten Interviews ähnlich wie die aus dem Osten zur Assoziationshäufigkeit des Themas der Familienzusammenführung beitrugen, zeigen im Folgejahr offensichtlich ein ähnliches Antwortverhalten wie die Männer und unterscheiden sich darin signifikant von ihren Geschlechtsgenossinnen aus dem Osten. Bei der westlichen Subgruppe muß es zu einer Veränderung gekommen sein, da die vor 1940 geborenen ostdeutschen Frauen im Panel intraindividuell stabil ihre Erinnerungen an die Vereinigung mit dem Verweis auf die Familienzusammenführung begründen.

Ungeklärt bleibt hier, warum entgegen der hypothetischen Annahme die Altersdifferenz besteht. Unabhängig davon zeigt sich am Resultat zum Thema „Familienzusammenführung", daß sich Persistenz beziehungsweise Wandel von Erinnerungen in einzelnen Fällen nicht auf die gesamte Gesellschaft beziehen muß. Von daher sind die allgemeinen Hypothesen H 7 und H 8 (vgl. S. 60) wie auch die anderen zu modifizieren, die bezüglich konkreter Ereignisse Stabilität oder Veränderung postulieren. Wird das Interaktionsmodell als korrekte Beschreibung gesellschaftlicher Wirklichkeit angesehen, treten beide Aspekte, die Persistenz wie der Wandel, gleichzeitig auf. Sie treffen für einzelne Subgruppen zu, die damit unterschiedliche Beiträge zu den kollektiven Erinnerungen leisten.

5.5.2 Beispiele kollektiven Vergessens

Historische Ereignisse können ihre Bedeutung verlieren, wenn sich die mit ihnen zusammenhängenden Bewertungen für die Angehörigen einer Nation wandeln. In solchen Fällen wird die Erinnerungshäufigkeit innerhalb einer Gesellschaft nicht über eine marginale Rate hinausgehen. Diesem Gedanken trägt H 11 auf allgemeine Weise Rechnung (vgl. S. 65). Aufgrund theoretischer Annahmen wird bei zwei Ereignissen ein kollektives Vergessen unterstellt. Allerdings läßt sich die Bedeutung des Golfkrieges 1991 sowie die des Widerstandes gegen den Nationalsozialismus in den kollektiven Erinnerungen von Deutschen allein empirisch klären, weil hierzu sich gegenseitig ausschließende Hypothesen vorliegen.

Wie erwähnt sah Anfang der 90er Jahre ein Zehntel der Deutschen die kriegerische Auseinandersetzung mit dem Irak als historisch bedeutsam an (Schuman et al. 1998). Demgegenüber sind die Nennungen zu dieser Kategorie in 1995 (1,2%) und 1996 (0,9%) nur marginal. Damit bestätigt das Ergebnis die Alternativhypothese H 50 (vgl. S. 116). Obwohl sich viele junge Leute während der Operation „Wüstensturm" gegen die kriegerische Auseinandersetzung engagiert hatten, ist das Ereignis bereits nach wenigen Jahren aus den kollektiven Erinnerungen nahezu verdrängt. Die Hypothesen H 48 und H 49 mit ihren gegensätzlichen Annahmen (vgl. S. 116) sind daher zurückzuweisen. Weil der Golfkrieg zu beiden Meßzeitpunkten nahezu vergessen ist, erübrigt sich auch die Frage nach der Verhaltensstabilität.

Bei dem zweiten Beispiel besteht ein Unterschied zum ersten, als der Widerstand gegen den Nationalsozialismus einer Geschichtsepoche zuzurechnen ist, die, wie diese Untersuchung belegt, nach wie vor von zentraler Bedeutung für die deutsche Bevölkerung ist. Trotz der herausragenden Wichtigkeit, die den Jahren 1933 bis 1945 insgesamt beigemessen wird, sind den Befragten nur spezifische Aspekte dieser Ära im Gedächtnis präsent. Das Aufbegehren gegen die damalige Diktatur spielt keine Rolle. In beiden Panelwellen beträgt die Nennungshäufigkeit für die Kategorie weniger als ein Prozent für alle Interviewten. H 57 ist somit bestätigt (vgl. S. 120).

Das Resultat ist bedeutsam, weil der 20. Juli 1944 als Gedenktag des Attentats auf Hitler eine zentrale Funktion im kulturellen Gedächtnis der Deutschen einnimmt. Gerade diesem Teil des Widerstandes kommt ein fundierendes Moment für die neu erstandene Demokratie nach 1945 zu (Limbach 1997). So wurde der 50. Jahrestag in 1994 nicht nur öffentlich zelebriert, sondern fand auch seinen Niederschlag in einer großen Anzahl von Publikationen (Grobe 1994; Pfahl-Traughber 1995).

Das empirische Resultat widerlegt Annahmen über Zusammenhänge zwischen kulturellem Gedächntis und kollektiven Erinnerungen (H 55; vgl. S. 119). Der Widerstand gegen den Nationalsozialismus ist entgegen seiner elementaren gesellschaftlichen Bedeutung den Individuen kaum präsent. Dementsprechend ist die in diesem Zusammenhang formulierte Hypothese H 56 mit dem Postulat von Erinnerungsstabilität gegenstandslos.

Wenn Deutsche den Kampf gegen die damalige Diktatur in der Gegenwart nicht erinnern, läßt sich daraus keineswegs auf ihren Kenntnisstand über diese Vorgänge der Vergangenheit schließen. Im Rahmen der Adreßerhebung für dieses Projekt war die Hälfte aller Interviewten danach gefragt worden, ob ihnen elf Namen von Personen des öffentlichen Lebens bekannt seien (Krebs 1996).[6] Sechs der Namen waren die von Widerständlern gewesen. Mehr als zwei Drittel der Interviewten gaben an, die Namen von Claus Schenk Graf von Stauffenberg und den Geschwistern Scholl seien ihnen geläufig.[7] Wenn Deutsche mit den Fakten des Widerstands konfrontiert werden, erinnern sie sich an das, was sie über diesen Teil deutscher Geschichte gelernt haben, was ihnen darüber vermittelt wird. Folglich besteht eine Diskrepanz zwischen kulturellem Gedächtnis und kollektiven Erinnerungen.

So eindeutig die Befunde sind, ist zumindest beim Thema des Widerstandes schwer zu entscheiden, ob tatsächlich ein kollektives Vergessen vorliegt oder ob sich die Deutschen schon seit Ende des Zweiten Weltkrieges mehrheitlich weigern, diesen Teil ihrer Geschichte anzuerkennen. Anders verhält es sich bei dem dritten Beispiel, der Bedeutung, die dem 17. Juni 1953 in der deutschen Gesellschaft beigemessen wird. Wolfrum (1997) skizziert ausführlich, in welchem Rahmen sich das Gedenken an dieses Datum von Anbeginn abspielte. Danach kann der Prozeß mit seinen verschiedenen Formen der Kommemoration als Entwicklung hin zu einem kollektiven Vergessen beschrieben werden. Unabhängig vom politischen Stellenwert dieses Gedenktages, der alljährlich öffentlich begangen wurde und nach wie vor begangen wird, ist er in den kollektiven Erinnerungen nicht präsent. Entgegen der Annahme in H 22 gibt es hier auch keine Differenzen zwi-

---

6 Von den 649 Befragten, die an der Panelwelle 1995 teilnahmen, waren 245 (37,8%) in 1993 mit diesen Items konfrontiert worden.
7 Zwischen 40% und 50% hatten von Martin Niemöller, Kardinal von Galen sowie Dietrich Bonhoeffer gehört.

schen Ost- und Westdeutschen (vgl. S. 80). Im Laufe der Jahre fand auf gesamtdeutscher Ebene offensichtlich ein Vergessen von Vergangenheit statt, das auch gegenwärtig anhält. Das Beispiel zum 17. Juni 1953 liefert zudem eine Bestätigung für die Hypothesen H 11 und H 13, denen zufolge abnehmendes Interesse zum Vergessen führt (vgl. S. 65). Weil sich diese Annahmen auf kein konkretes Beispiel beziehen, sind sie zwar ihrer allgemeinen Form wegen nicht testbar. Doch zeigt das Gedenken des Tages der deutschen Einheit, daß es historische Daten gibt, die ihre Bedeutung für die Gesellschaftsmitglieder weitgehend eingebüßt haben. Selbstredend folgt daraus keine Prognose für die Zukunft, da Vergangenheit unter neuen gesellschaftlichen Konstellationen wiederbelebt werden kann (Lewis 1975).

5.5.3 Medienöffentlichkeit und kollektive Erinnerungen

Als eine Form gesellschaftlicher Interaktion kann der Einfluß von Presse, Rundfunk und Fernsehen auf die Vergangenheitswahrnehmung der Individuen eingestuft werden. Hierbei besteht ein Gegensatz zum Vergessensprozeß, dem auch nicht durch öffentliches Gedenken an entsprechenden Feiertagen entgegenzusteuern ist. In einer Modellmodifikation unterstelle ich einen Einfluß der Medien auf die Gesellschaftsmitglieder. Er wird bei Ereignissen ausgeübt, denen sie eine latente Bedeutsamkeit zusprechen, und wird dann wirksam, wenn die Menschen auf zwar nicht geläufige, ihnen aber immer noch bekannte geschichtliche Vorgänge gestoßen werden. Die Erörterung in den Medien löst dann ein Wiedererkennen aus. Entsprechend Hypothese H 10 postuliere ich, im Anschluß an die Medienberichterstattung über ein Ereignis der Vergangenheit sei dessen Erinnerung innerhalb einer Population in signifikantem Maße gegenwärtiger als vorher (vgl. S. 63). Konkret ausformuliert ist die Annahme in den Hypothesen H 53 und H 54 zum Unfall im Kernkraftwerk Tschernobyl (vgl. S. 119) sowie in H 46 und H 47 zum Endes des Zweiten Weltkrieges (vgl. S. 114), das sich 1995 zum fünfzigsten Male jährte. Schließlich spielen in diesem Zusammenhang auch die Befunde zu den kollektiven Erinnerungen des Mauerbaus eine Rolle, zu denen vorab keine Hypothese formuliert worden war.

Aus dem deskriptiven Ergebnis geht hervor, daß der Unfall im Kernkraftwerk Tschernobyl 1986 als weitgehend vergessen gelten muß. Schon für 1991 berichten Schuman et al. (1998: 435) über keine nennenswerten Aussagen zum Geschehen in der Ukraine. Obgleich nicht wenige Deutsche im Jahr der Katastrophe ihr Alltagsverhalten der Auswirkungen des *fall outs* wegen temporär veränderten, wirkte sich ihre Reaktion mittelfristig nicht auf die Wahrnehmung des Ereignisses als geschichtlich bedeutsam aus. Die Befragung Mitte der 90er Jahre belegt diese Annahme. Bei der Welle 1995 erinnerten 1,2% der Interviewten Tschernobyl. Fünfzehn Monate später waren es 1,6%.

Das zweite Ergebnis ist um so wichtiger, als die Interviewten 1996 nach dem zehnten Jahrestag der Nuklearkatastrophe befragt wurden. Als Resultat der höheren Medienaufmerksamkeit für diesen negativen Teil der Technikgeschichte hatte ich vorab ein verändertes Antwortverhalten zum zweiten Meßzeitpunkt erwartet. An anderer Stelle interpretierte ich die Nichtreaktion der Befragten als Mißerfolg der medialen Reinszenierung. Auch wenn das Ereignis wiedererkannt worden sein dürfte, erreichte sie nicht, es erneut in den individuellen Gedächtnissen zu verankern (Heinrich 2000: 97f.). Unter einer solchen Perspektive ist die auf Stabilität abzielende Hypothese H 54 gegenstandslos (vgl. S. 119).

Angesichts einer erweiterten Medienanalyse revidiere ich mein Urteil. Beschränkt sich die Sichtung von Tageszeitungen nicht allein auf die Wochen um den Jahrestag sondern bezieht die Zeit seit 1994 mit ein,[8] vermittelt sich ein anderes Bild, das nicht mit dem Modell und der Annahme einer medialen Manipulation übereinstimmt. Die Untersuchung der Zeitungen macht nämlich deutlich, daß Tschernobyl als Thema durchgängig in der Presseberichterstattung präsent war. Eine ganze Reihe von Artikeln, die lange vor April 1996 erschienen, nehmen in verschiedener Form Bezug auf das Unglück. Hinsichtlich der Auslösung von Wiedererkennenseffekten sehe ich es als unwichtig an, ob der jeweilige Beitrag aktuelle Vorgänge in der Ukraine, Castor-Transporte in Deutschland oder andere verwandte Themen anspricht. Demnach handelt es sich bei Tschernobyl um ein Geschichtsereignis, das ähnlich dem Mauerbau gewisse Zeit nach seinem Eintreten eine hohe Bedeutung für die Gesellschaftsmitglieder hatte. Mit den Jahren war es dann aber nicht mehr Teil des aktiven Gedächtnisses. Das Vergessen ist, wie die Daten von Schuman et al. (1998) und die hier präsentierten belegen, im Falle der atomaren Katastrophe auch nicht durch die Medien aufzuhalten. Hier spielt es offensichtlich keine Rolle, ob diese Vergangenheit Teil der laufenden Berichterstattung ist oder zu einem bestimmten Jahrestag thematisiert wird.

Bei den Erinnerungen zum Kriegsende 1945 ist der Sachverhalt des nicht nachweisbaren Medieneinflusses anders zu beurteilen. Weil die Nennungshäufigkeit in 1996 deutlich niedriger als die in 1995 liegt, ist H 47 zurückzuweisen. In ihr hatte ich wegen des breiten Medienechos zum 50. Jahrestag den umgekehrten Effekt postuliert (vgl. S. 115). Damit wird die Annahme von Erinnerungsinstabilität in H 46 aber nicht wie im Fall Tschernobyls gegenstandslos. Bei einem Teil der Befragten, den vor 1940 geborenen Männern, läßt sich ein intraindividuell stabiles Antwortverhalten belegen. Außerdem sind die relativen Anteile der kollektiven Erinnerungen an dieses Datum in ihrer Höhe nicht unbeträchtlich. Etwa ein Fünftel der Interviewten hat dieses Ereignis seiner Bedeutsamkeit wegen im Gedächtnis. Es bleibt lediglich festzuhalten, daß die beträchtliche Medienaufmerksam-

---

[8] Die entsprechenden Artikel sind im Literaturverzeichnis aufgeführt.

keit zum 50. Jahrestag sich nicht in den Reaktionen auf die offene Frage niederschlägt. Auf mögliche Ursachen dafür werde ich in der Ergebnisdiskussion noch näher eingehen. Wie das folgende Beispiel zeigt, könnte in diesem Zusammenhang die zeitliche Distanz zwischen Jahrestag und Befragung eine Rolle spielen.

Der Gedanke, der Medieneinfluß sei nur innerhalb eines begrenzten Zeitraumes wirksam, drängt sich angesichts des Ergebnisses zur Kategorie „Mauerbau 1961" auf. Ähnlich wie bei den Erinnerungen an das Kriegsende 1945 - wenn auch auf niedrigerem Niveau - ist die Abschottung des westlichen Teils Berlins vom Umland ein Ereignis, das nach wie vor innerhalb der deutschen Bevölkerung im Gedächtnis verankert ist. Zudem gibt es auch hier mit den vor 1940 geborenen ostdeutschen Frauen eine Gruppe von Personen, die mit der Assoziation dieses Ereignisses bei beiden Panelwellen ein stabiles Antwortverhalten zeigt. Wie bereits erwähnt weist die deskriptive Analyse einen signifikanten Anstieg der Nennungen vom ersten zum zweiten Meßzeitpunkt aus. Erst aufgrund dessen ergab sich die Überlegung, diese Veränderung könne auf einen Medieneinfluß zurückzuführen sein. Da sich die Erhebungsphase der Panelwelle 1996 von August bis November erstreckte, ist eine Wirkung der Berichterstattung in Presse, Rundfunk und Fernsehen zum 35. Jahrestag der endgültigen Trennung zwischen Ost- und Westdeutschen nicht auszuschließen.[9]

Auch wenn die Mediennutzung der Befragten nicht erfaßt wurde, liefern die vorliegenden Daten indirekt Belege für die Plausibilität der Annahme. Weil die Interviewten aufgefordert waren, das Datum anzugeben, an dem sie ihren Fragebogen ausfüllten, ist eine zeitliche Verortung möglich, wann ihre Erinnerungen angesprochen wurden. Danach füllten von 37 Personen, die den Mauerbau erinnerten, 21 (75,7%) den Fragebogen im August aus. 19 (51,4%) antworteten zwischen dem 14. und dem 22. August, also innerhalb weniger Tage nach dem Jahrestag. Auch wenn es sich 1996 nicht um ein „rundes" Datum handelte, hatte er damals ein großes Medienecho hervorgerufen. In den überregionalen Zeitungen war jeweils ein historischer Hintergrundbericht sowie ein Artikel über die Gedenkfeiern abgedruckt.

Aus der Medienpräsenz des Themas sowie aus der engen zeitlichen Nähe zwischen Ausfülldatum und Jahrestag schließe ich auf einen Einflußeffekt, der sich in der Befragung bemerkbar macht. Somit liegt ein Beispiel dafür vor, inwieweit sich der öffentliche Diskurs auf die kollektiven Erinnerungen auswirken kann. Angesichts der Tatsache, daß ein solcher Effekt bei den Themen Tschernobyl sowie dem 8. Mai 1945 nicht nachweisbar ist, läßt sich das Beispiel der Kategorie „Mauerbau 1961" allerdings nicht als Bestätigung der allgemeinen Hypothese H 10 ansehen. Offensichtlich müs-

---

9 Die 1996 publizierten Artikel zu dem Thema sind im Literaturverzeichnis aufgeführt.

sen die Bedingungen für einen Medieneinfluß genauer spezifiziert werden, als es in dieser Annahme erfolgt ist (vgl. S. 63).

5.5.4 Öffentlicher Diskurs versus individuelles Vergessen: Die Erinnerung der Shoah

Eine weitere Analyse mit explorativem Charakter beschäftigt sich mit einer anderen Form gesellschaftlicher Interaktion über die Vergangenheit, bei der sowohl Beeinflussung durch die Öffentlichkeit als auch Verweigerungen seitens der Individuen zur Geltung kommen. Wegen der vorgelegten Ergebnisse zur Nennung der Shoah sowie aufgrund des Wissens um die immer wieder aufbrechenden Konflikte zur Kommemoration des Mordes an den Juden vermute ich in diesem Fall ein spezifisches Wechselverhältnis zwischen Mikro- und Makroebene. Weil sich eine solche Interaktion des Umfragedesigns wegen hier nicht explizit testen läßt, verzichtete ich vorab auf die Formulierung entsprechender Hypothesen. Explorative Analysen vermitteln zumindest implizit Einblicke in derartige Zusammenhänge.

Wie schon die Daten von Schuman et al. (1998) zeigen, ist die Shoah nur marginal in den kollektiven Erinnerungen verankert. Einer Minorität der Deutschen ist sie präsent. Erhalten die Inteviewten jedoch durch den Fragebogen Hinweise auf die Ermordung der Juden, sind es in beiden Querschnitten 1995 und 1996 zwischen acht und zwölf Prozent, die dieses Ereignis nennen. Offensichtlich bedarf es des kulturellen Gedächtnisses als eines Anstoßes von außen, damit dieser negative Aspekt deutscher Geschichte über das Wiedererkennen hinaus als bedeutsam erinnert wird.

Da in beiden Panelwellen alle Interviewten dem Einfluß durch das geschlossene Item ausgesetzt waren, bleibt die Frage bestehen, warum dennoch nur relativ wenige den durch Deutsche begangenen Massenmord in der Zeit des Nationalsozialismus in der Antwort auf die offene Frage explizit benennen. Hierzu liefert die oben präsentierte Untersuchung über den Einfluß des Items „*Shoah_Belastung*" weitere Aufschlüsse. Die einfache logistische Regression belegt die Bedeutung, die die mit der Shoah verbundenen Gefühle auf die kollektiven Erinnerungen an die Ermordung der Juden haben. Weil eine derartige Wirkung besteht, vermute ich einen Zusammenhang zwischen der emotionalen Befindlichkeit über diesen Aspekt deutscher Vergangenheit und der gemeinschaftlichen Anstrengung, ihn wahrzunehmen. Daraus läßt sich die Annahme ableiten, daß die Stärke der durch das Wissen um die Shoah ausgelösten Gefühle Voraussetzung für die Bereitschaft ist, sich auf deren Erinnerung einzulassen.

Im Rahmen des explorativen Vorgehens wurde in das Regresionsmodell zur Erinnerung der Shoah neben den demographischen Merkmalen als unabhängigen Kovariaten zusätzlich die Reaktion auf das geschlossene Item

„*Shoah_Belastung*" in dichotomisierter Form aufgenommen.[10] Es mißt die Stärke der emotionalen Belastung, die Befragte, ausgelöst durch das Wissen um die damaligen Verbrechen, empfinden.

Die Ergebniskoeffizienten der logistischen Regressionen über die Assoziationen zur Shoah als abhängiger Variablen für die Querschnittsstichproben von 1995 und 1996 weisen in beiden Fällen einen Interaktionseffekt als Ursache für die Erinnerung der Shoah aus. Bei ihm handelt es sich um die Kombination aus Regionsvariable, Alter und Geschlecht. Ein vierter Teilfaktor ist die dichotomisierte Variable des Empfindens einer starken Belastung bei Konfrontation mit dem Wissen um die Verbrechen im Nationalsozialismus. Die Nennungswahrscheinlichkeit der historischen Kategorie der Shoah als bedeutsam ist für die nach 1939 geborenen westdeutschen Frauen, die eine starke emotionale Berührung empfinden, signifikant höher als bei den übrigen Interviewten. Dieser Interaktionseffekt läßt sich bei beiden Querschnitten nachweisen. In 1996 bewirkt das Item „*Shoah_Belastung*" noch einen zusätzlichen Einfluß auf die Erinnerung dieses negativen Vergangenheitsaspekts.

Aus den Regressionskoeffizienten der Daten von 1995 errechnet sich für die beschriebene Frauengruppe eine Wahrscheinlichkeit von 30,1%, mit der sie die Shoah auf die offene Frage nach zeithistorischen Ereignissen assoziieren. Bei allen anderen Befragten liegt dieser Wert nur bei 9,2%.

Im Datensatz von 1996 findet sich ein ähnliches Muster mit derselben Gruppe, die überzufällig stärker als der Rest den Massenmord an den Juden erinnert. Das Verhältnis der Wahrscheinlichkeiten beider Meßzeitpunkte weicht allerdings etwas voneinander ab, weil es hier zusätzlich zu einer Differenzierung entsprechend dem Grad der beim geschlossenen Item geäußerten Betroffenheit kommt. Wer nicht zu der durch die Merkmale der Produktvariablen gekennzeichneten Gruppe gehört, hat je nach Grad der empfundenen Belastung eine Wahrscheinlichkeit zwischen 1,7% und 13,4%, die Shoah als historisch bedeutsam zu assoziieren. Bei den nach 1939 geborenen westdeutschen Frauen mit starkem Belastungsempfinden betragen die Wahrscheinlichkeiten entsprechend der von ihnen geäußerten hohen emotionalen Berührung durch die Shoah 17,7% beziehungsweise 22,9%.

In der Längsschnittanalyse zeigt sich eine Variation zu dem oben beschriebenen Resultat. Nur eine der vier als unabhängige Größen eingesetzten demographischen Variablen beeinflußt die Erinnerung der Shoah. Die Ost-West-Differenz bleibt im Panel bestehen. Hauptsächlich wird die Wahrnehmung jener Verbrechen jedoch durch die Erinnerungsstabilität sowie

---

10 Wer sich auf der siebenstufigen Zustimmungsskala mit "6" oder "7" ein sehr hohes Belastungsempfinden attestierte (48,8% in 1995; 43,2% in 1996; 36,8% im Panel), erhielt bei der dichotomisierten Variable den Wert "1" (= starke Belastung). Alle übrigen wurden unter der Ausprägung "0" (= niedrige Belastung) klassifiziert.

durch eine Produktvariable bestimmt. Sie ist Ausdruck der Kombination aus den Faktoren der Regionszugehörigkeit, stabiler starker emotionaler Berührung durch das Wissen um die Ermordung der Juden zu beiden Meßzeitpunkten sowie der Assoziation der Shoah in der Umfrage 1995. Letzteres verweist darauf, daß sich das stabile Erinnerungsverhalten in dieser Faktorenkombination noch zusätzlich auswirkt.

In der Panelstichprobe ist die Assoziation der Shoah bei jenen am wahrscheinlichsten, die sich durch die Merkmale der Produktvariablen auszeichnen. Bei ihnen liegt der Wert bei 50,0%, die Shoah erneut zu erinnern. Bei den anderen Interviewten, die schon in 1995 bei der offenen Frage die Verbrechen an den Juden thematisierten, beträgt die Wahrscheinlichkeit einer erneuten Nennung 17,7%. Für alle übrigen Befragten ist es demgegenüber mit 5,8% eher unwahrscheinlich, daß ihnen die Shoah als bedeutsames zeithistorisches Ereignis einfällt.

Dem Ergebnis der Analyse zufolge werden die kollektiven Erinnerungen an die Shoah kaum von Ostdeutschen getragen. Aber auch für Befragte aus den alten Bundesländern gelten erhebliche Einschränkungen hinsichtlich ihres Antwortverhaltens. Die Ermordung der Juden erinnern längerfristig hauptsächlich jene, die, konfrontiert mit dem Wissen um das Geschehen in den Konzentrationslagern, emotional berührt reagieren.

Bei den übrigen Westdeutschen wirkt sich die in der Befragungssituation aktuell gegebene Betroffenheit zwar ebenfalls auf die Erinnerung aus, bleibt aber insgesamt gesehen schwach. Zu diskutieren bleibt allerdings, warum in der Längsschnittbetrachtung der Einfluß der demographischen Variablen entfällt.

Das vorliegende Resultat belegt die schon bei der Subgruppenanalyse herausgearbeitete Bedeutung der Erinnerungsstabilität. Nur jene relativ wenigen Personen, die bei einer Umfrage die Shoah frei assoziieren, werden in einer anderen, ähnlichen Interviewsituation ein vergleichbares Antwortverhalten zeigen. Die weitergehende Untersuchung weist zudem auf den Einfluß des kulturellen Gedächtnisses auf die kollektiven Erinnerungen hin. Werden jene, die auf das Wissen um die Verbrechen im Nationalsozialismus emotional berührt reagieren, daraufhin angestoßen, wird die Erinnerung daran in ihrem Gedächtnis offensichtlich aktiviert. Wer sich demgegenüber eher unberührt von diesem Teil der Vergangenheit zeigt, ist durch äußere Einflüsse kaum zu einer auf die Shoah ausgerichteten Erinnerung anzuregen. Auch wenn es sich hier lediglich um einen impliziten Test dieser Zusammenhänge handelt, weist das Ergebnis auf die Wirkung hin, die in diesem Fall die Makro- auf die Mikroebene ausübt.

5.6 Kollektive Erinnerungen in Deutschland: Ein Resümee

Mit der Tatsache, daß die kollektiven Erinnerungen von Deutschen stark von Nationalsozialismus und deutscher Vereinigung beherrscht sind, erbringt die vorliegende Studie zweifelsohne kaum Neues. Deutlich mehr als die Hälfte der Befragten assoziiert die beiden epochalen Einschnitte deutscher Vergangenheit. Überraschen kann es ebenfalls nicht, wenn die Mehrheit der Interviewten hinsichtlich zeithistorischer Details auf wenige Kategorien fixiert sind. So steht der Begriff des Nationalsozialismus weitgehend als Synonym für den Zweiten Weltkrieg, werden insbesondere dessen Ende sowie die eigenen Opfererfahrungen bei Kampfhandlungen, bei der Bombardierung der Städte, bei der Flucht etc. thematisiert.

Entscheidend sind bei dieser Studie jedoch die strukturellen Einsichten bezogen auf das Konzept kollektiver Erinnerungen. Das als Nation definierte Kollektiv stellt sich in seinen Assoziationen zur Vergangenheit keineswegs als einheitliche Gruppe dar. Bei den Befragten werden vielmehr nahezu alle Einzelaspekte, seien es ganze Epochen, seien es konkrete Geschichtsdaten oder soziale Veränderungen in der Vergangenheit, durch Subgruppen getragen. Auch wenn es zukünftiger Forschunge bedarf, diese noch genauer zu bestimmen, gelingt es hier bereits in einer ersten Annäherung, sie mittels demographischer Merkmale näher zu identifizieren. Zentral ist hierbei die Erkenntnis, daß die kollektiven Erinnerungen von Ost- und Westdeutschen beträchtlich voneinander abweichen. Das gilt auch für die Wahrnehmung des Nationalsozialismus, der schließlich zur gemeinsam erlebten Vergangenheit gehört.

Die Differenz zwischen beiden Landesteilen wirkt sich bis in den Sprachgebrauch aus. Unter Ostdeutschen ist es üblich, vom Faschismus zu sprechen. Demgegenüber benutzen Westdeutsche tendenziell den Begriff des Nationalsozialismus oder, speziell die älteren unter ihnen, in Anlehnung an den Sprachgebrauch der Nationalsozialisten selber, den des Dritten Reiches.

Wichtig ist in diesem Zusammenhang weiterhin, daß die meisten Ausgangshypothesen zu derartigen Subgruppen modifiziert werden müssen. Es stellte sich als nicht angemessen heraus, von einem bestimmten Erinnerungsverhalten *der* Ost- beziehungsweise *der* Westdeutschen, *der* Männer oder *der* Frauen, *der* Älteren respektive *der* Jüngeren zu sprechen. Vielmehr haben wir es fast immer mit sich gegenseitig überlagernden Effekten zu tun. So ist die Machtübergabe an die Nationalsozialisten keineswegs eine Erinnerung älterer Deutscher generell. Vielmehr weisen die Daten aus, daß dieser Teil der Vergangenheit unter den älteren Westdeutschen mit hohem Bildungsabschluß am stärksten verankert ist. Ähnliches gilt für die Assoziationen zum gesellschaftlichen Zusammenbruch in den Staaten des Ostblocks Ende der 80er Jahre. Auch wenn diese Vorgänge zentraler Teil ostdeutscher Geschichte sind, nennen sie insbesondere jene Personen aus den Neuen Bundesländern, die Fachhochschulabschluß oder Abitur haben. Indem diese überlappenden Effekte hier herausgearbeitet wurden, zeigt sich die Notwendigkeit von Differenzierungen bei der Betrachtung der einzelnen Subgruppen.

Die Spezifikation der durch mehrere demographische Variablen ausgelösten Effekte auf die einzelnen Ereigniskategorien verdeutlicht außerdem, wie wenig sinnvoll es ist, von der Mehrheitlichkeit kollektiver Erinnerungen auszugehen. Eine solche Konzeption erbringt letztlich keine Erkenntnis über die gesellschaftliche Interaktion in bezug auf die Verständigung über die gemeinsame Geschichte, wie sie auch keine Informationen über die an diesen Prozessen Beteiligten vermittelt. Weil mit der vorliegenden Studie erstmals Längsschnittdaten zu diesem Thema vorliegen, lassen sich erste Belege für gemeinschaftliches Vergessen von Teilen der Vergangenheit einerseits sowie für die Beeinflussung der Individuen durch Medien und damit für einen Anstoß zur erneuten Erinnerung von für wichtig erachteten historischen Ereignissen andererseits finden. Solche Beziehungsstrukturen sind etwa für den Umgang mit dem 17. Juni 1953 oder mit dem Widerstand gegen den Nationalsozialismus nachweisbar. Beide Vorgänge spielen eine nur marginale Rolle in den kollektiven Erinnerungen von Deutschen. Hinweise auf eine mediale Manipulation von Erinnerung ergeben sich bei den Assoziationen zum Bau der Berliner Mauer 1961. Dieses Ereignis wurde beim zweiten Meßzeitpunkt vermutlich aufgrund des Medieninteresses zum 35. Jahrestag signifikant häufiger wahrgenommen als bei der vorangegangenen Umfrage.

Durch diese Beispiele erweist sich das von mir entwickelte Mikro-Makro-Modell als hilfreich zum Verständnis jener Vorgänge, in denen sich die Mitglieder einer Gesellschaft über ihre Vergangenheit verständigen beziehungsweise darüber auseinandersetzen. Allerdings wird auch deutlich, daß noch weitergehende Forschungen nötig sind, um jene Prozesse als Modell vollständig abbilden zu können.

6 Dominanten kollektiver Erinnerungen in Deutschland

Die im vorliegenden Rahmen erhobenen Umfragedaten weisen auf eine große Bandbreite inhaltlicher Facetten der kollektiven Erinnerungen in Deutschland hin. Zwar ist die Dominanz von Nationalsozialismus und deutscher Vereinigung in ihnen keine Überraschung (Weidenfeld / Lutz 1994). Entscheidend ist vielmehr, welche historischen Details im Rahmen der Themenschwerpunkte den Befragten präsent sind. Sie belegen teilweise erhebliche Differenzen zum kulturellen Gedächtnis. Offensichtlich spielen Vergangenheitsaspekte im öffentlichen Diskurs eine beherrschende Rolle, die nur einem kleinen Teil der Gesellschaftsmitglieder gegenwärtig sind. Zudem wird deutlich, daß es in einem Großkollektiv wie dem der Deutschen kein einzelnes, von allen geteiltes Gemeinschaftsgedächtnis gibt. Das Datenmaterial weist systematische Gruppendifferenzen aus.

Angesichts der präsentierten Resultate stellen sich auch konzeptionelle Fragen zur Struktur kollektiver Erinnerungen. Einige Hypothesen wurden falsifiziert, andere erfuhren eine Modifikation. Neue Überlegungen ergeben sich durch den Test der von mir entwickelten Interaktionsmodelle. So haben normative Ansprüche, die aus dem gesellschaftlichen Diskurs resultieren und ein Gedenken bestimmter Ereignisse einfordern, bei negativen Aspekten von Vergangenheit nur geringe Entsprechung auf der Mikroebene. Weil die Individuen sich der Erinnerung etwa an die Shoah verweigern, ergeben sich daraus Überlegungen in bezug auf die Notwendigkeit öffentlicher Kommemoration.

Bevor diese Punkte im folgenden ausführlich besprochen werden, wende ich mich jenen zeithistorischen Kategorien zu, die aufgrund der Nennungshäufigkeiten als randständig erscheinen. Die Ergebnispräsentation vermittelte bereits einen Eindruck vom Ausmaß, in dem die gegebenen Antworten die Geschichte der eigenen Nation sowie konkrete Ereignisse fokussieren. Zu Ereignissen in anderen Ländern sowie zu längerfristigen gesellschaftlichen Veränderungsprozessen finden sich kaum Äußerungen. Auch wenn Schuman und Scott (1989: 363) keine Kategorisierung nach beiden Kriterien vornehmen, vermittelt ihr tabellarischer Überblick über sämtliche Kategorien einen meiner Studie ähnlichen Eindruck. Die meisten Nennungen ihrer Untersuchung beziehen sich auf historische Daten oder Epochen der jüngeren Vergangenheit der USA. Insofern ist nicht auszuschließen, daß durch den Stimulus der offenen Frage der Blick auf Ereignisse der politischen Geschichte verengt und von gesellschaftlichen Veränderungen abgelenkt wird. Dem stehen allerdings die Ergebnisse von Studien (Weidenfeld / Lutz 1994) oder Umfragen (Noelle-Neumann 1995) entgegen, in denen mit anderen Instrumenten gearbeitet wurde. Der Vergleich mit jenen Ergebnissen bestätigt, daß die Konzentration auf Nationalsozialismus und Vereinigung von BRD und DDR in Deutschland als gesichert angesehen werden kann.

Ungeklärt ist jedoch nach wie vor der Stellenwert, den längerfristige Entwicklungen der Vergangenheit in den kollektiven Erinnerungen von Deutschen haben. Die Nennungen zum Wandel im technischen Bereich, zu Umweltproblemen oder zur Entwicklung von Freiheit und Demokratie zeigen, daß einige Befragte auch solche längerfristigen Trends wahrnehmen. Insgesamt spielen diese Gesichtspunkte aber eine untergeordnete Rolle und werden tendenziell nicht als Teil von Geschichte wahrgenommen.

Was die Perzeption internationaler Ereignisse angeht, zeigen die vorliegenden Analysen - ähnlich den Publikationen über USA (Schuman / Scott 1989), Großbritannien (Scott / Zac 1993), Litauen (Schuman et al. 1994) oder Japan (Schuman et al. 1998) -, daß die Interviewten die Geschichte anderer Gesellschaften offensichtlich mit größerer Distanz wahrnehmen als es beim nationalen Geschehen der Fall ist.

Die von Scott und Zac (1993) vorgelegten Ergebnisse aus Großbritannien stellen in diesem Zusammenhang eine Ausnahme dar. In ihrer Anfang der 90er Jahre durchgeführten Umfrage nannten nahezu 30% der Interviewten ein nicht auf die Britischen Inseln bezogenes Ereignis als bedeutsam, nämlich die Umwälzungen in den Staaten des Warschauer Paktes. Da später keine Wiederholungsbefragung durchgeführt wurde, ist es schwierig, die Abweichung von den Ergebnissen in den anderen Studien zu interpretieren. Sie könnte mit der zeitlichen Nähe zwischen historischem Geschehen und der Durchführung der Interviews zusammenhängen.

Die anderen Resultate legen es jedenfalls nahe, daß Aspekte der Vergangenheit eher vergessen werden, wenn sie nicht der eigenen Gesellschaft zurechenbar sind. Nur außergewöhnliche Vorgänge wie der Abwurf der Atombomben auf Hiroshima und Nagasaki sind einer kleinen Minderheit im Gedächtnis präsent. Zwar wird sich auch für Deutschland erst bei einer neuerlichen Umfrage herausstellen, ob die sieben von insgesamt zwölf internationalen Ereignissen, die in der zweiten Hälfte der 80er sowie Anfang der 90er Jahre die Öffentlichkeit bewegten, zukünftig noch erinnert werden oder nicht. Insofern muß der empirische Test über die Beziehung zwischen räumlicher Distanz eines Geschehens und dessen Vergessen in die Zukunft verschoben werden. Dennoch erlauben die vorliegenden Ergebnisse eine methodische Schlußfolgerung. Abgesehen von der Beschränkung auf die Zeitgeschichte dient der von Schuman und Scott entwickelte Stimulus tendenziell der Erfassung nationaler Ereignisse in der Vergangenheit. Um geschichtliche Vorgänge in anderen Gesellschaften wie auch allgemeine soziale Veränderungen zu erfassen, bedarf es demnach eines Instrumentes, das in seinem Wortlaut explizit auf diese Bereiche zielt.

6.1 Die Erinnerung des Nationalsozialismus

Aussagen, die den Nationalsozialismus als das zentrale Referenzereignis für das gesellschaftliche Selbstverständnis der Deutschen bezeichnen (Lepsius 1989: 247; Grosser 1993: 210), beruhen zunächst auf der Betrachtung der Makroebene. Die vorliegenden Daten ergänzen diesen Blick insoweit, als sie die Bedeutsamkeit belegen, die die Individuen jener Epoche beimessen. Weiterhin vermittelt die Literatur zum Umgang mit dem Nationalsozialismus kein geschlossenes Bild darüber, wie dieser Teil deutscher Vergangenheit durch die deutsche Gesellschaft bewertet wird. Häufig wird unter Berufung auf die psychoanalytische Studie von Mitscherlich und Mitscherlich (1967: 24f.) die Verdrängung jener Vergangenheit beklagt (Giordano 1987; Arnim 1989, beide passim). Auf dieser Basis wäre eine niedrige Nennungshäufigkeit zum Nationalsozialismus zu erwarten. Was unterdrückt und beschwiegen wird, mag bei direkter Konfrontation in seiner Bedeutung zwar nicht bestritten werden. Sollte die Verdrängungsthese richtig sein, dürften die Befragten den Nationalsozialismus in ihrer Antwort auf die offene Frage nicht thematisieren. An diesem Punkt müßte sich die Differenz zwischen Wiedererkennen und Erinnern bemerkbar machen.

Die Behauptung, Deutsche hätten sich wegen der kollektiven Verdrängung die sogenannte zweite Schuld zukommen lassen, ist aber nicht kritiklos hingenommen worden. Der Vorwurf gegen Ralph Giordano und andere lautet, sie nähmen breite Aufarbeitungsbemühungen in der Gesellschaft nicht zur Kenntnis. Zwar habe es personelle, nicht aber inhaltlich-strukturelle Kontinuitäten vom Nationalsozialismus zur Demokratie gegeben (Kittel 1993: 365). Unabhängig von der Stichhaltigkeit dieser Aussage argumentieren sowohl Manfred Kittel als auch andere Vertreter dieser Position (Zitelmann 1995: 16f., Backes et al. 1990: 48) auf der Ebene des kulturellen Gedächtnisses und machen keine Angaben dazu, welchen Stellenwert die Epoche von 1933 bis 1945 in den kollektiven Erinnerungen ihrer Meinung nach einnimmt. Statt dessen äußern sie ein normatives Verlangen. Ihrer Meinung nach hätten sich die Deutschen in mehr als vierzig Jahren ausreichend mit dem Nationalsozialismus auseinandergesetzt. Deshalb wünschen sie mehr oder weniger explizit, dieser Teil deutscher Vergangenheit möge aus dem Zentrum der Debatte in den Hintergrund der öffentlichen Wahrnehmung verschoben werden. Gegen diese Erwartung richten sich die Einwände derjenigen, die die Verdrängungsthese befürworten. Der Vorwurf gegen die „Normalisierer" lautet, ihnen ginge es allein um die „Entsorgung der Vergangenheit" (Wehler 1988: 31; Zens 1993: 1370), darum, dieses Thema aus dem kulturellen Gedächtnis zurückzudrängen.

Unabhängig von den in der Debatte aufgeworfenen normativen Aspekten unterläuft jenen, die der nationalsozialistischen Vergangenheit eine geringe Bedeutung in der Gegenwart zuschreiben wollen, wie auch den Anhängern der Verdrängungsthese ein Denkfehler. Ob die Epoche 1933 bis 1945 in das Selbstbild der Deutschen nun integriert ist oder nicht, von einem solchen Urteil läßt sich weder auf den Stellenwert, den der Nationalsozialismus in den kollektiven Erinnerungen hat, noch auf dessen Präsenz im öffentlichen Diskurs schließen. In beiden Fällen handelt es sich um Ebenen, die sich zwar wechselseitig beeinflussen, die aber nicht deckungsgleich sind.

Mittlerweile gibt es eine Reihe von Publikationen, in denen Deutschland eine intensive und verantwortliche Auseinandersetzung mit diesem Teil der eigenen Geschichte bescheinigt wird (Grosser 1990: 106; Wielenga 1995: 13). Nur darf die gesellschaftliche Aufmerksamkeit für das Thema Nationalsozialismus nicht als identisch mit der individuellen Bereitschaft gesetzt werden, die nationalsozialistischen Verbrechen anzuerkennen und für sie moralisch Verantwortung zu übernehmen (Pampel 1995: 32). Der Blick auf die Makroebene zielt zunächst nur auf die Analyse von Vergangenheitspolitik und -diskurs der letzten Jahrzehnte. In diesem Rahmen prallten gegenläufige Interessen aufeinander (Frei 1996), was wiederum zu den breiten Diskussionen führte.

Generell mangelt es in der Auseinandersetzung über die Gegenwartsbedeutung des Nationalsozialismus daran, daß nicht zwischen kulturellem Gedächtnis und kollektiven Erinnerungen unterschieden wird. Ohne die eigene Position explizit zu machen, gehen nahezu alle Veröffentlichungen vom öffentlichen Diskurs aus. Da oft ausschließlich dieser Aspekt betrachtet wird, bleibt unklar, inwieweit in der deutschen Bevölkerung auf individueller Ebene Erinnerungsbemühungen unternommen werden. Eine beständige und intensive Auseinandersetzung in den Medien kann auch abgehoben von der Allgemeinheit erfolgen.

Die im vorliegenden Rahmen erhobenen Daten weisen unabhängig von politischen Positionen und Wunschvorstellungen auf die ungebrochene Bedeutung der nationalsozialistischen Vergangenheit für Deutsche hin. Weil sich das Resultat auf die Mikroebene bezieht, deutet es auf eine bis heute andauernde Gegenwärtigkeit der Jahre 1933 bis 1945 bei vielen Individuen hin. Inwieweit es sich dabei um eine Abgrenzung von jener Diktatur als Grundlage für das heutige gesellschaftliche Selbstverständnis handelt, wird im weiteren noch zu klären sein. Bei der Betrachtung der Detailergebnisse ist ebenfalls zu erörtern, ob sich die häufigen Nennungen zur nationalsozialistischen Diktatur als Auseinandersetzung mit jener Ära interpretieren lassen. Wenn dem so sein sollte, wäre es möglich, einen gesellschaftlichen Lernprozeß im Sinne Max Millers (1990: 79f.) zu konstatieren.

Entscheidend ist aber, daß das vorliegende Resultat noch nichts über die konkrete Bedeutung aussagt, die dieser Geschichte zugesprochen wird. Gerade am Beispiel der Vergegenwärtigung jener Jahre zeigen sich Interpretationsdiskrepanzen. Schon für die einfachste Differenzierungsebene gilt: „Täter erinnern sich anders als ihre Opfer." (ebd.: 86) Je nach Bewertungsmaßstab kann die Beurteilung des spezifischen Geschehens innerhalb einer bedeutsamen Ära durch die Individuen voneinander abweichend erfolgen, können aus der Vergangenheit jeweils andere Bezugspunkte zur Gegenwart ausgewählt werden.

Insofern geht es im folgenden auch darum, bei der Betrachtung der Detailerinnerungen zum Nationalsozialismus die Bewertungen hervorzuheben, die sich mit den einzelnen historischen Daten verbinden, sowie nach den Bedeutungen zu fragen, die ihnen beigemessen werden. Diese Erkenntnis ist wiederum in Beziehung zum öffentlichen Diskurs zu setzen.

6.1.1 Die Reduzierung des Nationalsozialismus auf den Zweiten Weltkrieg

Aus den vorliegenden Daten geht hervor, daß Äußerungen zum Nationalsozialismus neben denen zur deutschen Vereinigung zwar die kollektiven Erinnerungen von Deutschen dominieren. Doch keineswegs decken sie den gesamten Zeitraum von 1933 bis 1945 ab. Im Vordergrund dessen, was den Befragten im Gedächtnis präsent ist, steht eindeutig der Zweite Weltkrieg.

Damit offenbart sich die Notwendigkeit, im gesellschaftlichen Diskurs über *den* Nationalsozialismus zu differenzieren. Zwar wird in der öffentlichen Debatte beklagt, die Mehrheit der Bevölkerung wolle einen Schlußstrich unter diese Vergangenheit ziehen (Giordano 1987: passim; Kestenberg 1995: 15), doch legt das Resultat der empirischen Überprüfung eine abweichende Interpretation nahe. Statt die Zeit zwischen 1933 und 1945 kollektiv zu verdrängen, zielen die Bestrebungen insbesondere der älteren Gesellschaftsmitglieder darauf, sich nur an bestimmte Aspekte jener Vergangenheit zu erinnern. Hier zeigt sich auf der Mikroebene ein Verhaltensmuster, wie es in den 50er Jahren für öffentliche Debatten kennzeichnend war (Dubiel 1999: 70f.). Bedeutsam erscheinen persönliche Erfahrungen und die Ereignisse während des Krieges. Demgegenüber werden die vorhergehende Phase der Diktatur mit der Machtübergabe 1933 und der anschließenden Etablierung der NSDAP sowie die von Deutschen begangenen Verbrechen nur von einer kleinen Minderheit wahrgenommen.

Die hier gemessene Reduktion der zwölf Jahre dauernden Diktatur auf die Kriegszeit deckt sich mit den Ergebnissen eines anderen Forschungsprojektes (Rosenthal 1990). Die Auswertung lebensgeschichtlicher Erzählungen zeigt, daß die Befragten Nationalsozialismus und Zweiten Weltkrieg zumeist als getrennte Ereignisse begreifen. Auch wenn sie unterschiedliche

Erzählstrategien benutzen, ist allen der Versuch gemein, das eigene Leben in den Jahren 1933 bis 1945 als außerhalb des gegebenen politischen Rahmens stehend erscheinen zu lassen. Gabriele Rosenthal zeigt, daß die damals Jüngeren die Zeit bis 1939 als unpolitische Jugenderlebnisse und die Kriegsjahre als Phase passiven Erleidens erinnern. Werden hier weder eigene Verantwortlichkeit noch Verstrickung wahrgenommen, bleibt in den Lebensgeschichten der älteren Jahrgänge eine legitimationsbedürftige Lücke zwischen Jugend und Kriegszeit. Rosenthal (ebd.: 232) hält es aus der Perspektive dieser Personen für nachvollziehbar, wenn sie in ihren Schilderungen die Gesamtepoche auf die Jahre von 1939 bis 1945 verdichten. Dadurch gelingt es ihnen, jene Zeit auszublenden, in der sie schon erwachsen waren und sich für den Nationalsozialismus engagierten.

Rosenthal (ebd.: 233) sieht in solchen biographischen Ambivalenzen den Hauptgrund für die Verankerung des Zweiten Weltkrieges als zentraler Phase in den zeithistorischen Erinnerungen von Deutschen. Die Fixierung auf ihn ermögliche es, die Frage nach der politischen Haftung auf persönlicher Ebene zu entschärfen. Darüber hinausgehend sei zu vermuten, die Strategie der Entpolitisierung der nationalsozialistischen Vergangenheit präge nicht nur wesentlich die einzelnen Biographien, sondern bestimme weitgehend den Diskurs über jene Epoche insgesamt (ebd.: 237). Diese Schlußfolgerung läßt sich aufgrund der vorliegenden empirischen Daten in ihrer Verallgemeinerung auf der Ebene kollektiver Erinnerungen bestätigen.

Zweifelsohne bestehen erhebliche Differenzen zwischen den Daten der zitierten Studie und den von mir analysierten. So lassen sich die bei den lebensgeschichtlichen Erzählungen zu beobachtenden Argumentationsstrategien nicht im Rahmen standardisierter Interviews sichtbar machen. Dennoch führt auch die offene Frage nach bedeutsamen zeithistorischen Ereignissen im Rahmen einer Bevölkerungsumfrage zu der Erkenntnis, daß die von Rosenthal bei ausgewählten Personen zu Tage tretenden selektiven Erinnerungsstrukturen unter Deutschen weit verbreitet sind.

In meiner Analyse tritt die in den lebensgeschichtlichen Erzählungen zu beobachtende Betonung eines von 1939 bis 1945 heteronom produzierten Lebens im Gegensatz zu einem autonom konstituierten ebenfalls zutage. Eine Kreuztabelle bei den Daten von 1995 über die Nennungskategorien „persönliches Kriegserleben" und „NS-Verbrechen" zeigt, daß von den 96 Personen, die im Zusammenhang mit dem Zweiten Weltkrieg eigene Erfahrungen erinnerten, nur sieben, das sind 7,3%, auch den Aspekt der Shoah ansprechen (in 1996 lautet das Verhältnis auf 100 zu 9). Die meisten thematisieren eigene Erfahrungen, bei denen sie sich tendenziell nicht als selber Handelnde sondern als Getriebene des geschichtlichen Prozesses wahrnehmen, für den sie dann auch nicht die Verantwortung übernehmen müssen.

Der Fixierung auf den Zweiten Weltkrieg kommt eine noch größere Bedeutung zu, wenn das Alter der Interviewten berücksichtigt wird. Die Daten machen zwar deutlich, inwieweit die Nennung zu diesem Geschichtsabschnitt auf persönlicher Betroffenheit beruht. Es zeigt sich aber auch, daß die alleinige Fokussierung auf die Kriegsjahre, ohne die weiteren Zusammenhänge der gesamten Epoche zu berücksichtigen, nicht nur bei den Älteren zu finden ist, deren Biographien direkt vom Nationalsozialismus beeinflußt sind. Ungefähr 40% derjenigen, die nach 1939 geboren wurden, assoziieren diese zusammenfassende Kategorie.

Daraus resultiert eine Schlußfolgerung, die sowohl über die Erkenntnisse von Rosenthal als auch einen von Habermas (1986: 246) angesprochenen Gedanken hinausgeht. Seiner Meinung nach bestehe bei älteren Deutschen der Wunsch, die eigene Geschichte von dem politischen Hintergrund des Nationalsozialismus zu lösen, um den Krieg „uneingerahmt" aus Veteranenperspektive erinnern zu können. Die vorliegenden Daten bestätigen die Annahme tendenziell. Sie zeigen ebenfalls, daß eine solch selektive Erinnerungsstruktur auch unter jüngeren Deutschen vorzufinden ist. Die Gründe für dieses Antwortverhalten sind selbstredend andere als bei den Älteren. Die Nachkriegsgenerationen müssen keine politischen Verstrickungen in der eigenen Biographie legitimieren. Als Ursachen für die Beibehaltung einer Erinnerungsstruktur, die nur den Krieg wahrnimmt, sind bei ihnen sowohl die argumentative Legitimierung des Verhaltens der Eltern in der damaligen Zeit als auch eine Tradierung der erzählten Geschichte zu vermuten. Solche Tendenzen konnte Harald Welzer (2001) in einer Mehrgenerationenstudie an mehreren Einzelfällen belegen.

6.1.2 Wendemarke und Kausalitäten: Das Kriegsende 1945

Konkrete Geschichtsdaten gewichten die Befragten in differenzierter Weise. Hier zeigt sich eine Perzeption von Vergangenheit, die einen kollektiv gültigen Rahmen beschreibt und auf historische Wendemarken hin ausgerichtet ist. In bezug auf die deutsche Geschichte läßt sich der 8. Mai 1945 als eine solche ansehen. Für die Zeitgenossinnen und Zeitgenossen bedeutete die Kapitulation des Deutschen Reiches nicht nur das Ende der Kampfhandlungen. Sie war verbunden mit dem Abschied von Weltmachtträumen, mit Angst vor der Rache der Alliierten, mit Flucht und Vertreibung, Hunger, Elend und nicht zuletzt mit Fragen nach der Verstrickung in sowie Verantwortlichkeit für die Massenverbrechen (Glaser 1995). Die Konfrontation mit diesen Aspekten, die mehr oder weniger zusammen erfolgte, hatte traumatisierende Wirkungen. Sie wurde offensichtlich als so einschneidend empfunden, daß die Erinnerung daran bis heute kollektiv dominant ist.

Wie ich an anderer Stelle (Heinrich 1997: 31) zeigen konnte, betrachten aber auch nicht wenige der Nachgeborenen diese Ereignisse als bedeutsam. Andere historisch vergleichbare Daten wie die Machtübergabe an die Nationalsozialisten 1933 oder der Kriegsbeginn 1939 verblassen dagegen genauso wie die Erinnerung an die Gründung von BRD und DDR in 1949.

Die Ursache für die unterschiedliche Bewertung der einzelnen historischen Zeitpunkte dürfte darin liegen, daß der 8. Mai 1945 im Gegensatz zu den anderen Ereignissen eine Scheidelinie markiert. Ihre Spezifität kommt im öffentlichen Streit darüber zum Ausdruck, ob die damaligen Geschehnisse als Befreiung oder als Niederlage aufzufassen seien (Wöll 1997a). Beide Interpretationen beruhen auf unterschiedlichen Erfahrungen, die die Grundlage für gegensätzliche Bewertungen sowohl der Vergangenheit als auch der Gegenwart bilden. Auf die Differenz verwies bereits Richard von Weizsäcker (1985: 1) in seiner Rede als Bundespräsident zum vierzigsten Jahrestag des Kriegsendes. Auf der Seite der damals Lebenden verbinden die einen mit dem offiziellen Ende des Zweiten Weltkrieges Erinnerungen an Kriegsopfer, Heimatlosigkeit oder das Gefühl, den Besatzungsmächten ausgeliefert zu sein. Die anderen wiederum sehen die Erleichterung, die sie damals empfanden, weil sie den Krieg unversehrt überstanden hatten oder tatsächlich die Befreiung von Verfolgung erfuhren. Für die einzelnen Perspektiven liefern die in den Fragebögen zur Erläuterung gegebenen Antworten beredte Beispiele.

Befreiung von Angst: Westdeutscher, Jg. 1933 [Stichprobe 1995]:
Kriegsende 1945 - nicht mehr jede Nacht im Luftschutzkeller zu hausen und endlich wieder ruhig schlafen können.

Hoffnung auf Neubeginn: Ostdeutscher, Jg. 1926 [Stichprobe 1995]:
8. Mai 1945 - bestimmte meine politische Entwicklung, Tag der Befreiung.

Heimatverlust: Westdeutsche, Jg. 1929 [Stichprobe 1996]:
1945 Kriegsende, Flüchtling, für mich neue Heimat und Bayer als Ehemann - daß ich meine alte Heimat verlor und in Bayern heimisch wurde.

Werteverlust: Ostdeutsche, Jg. 1927 [Stichprobe 1995]:
das Kriegsende 1945 - [...], die uns gelehrten Ideale zerschlagen.

Ausgesetztsein alliierter Willkür: Westdeutsche, Jg. 1928 [Stichprobe 1996]:
1945 Kriegsende Russeneinmarsch - Zusammenbruch aller bis dahin gültigen Werte; Russeneinmarsch (16 Jahre weiblich) ohne Kommentar.

Auch wenn sich die geschilderten Erfahrungen in der damaligen Situation auf unterschiedliche Zeitpunkte bezogen, werden sie retrospektiv unter dem Datum des 8. Mai 1945 subsumiert. Die Endgültigkeit des geschichtlichen Prozesses ist im offiziellen Akt der Kapitulation symbolisiert. Das damit zusammenhängende persönliche Erleben wird ihm zugeordnet. Die Äußerungen der Befragten belegen insoweit die mit dem historischen Scheitelpunkt verknüpften Zwiespälte, als in ihnen Erleichterung spürbar wird, einer bedrohlichen Vergangenheit entronnen zu sein und die Chance auf eine befreiende Zukunft zu haben. Zugleich erinnern andere Befragte sehr deutlich, auf welche Weise sie ihrer Meinung nach für den verlorenen Krieg zu bezahlen hatten. Unabhängig vom historischen Urteil, daß die Deutschen mit dem 8. Mai 1945 von dem menschenverachtenden System der nationalsozialistischen Gewaltherrschaft befreit wurden (Weizsäcker 1985: 2), markiert das Datum die ebenfalls geäußerte Perspektive von Gewalterfahrung sowie des Verlustes materieller und immaterieller Werte. Den Befragten, die die Vergangenheit unter diesem Blickwinkel betrachten, erscheint noch aus der Rückschau heraus die Zeit vor dem Kriegsende als die der damaligen Gegenwart und Zukunft vorzuziehende bessere Vergangenheit.

Aber auch für die nach Kriegsende Geborenen stellt sich der 8. Mai 1945 als Fixpunkt dar, durch den ein Ende und ein Anfang markiert sind. Die beiden folgenden Beispiele stehen sowohl für die Wahrnehmung des Abschlusses einer leidvollen Vergangenheit, als auch für eine in die Zukunft weisende Bedeutung des Kriegsendes.

Westdeutsche, Jg. 1958 [Stichprobe 1995]:
 Kriegsende 1945 - das Ende der Judenverfolgung, das Ende des Tötens.

Westdeutsche, Jg. 1945 [Stichprobe 1995]:
 Kriegsende im Mai 1945 - Beendigung einer katastrophalen Situation, Atempause, Neuorientierung, Suche nach Leitbildern, Demokratie.

Unabhängig von der Vielfalt der mit dem 8. Mai 1945 verknüpften Emotionen und Bewertungen verdeutlichen die zitierten Aussagen den einschneidenden Charakter, den dieses Datum für Deutsche hat. Die erhobenen Daten belegen weiterhin, daß über die persönliche Ebene hinaus der zentrale Stellenwert dieses Ereignisses auch für die kollektive Wahrnehmung gilt, die über die Gesamtzahl der Nennungen vermittelt ist.

Vor der dem Kriegsende zugemessenen Bedeutung tritt die Perzeption jener Ereignisse in den Hintergrund, die sich wie die Gründung beider deutscher Staaten im Anschluß daran ereigneten. Damit wird auch klar, daß der Verabschiedung des Grundgesetzes in den kollektiven Erinnerungen eine weitaus geringere eigenständige Bedeutung zukommt, als diesem Vorgang im kulturellen Gedächtnis zugeschrieben wird. Die Eigenständigkeit des Gründungsaktes als historischem Ereignis ist damit nicht bestritten. Die empirischen Ergebnisse zu den kollektiven Erinnerungen belegen jedoch, daß der 23. Mai 1949 als eine Folge erinnert wird, die sich erst aus dem für die Individuen entscheidenderen Datum des 8. Mai 1945 ergibt.

Der Stellenwert des Kriegsendes überlagert zudem jene Entwicklungen, die wie die Machtübergabe 1933 zu ihm hinführten. Das empirische Resultat kann aufgrund der Gegenwartsperspektive freilich kaum einen Beleg für das Fehlen von als einschneidend empfundenen historischen Ereignissen vor 1945 liefern. Aus der Rückschau und mit Wissen um den geschichtlichen Ablauf werden frühere Einschnitte, die es ja gab, relativiert und heute anders interpretiert. Als seltene Ausnahme kann folgende Aussage gelten, durch die der Befragte den Wechsel von der Weimarer Demokratie auf die nationalsozialistische Diktatur aus heutiger Sicht für sich als bedeutsam kennzeichnet:

Westdeutscher, Jg. 1926 [Stichprobe 1995]:
Massenarbeitslosigkeit während der Weltwirtschaftskrise - Ich kann die unzähligen, mit vergrämten Gesichtern bettelnden Arbeitslosen nicht vergessen. Erwachsene Männer weinend zu sehen, weil sie ihren Kindern zu Hause nichts mehr zu essen geben konnten, war für mich furchtbar. Meine Eltern, selbst in Armut lebend, gaben, was sie übrig hatten, einen Teller Suppe, ein Stückchen Brot, einen Kaffeelöffel Schmalz oder ein oder zwei Pfennige. // die Machtübernahme Hitlers 1933 - daß in kürzester Zeit keine bettelnden Arbeitslosen mehr gab. Unsere Väter waren stolz, daß jetzt mit dem Schmachfrieden von Versailles aufgeräumt wird und jeder wieder Arbeit und Brot hatte..

Die Antwort beschreibt das Jahr 1933 als eine dem Kriegsende vorausgehende historische Wegmarke. Die Jahre der Weimarer Republik werden aus individueller Sicht als ökonomische Katastrophe dargestellt, das in kurzer Zeit nach 1933 beseitigt worden sei. Außerdem spricht der Befragte das Empfinden nationaler Demütigung an, das sich aus den Friedensbedingungen nach dem Ersten Weltkrieg speiste. Im Gefolge der Machtübergabe an die Nationalsozialisten sei dieses negative Gefühl in Stolz umgekehrt worden. Inwieweit der Befragte die Überzeugung der Väter wiedergibt, oder ob es sich um eine Projektion handelt, kann hier nicht beurteilt werden. Aus der Befragtenperspektive stellt der 30. Januar 1933 einen Fixpunkt dar, an dem eine spezifische gesellschaftliche Entwicklung endete, indem eine politisch-strukturelle Veränderung einsetzte und Neues begann.

Diese Äußerung ist insoweit seltene Ausnahme, als in diesem Fall die Erfahrung von 1945 die Bewertung der Zeit davor nicht überlagert. Aus Gegenwartssicht, die allen Interviewten bewußt sein dürfte, ist die in dem Zitat beschriebene Neuentwicklung mit dem Wissen um das Kriegsende als gescheitert anzusehen. Die 1933 begrüßte politische Entwicklung führte zu einem Desaster, das in der Regel die Perzeption der Weimarer Zeit überschattete. Deshalb dürfte der Beginn der nationalsozialistischen Herrschaft in den kollektiven Erinnerungen von Deutschen heute generell einen nur begrenzten Stellenwert haben und weit hinter dem Empfinden um die Wichtigkeit vom Ende des Nationalsozialismus rangieren. Die zitierte Textpassage stellt außerdem eine Ausnahme dar, weil insgesamt nur 44 Personen (6,8%) die Machtübergabe an die Nationalsozialisten erinnern und von ihnen lediglich etwas mehr als ein Drittel die zeitliche Kausalität zwischen den beiden Ereignissen von 1933 und 1945 explizit hervorhebt. Diese fünfzehn Befragten werten neben dem 30. Januar 1933 den 8. Mai 1945 als weiteren zentralen Vorgang in der deutschen Geschichte und stellen einen Bezug zwischen ihnen her. Exemplarisch für eine derartige historische Prozeßbetrachtung sind die folgenden zwei Antworten:

Westdeutscher, Jg. 1919 [Stichprobe 1995]:
> 1933 Machtübernahme durch Hitler - der Versuch, die Deutschen zu einigen // 1939 2. Weltkrieg und Ende des 3. Reiches - der Verlust des deutschen Patriotismus.

Ostdeutsche, Jg. 1957 [Stichprobe 1995]:
> Machtergreifung der Nationalsozialisten und der 2. Weltkrieg - das Unverständnis darüber, daß ein ganzes Volk das alles mitgemacht und unterstützt hat. Der unmäßige Mord an Juden und anderen Rassen. Ergebnis, verlorenes Deutschland, verlorener Krieg 1945, Teilung Deutschland.

Beide Beispiele dürfen aber nicht darüber hinwegtäuschen, daß der Prozeßcharakter der Geschichte des Nationalsozialismus in dieser Form in den gegebenen Antworten nur rudimentär zum Tragen kommt. Die Mehrheit der Deutschen ist auf *eine* Ereigniskette, den Zweiten Weltkrieg, fixiert. Von ihr steht wiederum *ein* spezifisches Datum, nämlich das Kriegsende im Fokus der Wahrnehmung. Daneben sind insbesondere Begebenheiten präsent, die mit dem persönlich erlittenen Schicksal im Krieg verknüpft sind.

Aufgrund der Resultate darf es als fraglich gelten, ob die kausalen Zusammenhänge zwischen dem Beginn von Hitlers Reichskanzlerschaft und deren Ende wie auch die Mitverantwortung der deutschen Bevölkerung reflektiert sind. Des vorgegebenen Settings wegen ist nur ein vorläufiger Rückschluß auf die beschränkte Wahrnehmung dieser Aspekte möglich. Dazu bedarf es noch intensiverer Untersuchungen mit einem anderen Forschungsdesign.

Wie die zitierten Textpassagen zeigen, verschmelzen in den kollektiven Erinnerungen Lebenserfahrungen einerseits und Vergangenheitsinterpretationen andererseits. Als Gemeinsamkeit bleibt, daß die Individuen persönliche Erinnerungssegmente mit einem konkreten Geschichtsdatum verknüpfen. Weil solche historischen Fixpunkte kollektiv als bedeutsam eingeschätzt und erinnert werden sind sie auch von einem größeren Teil der Gesellschaftsmitglieder anerkannt. Allerdings weichen dabei die Basis der Erfahrungen und die Maßstäbe der Bewertungen voneinander ab, weswegen die „Zumutung autoritativer Deutungsmuster" (Wöll 1997b: 35) für einen Gedenktag wie den 8. Mai nur fehlschlagen kann. Da es, worauf Andreas Wöll hinweist, 1995 im Gegensatz zu 1985 keine öffentliche Auseinandersetzung darüber gab, ob der 8. Mai als Gedenktag von Befreiung oder Niederlage zu begehen sei, können die vorliegenden empirischen Ergebnisse auch als Hinweis für eine beginnende Anpassung des kulturellen Gedächtnisses an die Unvereinbarkeiten in den kollektiven Erinnerungen der Deutschen zum Kriegsende angesehen werden.

6.1.3 Gegensätze im sozialen Gedächtnis: das Gedenken an die Shoah

Wie aus dem voranstehenden Kapitel hervorgeht, müssen die auf der Mikro- und Makroebene verorteten Gedächtnistypen keineswegs deckungsgleich sein. Jedoch ist ein Auseinanderklaffen zwischen kulturellem Gedächtnis und kollektiven Erinnerungen in bezug auf die Beurteilung ganzer Epochen eher unwahrscheinlich. Die große Mehrheit der deutschen Bevölkerung dürfte in der Wahrnehmung der Bedeutung von nationalsozialistischer Diktatur wie auch deutscher Vereinigung mit jenen Eliten übereinstimmen, die Zugang zum kulturellen Gedächtnis haben. Differenzen sind hingegen bei der Perzeption konkreter Inhalte wie auch der Bewertungen der Vergangenheit zu vermuten. Gerade die Evaluation von Geschichte ist an normative Maßstäbe gebunden, die nicht alle teilen und die in der Gesellschaft umstritten sind.

Auseinandersetzungen über die Deutung des Gestern finden in Deutschland insbesondere über die Vergegenwärtigung der in den Jahren von 1933 bis 1945 begangenen Verbrechen gegen Juden und andere ausgegrenzte Gruppen statt. Die gesellschaftlichen Kontroversen zu diesem Vergangenheitsaspekt verdeutlichen die Uneinigkeit darüber, ob und wie die Shoah im kulturellen Gedächtnis interpretiert werden soll. Hinter den Konflikten stehen Interessengruppen wie Opfer, Täter, die jeweiligen Bundesregierungen, die Wissenschaft etc., die jeweils eigene kollektive Erinnerungen bewahren.

Die Bedeutung des Nationalsozialismus für die deutsche Gesellschaft ist heute weitgehend anerkannt (Bergmann et al. 1995: 11). Doch muß Auschwitz nicht zwangsläufig derselbe hohe Bedeutungsgehalt zukommen. Die Kultur öffentlichen Gedenkens vermittelt ohne Zweifel einen hohen Stellenwert, den dieses Ereignis für unser Geschichtsverständnis hat (Wielenga 1995). Diese Aussage gilt unabhängig davon, ob einzelne gesellschaftliche Gruppen ein derartiges Ausmaß an Aufmerksamkeit befürworten oder ablehnen, beziehungsweise diesen Teil der Vergangenheit aus dem öffentlichen und individuellen Bewußtsein zurückdrängen möchten (Blänsdorf 1995: 37). Zu fragen bleibt aber, ob kulturelles Gedächtnis und kollektive Erinnerungen hier kongruent sind, und inwieweit die Individuen mit dem Nationalsozialismus auch Verfolgung und Vernichtung der europäischen Juden erinnern. Angesichts der in der Literatur geäußerten Klagen über das verbreitete Schweigen, stellt sich bei der Analyse der empirischen Ergebnisse die Frage, inwieweit die damaligen Verbrechen in die individuellen Vergangenheitsvorstellungen Eingang gefunden hat.

Der Besonderheit, mit der die Shoah im kulturellen Gedächtnis der Deutschen verankert ist, steht in den Datensätzen von 1995 und 1996 ein Anteil von etwa zehn Prozent aller Befragten entgegen, die den von Deutschen begangenen Völkermord assoziieren. Gemessen an der öffentlichen Aufmerksamkeit des Themas fällt dieser Wert niedrig aus. In bezug auf die Grundgesamtheit der deutschen Bevölkerung ist er zudem weiter zu relativieren. Bei den Nennungen zur Shoah handelt es sich um jene Detailkategorie, bei der sich der bereits erwähnte Reihenfolgeeffekt auswirkt. Der tatsächliche Wert für die kollektiven Erinnerungen des Mordes an den Juden dürfte unter Deutschen bei einem Prozent liegen (Schuman et al. 1998: 439).

Ohne weitergehende inhaltliche Prüfung ließe sich die Diskrepanz zwischen der Bedeutung der Shoah im kulturellen Gedächtnis der Deutschen und ihren kollektiven Erinnerungen als unterstützendes Argument zu den zuletzt von Martin Walser (1998) publizitätswirksam vorgebrachten Überlegungen verwenden, ob es nicht an der Zeit sei, die Erinnerung an Auschwitz endlich ruhen zu lassen. Was Ignatz Bubis (1998) mit der „Schlußstrich-Mentalität" charakterisiert, ist das Verlangen, das öffentliche Gespräch über die Shoah zu beenden. Walser befand in seiner Dankesrede zur Verleihung des Friedenspreises des Deutschen Buchhandels, die Deutschen seien über die Berichterstattung in den Medien einer „Dauerpräsentation unserer Schande" ausgesetzt. Er persönlich könne diese „Routine des Beschuldigens" nicht mehr ertragen. Für den implizit geäußerten Wunsch nach einem Ende der Debatte über die nationalsozialistischen Verbrechen formulierte er die Begründung, Deutschland sei jetzt schließlich „eine ganz gewöhnliche Gesellschaft" (Walser 1998: 46). Den Intellektuellen wirft Walser vor, die Shoah nur als Lippenbekenntnis zu thematisieren. Eine solcherart benutzte „Moralkeule" (ebd.) diene nur der „Instrumentalisierung unserer Schande zu gegenwärtigen Zwecken" (ebd.: 45). Deshalb verschiebt Walser die Erinnerung der Shoah in den Bereich des Privaten. Die Trauerarbeit solle zukünftig nur noch von den Individuen und nicht mehr durch die Gesellschaft geleistet werden.

Oberflächlich betrachtet belegt das vorliegende empirische Ergebnis Walsers Thesen. Da die Mitglieder der Gesellschaft in der Gegenwart ein „ganz normales Volk bilden" (ebd.: 46), spielt das negativ besetzte Denken an die Shoah in den kollektiven Erinnerungen keine Rolle mehr. Werden Deutsche ohne jegliche Beeinflussung nach den wichtigsten zeithistorischen Ereignissen befragt, denken die wenigsten an Auschwitz, Konzentrationslager etc. Bei dem von mir angewendeten Studiendesign werden die Menschen erst durch andere Items im Kontext des Fragebogens dazu gebracht, die Shoah als Ereignis zu assoziieren. Ohne äußeren Anstoß wird es auf individueller Ebene offensichtlich kaum wahrgenommen. Weil - Walsers Einlassungen folgend - der öffentliche Diskurs entgegen den Bedürfnissen der breiten Mehrheit der Deutschen diesen Teil deutscher Geschichte ständig präsent hält, läge es nahe, den Befragungsbefund als Basis für die Forderung nach Ende der Debatte zu nehmen.

Theoretische Betrachtungen verdeutlichen aber, daß, abgesehen von Walsers ontologischem Postulat eines zweckfreien, gegenwartsabgehobenen Gedenkens, seine Interpretationen unzutreffend sind. In seiner Argumentation besteht ein grundlegender Mangel in der fehlenden Differenzierung zwischen Mikro- und Makroebene. Obwohl Walser zu Beginn seiner Ausführungen mit dem möglichen Medienecho seiner Worte kokettiert - also mögliche Wirkungen auf der Makroebene reflektiert -, verzichtet er darauf, zwischen den Erinnerungen einzelner Individuen und der veröffentlichten Meinung zu unterscheiden. Indem er darauf beharrt, „seine Frohbotschaft von der strikten Verlagerung des öffentlichen Holocaust-Gedenkens in das persönliche Gewissen jedes einzelnen habe 'eine befreiende Wirkung' auf die Deutschen gehabt, (will er nicht spezifizieren), auf welche Weise 'befreiend' - Befreiung vom ritualisierten Gedenken? Befreiung von der Geschichtslast als solcher?" (Löffler 1998)

Demgegenüber ermöglicht es die konzeptuelle Trennung zwischen persönlichem Verhalten und Gruppenhandeln, das heißt zwischen kollektiven Erinnerungen und kulturellem Gedächtnis, die Wechselwirkungen zwischen den Einzelnen und der Gesellschaft in bezug auf die Rezeption von Vergangenheit zu erhellen. In diesem Sinne führt das von mir angewandte Forschungsdesign dazu, daß der Fragebogen als Teil des kulturellen Gedächtnisses wirkt und damit einem Katalysator gleicht. Die im Interview abgefragten geschlossenen Items zu den nationalsozialistischen Verbrechen und zur Schuldfrage führen bei den Interviewten nicht nur zu einem Wiedererkennen. Sie rufen ihnen auch die Bedeutsamkeit ins Gedächtnis, die dem Ereignis gesellschaftlich zugemessen wird. Den damit verknüpften normativen Ansprüchen folgt ein Teil der Befragten, indem sie bei der offenen Frage die Shoah assoziieren.

Weiterhin unterstelle ich, daß das Thema der Judenverfolgung 1933 bis 1945 einer breiten Mehrheit bekannt ist, auch wenn viele Individuen es nicht von sich aus für erinnerungswürdig halten (EMNID 1989). Aufgrund der Medienaufmerksamkeit, die der Shoah zukommt, dürften sie um die gesellschaftlichen Diskussionen genauso wissen wie um die mit diesem Ereignis verknüpften Schuldvorwürfe gegen die Eigengruppe. Das vorliegende Resultat zeigt aber, daß der Verfolgung der Juden auf persönlicher Ebene eine andere Bedeutsamkeit zukommt als auf der gesellschaftlichen. Genauere Erkenntnisse über diesen Gegensatz ergeben sich aus der zusätzlichen Interpretation der Reaktionen auf das geschlossene Item zur Shoah.

Eine den öffentlichen Diskurs bestimmende Norm legt das Empfinden einer Belastung angesichts der unzähligen Opfer nahe. Da der Diskurs nicht unabhängig von den einzelnen Gesellschaftsmitgliedern ist, steht zu erwarten, daß sich der normative Anspruch im konkreten Antwortverhalten niederschlägt (Ajzen 1988). Wer sich entscheidet, entgegen der Norm zu handeln, wird subjektiv größere Kosten haben als diejenigen, die mit ihr konform gehen. Der Grund dafür liegt darin, daß er oder sie sich mit einer solchen Entscheidung gegen einen gesellschaftlichen Konsens und damit abseits der

Eigengruppe stellt. Als mögliche Kosten sind hierbei an die Angst vor Isolation, Stigmatisierung, Gruppenausschluß etc. zu denken.

Die Analyse der geschlossenen Items belegt die mehrheitliche Anerkennung einer Norm, derzufolge die zwischen 1933 und 1945 begangenen Verbrechen nach wie vor die Gegenwart beeinflussen und derzufolge es nicht möglich ist, Schuldvorwürfe von den Deutschen auf andere Gruppen abzuwälzen. Wie die Antworten auf die offene Frage zeigen, entspricht die Bedeutsamkeit, die die Shoah in den kollektiven Erinnerungen hat, nicht dieser Norm.

Allerdings liegt zwischen Einstellungsverhalten und Erinnerung insofern eine konsistente Beziehung vor, als diejenigen, die die Shoah als persönlich belastend empfinden, mit höherer Wahrscheinlichkeit bei der offenen Frage die nationalsozialistischen Verbrechen erinnern als die übrigen Interviewten. Außerdem ist nur bei jenen, die sich emotional berührt zeigen, eine längerfristig stabile Erinnerung zu erwarten. Dennoch dürfen die gemessenen signifikanten Beziehungen nicht über die numerische Diskrepanz zwischen dem Antwortverhalten bei beiden Fragetypen, offen versus geschlossen, hinwegtäuschen. Es bleibt erklärungsbedürftig, warum von jenen 314 Befragten, die angaben, eine hohe und sehr hohe emotionale Belastung (Skalenpunkte 6 und 7) in bezug auf die Shoah zu verspüren, 268 (85,4%) auf die offene Frage zu bedeutsamen zeithistorischen Ereignissen die Vernichtung der Juden nicht erinnern.

Auch wenn bislang kein alle Aspekte abdeckender empirischer Test durchgeführt wurde, gehe ich davon aus, daß das vorgestellte Resultat eine erhebliche Abweichung zwischen kulturellem Gedächtnis und kollektiven Erinnerungen hinsichtlich der von Deutschen in den Jahren 1933 bis 1945 begangenen Verbrechen anzeigt. Die Norm, die für die Shoah eine hohe Bedeutung nahelegt, kann als im kulturellen Gedächtnis der Deutschen verankert gelten. Explizit darauf angesprochen wird dieser Norm zumeist entsprochen. Dennoch führt das geäußerte Empfinden nicht dazu, daß die Shoah in den individuellen Erinnerungen einen der Sensibilität des Themas entsprechend hohen Stellenwert hat. Nur bei einem Bruchteil von Deutschen koinzidiert das bekundete persönliche Empfinden mit einer Erinnerung, die die in der Vergangenheit liegende gesellschaftliche Ursache jener Emotion berücksichtigt. Diese Differenz zielt auf den Gegensatz zwischen Einstellungsverhalten und Norm auf der einen Seite und den individuellen Erinnerungen auf der anderen Seite. Sie geben einen Maßstab ab für die diesem Teil der Vergangenheit zugesprochene persönliche Bedeutung. Als aggregierte Daten für die kollektiven Erinnerungen spiegeln sie die geringe Verankerung der nationalsozialistischen Verbrechen im Bewußtsein der Bevölkerung.

Zusammenfassend läßt sich ein zwiespältiges Verhalten konstatieren. Auf persönlicher Ebene wird die Shoah kaum als bedeutsam wahrgenommen und entsprechend selten aktiv ins Gedächtnis gerufen. Demgegenüber empfinden die Interviewten, wenn sie darauf gestoßen werden, die Erinnerung an dieses Ereignis als belastend. Beide Reaktionen belegen die hohe Bedeutung, die dem Wiedererkenntniseffekt zuzumessen ist. Die Maßstäbe persönlicher Einschätzung der Zeitgeschichte bleiben somit für viele Befragte unberührt vom normkonformen Antwortverhalten in bezug auf die Emotionen, die dieser Vergangenheitsaspekt auslöst.

Das Resultat erlaubt die Schlußfolgerung, daß trotz der Anerkennung der Normen, die ein bestimmtes Denken über Auschwitz vorgeben, sie nur bei einer Minderheit von Deutschen dazu führen, dem Ereignis im eigenen Überzeugungssystem eine größere Bedeutung einzuräumen. Die Diskrepanz stützt aber keineswegs Walsers (1998: 46) Behauptung, Deutsche leisteten lediglich Lippenbekenntnisse in bezug auf die Erinnerung von Auschwitz. Sein Gedanke beinhaltet die Unterstellung, die Normunterstützung erfolge allein berechnend, ihr liege keine Wahrhaftigkeit zugrunde. Dem widerspreche ich. Die von den Befragten geäußerte emotionale Belastung muß keineswegs auf Selbsttäuschung beruhen. Denkbar ist, daß die fehlende Verankerung der Shoah in den kollektiven Erinnerungen auf die Schmerzhaftigkeit der Konfrontation mit ihr zurückzuführen ist. Hier allein Lippenbekenntnisse zu unterstellen, verkennt die Zusammenhänge einer komplexen Wirklichkeit.

Indem Walser zumindest implizit für ein Ende des öffentlichen Gedenkens appelliert, überträgt er seine persönlich empfundene Ablehnung einer weiteren Beschäftigung mit Auschwitz auf eine gesellschaftliche Institution. So legitim seine Forderung als Ausdruck eigener Interessen ist, so wenig gerechtfertigt ist es, Konsequenzen hinsichtlich des kulturellen Gedächtnisses zu erwarten. Im Gegenteil belegen die vorliegenden Untersuchungsergebnisse die Notwendigkeit eines institutionalisierten Gedenkens an die Shoah. Es trägt überhaupt erst dazu bei, daß wenigstens ein Teil der Gesellschaftsmitglieder dazu bereit ist, diesen traumatischen Aspekt in der Vergangenheit der Eigengruppe wahrzunehmen.

Die Wege, wie die Einzelnen dann beeinflußt werden, gilt es zukünftig gezielt zu untersuchen. Doch belegen bereits diese Daten, daß die Reflexion einer als negativ angesehenen Vergangenheit aufgrund der Anregungen seitens des öffentlichen Diskurses erfolgt. Da jedoch zwischen Einzelnen und Gesellschaft ein Wechselverhältnis besteht, ist die individuelle Bereitschaft zu einer solchen Auseinandersetzung ebenso vonnöten. Ohne sie muß der von der Gesellschaft angestoßene Impuls ins Leere laufen. In bezug auf das Gedenken an die Opfer von rassistischer und politischer Gewalt zwischen 1933 und 1945 verweisen die Daten auf eine Diskrepanz zwischen kulturellem Gedächtnis und kollektiven Erinnerungen. Auch wenn bei den Deutschen das Wissen vorhanden ist, daß es sich um ein von der Gesellschaft als wichtig eingestuftes Thema handelt, wird die Shoah lediglich durch eine Minorität erinnert.

6.1.4 Differenzen in der Wahrnehmung des Nationalsozialismus

Wie die voranstehenden Erörterungen zur Perzeption der Shoah zeigen, ist es nicht ohne weiteres möglich, vom Medieninteresse an einem bestimmten Vergangenheitsthema auf die Erinnerungen der Individuen zu schließen. Derartige Schlußfolgerungen sind uneingeschränkt nur auf der Ebene von Globalkategorien möglich. Generell wird dem Nationalsozialismus sowohl auf der Mikro- als auch der Makroebene eine ähnlich hohe Bedeutung zugeschrieben. Es bleibt aber zu fragen, wie berechtigt die Behauptung ist, das kulturelle Gedächtnis der Deutschen sei weitgehend auf den Nationalsozialismus fokussiert. So wird nicht selten die Frage aufgeworfen, ob Deutsche auf ihre Geschichte stolz sein könnten. Schließlich dürften „die 12 Jahre NS-Herrschaft nicht all das überdecken, was das deutsche Volk im Laufe seiner historischen Entwicklung der Welt geschenkt hat." (Gauger 1986: 30f.) Angesichts meiner Ergebnisse, die den zentralen Stellenwert des Nationalsozialismus in den kollektiven Erinnerungen belegen, ist zu konstatieren, daß es sich bei solchen Äußerungen um politische Wunschvorstellungen handelt.

Resultate einer anderen Studie (Blank / Heinrich 1998) zeigen, in welchem Maße derartige Forderungen nach Betonung positiver Aspekte deutscher Geschichte mit einer Abwehrhaltung gegenüber Beschädigungen des Bildes der Eigengruppe und zusammenhängen. So haben jene Personen eine starke Bindung an die nationale Eigengruppe, denen die öffentliche Erwähnung des Nationalsozialismus wie auch das Wissen um die Niederlage 1945 unangenehm ist. Wer demgegenüber bezüglich dieser Geschichtsaspekte keine negativen Empfindungen verspürt, äußert tendenziell eine eher schwache Bindung an die Nation. Auf dieser Basis erscheint die Klage, aufgrund der problematischen Geschichte Deutschlands werde die Identifikation mit der Nation verteufelt (Steinbach 1986: 53), in anderem Licht, und es stellt sich angesichts meiner Resultate die Frage nach der Realitätsbasis eines solchen Arguments. Die Überlegungen Helmut Dubiels (1999: 13) aufnehmend zeichnen sich demokratisch organisierte Gemeinwesen gerade durch die Auseinandersetzung um deren Ausgestaltung in Gegenwart und Zukunft aus. Dazu gehört auch das Austragen von Konflikten über die Interpretation der Vergangenheit. Aus meinen Analysen läßt sich entnehmen, daß die kollektiven Erinnerungen von Deutschen bis auf weiteres vom Nationalsozialismus als negativem Aspekt der Geschichte geprägt sein werden.

Bei der detaillierten Betrachtung der Kategorien zu den Einzelereignissen der Jahre 1933 bis 1945 wird deutlich, daß kollektive Lernprozesse im Sinne einer Anerkennung des damals geschehenen Unrechts auf gesamtgesellschaftlicher Ebene nicht zwingend zu erwarten sind. Letztlich bestehen erhebliche Diskrepanzen zwischen kulturellem Gedächtnis und kollektiven Erinnerungen. Im Gegensatz zu dem, was öffentlich thematisiert wird, subsumiert die große Mehrheit der Deutschen unter dem Begriff des Nationalsozialismus den Zweiten Weltkrieg. Diese Assoziation erleichtert es den Einzelnen, sich selber in der Opferrolle zu sehen. Im Vergleich zum Krieg sind das politische System der Diktatur und insbesondere die Verfolgung und Vernichtung der Juden auf der Mikroebene kaum präsent. Um so notwendiger sind entgegenlaufende Interventionen seitens der Träger des kulturellen Gedächtnisses.

6.2 Gruppenspezifika in den Erinnerungen des Nationalsozialismus

Wie erwähnt sieht Diner (1995: 138f.) eine mehr und mehr deutlich werdende Tendenz hin zur zunehmenden Pluralität historischer Erfahrungen. Nun ist es müßig darüber zu spekulieren, ob die Annahme eines einheitlichen sozialen Gedächtnisses nicht schon immer eine Chimäre war. Die hier vorgestellten Resultate der Analysen zu den kollektiven Erinnerungen der Jahre 1933 bis 1945 lassen es jedenfalls angebracht erscheinen, die Vorstellung von einer Einheitlichkeit des sozialen Gedächtnisses aufzugeben. Zwischen den innergesellschaftlichen Subgruppen bestehen teils erhebliche Erinnerungsdifferenzen in bezug auf diese Epoche.

Angesichts der empirischen Ergebnisse stellt sich die Frage, durch welche Eigenschaften sich solche Gruppen auszeichnen. Die von mir in die Analysen einbezogenen demographischen Merkmale ermöglichen zumindest eine erste nähere Bestimmung. Insofern erlauben die Untersuchungsergebnisse eine Interpretation, warum Ältere oder Jüngere, Frauen oder Männer beziehungsweise Ost- oder Westdeutsche ein spezifisches Bild der deutschen Zeitgeschichte im Gedächtnis präsent haben. Gleichzeitig ergeben sich Hinweise darauf, inwieweit die Erinnerungen stabil über die Zeit erfolgen und welche Mechanismen Veränderungen auslösen können.

6.2.1 Der Nationalsozialismus - kein Epochaleffekt

Die vorliegenden Resultate erlauben die Schlußfolgerung, daß sich auch einschneidende gesellschaftliche Ereignisse nicht zwingend als Epochaleffekte auswirken müssen. Weil (1987: 312f.) definiert sie als eine auf alle Gesellschaftsmitglieder gleichgerichtete Wirkung eines Ereignisses, die ähnliche Einstellungen etc. zur Folge hat. In einem solchen Fall können Differenzen in den kollektiven Erinnerungen nur zufallsbedingt auftreten. Außerdem unterstellen diese Überlegungen implizit einen Vergessensprozeß, der etwa bei allen Altersgruppen in gleicher Weise vonstatten geht.

Epochaleffekte lassen sich mittels jener Globalkategorie testen, unter der alle Assoziationen zum Nationalsozialismus subsumiert sind, weil die Zeit der Diktatur von 1933 bis 1945 wegen der damals begangenen Verbrechen und der daraus resultierenden Schuldvorwürfe als „grundlegende Konstante im Geschichtsbewußtsein der Deutschen" eingeschätzt wird (Weidenfeld 1990: 443). Nicht zu Unrecht wird darauf hingewiesen, daß die Auseinandersetzungen um diese Vergangenheit mit zunehmender zeitlicher Distanz keineswegs abnehmen, das Interesse daran statt dessen eher steigt (Bergmann et al. 1995: 11).

Die Ergebnisse meiner Studie stellen die Bedeutung heraus, die dem Nationalsozialismus auch durch jüngere Deutsche beigemessen wird. Trotzdem muß die Vorstellung eines Epochaleffektes revidiert werden. Zumindest ist es nicht möglich, dieses Modell auf die Erinnerungen an die Jahre der „braunen" Diktatur zu übertragen. Die Analysen belegen zwar, wie zentral jene Jahre auch den Nachgeborenen als historisch bedeutsam präsent sind. Dennoch erinnern sie diese Epoche signifikant schwächer als jene, die von ihrem Alter her als Zeitzeuginnen und -zeugen gelten. Damit sind die theoretisch definierten Bedingungen für einen Epochaleffekt nicht erfüllt.

Aber nicht nur die logistische Regression über die Gesamtkategorie zum Nationalsozialismus zeigt das Fehlen eines Epochaleffekts in „reiner" Form. Auch die Analyse der einzelnen Detailkategorien zu jener Ära belegt unterschiedliche Nennungswahrscheinlichkeiten für die Befragten beider Altersklassen. Darüber hinaus ergeben sich Hinweise darauf, warum die Nachgeborenen anders als die Betroffenen auf jene Ereignisse reagieren und sie auch anders erinnern.

Die Altersvariable wirkt sich, wenn auch nicht immer unabhängig von den anderen Kovariaten, in allen Fällen auf die Erinnerung der den Nationalsozialismus betreffenden Teilaspekte aus. Allerdings erfolgt dieser Einfluß bei zwei Kategorien in gegenläufiger Weise. Grundsätzlich gilt, daß ältere Befragte eine höhere Wahrscheinlichkeit haben, das jeweilige Ereignis zu assoziieren. Zur Richtungsumkehrung bei dem Regressionskoeffizienten für die Altersvariable kommt es bei den Kategorien „2. Weltkrieg allgemein" und „Shoah". Wird die erste insbesondere durch die nach 1939 Geborenen erinnert, sind es bei der zweiten in hohem Maße die jüngeren westdeutschen Frauen. Damit zeigt das Ergebnis nicht nur einen unterschiedlichen Grad in der Wahrnehmung dieses Teils deutscher Geschichte in beiden Altersklassen. In ihnen bestehen auch andere Schwerpunkte in bezug auf das, was erinnert wird.

Die Assoziationen zum Zweiten Weltkrieg verweisen auf eine Differenz zwischen Wissen und Erfahrung bei den Altersklassen. Ältere Interviewte können sich über ihr persönliches Kriegserleben äußern. Demgegenüber haben viele Befragte, die unter der Kategorie mit den sehr allgemein gehaltenen Bezeichnungen für die Kriegszeit kodiert wurden, aufgrund ihres Alters keine persönliche Erinnerung an den Krieg. Sie sind dazu gezwungen, auf Erzählungen von Familienangehörigen beziehungsweise auf gesellschaftliche Rekonstruktionen der Vorgänge in den Jahren 1939 bis 1945 zurückzugreifen, wie sie im kulturellen Gedächtnis aufbewahrt sind. Letzteres setzt die Norm, der zufolge es sich um ein zentrales Ereignis handelt. Deshalb wird es entsprechend erinnert. Da den Jüngeren selten persönlich geprägte Erfahrungen mit dem Krieg präsent sind, beschränken sie sich im Gegensatz zu den Älteren darauf, allein das Ereignis zu benennen, ohne diese Erinnerung weiter zu erläutern.

Letzteres kann jedoch nur vorläufig konstatiert werden. Klarheit können darüber allein Assoziationsfeldanalysen schaffen. Sie testen, ob die Nachgeborenen mit dem Zweiten Weltkrieg tatsächlich keine weiteren historischen Fakten in Verbindung bringen. Erst dann ließen sich auch die Ursachen zu prüfen, warum sie ein Ereignis wie das Kriegsende in geringerem Maße als die Älteren nennen.

Im Gegensatz zu Vorstellungen über Epochaleffekte findet sich mit dem Ergebnis zur Gesamtkategorie persönlicher Kriegserfahrungen ein Beleg für einen klarer Bruch zwischen Personen, die vor 1940, und jenen, die nach 1939 geboren wurden. Den errechneten Nennungswahrscheinlichkeiten zufolge sind bei dieser Kategorie Assoziationen seitens der jüngeren Deutschen, mit weniger als 5% vernachlässigenswert. Demgegenüber betragen die Werte der älteren Deutschen ein Vielfaches davon. Diese Differenz ist auch nicht durch Geschichtsvermittlung aufhebbar.

Allerdings erlaubt das vorliegende Datenmaterial nur vorläufige Schlußfolgerungen in bezug auf die Gruppe der älteren Interviewten. Zumindest ist vorab nicht auszuschließen, daß die nach 1939 Geborenen bei einer entsprechenden Stimulusveränderung in der Lage sein dürften, das von Deutschen während des Krieges erfahrene Leid zu verbalisieren. Dennoch weist die Gegenüberstellung der folgenden typischen Äußerungen aus der Stichprobe 1995 auf eine geringere affektive Komponente in den Erinnerungen bei ihnen hin.

Angehörige der Altersklasse der nach 1939 Geborenen:

Westdeutsche, Jg. 1965:

> 1. Weltkrieg und 2. Weltkrieg - Wenn es diesen Krieg nicht gegeben hätte, dann wäre Deutschland noch genauso groß wie heute, und meine Eltern bzw. auch Großeltern hätten ihre Länder in dem heutigen Polen nicht verloren.

Westdeutscher, Jg. 1963:

> 2. Weltkrieg - Veränderungen der gewachsenen Landkarten, Tod, Not, Elend und Vertreibung.

Angehörige der Altersklasse der vor 1940 Geborenen:

Westdeutsche, Jg. 1919:
> 2. Weltkrieg - Ich hatte doch meine Heimat geopfert. Wir mußten doch unsere Heimat verlassen. Ich werde den Krieg nie vergessen. Heute haben wir und die Kinder es doch besser.

Ostdeutscher, Jg. 1924:
> Beginn des 2. Weltkrieges - Wir wurden als die Gläubigen im Krieg verheizt. Meine Kriegsverletzungen beeinflussen mein Leben bis zum heutigen Tag.

Wenige Nachgeborene erwähnen das Schicksal ihrer Eltern, weshalb ihre Äußerungen dieser Kategorie zugeordnet werden konnten. Insgesamt vermitteln sie aber Faktenaussagen, mit denen die Kriegsauswirkungen auf die Deutschen allgemein und deren politische Folgen beschrieben sind.

Bei jenen, die in das damalige Geschehen selber involviert waren, nehmen sich die Schilderungen insofern anders aus, als in ihnen die damals erlebten Gefühle zumeist präsent sind. Fraglos gibt es auch unter den vor 1940 Geborenen Antworten, die lediglich in Stichworten Kriegserfahrungen erwähnen, ohne daß damit Affekte tangiert wären. Die Gegenüberstellung der Antworttypen macht aber die Differenz zwischen beiden Altersklassen deutlich. Die Heftigkeit des Erfahrenen, von dem damals die gesamte Bevölkerung weitgehend betroffen war, führt hinsichtlich der Erinnerung konkreter Einzelereignisse aus der Kriegszeit zu einem Zeitenwendeeffekt. Was bei den Jahrgängen vor 1940 dominiert, spielt für die Nachgeborenen kaum eine Rolle.

So klar es ist, daß jüngeren Befragten in dieser Hinsicht eine Erfahrungskategorie fehlt, so ist es nicht möglich, den in der Stichprobe 1996 gemessenen Ost-West-Effekt bei den Älteren abschließend zu klären. Weder ist er plausibel auf unterschiedliche Rahmenbedingungen in den Gesellschaften von BRD und DDR zurückzuführen noch lassen sich allgemeine Aussagen über die Vergessensrate bei den Interviewten dieser Jahrgänge ableiten. Dem steht der Fragestimulus entgegen, der auf historische Ereignisse und nicht auf persönliche Erfahrung abzielt.

6.2.2 Kriegserinnerungen als Spiegel geschlechtsspezifischer Geschichtserfahrung

Zwar belegt die Datenanalyse einen Zeitenwendeeffekt bei den Kategorien zum persönlichen Kriegserleben und es finden sich geschlechtsrollenkonforme Erinnerungen bei den Assoziationen zur Erfahrung von Soldaten sowie derjenigen von Nicht-Kombattanten. Doch aufgrund von unerwarteten Abweichungen in einzelnen Ergebnisaspekten bedürfen die Resultate der Diskussion.

Eindeutig ist das Resultat für die Kategorie „Soldatenerleben". Sowohl in den getrennt berechneten Stichproben 1995 und 1996 als auch im Panel gibt es eine klare Trennung zwischen Älteren und Jüngeren. Weiterhin haben unter denen, die vor 1940 geboren wurden, die Männer eine deutlich höhere Nennungswahrscheinlichkeit als die Frauen dieser Altersklasse. Letztere sprechen das Thema nur dann an, wenn ihnen bei dem Gedanken an den Weltkrieg die Abwesenheit beziehungsweise der Tod ihrer Männer oder Väter präsent ist. Insgesamt gesehen assoziieren auch Frauen der Jahrgänge vor 1940 die Kategorie kaum.

Im Gegensatz dazu ist es notwendig die theoretischen Annahmen zur Kategorie „Kriegserleben Heimat" zu modifizieren. Aufgrund der geschlechtsspezifischen Arbeitsteilung im Nationalsozialismus generell wie im Zweiten Weltkrieg im besonderen (Weyrather 1993: 16) erscheint es plausibel, bei diesem Thema kollektive Erinnerungen zu erwarten, die stark durch die Frauen der Erlebnisgeneration geprägt sind. Sie sollten in den Begründungen ihrer Assoziationen zum Weltkrieg auf ihre persönlichen Erfahrungen mit den Ängsten vor den Bombardements, der Organisation des Überlebens der Familie etc. zurückgreifen.

Die vorliegenden Daten weisen eine solche Grundtendenz aus. Doch bei den Querschnittsanalysen zeigen sich Inkonsistenzen, die aus dem zusätzlichen Einfluß der anderen demographischen Variablen resultieren. Wird das Resultat von 1995 für sich genommen, widerspricht es der Ausgangsannahme eines Geschlechtergegensatzes. Er ist lediglich unter den vor 1940 geborenen ostdeutschen Frauen nachzuweisen. Die weiblichen Befragten aus dem Westen haben die gleiche Nennungswahrscheinlichkeit wie alle Männer derselben Altersklasse. Nicht einmal ad hoc läßt sich erklären, warum sich die Frauen aus Ost und West in diesem Punkt unterscheiden. Schließlich erlebten sie diese Vergangenheit gemeinsam unter mehr oder weniger ähnlichen Umständen. Auch die spätere DDR-Sozialisation liefert keinen plausiblen Grund, warum die Frauen, die durch diesen Staat beeinflußt waren, ihre eigene Vergangenheit aus der Zeit des Nationalsozialismus anders wahrnehmen sollten als ihre Geschlechtsgenossinnen im Westen. An diesem Punkt sind zukünftig Replikationen notwendig, um zu überprüfen, ob der Ost-West-Effekt substantiell ist oder ob mit ihm lediglich eine stichprobenspezifische Verzerrung gemessen wurde.

Weiterhin dürfen auf Panelebene die Erinnerungen von Männern zu diesem Aspekt nicht unterschätzt werden. Wenn auch geringer als die gleichaltrigen Frauen weist die Analyse bei ihnen eine nicht unerhebliche Wahrscheinlichkeit aus, 1996 in ihrer Antwort auf die offene Frage erneut den Zweiten Weltkrieg aus der Heimatperspektive zu erinnern. Eine Erklärung bietet hierzu das Alter der Männer, die diesen Aspekt erinnerten. Falls sie bis zur Kapitulation des Deutschen Reiches noch schulpflichtig waren, konnten sie noch nicht die geschlechtstypischen Erwachsenenrollen einnehmen, die den Individuen damals offenstanden oder vorgegeben waren. Insofern läßt sich die Hypothese zum Einfluß der Geschlechtsvariablen prinzipiell aufrechterhalten. Das Resultat verweist damit aber auf die notwendige Modifikation bezüglich der gesetzten Altersklassengrenzen. So dürfte es sinnvoll sein, zumindest die Klasse der älteren Deutschen nochmals zu unterteilen. Sie wäre nach Personen zu differenzieren, die im Nationalsozialismus bereits Rollen von Erwachsenen übernommen hatten, und solchen, die jene Zeit als Kinder erlebten. Allerdings stellt sich damit erst recht das im Theorieteil bereits diskutierte Problem, nach welchem Abgrenzungskriterium eine derartige Unterteilung erfolgen sollte.

Die Tatsache, daß ein Teil der Männer in nicht unerheblicher Weise auf Kindheitserinnerungen aus der Zeit des Krieges zu sprechen kommen, berührt einen weiteren Aspekt in der Diskussion von Geschlechterdifferenzen. Es geht um das Männern zugesprochene Unvermögen, Intimität in der Öffentlichkeit zuzulassen. Wenn sie generell eine geringe Empathiefähigkeit haben (Nunner-Winkler 1991: 159), sollten sie in ihren Antworten auf die offene Frage die geschichtlichen Fakten tendenziell aus politischer Perspektive interpretieren. Bei den gleichaltrigen Frauen wären demgegenüber in stärkerem Maße Verweise auf das eigene Erleben zu erwarten. Diese Annahme läßt sich mit den vorliegenden Daten nicht bestätigen. Zwar ist im Datensatz von 1996 bei allen Äußerungen zum Kriegserleben ein Interaktionseffekt der vor 1940 geborenen ostdeutschen Frauen belegbar. Doch sowohl in 1995 als auch im Panel gibt es lediglich eine Differenz zwischen den Altersklassen. Damit entspricht das Resultat nicht der Vorstellung, Frauen redeten in der Öffentlichkeit tendenziell eher über intime Dinge als Männer (Vierzig 1987: 163). Die beiden Textbeispiele vermitteln einen Eindruck, daß Angehörige beider Geschlechter in der Befragung sehr persönliche Erfahrungen einschließlich eigener Emotionen preisgeben.

Westdeutscher, Jg. 1932 [Stichprobe 1995]

> Das Ende des 2. Weltkrieges - Ich war damals als Jugendlicher stets froh, daß die ständigen Luftangriffe der Alliierten Verbände vorbei waren und wir wieder ein geregeltes Leben führen konnten einschließlich der Wiederaufnahme des Schulbetriebes.

Westdeutsche, Jg. 1936 [Stichprobe 1996]

> 1945 Kriegsende - Mit dem Kriegsende war auch die Angst zu Ende, das eigene Leben oder das der Familie zu verlieren.

Die hypothetische Annahme, unter den älteren Frauen gebe es im Gegensatz zu den gleichaltrigen Männern eine weitaus stärkere Tendenz, persönliche Kriegserfahrungen zu berichten, ist mit den dargelegten Einwänden jedoch nicht zwingend widerlegt. Zu beachten ist, daß die Kategorisierung mit einem relativ groben Instrument durchgeführt wird. Aufgrund dessen werden Äußerungen unterschiedlichen Komplexitätsgrades unter ein Thema subsumiert. Folglich wäre zukünftig mittels linguistischer Textanalyseverfahren in Anlehnung an McMillan et al. (1977) zu prüfen, ob beide Geschlechter in ähnlicher Weise ihre persönliche Betroffenheit über das damalige Geschehen explizit ausdrücken oder nicht. Falls dem so ist, bliebe immer noch die Frage, ob wegen der Anonymität das Ausfüllen des Interviewbogens seitens der Männer als private oder, wie ich es interpretiere, als öffentliche Äußerung begriffen wird.

Im Resümee kann Männern nicht per se unterstellt werden, sie nähmen die gesellschaftliche Vergangenheit allein aus abstrakter und instrumenteller Perspektive wahr, während vor dem Hintergrund ihrer eigenen Subkultur die Kommunikation von Frauen über Vergangenheit ähnlich ihrem üblichen sprachlichen Verhalten (ebd.: 554) durch eine emotionale und die zwischenmenschlichen Beziehungen betonende Dimension gekennzeichnet sei.

6.2.3 Die Erinnerung der Shoah, ein Frauenthema?

Die theoretische Betrachtung legt eine hohe Nennungswahrscheinlichkeit zur Shoah bei den nach 1939 geborenen Frauen nahe. Dieser Gedanke beruht auf der Annahme einer stärker generalisierten Fürsorglichkeit bei Frauen (Nunner-Winkler 1991: 150). Unabhängig von den Ursachen für ein solches geschlechtsspezifisches Verhalten sollte es seinen Niederschlag im Mitgefühl mit jenen finden, die zu Opfern in der Geschichte wurden. Aufgrund dessen ist es möglich, diese Personen und ihr Schicksal zu erinnern.

Der beschriebene Effekt dürfte aber nicht uneingeschränkt wirksam sein. Weil die älteren Befragten in jene Ereignisse verstrickt waren, durch die Juden und andere ausgegrenzte Gruppen zu Opfern wurden, ist es unwahrscheinlich, daß die vor 1940 geborenen Frauen sich aktiv dieses negativen Aspekts deutscher Geschichte erinnern. Neben der generellen Differenz zwischen älteren und jüngeren Befragten sollten außerdem Interviewte aus dem Westen im Gegensatz zu Ostdeutschen die Shoah tendenziell häufiger assoziieren, weil das Thema der Judenverfolgung in der DDR nicht Teil des kulturellen Gedächtnisses war, das eine Erinnerung unterstützt hätte.

Die beschriebenen Zusammenhänge sind nicht wie hypothetisch postuliert einzeln nachweisbar. Vielmehr wird deutlich, daß Interaktionseffekte vorliegen. Die drei Gruppen, auf die sich die Hypothesen beziehen, überlappen sich, da die Mitglieder ihnen in unterschiedlichen Kombinationen angehören. Das Analyseergebnis über die Stichproben 1995 und 1996 legt nahe, die einzelnen Aussagen miteinander zu kombinieren. Insbesondere sind es die jüngeren westdeutschen Frauen im Gegensatz zu den restlichen Befragten, denen der Massenmord an den Juden als bedeutsames zeithistorisches Ereignis im Gedächtnis präsent ist.

Die Ergebnisinterpretation ist am einfachsten, was die Altersklassenzugehörigkeit derjenigen angeht, die mit höchster Wahrscheinlichkeit die Shoah erinnern. Die Mitglieder der Jahrgänge 1940 und folgende sind anders als die früher Geborenen nicht in diese negative Vergangenheit persönlich involviert. Weil sie nicht den Tätern zuzurechnen sind, sollte ihnen eher als den in die Vergangenheit Verstrickten eine Erinnerung daran möglich sein.

Das Resultat zeigt aber, daß eine solche einfache Struktur nicht vorliegt. Es bleibt zu erörtern, warum dieser Aspekt nicht auf alle jüngeren Befragten zutrifft. Dabei geht es weniger um die schon im Theorieteil dargelegten Annahmen für die einzelnen Subgruppen. Vielmehr interessieren mich hier jene Bedingungen, die die Überlagerung zwischen den Effekten herbeiführen. Wird nämlich davon ausgegangen, daß die West- im Gegensatz zu den Ostdeutschen immer Teil einer Gesellschaft waren, in der jene Verbrechen wieder und wieder thematisiert wurden, sollten auch westdeutsche Männer, die nach 1939 geboren wurden, diese Erinnerungen mittragen. Steht demgegenüber die Geschlechterdifferenzierung im Mittelpunkt, wonach sich Männer tendenziell distanzierter gegenüber anderen Mitmenschen verhalten als Frauen (ebd.: 159), spiegelt sich im Resultat nicht der weibliche Teil der ostdeutschen Bevölkerung. Insgesamt ergibt sich somit ein verschachteltes Muster von sich gegenseitig überlagernden Effekten.

Für die Westdeutschen erlaubt das Ergebnis die Interpretation, Frauen eine größere Empathiefähigkeit in ihren kollektiven Erinnerungen zuzuschreiben (Wagner-Pacifici / Schwartz 1991: 197f.). Insoweit liefern die vorliegenden Daten eine Ergänzung zu den experimentellen Forschungen Nunner-Winklers (1991: 151f. u. 159). Ihrer Meinung nach agieren Frauen nicht deshalb fürsorglicher als Männer, weil es sich um eine naturbedingte Eigenschaft oder im frühesten Kindesalter gelernte Rolle handele. Hilfeleistung und Unterstützung für andere unterlägen vielmehr kultur- beziehungsweise gruppenspezifischen Normen. In den westlichen Gesellschaften resultiere die größere Empathiefähigkeit von Frauen daher, daß sie häufig diffuse Rollen inne hätten. Dieser Sachverhalt bewirkt offensichtlich, daß zumindest diejenigen von ihnen, die nicht in den Nationalsozialismus verstrickt waren, entscheidend dazu beitragen, die Opfer im historischen Prozeß auf der Mikroebene nicht zu vergessen.

Diese Folgerung ist aber nicht generalisierbar. Der öffentliche Diskurs oder gesellschaftliche Unterdrückungsmaßnahmen sind als Rahmensystem anzusehen, das die Empathiefähigkeit fördert beziehungsweise hemmt. Es beeinflußt auch die Erinnerungen der Individuen und kann dem Vergessen oder Verdrängen spezifischer Teile der Vergangenheit Vorschub leisten. Auf diese Zusammenhänge weist im Fall kollektiver Erinnerungen an die Shoah der ebenfalls wirksame Ost-West-Effekt hin. Weil sich jüngere ostdeutsche Frauen anders verhalten als ihre gleichaltrigen Geschlechtsgenossinnen aus den alten Bundesländern, darf die Gedenkkultur als prägende Größe bei der Dateninterpretation nicht außer Acht gelassen werden. Die diktatorische Struktur in der DDR gab den Individuen Vergangenheitsinterpretationen

pretationen ebenso vor wie die pluralistische Öffentlichkeit in der alten BRD. Aufgrund des von oben deklamierten Antifaschismus konnte sich die DDR-Bevölkerung in der zeitlichen Rückschau außerhalb des durch den Nationalsozialismus geprägten Verstrickungszusammenhangs verorten (Danyel 1993: 134), was sich dann wiederum auf die Nachgeborenen anders als im Westen auswirkte. Dort war bei der Erlebnisgeneration eher ein Schweigen über die eigene Verantwortlichkeiten zu beobachten (Rosenthal 1990: 232).

So naheliegend diese Schlußfolgerung ist, kann sie dennoch nur als vorläufig gelten. Für die ostdeutsche Teilstichprobe stellt sich hinsichtlich der tendenziellen Nichterinnerung der Verbrechen an den Juden nämlich die Erklärungsalternative zwischen folgenden Positionen.

- Die staatliche Doktrin des Antifaschismus sorgte dafür, daß vom Terror im „Dritten Reich" allein die politische Verfolgung und hierbei hauptsächlich die der Kommunisten wahrgenommen wurde. Derart konnte die Bevölkerung die eigene Mittäterschaft an der Vernichtung der Juden vergessen (Herbert / Groehler 1992: 52).
- Frauen hatten in der DDR eine andere Rolle als ihre westlichen Geschlechtsgenossinnen (Niethammer 1994: 103). Weil sie sich zumindest teilweise ihre Emanzipation erkämpften und andere Rollen einnahmen als Frauen im Westen, reagieren sie den Männern ähnlicher.

In meinen Augen spricht viel für die erste Interpretation. Die gesellschaftlichen Strukturen legen einen Rahmen fest, innerhalb dessen sich individuelle Erinnerungen bewegen. Diese Annahme dürfte gerade für den Umgang mit einer schuldbelasteten Vergangenheit gelten, bei der die einzelnen üblicherweise eher dazu neigen, eigene Schuldanteile zu negieren. Aber selbst bei günstigen Rahmenbedingungen und einem öffentlichen Diskurs über die negative Vergangenheit, durch den die Individuen auf das eigene frühere Handeln gestoßen werden, muß die persönliche Bereitschaft zu einer Auseinandersetzung vorhanden sein. Erst wenn sie gegeben ist, kann sich innerhalb einer Datenanalyse die Geschlechtsvariable auswirken. Testbar ist diese strukturelle Vorstellung eines übergeordneten Faktors mit den vorliegenden Mitteln nicht. Aber selbst wenn es möglich wäre, bliebe damit ungeklärt, ob es in Ostdeutschland einen aus der dortigen Sozialisation herrührenden anderen Frauentyp gibt als im Westen. Er trüge dazu bei, daß die Shoah im Osten tendenziell weniger wahrgenommen wird. Dieser Punkt muß hier unbeantwortet bleiben.

Die Analyse der Paneldaten vertieft das Verständnis für die kollektiven Erinnerungen an die Shoah. Das Resultat relativiert die Rolle der jüngeren westdeutschen Frauen. Die Interaktionsvariable für ihre Gruppe wirkt in diesem Datensatz nicht mehr auf die abhängige Variable ein. Werden die Assoziationen zu den Verbrechen in den Konzentrationslagern intraindividuell über die Zeit betrachtet, spielt keine der in den Hypothesen postulierten demographischen Variablen eine Rolle. Entscheidend ist allein, ob dieser Vergangenheitsaspekt in der Umfrage 1995 bereits genannt wurde und ob eine stabile Empathie mit den Opfern der Shoah vorliegt. Wer den Mord an den Juden bei der ersten Befragung erinnerte und sowohl 1995 als auch 1996 eine hohe Belastung durch das Wissen darum empfand, hat eine signifikant höhere Wahrscheinlichkeit als die übrigen Interviewten, die nationalsozialistischen Verbrechen erneut zu assoziieren.

Wie aber passen die Resultate von Quer- und Längsschnittanalyse zusammen? Zwar läßt sich die Interpretation Nunner-Winklers (1991: 151f.) hier nicht explizit empirisch testen. Doch spricht aufgrund meiner Ergebnisse vieles für das Argument, dem zufolge Empathie nicht per se weiblicher Charakterzug, sondern als situationsgebundene Verhaltensweise anzusehen ist. Zwar machen die Querschnittsresultate deutlich, daß jüngere westdeutsche Frauen tendenziell eher als die übrigen Befragten an die Opfer des Nationalsozialismus denken. Doch als entscheidend sehe ich die in bezug auf die Geschlechtsvariable nicht vorhandenen Unterschiede hinsichtlich der Dauerhaftigkeit dieser Erinnerung an. Ob es 1995 Frauen oder Männer, Ost- oder Westdeutsche waren, die die Shoah in ihren Antworten erwähnten, spielt in bezug auf die Erinnerungsstabilität keine Rolle. Infolge dessen wäre zukünftig in einem experimentellen Setting zu klären, aufgrund welcher Bedingungen die jüngeren westdeutschen Frauen ad hoc die Verbrechen an den Juden in stärkerem Maße erinnern als die restlichen Interviewten, und warum es sich dabei tendenziell um ein situatives, nicht aber langfristig stabiles Verhalten handeln dürfte. Nur ein solches Vorgehen ermöglicht es, eine Erklärung für die Querschnittsergebnisse zu erhalten.

Aufgrund der Panelstudie steht fest, daß mit nur 3,6% von den 501 Befragten, die sich an beiden Interviews beteiligten, sehr wenige ein stabiles Antwortverhalten zeigen. In Zukunft wird in einem erweiterten Surveydesign zu untersuchen sein, ob die Erinnerungsstabilität bei diesem für die deutsche Gesellschaft zentralen Geschichtsereignis auf Empathie, auf andere psychologische Konstrukte oder auch auf politische Überzeugungen zurückgeht.

6.2.4 Reaktionen auf gesellschaftliche Interpretationsmuster von Vergangenheit

Mit BRD und DDR wurden nicht nur zwei unterschiedliche, sondern in ihren politischen Strukturen auch gegensätzlich Systeme miteinander vereinigt. Deren Kennzeichen waren unter anderem die gänzlich andere Wege, sich mit der gemeinsamen Vergangenheit des Nationalsozialismus auseinanderzusetzten. Die hier ausgewerteten Daten ermöglichen eine Klärung darüber, inwieweit die gesellschaftlichen Vorgaben beziehungsweise Angebote auf der Mikroebene in die eigenen Erinnerungen übernommen wurden. Letztere erhalten durch staatliche oder medial vermittelte Erklärungen ihren Interpretationsrahmen.

In der alten Bundesrepublik gab es erhebliche „Bemühungen, Schuld zu relativieren und sich der Rechenschaft über das Verhalten im Dritten Reich zu entziehen." (Blänsdorf 1995: 32) Trotz solcher Entlastungsstrategien zeichnete sich die bundesdeutsche Debatte immer durch eine relative Offenheit aus. Den verschiedenen politischen und gesellschaftlichen Gruppen war es möglich, ihre gegensätzlichen Schuld- und Ursachenerklärungen in die Öffentlichkeit zu tragen. Auf diese Weise beteiligten sie sich an der individuellen Meinungsbildung (ebd.: 35).

Demgegenüber kam der diktatorische Charakter der DDR auch im Umgang mit der nationalsozialistischen Vergangenheit zum Ausdruck. Manfred Overesch (1995) belegt, wie sich die DDR als neue, bessere Gesellschaft definierte. Als Lehre aus der Vergangenheit behauptete die SED-Führung, den Faschismus mit seinen Wurzeln ausgerottet zu haben. Da die DDR den Kapitalismus abgeschafft habe, sei die Grundlage einer faschistischen Terrorherrschaft beseitigt worden. Dieser Vorgabe folgend wurde die Auseinandersetzung mit der Ära von 1933 bis 1945 im östlichen Teil Deutschlands nach politischen Gesichtspunkten geführt. Die Instrumentalisierung der Vergangenheit richtete sich sowohl nach innen als auch nach außen. Mit der antifaschistischen Tradition ließen sich Entschuldigungsbemühungen der eigenen Bevölkerung stützen, die für die neue politische Ordnung gewonnen werden sollte. Desweiteren betonte die SED-Führung den Gegensatz zur Bundesrepublik, der sie eine Refaschisierung unterstellte.

In der Systemauseinandersetzung spielte der Kampf um Begriffe gerade bei der Interpretation des Nationalsozialismus eine nicht zu unterschätzende Rolle. An dieser Stelle ist es nicht möglich, die Debatte über jene Terminologie nachzuzeichnen, mit der sich die NSDAP-Herrschaft am treffendsten charakterisieren läßt (Wippermann 1983; Petersen / Schieder 1998). Unter Vernachlässigung der Details geht es aber im Kern um zwei sich gegenseitig ausschließende Positionen. Die marxistische Theorietradition erfaßt jene Epoche mittels eines generalisierten Konstrukts. Dem steht eine historische Betrachtungsweise entgegen, die den Nationalsozialismus als einzelnes Geschichtsphänomen begreift, das sich aus einer spezifischen Gesellschaftsentwicklung herleitet. Die im marxistischen Ansatz bevorzugte Begrifflichkeit findet ihren Niederschlag bei Ostdeutschen in den Antworten auf die offene Frage. Wenn auch in verkürzter Form besteht teilweise Übereinstimmung mit den Argumentationen, wie sie im öffentlichen Diskurs eingesetzt wurden, was das folgende Beispiel deutlich macht.

Ostdeutscher, Jg. 1934 [Stichprobe 1996]:

Machtergreifung Hitlers des Faschismus mit Unterstützung des deutschen Industrie- und Firmenkapitals und nachfolgende Katastrophe im

2. Weltkrieg - Die Profit- und Machtgier der damals Herrschenden, die
die Welt in Leid und Elend gestürzt haben.

In der Aussage spiegelt sich die Vergangenheitsversion der SED. Danach
war die Führung der NSDAP Handlanger des Monopolkapitals (Opitz
1974: 510). Dem wiederum ging es um das Ziel der Profitsteigerung ungeachtet jeglicher Bedürfnisse der Massen (Bettelheim 1974: 33ff.).

Die genannten Aspekte sind auch Teil der Antwort des Befragten. Im Gegensatz zum profitorientierten Kapital gehörte die beherrschte Bevölkerung danach zu den Opfern der nationalsozialistischen Zeit und wurde, wie die übrige Welt, ins Elend gestürzt. Die Äußerung demonstriert, auf welche Weise die von der SED getragene Vergangenheitsinterpretation in der eigenen Bevölkerung als Entlastung interpretiert wurde und nach wie vor wirksam ist.

Wissenschaftler, die sich wie Karl Dietrich Bracher (1976: 13-33) gegen einen generalisierenden Faschismusbegriff wenden, bestehen auf der Eigenständigkeit des Nationalsozialismus. Ihn konzeptualisieren sie als für Deutschland spezifische Herrschaftsform in der Tradition des starken Obrigkeitsstaates. Mit ihm unterwarf sich die Bevölkerung einer überstaatlich-völkischen, rassistischen Expansionsideologie (ebd.: 20). Abgesehen vom Akt der Herrschaftsanerkennung sind auch hier die Nationalsozialisten die anderen und nicht das Eigene.

In den folgenden Beispielen werden die Termini des Nationalsozialismus und des „Dritten Reiches" benutzt. Diese Aussagen sind typisch für die Art, wie Westdeutsche die Jahre 1933 bis 1945 beschreiben. Sie folgen der in der alten Bundesrepublik vorherrschenden Diskussionstradition.

Westdeutscher, Jg. 1943 [Stichprobe 1996]:

Machtergreifung Hitlers, Nationalsozialismus - Befreiung von den „Knebelverträgen" der Alliierten gegen die Weimarer Republik.

Westdeutscher, Jg. 1931 [Stichprobe 1996]:

Die Hitlerzeit von 1933 bis zum Zusammenbruch des sogenannten „Dritten Reiches" - Im Nachhinein ist auch heute für mich noch erschreckend die Erkenntnis, mit welch einfachen Mitteln und simplen Argumenten ein Volk verführt werden konnte, und das noch selbst miterlebt zu haben! Schlimm auch, daß führende Leute von damals ungestraft davonkamen und sogar heute noch unter uns leben!

Westdeutsche, Jg. 1953 [Stichprobe 1996]:

Das Dritte Reich - Wie es möglich war, daß sich so viele Menschen von einem Einzigen [...] beeinflussen ließen und ihm folgten.

Im ersten Beispiel erscheint der Nationalsozialismus als eine sich aus der deutschen Geschichte ergebende Konsequenz. Entgegen den Intentionen

Brachers dient Vergangenheit hier allerdings als Vorwand, um implizit das Geschehen in Diktatur und Krieg zu entschuldigen. Auch wenn der Begriff der Knebelverträge in Anführungszeichen gesetzt ist, folgt das vorgebrachte Argument der nationalsozialistischen Propaganda gegen das Versailler Abkommen. Insofern läßt sich die Aussage als Abschieben von Verantwortung auf die Alliierten lesen.

Wie die beiden anderen Beispiele verdeutlichen, liefern nicht nur marxistische Erklärungen einen Ansatz für Verschwörungstheorien. Die Äußerungen charakterisieren die deutsche Bevölkerung als unschuldig und verführt. In den zitierten Fällen werden mit Nationalsozialismus und „Drittem Reich" die für Westdeutsche typischen Ausdrücke verwendet. Die entwickelten Argumentationsstrategien sprechen zwar andere Inhalte als die auf den Kapitalismus ausgerichteten an. Doch wird auch hier die Bevölkerung ihrer Verantwortung für das damalige Geschehen enthoben. Sie erscheint als von den nationalsozialistischen Führern getrennt.

Das quantitative Resultat belegt, daß die Auswahl der zitierten Beispiele nicht auf Zufall beruht. Die Begrifflichkeiten zur Kennzeichnung der Ära von 1933 bis 1945 werden in Ost und West in Anlehnung an die theoretischen Annahmen unterschiedlich benutzt. Der früher verbindlichen marxistischen Theorietradition folgend sprechen viele Ostdeutsche vom Faschismus. In den alten Bundesländern verwenden die Interviewten demgegenüber in höherem Maße als die aus den neuen Ländern den Terminus des Nationalsozialismus. Ältere Westdeutsche übernehmen mit dem Begriff des „Dritten Reiches" schließlich den von den Nationalsozialisten geprägten Sprachgebrauch.

Insofern folgen Ost- und Westdeutsche tendenziell nach wie vor den Vorgaben des politischen Diskurses, wie er in beiden Landesteilen in der Zeit der Trennung vorherrschte. Unabhängig von Differenzen im Sprachgebrauch belegen die Beispieläußerungen weiterhin eine Ähnlichkeit in den Verhaltensweisen. Über ihre Argumentation sprechen die Befragten die Eigengruppe von der Verantwortlichkeit für die Geschichte frei. Zum Eigenen zählen dabei die Verführten und Leidtragenden. Die Anderen sind dann die Verbrecher.

Die hermeneutische Interpretation der Beispielantworten liefert somit eine Ergänzung zum präsentierten Ergebnis. Auch wenn Ost- und Westdeutsche in ihrem Sprachgebrauch durch die bis 1989 bestehenden Gesellschaftssysteme geprägt sind, besteht eine systemübergreifende Übereinstimmung hinsichtlich der Verantwortlichkeit für die Geschichte. Wie weitgehend solche Verhaltensmuster in der Bevölkerung verbreitet sind, muß zukünftig in qualitativen Untersuchungen geklärt werden.

6.2.5 Flucht und Vertreibung - eine ostdeutsche Perspektive

Eine weitere Ost-West-Differenz besteht bei den Bemerkungen zu Flucht und Vertreibung, von denen Deutsche im Gefolge des Zweiten Weltkrieges betroffen waren. Zu dieser Kategorie war keine Hypothese entwickelt worden, weil aufgrund von Umfrageergebnissen zum Thema einer spezifischen Vertriebenenidentität (Köcher 1997) keine nennenswerten Assoziationshäufigkeiten zu erwarten waren. Zwei Punkte charakterisieren den Stellenwert der betroffenen Bevölkerungsgruppe.

- Von den vor 1946 Geborenen rechnen sich noch 21% dieser Gruppe zu. Unter den 30-49jährigen sind es dagegen lediglich zehn Prozent. Bei den noch jüngeren sinkt der Anteil auf acht Prozent (ebd.: 5).
- Zudem ist unter jenen, die sich selber als Vertriebene sehen, der Anteil von Personen mit Hauptschulabschluß überproportional hoch (ebd.: 7f.).

Weil aber Personen mit niedrigem Bildungsgrad tendenziell zu jenen gehören, die selten zu einer mehrmaligen Befragung bereit sind, war hier ein geringer Anteil jener zu erwarten, die aufgrund ihres eigenen Schicksals oder das ihrer Familie Flucht und Vertreibung als historisch bedeutsam erinnern.

Auch inhaltliche Überlegungen veranlaßten mich, dieser Kategorie persönlicher Kriegserfahrung in ihrer empirischen Relevanz eine nur marginale Rolle zuzuschreiben. Auch wenn viele Flüchtlinge zunächst auf Ablehnung stießen (Erker 1988: 204), ist die Eingliederung der Heimatvertriebenen im Laufe der Jahre erfolgreich verlaufen (Benz 1985: 9). In bezug auf die DDR sollte die ökonomische und soziale Eingliederung der Menschen aus den Ostgebieten des Deutschen Reiches in die kommunistische Gesellschaft trotz der politisch motivierten Unterdrückung der Erinnerung an deren Schicksal nicht unterschätzt werden (Meinicke 1993: 85). Diese Zusammenhänge sollten sich auf die in der Befragung assoziierten Inhalte auswirken.

Diese Annahme ist im Lichte der Ergebnisse zu revidieren, da sie offensichtlich einer westdeutschen Sichtweise entspringt. Die Daten machen deutlich, daß insbesondere Ostdeutsche Flucht und Vertreibung ansprechen. Das Resultat kann deshalb als gesichert angesehen werden, weil es über die Querschnitte 1995 und 1996 wie auch über die Panelstichprobe stabil ist.

Ohne Zweifel ist die Altersklassenzugehörigkeit das zentrale Moment bei den Nennungen zu dieser Kategorie. Die Wahrscheinlichkeit der Nachgeborenen, Flucht oder Vertreibung zu assoziieren, ist um ein Mehrfaches geringer als die der Betroffenen. Doch kommt neben diesem Effekt der Ost-West-Variable eine gewichtige Bedeutung zu. So sind es mit deutlichem Abstand die älteren Interviewten aus den Neuen Bundesländern, die auf dieses Thema zu sprechen kommen. Im Paneldatensatz kommt dieser Aspekt noch stärker zur Geltung. Die Älteren mit stabiler Erinnerung haben die höchste Wahrscheinlichkeit, diese Kategorie zu nennen. Aber auch hier besteht eine erhebliche Differenz zwischen Ost- und Westdeutschen.

Die Ereignisse, die für diese Kategorie stehen, sind offensichtlich nicht vergessen. Ihnen wird in Ost und West aber ein unterschiedliches Gewicht beigemessen. Konstatiert Renate Köcher (1997: 5f.) eine schwindende Identifikation mit der Gruppe der Vertriebenen, dokumentiert sich im vorliegenden Resultat, daß sich gemessen am Anteil der Betroffenen an der Gesamtbevölkerung (Frantzioch-Immenkeppel 1996: 5) relativ wenige Westdeutsche in ihren kollektiven Erinnerungen an den Zweiten Weltkrieg auf diesen Teil der eigenen biographischen Erfahrung beziehen.

Ostdeutsche verhalten sich in dieser Hinsicht anders. Bei der Suche nach einer Erklärung für die geringe Nennungshäufigkeit unter den Interviewten aus den alten Bundesländern ist zunächst das Integrationsargument zu prüfen. Insofern die Eingliederung der Vertriebenen ein Erfolg war (Rautenberg 1997: 36), erscheint es naheliegend, wenn die Verlusterfahrung in den Hintergrund der Erinnerung gedrängt wird. Der exakte Zusammenhang bleibt jedoch unklar, weil eine Reihe weiterer Faktoren die konkreten Erinnerungen beeinflussen. Darf bei jenen eine soziale Integration unterstellt werden, die trotz ihres Schicksals ihre Vertreibungserfahrung im Interview nicht ansprechen? Letztlich können solche Fragen nur im Rahmen qualitativer Studien wie der von Ulla Lachauer (1998) geklärt werden.

Weiterhin wird für die DDR eine ebenfalls gelungene Integration der Vertriebenen unterstellt, auch wenn diese anfangs mit politischem Druck durchgesetzt wurde (Meinicke 1993: 85). Hinsichtlich der Erinnerungen dürfte jedoch ein anderes Moment entscheidend sein. Die SED-Führung hatte diese Vergangenheit zum Tabu erklärt. Aus Rücksicht auf die Sowjetunion als Führungsmacht wie auch auf die Verbündeten Polen und die CSSR durften die Konsequenzen der Viermächtekonferenz von Potsdam nicht öffentlich thematisiert werden. Nachdem die Alliierten dort das Schicksal der Menschen in den östlichen Teilen des Deutschen Reiches entschieden hatten, war es den Betroffenen in SBZ und DDR nicht erlaubt, sich als Interessengruppe in der Gesellschaft zu konstituieren. Erst der Sturz des SED-Regimes eröffnete den Betroffenen die Möglichkeit das eigene Schicksal zu artikulieren. Vorher bestand kein sozialer Rahmen, in dem die kollektiven Erinnerungen hätten wirksam werden können.

6.3 Die Ereignisse von 1989/90 in den Erinnerungen von Deutschen

Wie aus dem Überblick über die am häufigsten genannten Ereigniskategorien hervorgeht, beinhalten die kollektiven Erinnerungen von Deutschen zwei zentrale Aspekte der Vergangenheit, denen ein herausragender Stellenwert beigemessen wird. Mit dem Nationalsozialismus berühren sie einen negativen Teil der Geschichte. Die fundamentalen Gesellschaftsveränderungen im Ostblock 1989/90, die die deutsche Vereinigung ermöglichten, sieht die große Mehrheit der Befragten als zweite bedeutende zeithistorische Epoche. Auch wenn, wie die Auswertung der Begründungen zu den Assoziationen zeigt, der Zusammenschluß von BRD und DDR mit Enttäuschungen verknüpft ist und nicht alle hochgesteckten Erwartungen der Menschen erfüllt wurden, ist dieser historische Einschnitt grundsätzlich positiv besetzt. Weil damals die Teilung aufgehoben wurde, konstituierten jene Vorgänge das jetzige Gemeinwesen. Als fundierendes Element dürfte die Vereinigung daher den zentralen Teil eines Gründungsmythos bilden. Unter diesem Aspekt komme ich hier nochmals auf die Konzeption des Epochaleffekts zu sprechen.

Weiterhin werde ich innerhalb des Gesamtkomplexes der Nennungen zur deutschen Vereinigung auf den Ost-West-Gegensatz näher eingehen. Die Abweichungen in den erinnerten Inhalten belegen eine nur bedingt zu überbrückende Spaltung zwischen beiden Landesteilen.

6.3.1 Geschichte als Identifikationsangebot

Ähnlich den Erinnerungen zum 8. Mai 1945 orientieren sich viele Interviewte hinsichtlich der Vorgänge von 1989/90 an einer geschichtlichen Wendemarke. Der Abschluß der Nachkriegsära mit der Konstitution des gemeinsamen Staates am 3. Oktober 1990 markiert diesen Punkt. Ohne Frage war jener Akt nur ein erster Schritt auf dem Weg des Zusammenwachsens zweier unterschiedlicher Gesellschaften. Doch weist die hohe Zahl der Assoziationen zu diesem Datum darauf hin, wie stark in der Rückschau der historische Prozeß mittels eines Fixpunktes konzeptualisiert wird.

Zunächst ist bei einer Erklärung zu berücksichtigen, daß sich der kurzen zeitlichen Dauer wegen der Prozeß von der Auflösung der staatlichen Strukturen in den kommunistischen Gesellschaften bis hin zur Schaffung des vereinten Deutschlands nur in eine begrenzte Zahl erinnerungswürdiger Detailereignisse untergliedern läßt. Weil sich die Assoziationen auf wenige Kategorien verteilen, könnten rein rechnerisch höhere relative Häufigkeiten auftreten. Diesem Argument steht jedoch der erhebliche Abstand der Nennungshäufigkeiten zum 3. Oktober zu den nachfolgenden Detailkategorien wie „Zusammenbruch des Ostblocks" etc. entgegen. Bei den konkreten Aussagen zu Einzelaspekten des Nationalsozialismus klaffen die relativen Häufigkeiten nicht in diesem Ausmaß auseinander. Dieser Sachverhalt läßt darauf schließen, daß die deutsche Gesellschaft auf das Vereinigungsdatum fixiert ist. Gerade im Vergleich mit dem 8. Mai 1945 ist diese Fokussierung plausibel, weil der Zusammenschluß von BRD und DDR in bezug auf moralische Fragen weitgehend unumstritten ist.

Dieser Aspekt erhält einen noch größeren Stellenwert, weil sowohl die Erinnerungen an den gesamten historischen Prozeß des Zeitraumes 1989/90 als auch jene an Detailereignisse aus dieser Periode erhebliche Ost-West-Differenzen ausweisen. Menschen aus den neuen Bundesländern knüpfen in ihren Erinnerungen an sehr persönliche Erfahrungen an, die entweder in der Zeit der Umwälzung gemacht wurden oder als Konsequenz aus dem fundamentalen Wandel des Gesellschaftssystems resultieren. Westdeutsche befanden sich hingegen hauptsächlich in der Rolle der Zuschauenden. Was die Assoziationen des Datums 3. Oktober 1990 betrifft, ist jedoch keine Subgruppendifferenz feststellbar. Ost und West sind in ihren Einschätzungen dieses Tages in hohem Maße einer Meinung.

Nach meinem Dafürhalten zeigt sich hier eine Wechselwirkung zwischen Mikro- und Makroebene. Auch wenn es sich um eine Annahme handelt, die erst in weiterem zeitlichen Abstand geprüft werden kann, spricht einiges dafür, daß mit dem 3. Oktober ein Feiertag geschaffen wurde, der vermittelt über die wiederkehrende Reinszenierung der Vereinigung beider deutscher Staaten dazu beiträgt, das Vereinigungsdatum in den Köpfen der Menschen als bedeutsamen Aspekt in der Geschichte der eigenen Nation zu verankern. Weil es sich zudem um ein positives Ereignis handelt, führt die öffentliche Kommemoration langfristig dazu, die tatsächlich gemachten Erfahrungen und die persönlichen Enttäuschungen in den Hintergrund zu drängen. Auf diese Weise wird der 3. Oktober wegen seiner Institutionalisierung als Gedenktag zum zentralen Symbol, das den Gründungsakt des vereinigten Deutschland zum Ausdruck bringt. Insofern sehe ich die hohe Erinnerungsrate nur teilweise durch die Auswirkungen des historischen Ereignisses selber verursacht. Teilweise resultiert sie aus der öffentlichen Kommemoration, die das vergangene Geschehen mit zusätzlicher Bedeutung auflädt.

Sind diese Überlegungen zutreffend, müßte der Tag der deutschen Einheit zukünftig eine zunehmende Bedeutung in den kollektiven Erinnerungen erhalten. Damit einhergehend sollten sich keine Subgruppendifferenzen zeigen. Die übrigen Detailereignisse sollten dagegen mit der Zeit mehr und mehr verblassen. Ihre relativen Anteile dürften deshalb sinken, weil das öffentliche Gedenken auf die nationale Einheit abzielt. Die für die Erfahrung der Einzelnen zunächst wichtigen Begleitumstände spielen dann kaum noch eine Rolle.

Eine solche Interpretation beinhaltet noch weitere Implikationen. So weit Detailerinnerungen geäußert werden, blieben sie allein für Subgruppen wie Ost- und Westdeutschen relevant. Zudem sollte die Assoziation des Vereinigungsdatums über die Zeit intraindividuell stabil erfolgen, da das Ereignis in jährlichem Abstand zum Anlaß genommen wird, das eigene Gemeinwesen zu feiern.

Die Verankerung des 3. Oktober in den Gedächtnissen der Interviewten ist unabhängig von den gegebenen Begründungen. In sie können aktuelle Erfahrungen einfließen, die im Moment der Befragung zusammen mit der Erinnerung assoziiert werden. Solche Bewertungen müssen nicht über die Zeit stabil sein. Vielmehr dürfte sich in ihnen auch ein Teil von Systemzufriedenheit spiegeln. An der wahrgenommenen Bedeutsamkeit des fundierenden Ereignisses ändert sich dadurch nichts.

Ähnliches gilt für die Rekonstruktion des historischen Ablaufes einschließlich der Beurteilung der Akteure. Die vorliegenden Daten belegen in den kollektiven Erinnerungen eine extrem geringe Relevanz der Bürgerbewegung, deren Mitglieder den Systembruch in der DDR initiiert und damit das Fundament für die Vereinigung gelegt hatten. Im Antwortverhalten zeigt sich, daß die Wende für die Angehörigen der Erlebensgeneration Stoff für verschiedene Mythen abgibt. Der Sturz der kommunistischen Regimes resultiert offenbar selten aus dem mutigen Protest weniger, sondern aus dem von vielen geäußerten Volkszorn in den letzten Wochen der DDR. Vergangenheit wird auch in den hier gegebenen Antworten entsprechend eigener Interessen rekonstruiert. Wissenschaftliche Versuche, den Perzeptionen zum Ende der DDR eine an den historischen Fakten und Einschätzungen orientierte Darstellung entgegenzusetzen (Pollack 2000), dürften an der Vielfältigkeit der Rekonstruktionen auf der Mikroebene kaum etwas ändern. Bei den Angehörigen der Bürgerrechtsbewegung handelte es sich um eine verschwindende Minorität innerhalb der ostdeutschen Bevölkerung. Weil ihre Akteure zugleich für Handlungsalternativen in der Diktatur stehen, überrascht die geringe Bedeutung nicht, die ihnen zugeschrieben wird.

Insgesamt gesehen sind ein positiv konnotiertes, fundierendes Moment in der Geschichte einer Gesellschaft wie auch dessen regelmäßige Kommemoration notwendig, um den Individuen Identifikationsmöglichkeiten mit der Eigengruppe zu bieten (J. Assmann 1992: 52f.). Von daher füllt der Tag der Vereinigung den für die Deutschen relevanten sozialen Rahmen für sie als Gruppe aus und prägt ihre Wahrnehmung. Peter Burke (1991: 300f.) beschreibt diesen Sachverhalt als die durch die Nation ausgeübte Zensur. Gründungsmythen werden in der Regel als absoluter Ursprung einer Gruppe angesehen, ohne die Quellen der Gründungsmütter und -väter wahrzunehmen.

Im Gegensatz dazu ist die Verabschiedung des Grundgesetzes nur für wenige Westdeutsche Teil zeithistorischer Erinnerung (Schuman et al. 1998). Ohne Frage war die Bundesrepublik als Staatswesen nach vierzig Jahren seitens der Gesellschaft akzeptiert (Jansen 1989: 1134f.). Doch ist es unwahrscheinlich, daß ein anerkannter Gründungsmythos innerhalb eines Jahres seine Bedeutung einbüßt, zumal die Verabschiedung des Grundgesetzes noch im Frühjahr 1989 mit großem Aufwand öffentlich zelebriert wurde (Wolfrum 1998b: 15). Die niedrige Erinnerungsrate zum 23. Mai 1949 läßt sich von daher durch die Diskrepanz zwischen nationaler Identifikation und ihrer historischen Verortung erklären. Die Verfassung war als gesellschaftlicher und politischer Rahmen für die Gegenwart akzeptiert. Doch folgte daraus nicht notwendig die geschichtliche Verankerung.

Als Grund für das inkonsistent erscheinende Antwortverhalten sehe ich zum einen den bis 1989 anhaltenden Wunsch nach Wiederherstellung einer vereinten deutschen Nation, der einen Widerspruch zum westdeutschen Teilstaat konstituierte (Jansen 1134f.). Noch wichtiger dürfte das Bedürfnis nach Distanz zum Nationalsozialismus sein. Andere Umfragedaten (Blank / Heinrich 1998) belegen, wie sehr jener Teil deutscher Geschichte nach wie vor negative Emotionen gegenüber der eigenen Nation hervorruft. Die Gründung der alten Bundesrepublik legitimierte sich jedoch in der direkten Abkehr von der nationalsozialistischen Barbarei (Lepsius 1989: 249). Insofern blieben die Jahre 1933 bis 1945 notwendig Teil der Eigengruppendefinition. Unabhängig von den nach wie vor anhaltenden Kontroversen um die Interpretation des Nationalsozialismus ist dieser Konnex für die neue Bundesrepublik nicht mehr zwingend. Im Gegenteil geht mit der Vereinigung von BRD und DDR faktisch das Ende der Nachkriegszeit einher. Auf dieser Ebene läßt sich die Bedeutung des Gründungsdatums in den kollektiven Erinnerungen verstehen.

Hinsichtlich der DDR und ihrer Gründungsmythen diskutiert Münkler (1996) Bedeutung und Konsequenzen der durch die SED-Führung verordneten DDR-Identität. Der Ablauf der Geschichte bestätigt das Scheitern dieses Angebots an die Bevölkerung. In der Krise ab Mitte der 80er Jahre waren immer weniger Menschen bereit, für diesen Staat einzutreten. Davon unberührt bleibt, daß in den Jahren davor unter den Bürgerinnen und Bürgern der DDR eine relative Systemzufriedenheit mit dem eigenen Staat herrschte (Niemann 1993: 47). Nicht abzuschätzen ist, inwieweit sich diese Identifikation auf die kollektiven Erinnerungen im östlichen Teilstaat Deutschlands auswirkte. Wie unsere Befragungsdaten zeigen, kommt der Eigengeschichte der DDR gegenwärtig keine Bedeutung zu. Unter diesem Gesichtspunkt sind auch Mutmaßungen über eine sich verstärkende „Ostalgie" zu überdenken. Dietrich Mühlberg (1994: 82f.) sieht den nach 1990 erlebten Modernisierungsschock als Anlaß für die Herausbildung einer ausgeprägten ostdeutschen Identität. Es mag sein, daß Ostdeutsche vor dem Hintergrund der jüngsten Umwälzungen ihre DDR-Erfahrungen in einem milden Licht sehen. Für die Herausbildung einer spezifischen Identität fehlt es aber an den Erinnerungen zur Geschichte der DDR.

Zwar wird es erst mit größerem zeitlichen Abstand zum 3. Oktober 1990 möglich sein, die Annahmen zur Wahrnehmung fundierender Ereignisse und ihre Bestätigung mittels Kommemoration seitens gesellschaftlicher Institutionen empirisch zu testen. Doch liefern die vorliegenden Resultate Hinweise für die Richtigkeit der Überlegungen.

6.3.2 Ost und West: Gespaltene Erinnerungen

Die Fokussierung auf ein konstituierendes Ereignis in der Geschichte muß keineswegs zum Vergessen von Traditionen führen, die für die Teilgesellschaften in früherer Zeit relevant waren. So besteht ein Ost-West-Gegensatz bei den Äußerungen zu den Ereignissen von 1989/90 und insbesondere bei den Begründungen zu deren Erinnerung. In ihnen spiegeln sich die für jede Gruppe eigenen Erfahrungen, Hoffnungen und Enttäuschungen, die mit den Vorgängen Ende der 80er Jahre verknüpft sind. In dieser Hinsicht werden Ost und West wohl noch auf längere Zeit unterschiedliche Teilgesellschaften bleiben.

Allerdings ist eine solche Prognose mit Unsicherheiten behaftet, da die Rekonstruktion von Geschichte immer auch die Möglichkeit einer grundlegenden Revision der eigenen Wahrnehmungen beinhalten kann (A. Assmann 1999: 257). Schon die vorliegenden Paneldaten belegen sowohl bei den Detailkategorien als auch bei den Begründungen für die Assoziation der Vorgänge von 1989/90 eine stärkere intraindividuelle Stabilität bei Westdeutschen als bei den Interviewten aus dem Osten. Bei letzteren dürfte daher ein weniger gefestigtes Bild der jüngsten Zeitgeschichte bestehen. Ihre Erinnerungen unterliegen bereits innerhalb der kurzen Zeitspanne zwischen beiden Meßzeitpunkten einem starken Wandel.

Für den kurzen Zeitraum von 1995 bis 1996 weisen die Daten unter Ostdeutschen eine Abnahme ihrer negativen Einschätzungen der Vereinigung aus. Ob es sich dabei um einen Angleichungsprozeß zwischen den Mitgliedern beider Teilgesellschaften handelt, kann nicht abschließend beurteilt werden. Erst erneute Interviews derselben Personen können klären, ob die Detailerinnerungen an 1989/90 mehr und mehr in den Hintergrund treten und das Vereinigungsdatum zum zentralen Symbol wird. Sollte letzteres der Fall sein, zeigte sich darin, inwieweit der Abschluß der Nachkriegsära mit dem Zusammenwachsen zweier unterschiedlicher Gesellschaften im vereinten Deutschland tatsächlich korrespondiert.

6.4 Unbeantwortete Fragen zu gruppenspezifischen Erinnerungen

Rückblickend auf die Ergebnisse erscheint es nichtssagend, die Bestätigung für den Einfluß demographischer Variablen auf die Perzeption eines historischen Ereignisses zu konstatieren. Auch ohne statistische Tests ist es evident, daß Personen eines bestimmten Alters, Geschlechts etc. je besondere kollektive Erinnerungen haben. Die vorliegenden Resultate machen aber deutlich, daß es in diesem Zusammenhang keine Rolle spielt, ob sich die Individuen in ihrem Rückblick auf die Vergangenheit auf einzelne historische Daten oder auf ganze Epochen beziehen.

Werden alle Daten zusammenfassend betrachtet, wird die unterschiedliche Gewichtung der einzelnen demographischen Variablen für den Bereich kollektiver Erinnerungen offensichtlich. Auch bei den hier getesteten vier unabhängigen Größen zeigt sich, daß zwei einen herausragenden Stellenwert haben. Die Zugehörigkeit zur ost- beziehungsweise westdeutschen Teilstichprobe wie auch die zu einer der beiden Altersklassen wirken sich bei den Analysen von nahezu allen Geschichtskategorien aus. Beiden Merkmalen kommt entscheidende Bedeutung dafür zu, welche Ereignisse aus der Geschichte der eigenen Nation für bedeutsam gehalten und deshalb erinnert werden und welche nicht.

Die Daten weisen zwar eine allgemeine Tendenz aus, der zufolge mit zunehmendem Alter frühere Ereignisse assoziiert werden. Doch ist es nicht sinnvoll, daraus den Schluß zu ziehen, die Ära des Nationalsozialismus hätte für die Nachgeborenen kaum noch Bedeutung. Am Beispiel der Nennungen zum Zweiten Weltkrieg zeigt sich vielmehr, daß ihre Erinnerungen weniger differenziert als die der Älteren sind. Wer zu den Jahrgängen 1940 und folgende gehört, hat eine hohe Wahrscheinlichkeit, unter der allgemeinen Kategorie zum Weltkrieg kodiert zu werden, weil keine konkreten Ereignisse der Jahre 1939 bis 1945 genannt werden.

In den kollektiven Erinnerungen zeigt sich auch, wie sich die Verstrickung in die damalige Vergangenheit auswirkt. Auf Querschnittsebene sind es Teile der Jüngeren, die der Opfer des Nationalsozialismus gedenken. Mit ihrem Antwortverhalten demonstrieren die Älteren demgegenüber ihre geringe Bereitschaft, das eigene Verhaftetsein in jene Zeit wahrzunehmen. Sie sehen sich eher als Opfer der Kriegshandlungen (Pampel 1995: 29).

Neben dem generellen Einfluß der Altersvariablen auf die kollektiven Erinnerungen gilt ähnliches für die Ost-West-Variable. Insofern ist die für dieses demographische Merkmal hypothetisch getroffene Differenzierung nach Global- und Detailkategorie nicht zweckmäßig. Ost- und Westdeutsche haben entgegen der ursprünglichen Annahme kein ähnliches Antwortverhalten in der Wahrnehmung der beiden zentralen Geschichtsabschnitte des vergangenen Jahrhunderts. Die Ausgangshypothese trifft zwar zu, wenn alle Äußerungen zum Nationalsozialismus zusammen betrachtet werden. Schon bei allen Nennungen zum Zweiten Weltkrieg bestehen jedoch Ost-West-Differenzen. Erst recht weichen die Befragten aus beiden Landesteilen in ihren Assoziationen zu den Vorgängen von 1989/90 voneinander ab. Kollektive Erinnerungen können somit innerhalb einer Bevölkerung auch dann unterschiedlich verankert sein, wenn sie sich auf einen bedeutsamen Zeitabschnitt in seiner Gesamtheit beziehen. Eine die verschiedenen Interpretationen subsumierende Globalkategorie wirkt sich folglich nicht in Richtung auf Vereinheitlichung kollektiver Erinnerungen aus.

Auch wenn bei den beiden voranstehend beurteilten demographischen Variablen die beschriebenen Grundtendenzen bestehen, ist es wichtig, daß die generalisierenden Aussagen keinen Anspruch auf Allgemeingültigkeit erheben können. Die Präsentation der Daten belegt, wie wenig sinnvoll es ist, Hypothesen zu entwickeln, die sich auf ein einzelnes demographisches Merkmal beschränken. Statt dessen muß sich der Fokus des Forschungsinteresses auf die Wechselwirkungen zwischen den Subgruppen richten. Bestimmte Erinnerungen, wie etwa alle Assoziationen zur Vereinigung zusammengenommen, gehen zum Beispiel auf die jüngeren Ostdeutschen zurück, während ältere Westdeutsche diejenigen sind, bei denen eine Kodierung zu diesem Thema am unwahrscheinlichsten ist. Folglich machen Hypothesen keinen Sinn, wenn sie allein auf eine demographische Subgruppe ausgerichtet sind und deren Verhalten postulieren.

Wegen der Wechselbeziehungen, die zwischen den einzelnen Kovariaten bestehen, stellt sich weiterhin die Frage nach der Interpretation der Ergebnisse für die Merkmale Geschlecht und Bildung. Deren Ergebnisse ermöglichen lediglich in einer Beziehung eine grob zusammenfassende Schlußfolgerung. Auf der Ebene der beiden Globalkategorien relativiert sich ihre Bedeutung gegenüber den Variablen Alter und Regionszugehörigkeit. In bezug auf die Assoziationen zu Nationalsozialismus und deutscher Vereinigung wirken sich Geschlecht und Bildung nicht aus. Hier kommt ihnen offenbar eine geringere Bedeutung zu.

Eine grundlegende Schwierigkeit in der Auswertung besteht bei der Interpretation sowohl für die Variable Geschlecht als auch die der Bildung in der Beurteilung dessen, wie sich die Missing-Rate auf die jeweiligen Teilergebnisse auswirkt. Grundsätzlich ist die Verweigerung einer Antwort auf die offene Frage sowohl bei Frauen als auch bei Personen mit niedrigem Schulabschluß signifikant wahrscheinlicher als bei den übrigen Befragten. Unabhängig von der Entscheidung, die Missings bei der Analyse außen vor zu lassen, läßt sich der tatsächliche Grund für die fehlenden Antworten nicht abschätzen. So mag es sich bei dem gezeigten Verhalten einerseits um Desinteresse an Geschichte oder andererseits um nicht vorhandene Erinnerungen handeln. Weil eine Entscheidung hier nicht möglich ist, bleiben Unsicherheiten in der Ergebnisinterpretation bestehen.

6.4.1 Inkonsistenzen bei geschlechtsspezifischen Erinnerungen

Wirkungen der Geschlechtsvariablen sind deshalb schwer einzuordnen, weil ihr Einfluß bei keiner Kategorie zu einem einheitlichen Beziehungsmuster führt. In allen Fällen kommt es im Vergleich der beiden Querschnitte sowie dem Panel zu Abweichungen, sei es, daß weitere Kovariaten zusätzlich wirksam sind, sei es, daß Interaktionseffekte in anderer Kombination oder überhaupt nicht mehr auftreten. Ein Beispiel gibt die Kategorie des Kriegserlebens aus der Heimatperspektive ab. In allen drei Datensätzen haben die vor 1940 geborenen Frauen eine höhere Wahrscheinlichkeit als die übrigen Befragten, derartige Äußerungen zu machen. Allerdings tritt die

Merkmalskombination zwischen Alter und Geschlecht teils zusammen mit anderen, teils in Interaktion mit ihnen auf. Neben der Regionszugehörigkeit ist etwa die Bildungsvariable wirksam. Im Grunde ist damit die hypothetisch postulierte Beziehung bezüglich des auf die älteren Frauen abgestellten Effekts bestätigt. Eine Reihe von Fragen bleibt jedoch offen.

Wie bereits im Ergebnisteil erwähnt, haben die vor 1940 geborenen Männer deshalb eine nicht geringe Wahrscheinlichkeit, das Kriegserleben in der Heimat zu assoziieren, weil aufgrund der Setzung der Altersklassengrenzen unter den älteren auch jene Männer berücksichtigt sind, die den Krieg als Kinder und Jugendliche und damit aus dieser Perspektive erlebten. Neben der Anwendung des groben Altersklassenrasters sind zudem wegen der gegebenen Bildungsabhängigkeit mögliche Einflüsse des Fragewortlauts in die Überlegungen einzubeziehen. Eventuell fiele das Ergebnis eindeutiger aus, wenn die Befragten dazu gebracht würden, sich ihre kollektiven Erinnerungen vor dem Hintergrund ihrer Geschlechtsrolle zu vergegenwärtigen. Allerdings darf gerade dabei die Bedeutung der Bildungsvariablen nicht aus den Augen verloren werden. Im Datensatz 1996 kommt deren Einfluß bei den älteren Frauen mit Abitur zur Geltung. Prinzipiell ist eine stichprobenspezifische Variation nicht auszuschließen. Doch kann es auch sein, daß Frauen mit unterschiedlichem Bildungsgrad in jeweils anderer Weise über ihre Geschlechtsrolle reflektieren. Derartige Zusammenhänge erschließen sich jedoch allein mit einem erweiterten Befragungsinstrument.

Die Ergebnisse zu den Kategorien des persönlichen Kriegserlebens, zur Shoah sowie zum Stellenwert der Familienzusammenführung als Ergebnis der deutschen Vereinigung lassen sich zusammenfassend unter dem Aspekt geschlechtsspezifischer Rollenprägungen interpretieren. Konkret zielen die jeweiligen Hypothesen auf

- eine größere Bereitschaft von Frauen, auch in der Öffentlichkeit Themen anzusprechen, die den Bereich des Intimen berühren;
- eine stärkere Fixierung von Frauen auf Beziehungen im Gegensatz zur männertypischen Konkurrenzhaltunng;
- eine ausgeprägtere Fähigkeit von Frauen zu Empathie, der Verbundenheit und dem Mitgefühl mit anderen.

Alle drei Aspekte beruhen auf Annahmen, mit denen Frauen und Männern ein bestimmtes Verhalten zugeschrieben wird. Sie gründen zum größten Teil auf kulturell vorgegebenen Verhaltensweisen.

In bezug auf diese Annahmen können meine Daten nur Grundtendenzen bestätigen. Es bleiben Widersprüchlichkeiten. Werden alle Detailaussagen zum persönlichen Kriegserleben zusammengenommen, besteht bei dieser Gesamtkategorie nur im Querschnitt 1996 ein Interaktionseffekt der Geschlechtsvariablen. Folglich sprechen auch Männer persönliche Erfahrungen an, die mit Ängsten, Trauer und dem Verlust von Familienangehörigen besetzt sind. Männer klammern somit den Bereich des Intimen nicht per se aus, wenn sie im Rahmen eines Interviews auf Vergangenheit angesprochen werden. Zweifellos kann ich geschlechtsspezifische Differenzen nicht ausschließen, die mit dem von mir gewählten Analyseverfahren unerkannt bleiben. So ist es möglich, daß eine hermeneutische oder auch linguistische Untersuchung des Datenmaterials zu Ergebnissen führte, die eine schärfere Trennung zwischen beiden Geschlechtern belegten. Ebenfalls ist nicht auszuschließen, daß Frauen und Männer unterschiedlich auf die Interviewform reagieren, das heißt auf die standardisierte Befragung inklusive der offenen Fragen anders als auf ein Leitfadeninterview.

Unabhängig von solchen methodischen Belangen bleibt die Frage, ob eine Definition von Intimität, wie sie Siegfried Vierzig (1987: 163) basierend auf autobiographischen Berichten liefert, adäquat ist oder nicht. Vor dem Hintergrund der Assoziationen persönlichen Kriegserlebens ist jedenfalls nicht klar, ob die Erwähnung solcher Erfahrungen seitens der Befragten schon als intime Aussage verstanden wird oder nicht. Ebenso ist unklar, inwieweit das Interview mit seinem vorgegebenen Setting als öffentlich begriffen wird. Dieser Einwand ließe sich auch noch nach möglichen Reaktionsunterschieden auf face-to-face-Interviews beziehungsweise dem Ausfüllen eines Fragebogens differenzieren, der anonym verschickt wird.

Was die Frauen zugesprochene Empathie angeht, weisen die Daten zwar einen Zusammenhang zwischen Geschlecht und entsprechendem Antwortverhalten aus. Unter dem Gesichtspunkt intraindividueller Stabilität zeigt sich aber, daß die Erinnerung der Opfer des Nationalsozialismus als Akt des Mitfühlens kein Spezifikum von Frauen ist. Weiterhin bleibt offen, warum das entsprechende Antwortverhalten nicht für ostdeutsche Frauen gilt. Da die jüngeren von ihnen im Gegensatz zu ihren gleichaltrigen Geschlechtsgenossinnen aus dem Westen die Verbrechen gegen Juden und andere ausgegrenzte Minderheiten kaum assoziieren, wird der Stellenwert der gesellschaftlichen Grundbedingungen als Voraussetzung auch für das Empathieempfinden deutlich. Seiner starren antifaschistischen Doktrin wegen trug das DDR-System mit seiner Vergangenheitspolitik nicht nur dazu bei, die Shoah als zeithistorisches Ereignis aus dem öffentlichen Diskurs herauszuhalten. Auf diese Weise wurde es auch den Individuen erleichtert, sie aus den kollektiven Erinnerungen zu verdrängen beziehungsweise erst gar nicht aufzunehmen. Offensichtlich ist der Einfluß der kulturellen Rahmenbedingungen von erheblicher Bedeutung. Obwohl viel dafür spricht, daß Frauen eher als Männer Empathie empfinden, bleibt diese Eigenschaft von den politischen Vorgaben innerhalb einer Gesellschaft abhängig.

Das hier verwendete Forschungsdesign vermittelt in diesem Zusammenhang insofern eine vertiefte Einsicht, als die aufgetretenen Reihenfolgeeffekte auf eine spezifische Reaktion verweisen. Wenn persönliche Empfindungen zu Bewußtsein gebracht werden, die im Zusammenhang mit der Shoah stehen, reagieren die nach 1939 geborenen westdeutschen Frauen tendenziell eher als die übrigen Befragten darauf, indem sie in der Antwort auf die offene Frage nach zeithistorischen Ereignissen den Mord an den Juden assoziieren. Weil dieses Verhalten über die Zeit wiederum nicht stabil ist, wirken sich offensichtlich noch situativ wirksame Einflußgrößen auf die gemessene Beziehung aus. Allerdings lassen sich darüber derzeit keine weitergehenden Aussagen machen. Es ist nicht auszuschließen, daß die bei der schriftlichen Befragung nicht kontrollierte Interviewsituation eine Rolle spielt. Unabhängig von der Richtigkeit dieser Annahme wird deutlich, daß Frauen nicht unter allen Bedingungen empathischer als Männer sind.

Die Frage, inwieweit politische Systembedingungen geschlechtstypische Verhaltensweisen prägen, stellt sich auch hinsichtlich der Annahme, Frauen seien stärker als Männer auf Beziehungen fixiert. Im Zusammenhang mit den Assoziationen zur deutschen Vereinigung ging ich von Einflüssen aus, die durch die gesellschaftlichen Rahmenbedingungen ausgelöst sind. In Übereinstimmung mit Nunner-Winkler (1991: 159) agieren Frauen nicht uneingeschränkt fürsorglicher als Männer. Wie die Daten von 1996 als auch die aus der Panelstichprobe zeigen, nehmen insbesondere die vor 1940 geborenen ostdeutschen Frauen die deutsche Vereinigung als ein Ereignis wahr, das die Familienzusammenführung ermöglichte. Zu berücksichtigen ist hierbei, daß Ost- mit Westdeutschen stärker verwandtschaftlich verflochten sind, als es in der umgekehrten Richtung der Fall ist (Förster 1995: 1220f.). Demnach ist das Ergebnis nicht so eindeutig wie erwartet. Im Datensatz 1995 haben vielmehr alle Frauen eine höhere Wahrscheinlichkeit als Männer, auf das Thema der Familienzusammenführung zu sprechen zu kommen. Dementsprechend läßt sich erst mit einer neuen Umfrage klären, ob in dieser Hinsicht ein frauentypisches Verhalten vorliegt, beziehungsweise ob ostdeutsche Frauen nur aufgrund ihrer stärkeren verwandtschaftlichen Verflechtung anders als die westdeutschen reagieren.

Eine weitere Unsicherheit entsteht dadurch, daß es in 1996 und im Panel die vor 1940 geborenen ostdeutschen Frauen sind, für die die Familienzusammenführung in ihren Erinnerungen an die deutsche Vereinigung eine bedeutsame Rolle spielt. Wenn davon ausgegangen wird, daß aufgrund zweier miteinander in Interaktion auftretender Rahmenbedingungen, den seit Kriegsende nach Westen gerichteten Wanderungsströmen sowie dem geschlechtstypischen Verhalten, ostdeutsche Frauen die Trennung beider Staaten stärker empfinden als die übrigen Befragten, bleibt der zusätzliche Einfluß der Altersvariablen nach wie vor unerklärt. Zu vermuten ist an dieser Stelle, daß familiäre Trennungen nur von jenen wahrgenommen werden, die sie wissentlich erfahren. Wird der familiäre Zusammenhalt nicht mehr gelebt, nehmen ihn die nachgewachsenen Personen nicht mehr als Verlust wahr. Insofern kommt dann in der Perzeption von Vergangenheit der auslösenden Ursache, hier der Trennung zwischen Ost und West, keine Bedeutung mehr zu. Auch in diesem Punkt zeigt sich, daß weibliche Beziehungsfixierung nicht per se vorhanden sein muß.

In bezug auf die kollektiven Erinnerungen von Deutschen belegen die herausgegriffenen Beispiele, wie wenig geschlechtsspezifische Verhaltensweisen als alleinige Ursache von Erinnerungsdifferenzen unterstellt werden können. Vielmehr demonstrieren die gemessenen Interaktionseffekte die Abhängigkeit von Situationsbedingungen, wie sie durch soziale Rahmen bestimmt sind. Zur Erweiterung dieses Wissens mag es sich als fruchtbar erweisen, zusätzlich zum Erinnerungskomplex die Wahrnehmung der Bedeutung von Geschlechterrollen zu erfassen.

Die Inspektion des Datenmaterials ergibt außerdem Hinweise auf bisher nicht erörterte Wirkungen der Geschlechtsvariablen. Voranstehend ging es um die kollektiven Erinnerungen an einzelne Geschichtsereignisse beziehungsweise um deren spezifische Interpretation, insoweit sie für Frauen oder Männer rollenbedingt typisch sind. Es läßt sich aber auch nach Strukturmerkmalen von Erinnerung fragen, bei denen sich beide Geschlechter voneinander unterscheiden. Die empirischen Ergebnisse erlauben jedenfalls, von Differenzen bei Erinnerungstypen sowie bei der Wahl bestimmter Begrifflichkeiten auszugehen.

So wirkt sich auf die Nennungshäufigkeit zur Kategorie des Kriegsendes 1945 im Querschnitt 1996 sowie im Panel neben dem Einfluß der Altersvariablen das Geschlecht der Befragten aus. Bei Männern ist danach die Assoziationswahrscheinlichkeit des 8. Mai 1945 höher als bei Frauen. Im Längsschnitt gehen die stabilen Erinnerungen auf die älteren Männer zurück. Läßt sich daraus schließen, sie orientierten sich stark an historischen Wendemarken, während Frauen sich eher für ein konkretes Geschehen interessieren?

Der oberflächliche Blick auf die Ergebnisse zu den Assoziationen der drei Begriffskategorien „Faschismus", „Nationalsozialismus" und „Adolf Hitler" scheint eine Bestätigung für diese Vermutung zu liefern. Je nach Zugehörigkeit zur ost- oder westdeutschen Teilgesellschaft benutzen ältere Männer mit hoher Wahrscheinlichkeit konzeptuelle Termini, die die Systemeigenschaften der Ära 1933 bis 1945 implizieren. Die vor 1940 geborenen Frauen sind demgegenüber in stärkerem Maß auf die Person Hitlers fixiert.

Beide Interpretationen passen zur theoretischen Annahme geschlechtstypischen Verhaltens. Während die Ausrichtung auf Personen Identifikationsmöglichkeiten bietet und damit bei Frauen ein sonst eher verhaltenes Interesse an Geschichte auslöst (Pomata 1984: 113f.), zielen die abstrakten Termini auf die Darstellung von Machtverhältnissen und -strukturen. Damit geht es aber tendenziell um die Sicherung von Zuständigkeitsbereichen, in denen zumeist Männer das Sagen haben (Meyer 1992: 7f.).

Bei genauerer Betrachtung zeigt sich die Notwendigkeit, das Missingverhalten auf die offene Frage zu berücksichtigen. Bei allen drei Begriffskategorien ist für die Erhebung 1995 entweder kein Effekt nachweisbar, wie etwa für den Verweis auf Hitler, oder es liegt ein zusätzlicher, durch die Regionsvariable verursachter Einfluß vor. Daraus folgt aber, daß in der Stichprobe 1995 Männer mit ähnlicher Wahrscheinlichkeit wie Frauen personenbezogen reagieren. Zudem gibt es bei den Begriffen „Faschismus" und „Nationalsozialismus" unter Berücksichtigung der jeweiligen Ost-West-Spezifik keine Geschlechterdifferenz bei Personen, die einen niedrigeren berufsqualifizierenden Abschluß als den einer Fachhochschule haben. Dieser Inkonsistenzen wegen wäre es in meinen Augen übereilt, ein abschließendes Urteil zu fällen. Empirisch läßt sich nicht entscheiden, ob die gemessenen Geschlechtseffekte auf substanziell andersartige Wahrnehmungen von Geschichte beruhen, die wiederum auf geschlechtsrollentypische Prägungen rückführbar sind.

6.4.2 Führt höhere Bildung zu anderen kollektiven Erinnerungen?

Ähnlich den Erläuterungen zu Geschlechterdifferenzen bereitet die Interpretation der gemessenen Bildungsunterschiede Schwierigkeiten. So wenig klar ist, ob Personen mit Hauptschulabschluß beziehungsweise mit Abitur anders über ihre Geschlechterrollen reflektieren, so wenig ist bekannt, in welchem Maße und auf welche Weise sich das mit dem formalen Schulabschluß erworbene Wissen auf die kollektiven Erinnerungen auswirkt. Das erhobene Datenmaterial kann hierzu nur erste Einblicke vermitteln, weil in den wenigsten Fällen eine über alle drei Stichproben konsistente Wirkung der Bildungsvariablen auf die jeweiligen Erinnerungskategorien feststellbar ist. Mögliche Zusammenhänge ergeben sich über einige der empirischen Ergebnisse.

Was die kollektiven Erinnerungen zum persönlichen Kriegserleben in den Jahren 1939 bis 1945 angeht, fällt bereits bei den einzelnen Kategorien der selektive Einfluß der Bildungsvariablen auf. Auf die Assoziationen zur Flucht hat diese Kovariate keine Bedeutung. Bei den Nennungen zur Wahrnehmung des Zweiten Weltkrieges aus der Heimatperspektive besteht lediglich für den Querschnitt 1996 ein signifikanter Effekt bei den vor 1940 geborenen Frauen mit höherer Bildung. Weil weder 1995 noch im Längsschnitt bei ihnen eine höhere Wahrscheinlichkeit für Nennungen zur Kategorie „Kriegserleben Heimat" vorausgesagt ist, stehe ich einer Interpretation im Sinne eines Geschlechtergegensatz skeptisch gegenüber. Zunächst gehe ich davon aus, daß der gemessene Effekt auf die Stichprobenveränderung zurückgeht.

Anders sieht es bei der Detailkategorie zum Kriegserleben aus der Soldatenperspektive aus. Hier ist das Ergebnis in beiden Querschnitten strukturell gleich. Diese kollektiven Erinnerungen bringen hauptsächlich die vor 1940 geborenen Männer ohne oder mit Hauptschulabschluß vor. Aber auch hier ist der Bildungseffekt im Panel nicht mehr wirksam.

Prima facie läge es nahe, einen Zusammenhang zwischen Bildungseinfluß und der Art der Erinnerung anzunehmen. Der Bezug auf Geschichtsereignisse, die als Symbole für gesellschaftliche Zusammenhänge stehen, ließe sich mit hoher Bildung in Verbindung bringen. Demgegenüber wären Assoziationen persönlicher Erfahrungen bei Befragten mit niedrigem Schulabschluß zu erwarten, möglicherweise weil sie über eine geringere Abstraktionsleistung verfügen (Craig 1995: 66).

Bei dieser Interpretation ist jedoch Vorsicht geboten. Auch wenn der beschriebene Zusammenhang einleuchtend erscheint, ist die Frage nicht plausibel zu beantworten, warum derselbe Effekt bei den Kategorien zum Kriegserleben in der Heimat sowie zur Flucht nicht auftritt. Die Geschlechtsvariable kann diese Diskrepanz nicht hinreichend erklären. Wenn sich Frauen unabhängig von ihrem Bildungsgrad durchgängig stärker als Männer für vergangene Erfahrungen und weniger für die klassische, von Männern strukturierte Geschichte mit ihren Daten und Epocheneinteilungen interessierten, sollte sich ein solches geschlechtstypisches Verhalten auch bei anderen Kategorien, sei es bei der zur Machtübergabe an die Nationalsozialisten 1933, sei es bei der zum Zusammenbruch des Ostblocks, durchschlagen. Da solche generellen Zusammenhänge nicht nachweisbar sind, bleibt die Frage ungeklärt, ob Personen mit niedrigem Bildungsgrad in ihren kollektiven Erinnerung tendenziell eher persönliche Erfahrungen statt abstrakter Vorgänge präsent haben.

An dieser Folgerung ändert sich nichts durch die Betrachtung der Resultate über die Nennungen zur Gründung der BRD sowie zum Wirtschaftswunder. Das erste Ereignis assoziieren in allen drei Stichproben durchgängig mit höchster Wahrscheinlichkeit jene nach 1939 geborenen Westdeutschen mit hoher Schulbildung. Der ökonomische Erfolg der Bundesrepublik ist demgegenüber eher unter älteren Westdeutschen mit niedrigem Bildungsgrad verankert. Auch hier ist eine strukturelle Scheidung nach eher abstrakter und tendenziell konkreter Erinnerung denkbar. Diese Folgerung ist bleibt aber mit Zweifeln behaftet, weil der erwähnte Bildungseffekt bei der Kategorie „Wirtschaftswunder" nicht in allen drei Stichproben auftritt.

Letztlich ermöglichen die Ergebnisse beider Detailkategorien keinen Rückschluß auf Bildungsunterschiede entlang einer Differenzierung nach abstrakten oder konkreten Erinnerungen. Zwar dürfte bei den Resultaten die Anhebung des durchschnittlichen Bildungsniveaus in der Gesellschaft innerhalb der letzten dreißig Jahre von Bedeutung sein (Blossfeld 1992), weswegen die Variablen Alter und Bildung interagieren dürften. Doch kommt der Bildungsvariablen bei den Assoziationen zum Wirtschaftswunder hauptsächlich im Panel Bedeutung zu. Intraindividuelle Stabilität zeigt sich bei jenen mit niedrigem Schulabschluß. Weil dieser Einfluß 1995 nicht nachweisbar ist, darf ein Stichprobeneffekt nicht ausgeschlossen werden. Somit ist es auf der Basis meiner Untersuchung nicht möglich, Annahmen über einen Zusammenhang von Bildung und Abstraktionsgrad von Erinnerung zu postulieren. Es bleibt noch zu prüfen, warum die Verabschiedung des Grundgesetzes als fundierendes Moment nicht im Gedächtnis weiterer Kreisen der Bevölkerung verankert ist.

Auf einer anderen Ebene bewegen sich Erklärungen zum Bildungseinfluß bei den Ereigniskategorien der Machtübergabe an die Nationalsozialisten 1933 sowie des Zusammenbruchs der politischen Systeme in den Staaten des Warschauer Paktes. Die Assoziationen zu beiden Vorgängen zeichnen sich durch einen meßbaren Bildungseffekt in allen drei Datensätzen aus. Die kollektiven Erinnerungen an den Beginn der Reichskanzlerschaft Hitlers sind sowohl in 1995 als auch in 1996 durch ein nahezu gleiches Resultat gekennzeichnet. Unter den Jüngeren erinnern dieses Datum hauptsächlich Personen mit hoher Bildung. Aufgrund der zeitlichen Distanz zwischen erinnertem Ereignis und Befragung ist die Reaktion der älteren Personen verständlich, die einen stärkeren Bezug zu dieser Vergangenheit haben als die jüngeren.

Den bei ihnen gegebenen Zusammenhang zwischen Bildung und Erinnerung sehe ich im Zusammenhang mit der Wahrnehmung historischer Kausalitäten. Eine solche gedankliche Leistung ist bei Personen zu erwarten, die längere Zeit in der Schule verbrachten, dort mehr historisches Wissen und ein stärkeres Interesse für Geschichte vermittelt bekamen. Von daher ist es plausibel, daß unter denen, die kaum oder gar keine persönlichen Erinnerungen mit den Jahren 1933 bis 1945 verbinden, eher jene mit längerer schulischer Ausbildung den Beginn des Nationalsozialismus perzipieren. Möglicherweise erleichtert es die in der Schule erworbene Bildung, sich mit den Ursachen von Geschichtsprozessen auseinanderzusetzen.

Die Tatsache, daß der entsprechende Interaktionseffekt zusätzlich durch die Regionsvariable beeinflußt ist, erklärt sich aus Prägungen des sozialen Rahmens, wie er in der DDR bestand. Aus marxistischer Sicht war der Beginn der nationalsozialistischen Diktatur letztlich eine verschärfte Form kapitalistischer Herrschaft (Opitz 1974: 570). Sie bestand bereits vorher und war in den Augen der SED-Führung mit der Ausübung der Macht durch die Kommunisten im Gebiet der DDR ausgeschaltet worden (Münkler 1998: 22f.). Bei solcher Geschichtsinterpretation kommt der Entscheidung der konservativen Eliten der Weimarer Republik, Nationalsozialisten an der Macht zu beteiligen, nicht die zentrale Bedeutung zu, wie in den Augen jener, für die das Datum des 30. Januar 1933 das Ende der ersten deutschen Demokratie markiert (Bracher 1987: 122). Insofern erklärt sich die bei den Jüngeren bestehende Differenz zwischen Ost- und Westdeutschen. Bewegen sich, was die Erinnerung des 30. Januar 1933 angeht, die Älteren in einem sozialen Rahmen gemeinsam erfahrener deutscher Geschichte, dürfte sich unter den Nachgeborenen der Gegensatz der politischen Systeme in

BRD und DDR und die mit ihnen verbundenen unterschiedlichen Vergangenheitsinterpretationen auswirken.

Die Assoziationen zum Zusammenbruch des Ostblocks lassen sich ebenfalls unter dem Gesichtspunkt historischer Kausalität interpretieren. Erinnert wird nicht oder nicht allein der Wendepunkt im zeitlichen Ablauf, sondern jener Prozeß, der dann zur Vereinigung von BRD und DDR führte. Von einer als unbeachtlich einzustufenden Variation abgesehen ist das Ergebnis über alle drei Stichprobe konsistent. Wie nicht anders zu erwarten, ist dieser Teil der Geschichte bei Ostdeutschen stärker als bei den Befragten aus dem Westen in den kollektiven Erinnerungen verankert, weil es sich für letztere um die Schwäche eines fremden politischen Systems handelt. Entscheidend ist aber der zusätzliche Einfluß durch die Bildungsvariable. Sowohl in Ost- als auch in Westdeutschland kommen Personen mit höherer Bildung eher als die übrigen auf die der Vereinigung vorangehende Entwicklung zu sprechen.

Aufgrund dessen spricht viel für die Annahme, daß ein hohes Bildungsniveau dazu beiträgt, Kausalitäten im Geschichtsprozeß wahrzunehmen. Aufgrund der Paneldaten muß diese Interpretation allerdings ergänzt werden. Den Zusammenbruch der kommunistischen Systeme erinnern mit höchster Wahrscheinlichkeit nicht Personen mit hoher Bildung generell, sondern jene, bei denen das Ereignis über die Zeit stabil im Gedächtnis verankert ist. Zukünftig dürfte es lohnenswert sein, in eine Richtung weiterzuforschen, die auf die Beziehung zwischen Bildung und Kausalität wie auch Bildung und Erinnerungsstabilität zielt. Die zusätzlich wirksame Regionsvariable macht deutlich, daß die direkte Betroffenheit situationsbedingt dazu beiträgt, einen historischen Vorgang zu erinnern. Zu klären bleibt, inwieweit die geschichtliche Kausalität bei solchen situativen Äußerungen explizit reflektiert wird.

Ein weiterer Aspekt, bei dem Bildung eine Rolle spielen dürfte, sind die Begrifflichkeiten, mit denen Vergangenheit beschrieben wird. Das empirische Ergebnis gibt Hinweise darauf, daß Personen mit höherer Bildung bei der Darstellung ihrer kollektiven Erinnerungen tendenziell mit Termini arbeiten, die abstrakte Konzepte wie politische Systemzusammenhänge, Machtstrukturen etc. beschreiben. Diese Annahme läßt sich an der Verwendung des Begriffes „Nationalsozialismus" und eingeschränkt an der von „Faschismus" aufzeigen.

Abgesehen von den bereits diskutierten demographischen Effekten ist das Resultat in bezug auf die Verwendung des Begriffes „Nationalsozialismus" über alle drei Stichproben konsistent. Er wird hauptsächlich von westdeutschen Männern benutzt, die zwölf und mehr Jahre die Schule besuchten. Weiterhin ist es diese Gruppe von Männern, die den Terminus über die Zeit stabil verwenden. Offensichtlich werden derartige Begrifflichkeiten nicht zufällig benutzt.

Was den Begriff des Faschismus angeht, stellt sich das Resultat ähnlich dar. Hier sind es lediglich die ostdeutschen Männer mit Fachhochschulabschluß oder Abitur, auf die die entsprechenden Kodierungen zurückgehen. Eine Abweichung besteht hier insoweit, als im Paneldatensatz der Bildungseffekt herausfällt. Es ist nicht auszuschließen, daß diese Variation im Ergebnis auf den im Vergleich zu den westdeutschen Befragten geringeren Stichprobenumfang im Osten zurückzuführen ist. Unabhängig davon sind aber auch inhaltlich bedingte Ursachen für das Antwortverhalten denkbar. Möglicherweise zeigt sich hier eine Reflexion über die vormals staatlich vorgegebene Terminologie. Sie führt dazu, daß im Zeitverlauf zwar nach wie vor häufig vom Faschismus die Rede ist. Doch handelt es sich um kein stabiles Verhalten, das auf einem festgefügten Überzeugungssystem basiert. Fraglos bedarf es noch weitergehender Forschungen, um zu belegen, ob gesellschaftlich geprägte Sprachmuster unsere Perzeption von Vergangenheit bestimmen und inwieweit sie sich unter gewandelten Bedingungen verändern. Insbesondere ist es nötig, bei demselben Personenkreis noch eine dritte Panelbefragung durchzuführen, mit der sich das Stabilitätsverhalten eindeutig bestimmen ließe (Rogosa 1988: 174f.).

Eine derartige Analyse ist um so notwendiger, als die Ergebnisse der logistischen Regressionen zu zwei anderen häufig benutzten Begriffen keinerlei Einfluß der Bildungsvariable ausweisen. Dabei handelt es sich um den Terminus des „Dritten Reiches" und die Assoziation der Person Hitlers. Zwar werden beide Ausdrucksformen intraindividuell stabil benutzt. Doch sind sie bei den Antworten von Personen aller Bildungsgrade anzutreffen. Von daher wäre zukünftig zu klären, welche zusätzlichen Einflußgrößen gegeben sein müssen, die dann zu einem bestimmten Sprachverhalten führen.

Auch wenn meinen bereits im Theorieteil geäußerten Erwartungen gemäß hier nur sehr eingeschränkte Aussagen zu Zusammenhängen zwischen Bildungsgrad und kollektiven Erinnerungen möglich sind, geben die vorliegenden Daten erste Hinweise auf eine Beziehungsstruktur. Wird berücksichtigt, daß Bildung hier durch die Dauer des Schulbesuchs operationalisiert wurde, lassen sich folgende Schlüsse ziehen. Wird die generelle Annahme, Bildung wirke sich auf Einstellungen aus (Almond / Verba 1963: 379-398), auf den Bereich kollektiver Erinnerungen übertragen, ist davon auszugehen, daß Personen mit einem höheren formalen Schulabschluß die in der Gesellschaft gültigen Wertvorstellungen in bezug auf die Interpretation von Vergangenheit tendenziell stärker als die übrigen übernehmen. Gleichzeitig verweist das vorliegende Datenmaterial auf Erklärungsmängel, die schon Weil (1985: 470f.) diskutierte. Der Schulbesuch allein vermag Differenzen im Antwortverhalten nicht hinreichend zu erklären. Mit Sicherheit beeinflussen noch andere Größen unser Wissen um die Vergangenheit und deren Erinnerung.

6.5 Keine Einheitlichkeit kollektiver Erinnerungen

Aufgrund der verschiedenen Theorieansätze ist davon auszugehen, daß Gruppen eine von der Gemeinschaft getragene Interpretation der eigenen Vergangenheit anstreben. Die Intention resultiert aus individuell ähnlichen Bedürfnissen nach positivem Selbstkonzept und positiver sozialer Identität (Simon / Mummendey 1997: 176). Solche Wünsche lassen sich durch temporale Vergleiche befriedigen, indem sich die Gruppe ihrer eigenen Entwicklung über die Zeit versichert (Albert 1977). Insofern trägt der Blick zurück auf die eigenen Geschichte zumindest teilweise zur Integration des sozialen Systems bei (Buchhofer et al. 1970: 306).

Diese Überlegungen basieren auf einem Kulturkonzept, wie es durch Almond und Verba (1963) eingeführt wurde. Danach gründet die Herausbildung und Aufrechterhaltung gesellschaftlicher und politischer Institutionen auf einem komplexen Satz subjektiver Orientierungen. Hinter einer solchen Vorstellung steht die Annahme, das Aggregat ähnlicher Orientierungen führe innerhalb von Großgruppen zu gleichgerichteten Handlungen. Aus ihnen resultieren dann wiederum institutionelle Konsequenzen. Kritiken an diesem Forschungsansatz wenden sich vor allem gegen die Interpretation von Befragungsdaten als Indikatoren für gesellschaftliche Strukturen (Berezin 1994; Olick 1999: 336f.). Statt dessen wird politische Kultur als das Konglomerat der symbolischen Dimension aller sozialen Situationen verstanden. Eine solche Analyse zielt auf die Makroebene, indem das politische Verhalten eines Systems oder seiner Teilbereiche näher betrachtet werden (Berg-Schlosser 1994: 350f.).

Lediglich auf den Vorzügen eines der beiden beschriebenen Forschungsansätze zu beharren und den anderen zu verwerfen ist kaum zweckdienlich. Vielmehr sehe ich ähnlich wie Olick (1999: 337) den Hiatus zwischen aggregierten Umfragedaten und veröffentlichter Meinung. Als Konsequenz resultiert für mich daraus die Entwicklung des Mikro-Makro-Modells zum sozialen Gedächtnis, in dem beide Ebenen, die des kulturellen Gedächtnisses wie die der kollektiven Erinnerungen, zusammen in ihren Wechselwirkungen berücksichtigt sind. Von daher werden im folgenden jene Diskussionspunkte näher betrachtet, die auf der Basis der Datenanalyse tiefere Erkenntnisse über die Relation zwischen Mikro- und Makroebene vermitteln.

6.5.1 Unterschiedliche Interpretationen von Geschichte

Aufgrund der vorliegenden Ergebnisse lassen sich die Hypothesen zum innergesellschaftlichen Konsens über die Interpretation von Vergangenheit nicht aufrechterhalten. Die theoretische Konzeption muß an dieser Stelle eindeutiger gefaßt werden. Generell stehen mit den Zeitabschnitten 1933 bis 1945 sowie dem Ende der 80er Jahre zwei Globalkategorien an der Spitze aller Nennungen, unter die vielfältige Einstellungen und Bewertungen subsumierbar sind. Zudem finden sich unter den sehr häufig genannten Einzelereignissen der 8. Mai 1945 und der 3. Oktober 1990. Da diese historischen Daten von einem Viertel sowie zwei Fünfteln der Interviewten assoziiert wurden, besteht offensichtlich ein nicht unbeträchtlicher gesellschaftlicher Konsens über die Bedeutsamkeit beider Tage für die deutsche Geschichte und damit auch für ihr Gedenken in der Gegenwart. So deutlich diese kollektive Meinungsäußerung auch ausfällt, so verbergen sich hinter der Nennung dieser Kategorien doch gegensätzliche Interpretationen. Die Bandbreite der Einstellungen demonstrieren die folgenden Erklärungen für die Nennung des Kriegsendes 1945.

Ostdeutscher, Jg. 1929:

Ende des 2. Weltkriegs 1945 - Mein Vater wurde danach von den Russen inhaftiert und kam erst 1950 wieder nach Hause.

Ostdeutscher, Jg. 1932:

Kriegsende 1945 - Ich habe als Kind während des Krieges nächtelang im Luftschutzkeller zugebracht und war froh als der Krieg und somit der Bombenterror aufhörte.

Beide Befragte schildern persönliches Erleben. Im ersten Fall geht es um die Konsequenzen des historischen Ereignisses. Das Vorgehen der alliierten Streitkräfte nach dem genannten historischen Ereignis ist als Auslöser einer Verlusterfahrung im Gedächtnis gespeichert. Die andere Person nimmt demgegenüber das Ende von vermutlich bedrohlich und beängstigend erlebten Eindrücken wahr. Die Erinnerung an den Schlußpunkt des Krieges verbindet sich daher mit Erleichterung. Weiterhin benutzt diese Person mit dem Wort *„Bombenterror"* einen von den Nationalsozialisten geprägten Propagandabegriff, der dazu beitrug, daß sich Deutsche selber als Opfer sehen konnten.

Westdeutscher, Jg. 1928:

Kriegsende 1945 - eine verlorene Idee, nach heutiger Sicht, Gott sei Dank.

Westdeutscher, Jg. 1932:

Die deutsche Kapitulation 1945 - das Ende deutsch-nationaler Erziehung. Verfall von Sitte und Moral.

Das Antwortpaar beschreibt das Ende jenes Geschichtsabschnittes als Verlust eines sozialen Rahmens, dessen normativer Charakter vorher allgemein anerkannt war und in dem die Befragten aufgewachsen waren. Allerdings sind die in den Begründungen geäußerten politischen Bewertungen der Vergangenheit grundverschieden. Die erste Person zeigt sich erleichtert über die Einbuße. Für die andere stellt sich die damalige Situation als Beginn eines Niedergangs dar. Die im Nationalsozialismus gültigen Ideale erscheinen ihr nach wie vor als erstrebenswert.

Westdeutscher, Jg. 1951:
> Kriegsende 1945 - das Ende von Leid und Elend von Millionen von Menschen.

Ostdeutsche, Jg. 1947:
> Kriegsende 1945 - daß ich in Frieden aufwachsen konnte, ohne Leid und Hunger.

Die zwei Antworten rücken das Ende des Leids in den Vordergrund, das aufgrund des Krieges herrschte. Aber auch hier zeigen sich unterschiedliche Perspektiven. Stellt die erste Aussage einen Bezug zu den Opfern als den Anderen her, bezieht die zweite Person die geschichtliche Entwicklung auf das eigene Selbst. Sie nimmt wahr, daß sie als Nachkriegsgeborene die Möglichkeit hatte, unter besseren Bedingungen aufzuwachsen als jene, die schon vor 1945 lebten.

Ostdeutscher, Jg. 1920:
> 8.5.1945 - Deutschlands materielle und finanzielle Ausbeutung durch die Siegermächte.

Ostdeutscher, Jg. 1940:
> 8.5.1945 Tag der Befreiung - Niederschlagung des deutschen Faschismus und Militarismus, Chance für grundlegende Beseitigung der Ursachen der Aggressivität der herrschenden deutschen Kreise.

Die letzten beiden Assoziationen zum Kriegsende bewerten die damalige Situation unter gesellschaftlichen Gesichtspunkten. Dabei nehmen sie gegensätzliche politische Standpunkte ein. Sieht der eine Interviewte die Deutschen als Opfer, die den Alliierten ausgeliefert waren, assoziert der andere mit dem 8. Mai explizit den „Tag der Befreiung", der die Gelegenheit für einen Machtwechsel in der Gesellschaft geboten habe. Diese Begründung lehnt sich an die antifaschistische Interpretation der Kommunisten an.

Auch wenn die vorgenommene Gruppierung die Antworten auf bestimmte Interpretationsebenen festlegt, sind andere Zuordnungen ebenfalls denkbar. So gleicht die Aussage über die empfundene Ausbeutung seitens der Siegermächte derjenigen, in der auf den „Bombenterror" der Alliierten hingewiesen wird. In beiden Fällen greifen die Befragten auf nationalsozialistische Propagandamuster zurück. Allgemein beziehen sich die einzelnen Interpretationen auf die Ebene

- individueller Erfahrung versus gesellschaftlicher Analyse,
- des zeitlichen Bezugs der Ereignisse vor der Kapitulation oder mit dem Beginn der Nachkriegszeit,
- der positiven oder ablehnenden politischen Bewertung des Nationalsozialismus,

- der Wahrnehmung von Leid auf seiten der Täter und Mitläufer oder der Opfer.

Selbstredend sind die Interpretationsmuster zum Ende des Zweiten Weltkrieges um einiges vielschichtiger als es diese Kategorisierung darzustellen vermag. Weitere Details sind hier aber nicht von Belang. Wichtiger ist vielmehr, wie sehr sich in den Begründungen zur Assoziation dieses historischen Ereignisses die gesamtgesellschaftlichen Auseinandersetzungen um die Bewertung des 8. Mai 1945 spiegeln, die wiederum die Frage aufwerfen, wie er heute zu begehen sei (Wöll 1997a).

Angesichts der vielfältigen Interpretationsmöglichkeiten kann der abnehmende Abstraktionsgrad historischen Geschehens von der Epochal- zur Ereignisebene nicht mit zunehmender Interpretationsübereinstimmung innerhalb der Gesellschaft einhergehen. Die im Theorieteil erörterte Differenzierung nach Global- und Detailkategorien trägt nicht dazu bei, den gesellschaftlichen Konsens über Vergangenheit als Prozeß zu erhellen. Die Interpretationen der Geschichte klaffen unabhängig davon auseinander, ob es sich um historisch eher abstrakte Epochen oder konkrete Daten vergangener Ereignisse handelt.

6.5.2 Gesellschaftlicher Konsens über die Vergangenheit

Trotz der Interpretationsdifferenzen auf seiten der Befragten vertrete ich den Standpunkt, daß Gesellschaften über ihre Vergangenheit Konsens herstellen. Ihre Mitglieder einigen sich deshalb darauf, was sie für erinnernswert halten, weil bestimmte historische Ereignisse der Gruppe die eigene gegenwärtige Erscheinung, Struktur und Verfaßtheit in ihrer Entwicklung verdeutlichen.

Der Vergleich mit den Ergebnissen der anderen Studien, in denen dasselbe Meßinstrument angewendet wurde wie hier (Schuman / Scott 1989; Scott / Zac 1993; Schuman et al. 1994), stellt heraus, daß aus der gesamten Bandbreite der Geschichte und damit der möglichen zu erinnernden historischen Ereignisse nur sehr wenige von den Gesellschaftsmitgliedern als relevant in den individuellen Gedächtnissen präsent sind.

Dennoch sehe ich sowohl die Konsensannahme als auch Überlegungen zur Mehrheitlichkeit kollektiver Erinnerungen angesichts der empirischen Resultate als irreführend an, wenn sie dazu dienen sollen, das Konzept zum sozialen Gedächtnis zu beschreiben. Eine Reihe von Assoziationen haben in den kollektiven Erinnerungen nur randständige Bedeutung und damit die in ihnen repräsentierten Aspekte von Geschichte. Trotzdem sind Zeitabschnitte oder Ereignisse wie die Ära Adenauers, der Ungarnaufstand 1956 beziehungsweise die Jahre der sozial-liberalen Koalition nicht wirklich vergessen. Eine Minderheit hält sie für bedeutsam. Sie sind somit Teil eines umfangreichen Potentials, bei dem es nicht ausgeschlossen ist, daß, aus welchen Gründen auch immer, es innerhalb der Gesellschaft größere Bedeutung erlangen kann. Hier deutet sich an, daß die von Assmann und Assmann (1994) vorgeschlagene Differenzierung nach Speicher- und Funktionsgedächtnis nochmals überdacht werden muß. Auch die Träger des kulturellen Gedächtnisses sind in einen situativen Kontext eingebunden, der mit entscheidend ist, ob ein Ereignis in der Gesellschaft auf Resonanz stößt.

Aufgrund dieser Überlegungen läßt sich das Konzept kollektiver Erinnerungen nicht an ein Prinzip der Mehrheitlichkeit binden. Bei ihm blieben Ereignisse außen vor, die nur wenigen bedeutsam erscheinen. Aufgrund der Analyseergebnisse gehe ich davon aus, daß kollektive Erinnerungen alles beinhalten, was die Gesellschaftsmitglieder für erinnernswert halten. Nennungshäufigkeiten, die mittels einer Umfrage feststellbar sind, geben dann Auskunft über den Stellenwert, den bestimmte Ereignisse innerhalb der Gesellschaft haben.

Es muß aber auch klar sein, daß es sich bei den gemessenen Häufigkeiten um Erinnerungen und nicht um das Wissen über das historische Geschehen handelt. Würde das Wiedererkennen mittels eines anderen Forschungsdesigns geprüft, ist ein Ergebnis mit verschobenen geschichtlichen Schwerpunkten zu erwarten. Sie dürften sich mehr dem kulturellen Gedächtnis annähern. Selbst bei Ereignissen, die in den kollektiven Erinnerungen nur marginal verankert sind, ist es nicht ausgeschlossen, daß sie einem großen Teil der Gesellschaft bekannt sind, die Befragten darüber schon gehört haben und dessen Stellenwert einzuschätzen in der Lage sind.

Aus den voranstehenden Überlegungen resultiert eine klarere Definition für kollektive Erinnerungen.

> Generell bezeichnen sie jene historischen Ereignisse und Vorgänge, die den Mitgliedern einer Gesellschaft oder einer anders definierten Gruppe unter Bezugnahme auf die Gruppenzugehörigkeit im Gedächtnis präsent sind.

> Was die inhaltlichen Schwerpunkte in den kollektiven Erinnerungen betrifft, untergliedern sie sich in eine Anzahl von Einzelereignissen, deren Assoziationshäufigkeiten den Stellenwert dessen festlegen, was innerhalb der Gesamtgruppe für erinnernswert gehalten wird.

Auf der Basis dieser Definitionen ist es möglich, den Prozeß der Konsensfindung hinsichtlich der herausragenden und von breiten Teilen der Bevölkerung als bedeutsam erachteten Ereignisse zu analysieren. Außerdem lassen sich auf diese Weise die Verschiebungen in den Häufigkeitsanteilen, deren Ursachen und Träger näher untersuchen.

6.6 Fragen zum Mikro-Makro-Konzept des sozialen Gedächtnisses

Die theoretischen Ansätze gesellschaftlicher Erinnerung sind deshalb zu revidieren, weil die Konzepte der individuell kommunizierten Erinnerung und der öffentlich zelebrierten Kommemoration durch Institutionen in der Literatur nicht eindeutig voneinander getrennt sind. Die üblicherweise genannten Definitionskriterien legen zwar spezifische Merkmale von Erinnerung für die jeweiligen Gedächtnisarten fest, doch lassen sich die Ausprägungen dieser Gesichtspunkte in beiden Konzepten wiederfinden. Diese Schwäche umgeht das von mir entwickelte Mikro-Makro-Modell des gesellschaftlichen Rückbezugs auf Vergangenheit. Es ermöglicht, sowohl das kulturelle Gedächtnis als auch die kollektiven Erinnerungen eindeutig zu verorten und Antworten auf die zentrale Frage der Wechselwirkung zwischen individueller und gesellschaftlicher Ebene zu finden.

In der empirischen Überprüfung ging es mir darum, die drei Modellvarianten zu testen, die für verschiedene Ausprägungen einer möglichen Interaktion zwischen beiden Ebenen stehen. Die folgenden Ausführungen konzentrieren sich auf vier Themenschwerpunkte:
- die Beeinflussung kollektiver Erinnerungen durch den sozialen Rahmen der Gesellschaft und die Folgen für ihre intraindividuelle Stabilität;
- die Bedeutung des kulturellen Gedächtnisses im Hinblick auf die Erinnerung negativer Ereignisse der Vergangenheit;
- die Herausbildung von Schwerpunkten in den kollektiven Erinnerungen;
- die Hintergründe einer Beeinflussung kollektiver Erinnerungen durch die öffentliche Kommemoration geschichtlicher Ereignisse.

Die in diesem Zusammenhang entwickelten Hypothesen ließen sich jedoch am Beispiel der Erinnerung einzelner zeithistorischer Ereignisse nur teilweise bestätigen und machen Modifikationen der postulierten Annahmen erforderlich.

6.6.1 Die Abhängigkeit kollektiver Erinnerungen von gesellschaftlichen Rahmenbedingungen

Die Daten zur Kategorie der deutschen Vereinigung liefern einen empirischen Beleg für Halbwachs' (1950) Annahme, daß Vergangenheit rekonstruiert und nicht reproduziert wird. Sowohl bei den generalisierten Ereigniskategorien als auch bei den Detailerinnerungen und den mit ihnen verbundenen Konnotationen sind die Stabilitätskoeffizienten vergleichbar denen von politischen Einstellungen. Folglich verändert sich unsere Wahrnehmung der Vergangenheit in Abhängigkeit von den Gegebenheiten der Gegenwart.

Bei dem untersuchten Teilaspekt verweisen die regionalen Differenzen auf Rahmenbedingungen, die unsere Perzeption des Vergangenen wandeln. So ist die intraindividuelle Stabilität der Assoziationen zu den einzelnen Ereignissen aus der Zeit Ende der 80er Jahre in Westdeutschland ausgeprägter als im Osten. Der Unterschied geht auf die durch die ökonomischen Konsequenzen der Vereinigung bedingte stärkere Betroffenheit bei den Ostdeutschen zurück. Die wirtschaftlichen Gegebenheiten im Osten sind nach wie vor durch Arbeitslosigkeit, Streit um Eigentumsrechte etc. geprägt. Da die Interpretationen der Vergangenheit den Gegenwartsbedürfnissen angepaßt werden, sind die Erinnerungen der Ostdeutschen über die Zeit nur in geringem Maße stabil. Zur Bewertung dieses Sachverhalts bietet sich ein Vergleich der Stabilitätskoeffizienten mit denen aus der Studie Alwins (1994) an. Dadurch wird deutlich, daß Erinnerungen historisch bedeutsamer Ereignisse in ähnlicher Weise stabil sind wie allgemeine politische Einstellungen. Verglichen mit Grundüberzeugungen oder emotionalen Bindungen wechseln sie relativ häufig innerhalb der Lebensspanne.

Die Abhängigkeit der kollektiven Erinnerungen von den sozialen Rahmen zeigt sich auch darin, daß die Befragten ihre Assoziationen teilweise mit Images begründen, die aus dem Mediendiskurs entlehnt sind. So benutzen einige Ältere den Begriff des „Rentenstrafrechts". Indem solche Topoi dem Bedürfnis dienen, eine persönliche Lebenssituation zu beschreiben, übernehmen die Individuen gesellschaftlich offerierte Deutungsmuster. Technisch ausgedrückt, beeinflußt zunächst die soziale Situation als unabhängige Variable der Makroebene die Vergangenheitswahrnehmungen auf der Mikroebene. Um sie erfassen und ausdrücken zu können, wird teilweise direkt auf Erklärungsangebote zugegriffen, die wiederum auf der Makroebene produziert sind.

Die Erinnerungen zur deutschen Vereinigung belegen schließlich auch, daß es aufgrund der unterschiedlichen sozialen Gegebenheiten in Ost und West in der Gesellschaft multiple kollektive Erinnerungen gibt (Diner 1995: 139). Zwar werden die Ereignisse von 1989/90 von einer breiten Mehrheit der Deutschen als wichtig angesehen. Doch verknüpfen Ostdeutsche damit in starkem Maße die neu erlangte Reisefreiheit. Zudem äußern sie sich eher enttäuscht über die Art, wie die Vereinigung vollzogen wurde. Für Westdeutsche stehen hingegen die Freiheit und damit die Bestätigung des eigenen Systems sowie das Unerwartete der Vorgänge im Vordergrund. Insgesamt handelt es sich um eine Vergangenheit, die von einzelnen Gruppen innerhalb der Nation unterschiedlich wahrgenommen und konnotiert wird.

6.6.2 Das kulturelle Gedächtnis als notwendige Erinnerungsinstanz negativer Ereignisse

Wie aus dem erwähnten Beispiel hervorgeht, spiegelt sich in den Antworten der Befragten zumindest teilweise der gesellschaftliche Gegenwartsdiskurs über den Vereinigungsprozeß. Indem bestimmte Termini aus den Mediendebatten aufgegriffen werden, belegen die Antworten auf die offene Frage einen Effekt, dem zufolge Interviewte mit ihren Assoziationen das reproduzieren, was gegenwärtig auf der öffentlichen Agenda steht (Kane / Schuman 1991: 95).[1]

Was Medieneinflüsse angeht, gehen die vorliegenden Ergebnisse in einer Beziehung über die in anderen Studien (Iyengar / Kinder 1987) diskutierten Effekte hinaus. Aus unseren Daten resultieren auch Erkenntnisse zur Nichtwahrnehmung des öffentlichen Diskurses, insoweit er sich auf die Abarbeitung einer schuldbelasteten Vergangenheit bezieht. So geben die kollektiven Erinnerungen nicht notwendig das wieder, worum aktuell öffentlich gestritten wird. Die erfaßten Meinungsäußerungen beziehen sich in hohem Maße auf die infolge des Wandels eingetretene soziale Situation in Deutschland. Andere Aspekte, die zu den Befragungszeitpunkten die öffentliche Diskussion dominierten, schlagen sich in den kollektiven Erinnerungen nicht nieder. Die Perzeption und Bewertung der Stasi, das heißt die Bespitzelung eines Volkes und der damit einhergehende Vertrauensbruch zwischen den Gesellschaftsmitgliedern (Wielenga 1995; Wolle 1995) werden durch keine der befragten Personen angesprochen.[2]

Die fehlende Resonanz auf diesen Aspekt ostdeutscher Geschichte steht im Gegensatz zur starken Gewichtung dieses Thema in den Feuilletons deutscher Zeitungen, als es unter anderem um die „Fälle" Christa Wolfs, Sascha Andersons und anderer ging. Hier spielt keine Rolle, ob die Auseinandersetzung mit den öffentlichen Anklagen und Rechtfertigungen tatsächlich allein in den Westmedien ausgetragen wurde, wie es Streul (1994: 969) unterstellt. Entscheidend ist für mich ein anderer Punkt. Der öffentliche Diskurs thematisierte eine negative und schuldbelastete Vergangenheit. Indem nur er beachtet wird, bleibt deren individuelle Verarbeitung durch die große Mehrheit der Bevölkerung ausgeblendet, deren Mitglieder keinen Zugang zu den Medien haben. Ostdeutsche, um deren Geschichte es ja geht, sehen Verrat, Vertrauensbruch, Unsicherheitserfahrung etc. offensichtlich nicht im Zusammenhang mit den Ereignissen von 1989/90 und verhalten sich in dieser Beziehung unabhängig von den Medien.

---

1 Inwieweit persönliche Betroffenheiten etwa bei Assoziationen zur Arbeitslosigkeit im Gefolge der massenhaften Schließung ostdeutscher Betriebe eine Rolle spielen, läßt sich nur schwer abschätzen. Zwar wurde im Rahmen der Befragung der aktuelle Erwerbsstatus erhoben, nicht aber, ob die jeweilige Person in der Zeit davor arbeitslos war. Letzteres könnte sich ebenfalls auf die Antwort auswirken.
2 Lediglich drei Westdeutsche benutzten den Stasi-Begriff. Während eine Person den Tod des schleswig-holsteinischen Ministerpräsidenten Barschel mit dem Geheimdienst in Verbindung bringt, kennzeichnen die anderen beiden damit allein das politische System der DDR.

Dieser Gegensatz zwischen Mikro- und Makroebene ist um so wichtiger, als die öffentlichen Debatten dazu beitrugen, eine Institution zur Aufklärung des Unterdrückungssystems zu schaffen. Wie die jährlichen Berichte der Gauck-Behörde zeigen, wird sie zudem von vielen Bürgerinnen und Bürgern auch in Anspruch genommen (Gauck-Bericht 1999). Auswirkungen auf die kollektiven Erinnerungen hat dieses Interesse nicht. Eine Antwort auf die Frage, warum das Thema nur schwach in ihnen verankert ist, steht noch aus. Zu vermuten ist, daß die Stasi deshalb nicht gegenwärtig ist, weil damit weitergehende Fragen nach dem Leben in der Diktatur angesprochen sind.

Generell stellt sich hier das Problem negativ besetzter Geschichte. So wichtig Auseinandersetzungen in den Medien darüber sind, um gesellschaftliche Positionen zu klären, müssen sie nicht notwendig Beachtung auf individueller Seite finden. Vor dem Hintergrund meines Mikro-Makro-Modells folgt daraus, daß das kulturelle Gedächtnis gegen Verweigerungshaltungen nur wenig auszurichten vermag. Von daher stellt sich die Frage, ob sich eine solche Absage an der Wahrnehmung der DDR-Unterdrückungspraxis als Phase „gewisser Stille" in der Folge einer schuldbeladenen Vergangenheit charakterisieren läßt. War dieser Begriff ursprünglich auf die Bundesrepublik der 50er Jahre gemünzt (Lübbe 1983: 585), zielt er - unabhängig von intendierten Entschuldigungsstrategien - auf die psychologische Distanz, die ein individuell oder kollektiv erlebtes Ereignis in der späteren Perzeption erfordert (Igartua / Paez 1997: 84). Von dieser Warte aus kommt der öffentlichen Auseinandersetzung die Aufgabe zu, ein negatives Geschichtsereignis überhaupt erst bewußt zu machen beziehungsweise vor dem Vergessen zu bewahren. Dessen breitere Wahrnehmung erfolgt jedoch mit größerem zeitlichen Abstand. Erst zukünftige Untersuchungen werden zeigen, ob es über den massenhaften Vertrauensbruch in der DDR noch zu Auseinandersetzungen kommen wird.

Olicks (1999: 335) Argument, erst die öffentliche Verfügbarkeit ermögliche den Individuen eine Erinnerung, ist vor dem beschriebenen Hintergrund evident. Daraus folgt nicht, daß ein negatives Ereignis der Vergangenheit tatsächlich in die kollektiven Erinnerungen aufgenommen wird, was sich an den Assoziationen zur Shoah zeigt. Deren Analyse kommt eine besondere Bedeutung zu, weil der aufgrund des Fragebogendesigns aufgetretene Methodeneffekt auf den spezifischen Zusammenhang zwischen Mikro- und Makroebene verweist. Werden allein die kollektiven Erinnerungen von Deutschen abgefragt, spielen die Verbrechen an den Juden keine Rolle (Schuman et al. 1998: 439). Werden, wie hier geschehen, die Interviewten demgegenüber mit dem Wissen um die Shoah vorab konfrontiert, nimmt zumindest ein Teil von ihnen diese Anregung auf und reproduziert sie bei der offenen Frage nach bedeutsamen zeithistorischen Ereignissen.

Die Panelanalyse am Beispiel der Kategorie zum Massenmord an den Juden macht deutlich, daß derartige Stimuli, die einen Bezug zum kulturellen Gedächtnis herstellen, nur bei einer stabilen, hoch emotionalen Betroffenheit über das damalige Geschehen wirksam sind. Dementsprechend sind öffentlicher Diskurs und Kommemoration einer negativen und belastenden Vergangenheit unabdingbar nötig, wenn die Opfer und das Geschehen als Mahnung für Gegenwart und Zukunft nicht vergessen werden sollen. Gleichzeitig wird deutlich, daß die Menschen bereit sein müssen, wenn öffentliche Institutionen mit ihrem Gedenken die Einzelnen zu erreichen beabsichtigen und die Vergegenwärtigung des Vergangenen nicht scheitern soll.

Diese Perspektive erweitert sich durch die Auswertung der Assoziationen des Widerstandes gegen den Nationalsozialismus. Das Resultat stützt die voranstehende Interpretationen. Ähnlich wie bei der Shoah gehört dieser Aspekt deutscher Geschichte zu jenen Ereignissen aus den Jahren 1933 bis 1945, die nur marginal in den kollektiven Erinnerungen verankert sind. Der geringe Stellenwert ist bemerkenswert, weil der 20. Juli 1944 als Gedenktag des Attentats auf Hitler eine zentrale Funktion im kulturellen Gedächtnis der Deutschen hat. Wie bereits erwähnt, kommt gerade dem militärisch-konservativen Teil des Widerstandes ein fundierendes Moment für die neu erstandene Demokratie nach 1945 zu (Limbach 1997).

Das vorherrschende Antwortmuster interpretiere ich als ausweichende Reaktion auf normative Anforderungen. Die Erinnerung an die Opposition gegen die damalige Diktatur ist nicht zu trennen von der Erkenntnis, daß damals ein anderes Verhalten als Anpassung oder Unterstützung prinzipiell möglich war. Weil eine solche Einsicht aus moralischer Sicht beschämend für die damals Lebenden wirkt, nimmt es nicht Wunder, wenn sie und ihre nachgeborenen Angehörigen nicht aktiv an diese Vergangenheit denken.

Das gezeigte Antwortverhalten auf die offene Frage ist unabhängig vom Wissen über den Widerstand. Zusätzlich erhobene Daten belegen, daß die meisten Interviewten um die zentralen Figuren des Widerstandes wissen. Bei ihnen besteht offensichtlich eine Differenz zwischen Erinnerung und Wiedererkennen. Damit wird ein Gegensatz zwischen dem institutionellen Gedenken und den kollektiven Erinnerungen sichtbar. Die öffentliche Kommemoration des Widerstandes zielt auf die gesellschaftliche Verpflichtung gegenüber der Vergangenheit sowie auf die Bestätigung der gültigen demokratischen Grundprinzipien, die über diesen Teil der Geschichte eine Legitimation erfahren. Demgegenüber dürfte die Wahrnehmung der am 20. Juli 1944 Beteiligten bei vielen Gesellschaftsmitgliedern Ambivalenz erzeugen. Sie verdrängt das Ereignis aus der aktiven Erinnerung. Die moralische Ermahnung nicht beachtend nehmen jene, die Nationalsozialismus und Krieg selber erlebten, tendenziell das eigene Opfersein wahr.

Damit stellt sich die Frage, welche Bedeutung dem kulturellen Gedächtnis im Hinblick auf den Widerstand zukommt. Das öffentliche Gedenken trägt ohne Zweifel zum Wissen über diesen Teil der Geschichte bei, wird aber nicht notwendigerweise in die kollektiven Erinnerungen transferiert. Es gibt demnach noch andere Variablen, die die Entscheidung darüber beeinflussen, was als historisch bedeutsam wahrgenommen wird. Auch wenn es hierzu keine abschließenden Antworten gibt, darf bezweifelt werden, daß in diesem Fall über das öffentliche Gedenken Massenloyalität als persönliche Bindung der breiten Bürgerschaft an politische Objekte hergestellt wird, wie es Max Kaase (1983: 224) allgemein formuliert und Dietmar Schiller (1993: 32) es für Gedenktage generell annimmt. Das kulturelle Gedächtnis dürfte sich kaum als strategisches Instrument einsetzen lassen, mit dem eine Manipulation der Individuen möglich wäre. Letzteren bleibt immer auch eine Entscheidung, ob sie das institutionelle Angebot einer bestimmten Vergangenheitsinterpretation annehmen.

Die ebenfalls marginalen Erinnerungen zum 17. Juni 1953 geben zur Erklärung dieses Effekts eine zusätzliche Information. Jenes Datum ist lediglich insoweit als negativ bewertet zu betrachten, als der Arbeiteraufstand in der DDR niedergeschlagen wurde und somit erfolglos war. Da der 17. Juni zudem zu jener Art von historischem Geschehen gehört, dessen regelmäßig öffentlich gedacht wurde und wird, läßt sich dessen Bekanntheit unterstellen, auch wenn das Wissen der Befragten dazu nicht geprüft wurde. Durch die seitens bestimmter Interessenverbände erzeugte und politisch motivierte öffentliche Aufmerksamkeit im Rahmen des wiederholten Gedenkens (Wolfrum 1998a) gelang es aber offenbar nicht, das Ereignis in den kollektiven Erinnerungen zu verankern. Abgesehen davon, daß Gedenken per se keine praktischen Konsequenzen hat, bietet jenes Geschehen auch keine historische Identifikation. Für die damals Beteiligten ist das Datum mit Frustration über die Niederlage verhaftet. Wünsche, die in Richtung auf ein Identifikationsangebot immer wieder geäußert werden (Schütte 1997), dürften folglich zum Scheitern verurteilt sein.

Zu prüfen bliebe noch, in welchem Umfang das Aufbegehren der Arbeiter gegen das SED-Regime ähnlich dem Widerstand gegen den Nationalsozialismus in der Wahrnehmung der Individuen auf die prinzipielle Möglichkeit oppositionellen Handelns verweist. Wenn solche Zusammenhänge bestehen, wäre es plausibel, warum Ostdeutsche entgegen der Vermutung von Wolfrum (1997: 443) sich nach wie vor nicht des Aufstandes erinnern. Letztlich wären sie mit ihrer Vergangenheit vor 1989 konfrontiert, in der sie mehr oder weniger bereit waren, sich mit dem diktatorischen System zu arrangieren.

6.6.3 Veränderungen in der Bedeutungszuschreibung historischer Ereignisse

Die Resultate zu zwei anderen zeithistorischen Kategorien, dem Golfkrieg und Tschernobyl, erlauben es, über das bisher Gesagte hinausgehend Überlegungen anzustellen, warum manche Begebenheiten in die kollektiven Erinnerungen Eingang finden, andere nicht.

Grundsätzlich steht außer Frage, daß ein Ereignis, um durch die Mitglieder einer Gesellschaft wahrgenommen zu werden, breites Aufsehen erregen muß. Zudem ist es für die Individuen vonnöten, den geschichtlichen Vorgang unter dem Gesichtspunkt der Erinnerungswürdigkeit zu bewerten. Haben sie von einem bestimmten aktuellen Geschehnis den Eindruck des Außergewöhnlichen, stehen ihm nicht negativ gegenüber und realisieren, daß ihm eine große Bedeutung für die Gruppe zugeschrieben wird, werden sie diese Einschätzung teilen und es gegebenenfalls als bedeutsam erinnern.

Die Studie von Schuman et al. (1998: 435) legt ein solches Befragtenverhalten in bezug auf die Assoziationen zum Golfkrieg nahe. Trotz der hohen Erinnerungsrate in 1991 ließ sich ihr Resultat fünf Jahre später nicht replizieren. An diese Ergebnisverschiebung knüpfen sich verschiedene Überlegungen.

Der Vergleich jener Studie mit den Daten von 1995 und 1996 zeigt, daß ein Ereignis nicht in den kollektiven Erinnerungen verbleibt, nur weil die öffentliche Resonanz darauf groß ist, die Einzelnen darin involviert sind oder sich auch persönlich engagieren. Zweifellos wurde damals die Rolle der USA und Deutschlands im Golfkrieg in der Gesellschaft kontrovers diskutiert und als Bruch mit der bislang praktizierten Politik begriffen. Aber gerade diese Bewertung wandelte sich offensichtlich in der Zwischenzeit.

Die Kriegswochen waren durch massive Berichterstattung gekennzeichnet. Zudem war die Krisenregion bis Mitte der 90er Jahre mehr oder weniger regelmäßig Teil der öffentlichen Agenda. In der Rückschau kommt dem Medieneinfluß in bezug auf die Erinnerung des Golfkrieges jedoch kaum Bedeutung zu. Es handelt sich erkennbar nicht um eine Zäsur im Sinne eines fundierenden Ereignisses, von dem die Deutschen wirklich betroffen gewesen wären. Diese Tatsache bleibt unberührt davon, daß der Golfkrieg historisch zweifelsohne einen Einschnitt im öffentlichen Diskurs über die deutsche Armee und die Beteiligung an internationalen Einsätzen markiert.

Nach wie vor steht die Frage im Raum, warum es in der Erhebung von Schuman et al. solch eine hohe Nennungsrate zu diesem Ereignis gab. Das Beispiel des Golfkrieges eröffnet mehrere Interpretationsmöglichkeiten, die bei zukünftigen Forschungen zu berücksichtigen sind.

Indem allein die offene Frage nach bedeutsamen zeithistorischen Ereignissen gestellt wird, ohne zusätzliche Informationen zu den Assoziationen zu erfassen, läßt sich gerade bei einem Ereignis, das kurz vor oder während des Umfragezeitpunktes eintritt und auf eine erhebliche Resonanz in der Bevölkerung trifft, nur schwer beurteilen, wie weitgehend die im Stimulus unterstellte Geschichtsbedeutung tatsächlich reflektiert ist. Es kann nicht ausgeschlossen werden, daß in 1991 die Bewußtheit von als dramatisch eingeschätzten Gegenwartsvorkommnissen gemessen wurde. Hier ergibt sich eine Parallele zu Erkenntnissen aus Studien, die sich mit der Abfrage drängender Gegenwartsprobleme beschäftigen (Kane / Schuman 1991: 95).

Bei den Daten von 1991 einen derartigen Methodeneffekt anzunehmen, wäre jedoch voreilig. Eine solche Folgerung lenkt von inhaltlichen Fragen ab, die nach wie vor unbeantwortet sind. So könnte die geographische Distanz des Irak zum hiesigen Geschehen eine Rolle spielen. Bei großer Entfernung mögen Ereignisse mit zunehmender Zeit mehr und mehr verblassen. Solche Vergessensprozesse bedürfen folglich intensiverer Prüfung. Gerade weil das öffentliche Interesse am Geschehen in der Golfregion in den Jahren nach dem 1991er Survey nicht erlosch, ist noch zu klären, warum etwas in den kollektiven Erinnerungen dem Vergessen anheimfällt.

Ähnliches gilt auch für die Nichtnennung der Nuklearkatastrophe in der Ukraine 1986. Es ist anzunehmen, daß eine Umfrage in der damaligen Zeit zu einer nicht unbeträchtlichen Assoziationshäufigkeit geführt hätte. Diese Überlegung gründet auf den individuellen Verhaltensänderungen breiter Bevölkerungskreise in Deutschland in den Monaten nach dem Unfall. Die geringe Resonanz auf Tschernobyl bei Schuman et al. wie auch bei unseren Interviews sehe ich deshalb als überraschend an, weil dieses Thema nach wie vor im öffentlichen Diskurs virulent ist, insoweit es um den Ausstieg aus der ökonomischen Nutzung der Kernkraft geht.

Die Tatsache, daß Tschernobyl in den kollektiven Erinnerungen nicht verankert ist, dürfte darauf zurückzuführen sein, daß es sich um keinen wirklichen Wendepunkt in der Geschichte handelte. Zu prüfen wäre, ob das Unglück lediglich als ein Teil einer längeren Kette von Desastern moderner Technologie begriffen wird. Möglicherweise haben nur Ereignisse in der Erinnerung Bestand, die für einen subjektiv als grundlegend eingeschätzten gesellschaftlichen Wandel stehen.

6.6.4 *Das Auffrischen kollektiver Erinnerungen durch das kulturelle Gedächtnis*

Das Beispiel Tschernobyl ist auch in anderer Beziehung wichtig. Da die Daten für die Panelwelle 1996 nach dem zehnten Jahrestag der Nuklearkatastrophe erhoben wurden, bot die mediale Reinszenierung des Unfalls die Möglichkeit, das Manipulationsmodell zum sozialen Gedächtnis zu testen. Unabhängig von den Gründen für ein gesellschaftliches Vergessen unterstellt die Modellvariante nach längerer Zeit die abgeschwächte Wahrnehmung eines früher wichtigen Ereignisses. Durch die Erinnerungsarbeit professioneller Produzenten am kulturellen Gedächtnis werden solche Ereignisse bei entsprechender Gelegenheit der Bevölkerung nahegebracht und erneut in den kollektiven Erinnerungen verankert. „Runde" Jahrestage kommen für solche Anlässe in Frage, an denen die Medien die Erinnerungswürdigkeit des Vergangenen herausstellen.

Wie an anderer Stelle bereits gezeigt wurde (Heinrich 2000), wirkte sich hinsichtlich Tschernobyls kein derartiger Einfluß auf die kollektiven Erinnerungen aus. 1991 wie auch später lassen sich keine merklichen Erinnerungshäufigkeiten für den Kernkraftwerksunfall nachweisen. Meine Schlußfolgerung, die Thematisierung von Geschichte in den Medien zu Jahrestagen verpuffe wirkungslos (ebd.: 94), bedarf aufgrund einer umfassenden Analyse von Tageszeitungen der Korrektur. Innerhalb eines mehrjährigen Erscheinungszeitraumes war Tschernobyl immer wieder Teil des öffentlichen Diskurses. Die Medienpräsenz kontrastiert mit dem marginalen Stellenwert des Ereignisses in den kollektiven Erinnerungen. Insofern besteht ein Gegensatz zur Bedeutung Tschernobyls im kulturellen Gedächtnis. Daran ändert sich offensichtlich nichts, wenn der Jahrestag des Unfalls begangen wird. Die entsprechenden Reportagen dürften wie die sonstigen Berichte zur Kenntnis genommen werden, ohne sich auf die Perzeption von Geschichte seitens der Gesellschaftsmitglieder auszuwirken.

Im Fall Tschernobyls hat die öffentliche Kommemoration somit keine manipulierende Wirkung auf die kollektiven Erinnerungen. Bei den Kategorien des Kriegsendes 1945 und des Baus der Berliner Mauer 1961 stellt sich dieser Sachverhalt anders dar. Auf die Jahrestage, die zwischen beiden Panelwellen begangen wurden, reagierte die Politik mit offiziellen Gedenkveranstaltungen, was in den Medien erhebliche Resonanz fand. Außerhalb der termingebundenen institutionellen Kommemoration wird in den tagesaktuellen Debatten auf beide Ereignisse nicht in dem Ausmaß wie auf Tschernobyl Bezug genommen.

Abgesehen von der unterschiedlichen Gewichtung beider Geschichtsdaten erbringt die Auswertung von deren Anteil an den kollektiven Erinnerungen einen Befund, der Gegensätze bei der Beeinflussung aufzeigt. Der deutlichen Abnahme der Nennungen zum 8. Mai 1945 zwischen erster und zweiter Befragung steht eine merkliche Zunahme der Assoziationen zum Mauerbau gegenüber. Auch in dieser Hinsicht bedarf es einer längerfristigen Beobachtung, um abgesicherte Aussagen über die Wirkung eines verstärkenden Einflusses des kulturellen Gedächtnisses auf die kollektiven Erinnerungen treffen zu können. Dennoch stellt sich schon jetzt die Frage, wie lange sich eine öffentliche Intervention auf die kollektiven Erinnerungen bei den Individuen auswirkt.

Hilfreich sind in diesem Zusammenhang die Interpretationen einer Studie zu Veränderungen in der Geschichtsrezeption (Schuman / Rieger 1992). Sie wurde in der Zeit kurz vor beziehungsweise während des Golfkrieges in 1990/91 durchgeführt und bezog sich auf die öffentliche Diskussion über historische Parallelen der aktuellen Situation zum Nationalsozialismus einerseits und zur Verwicklung der USA in Vietnam andererseits. In Abhängigkeit von der Berichterstattung über das aktuelle Geschehen wie auch den politischen Grundeinstellungen der Interviewten war bei ihnen ein Verhaltenswandel im Zeitverlauf meßbar (ebd.: 324f.). Die vorliegenden Daten weisen darauf hin, daß Befragte auf eine mediale Interventionen zusätzlich auch in Abhängigkeit von dem Zeitpunkt reagieren, zu dem die Medienberichterstattung erfolgt. In diesem Fall fand das öffentliche Gedenken des Kriegsendes wenige Monate nach der ersten Umfrage statt, während sich der Mauerbau direkt zu Beginn der zweiten Welle jährte. Der bei diesem Ereignis gemessene Effekt entstand insbesondere dadurch, daß die Antworten fast ausschließlich wenige Tage nach dem Gedenkdatum gegeben wurden.

Als Konsequenz aus diesen Resultaten vermute ich, daß die vom kulturellen Gedächtnis ausgehenden Anstöße zu einer Erinnerung bei jenen nur kurzfristig wirksam sind, denen das jeweilige Ereignis nicht längerfristig im Gedächtnis präsent ist. Auch wenn ein endgültiger Beleg dieser Annahme noch aussteht, sehe ich ernstzunehmende Hinweis darauf, daß eine anhaltende Kontinuität kollektiver Erinnerungen nur bedingt durch die Medien zu bewerkstelligen ist. Ohne Zweifel kommt es zu Veränderungen, die durch die Medien ausgelöst sind. Die von der Ebene des kulturellen Gedächtnisses ausgehenden Beeinflussungsversuche dürfen allerdings nicht überschätzt werden. Das präsentierte Resultat legt eine nur kurzfristige, das heißt nur wenige Wochen oder Monate anhaltende Auswirkung der Kommemoration auf die Gesellschaftsmitglieder nahe. Allein aufgrund eines Jahrestages und dessen öffentlicher Inszenierung kommt es noch nicht zu einer Verankerung dieses Teiles der Geschichte in den kollektiven Erinnerungen. Diese Annahme wird durch die Tatsache gestützt, daß in der Panelstichprobe bei den meisten Kategorien Antwortstabilität über die Zeit meßbar ist. Einflüsse durch die öffentliche Kommemoration sind von daher zukünftig an weitere noch näher zu bestimmende Bedingungen gebunden.

6.6.5 *Die Validität des Mikro-Makro-Modells*

Gemessen an Olicks Forderung (1999: 346f.), der zufolge zukünftige Forschung zum sozialen Gedächtnis die Integration von Ergebnissen der Institutionenanalyse, der Surveyforschung, der Gedächtnispsychologie etc. zu leisten habe, ist mit der vorliegenden Untersuchung ein kleiner Schritt getan. Allerdings sollte aus forschungspraktischer Perspektive berücksichtigt werden, ob und wie weitgehend Olicks Programmskizze in großem Maßstab realisierbar ist. Meiner Studie messe ich insofern einen hohen Stellenwert bei, als hier erstmalig Paneldaten zu kollektiven Erinnerungen über eine Bevölkerungsstichprobe vorliegen. Von daher ist es möglich, Stabilität beziehungsweise Veränderungen im Erinnerungsverhalten von Gesellschaftsmitgliedern über einen Zeitraum von fünfzehn Monaten darzustellen und in Beziehung zur institutionellen Kommemoration zu setzen. In diesem

Zusammenhang erweist die von mir ausgearbeitete Mikro-Makro-Konzeption ihre Zweckmäßigkeit. Durch sie lassen sich verschiedene Formen der Wechselwirkung zwischen kulturellem Gedächtnis und kollektiven Erinnerungen belegen.

Generell zeigen die Daten die zentrale Rolle, die fundierenden Ereignissen in den kollektiven Erinnerungen zukommt. Die Längsschnittanalyse macht anschaulich, daß die damit einhergehenden Konnotationen jedoch einem Wandel unterliegen. Insbesondere bei Ostdeutschen nehmen Assoziationen ab, die Enttäuschung über die Vereinigung von BRD und DDR ausdrücken. Dieses Resultat geht mit einer generell bei ihnen zu beobachtenden Tendenz zur positiven Bewertung ihrer aktuellen Lage einher. Der hier gemessene Trend eines Wandels in den Bewertungen zur Vereinigung gibt somit aktuelle Befindlichkeiten gegenüber der eigenen Nation wieder. Offen bleibt die Frage, ob sich auf Dauer eine Verklärung des Geschehens von 1989/90 durchsetzen wird, oder ob in die kollektiven Erinnerungen der gesellschaftsfundierenden Momente immer gegenwartsbezogene Bewertungen einfließen. Aufgrund dessen wäre es von Interesse, in einem Land wie den USA zu prüfen, ob dort die Evaluation der Gründungsmythen, die zu den meisterinnerten positiven Vorgängen aus der Geschichte dieses Landes zählen (Schwartz / Heinrich 2002), intraindividuell ebenfalls einem Veränderungsprozeß in Abhängigkeit von den sozialen Rahmen der Gegenwart ausgesetzt ist.

Aufgrund des Vergleichs meiner Daten mit den Ergebnissen der Studie von Schuman et al. (1998) lassen sich am Beispiel der unterschiedlichen Wahrnehmung des Golfkrieges Anfang der 90er Jahre Wirkungen aktuellen Geschehens auf die kollektiven Erinnerungen ablesen. Eine mögliche Interpretation der drastischen Abnahme der Nennungshäufigkeit jenes Ereignisses über die Zeit ist es, einen Methodeneffekt zu vermuten. Er wäre ausgelöst durch die Möglichkeit, auf die offene Frage eine nicht standardisierte Antwort geben zu können. In einem solchen Fall hätten die Befragten 1991 nicht über die Geschichte, sondern allein über ihre Gegenwartssorgen gesprochen. Eine solche Schlußfolgerung läßt meines Erachtens aber die Bedingungen außer Acht, unter denen sich kollektive Erinnerungen herausbilden. Unter diesem Gesichtspunkt zeigt sich in meinen Ergebnissen, die ein Nichterinnern des Geschehens Anfang der 90er Jahre belegen, eine Fehlprognose des historischen Prozesses durch die Interviewten. Vor dem Hintergrund der damals aktuellen Ereignisse äußerten die befragten Personen eine bestimmte Zukunftserwartung, in der der Golfkrieg als geschichtsträchtiger Einschnitt begriffen wurde. Anzunehmen ist, daß von ihm fundamentale Auswirkungen auf die Gesellschaft erwartet wurden (Venedy 1996). Weil sie ausblieben, muß sich auch der Stellenwert des Golfkrieges in den kollektiven Erinnerungen relativieren. Eine solche Interpretation verweist darauf, daß Gegenwartsereignisse auch unter dem Gesichtspunkt ihrer geschichtlichen Relevanz wahrgenommen werden. Zugleich beinhaltet eine entsprechende Bewertung immer auch die Möglichkeit des Nichteintretens einer solchen Erwartung in der Zukunft.

Auch wenn zur Beziehung zwischen kulturellem Gedächtnis und kollektiven Erinnerungen noch detaillierte Forschungen nötig sind, zeigen meine Daten, daß mediale und institutionelle Reinszenierung der Vergangenheit nur kurzzeitige Wirkungen in der Bevölkerung haben. Die Aufmerksamkeit von Presse, Funk und Fernsehen für ein bestimmtes Geschichtsereignis löst Wiedererkennenseffekte aus, die sich dann in den kollektiven Erinnerungen meßbar niederschlagen. Liegt ein Jahrestag jedoch schon Monate zurück, ist eine Beeinflussung der kollektiven Erinnerungen durch die Medien nicht mehr nachweisbar. Offensichtlich bedarf es wiederkehrender Anstöße, wenn Ereignisse der Vergangenheit in den Gedächtnissen der Individuen verankert bleiben sollen.

Trotzdem darf der Einfluß des kulturellen Gedächtnisses für die Gesellschaft nicht unterschätzt werden. Dessen Bedeutung entfaltet sich insbesondere dann, wenn es um eine im weiteren Sinne regelmäßige Kommemoration geht. Die umfassende Analyse der Assoziationen zum Mord an den Juden stellt heraus, daß die Marginalität in den kollektiven Erinnerungen dann aufgehoben werden kann, wenn die Befragten auf das Wissen um dieses Ereignis gestoßen werden. Darin dokumentiert sich die Notwendigkeit des öffentlichen Diskurses über die nationalsozialistischen Verbrechen, um sie vor dem Vergessen zu bewahren. Einschränkend ist aber hinzuzufügen, daß sich der Einfluß des kulturellen Gedächtnisses nur bei jenen auswirkt, die auf das Wissen um die Shoah mit Empathie reagieren. Die institutionalisierte Form der Erinnerung vermag somit nichts gegen eine Verweigerungshaltung auszurichten.

Gerade die zuletzt dargelegten Hintergründe betonen den Stellenwert meiner Analysen. Aus den vorliegenden Daten der Erinnerung solcher Ereignisse, die wie die Shoah entweder Teil des andauernden gesellschaftlichen Vergangenheitsdiskurses sind, oder die im Befragungszeitraum im Rahmen eines „runden" Jahrestages öffentliche Aufmerksamkeit erhielten, lassen sich Kernelemente der Wechselwirkung zwischen kulturellem Gedächtnis und kollektiven Erinnerungen erschließen. Insofern erweist sich das zugrundeliegende Mikro-Makro-Modell als zweckmäßiges Konzept, um derartige Zusammenhänge aufzuzeigen.

7 Der Stellenwert kollektiver Erinnerungen

Die Frage nach Sinn und Zweck von Geschichte mag als eine angesehen werden, die, von philosophischem Blickwinkel aus gestellt, Basisebenen menschlichen Seins berührt (Lüthy 1969). Unabhängig von möglichen berufsständischen Interessen, die auch dazu beitragen dürften, daß sich allein zwölf prominente Wissenschaftler im Rahmen eines Sammelbandes (Oelmüller 1977) zu dieser Thematik äußern, fällt der Umfang von Publikationen auf, die sich mit solch grundlegenden Aspekten beschäftigen. Dabei geht es um Fragen, ob und warum wir aus der Geschichte lernen (Wehler 1988), wieviel wir bräuchten (Brückner 1995) beziehungsweise um das Postulat, daß wir sie benötigten (Kremp 1988).

Unabhängig von den Antworten auf die Einzelpunkte schließe ich mich dem Grundkonsens an, dem zufolge wir der Geschichte zur Selbstvergewisserung als Individuen (Rüsen 1994b: 64) wie auch als Gesellschaft (Lewis 1975: 14) bedürfen. Darüber hinausgehend sehe ich es aber als problematisch an, Schlußfolgerungen zu ziehen, die sowohl für die individuelle als auch für die gesellschaftliche Ebene als gültig betrachtet werden.

Exemplarisch ist hier die Kategorie des Geschichtsbewußtseins, wie sie von Jeismann (1977: 16f.) grundlegend definiert wurde. Danach stellt es den Zusammenhang zwischen Vergangenheitsdeutung, Gegenwartsverständnis und Zukunftsperspektiven her. Ihm falle die Aufgabe zu, Orientierungen zu ermöglichen und das gegenwärtige Selbstverständnis zu fundieren. Jeismann folgend trifft dieses Postulat für den Einzelnen, für Gruppen und ebenso für die ganze Gesellschaft zu (ebd.: 13).

Auch wenn zu diesen Aussagen empirische Tests noch ausstehen, sehe ich die in ihnen enthaltene Allgemeinheit dann als zweckmäßig an, wenn es um die Bedeutung des Stellenwerts von Geschichte geht. Da sich mein Forschungsinteresse aber auf die Grundbedingungen von Geschichtspolitik richtet, verdeckt die Überblickskategorie mehr, als daß sie erklärt. Unter meiner Perspektive ist es sinnvoll und notwendig, Abhängigkeitsstrukturen zwischen den Erinnerungen von Individuen und gesellschaftlichen Institutionen aufzudecken und zu berücksichtigen. Auf dieser Basis müssen die jeweiligen Eigenheiten von Mikro- und Makroebene herausgearbeitet werden. Hierbei reicht es nicht aus, in einer Untersuchung allein die generelle Bedeutung von Geschichte zu berücksichtigen.

Um sich einem solchen Forschungsbereich annähern zu können, muß die von Wolfrum (1998b: 5) gelieferte Definition von Geschichtspolitik meines Erachtens um die Wechselwirkung zwischen Mikro- und Makroebene erweitert werden. Abgesehen von der Beachtung deutscher Spezifika sieht er sie als

- Handlungs- und Politikfeld verschiedener politischer Akteure,
- politisch-pädagogische Aufgabe und
- als Spannungsverhältnis von Wissenschaft und Politik.

Nach meinem Dafürhalten bezeichnet Geschichtspolitik darüber hinausgehend Auseinandersetzungen zwischen politischen Institutionen und anderen Akteuren. Zu letzteren zählen Organisationen oder Gruppen mit privilegierten Zugangsmöglichkeiten zum kulturellen Gedächtnis einerseits sowie die Bevölkerung andererseits. Bei ihr dürfte in bezug auf Geschichtswahrnehmung mehrheitlich ein eher rezeptives Verhalten vorherrschen. Gruppenvorstellungen können aber auch aus einer Minderheitenposition zur Quelle einer Gegengeschichte werden.

Wolfrum (ebd.: 13) spricht zwar die Entwicklung von Geschichtswerkstätten und lokalen Geschichtsbewegungen in der Bundesrepublik Ende der 70er Jahre an. Er befaßt sich aber nicht mit ihrer spezifischen Situation, die sich von der der professionellen Produzenten des kulturellen Gedächtnisses unterscheidet. Für den Bevölkerungsdurchschnitt, soweit diese Personen an der Vergangenheit Interesse haben oder sich in Basisinitiativen engagieren, sind die Ausgangsbedingungen hinsichtlich Partizipation, ihrer Einflußmöglichkeiten auf die Öffentlichkeit wie auch ihrer Intention, Geschichte nach außen zu thematisieren, andere als bei institutionalisierten politischen Akteuren wie Parteien, Interessenorganisationen etc.

Außerdem ist zu beachten, daß die „normalen" Mitglieder der Gesellschaft dann, wenn die Notwendigkeit von Geschichte diskutiert wird, implizit zumeist als Objekte erscheinen. Diese Einschätzung bleibt auch dann gültig, wenn der gesellschaftliche Auftrag als emanzipatorisch begriffen wird. So kann Historie von den herrschenden Eliten zum Zweck der Integration sowie zur Erhaltung und Bestätigung von Macht eingesetzt oder zur Erzeugung einer kritischen Reflexion der Gegenwart vermittelt werden. In jedem Fall wird Geschichte als etwas betrachtet, das den Individuen auf pädagogischem Weg beizubringen ist. Unreflektiert bleibt dabei, ob nicht umgekehrt die Produzenten des kulturellen Gedächtnisses durch die vermeintlichen Erziehungsobjekte darin beeinflußt werden, woher sie ihre Themen beziehen und wer sie auf ihre Ideen bringt. Schließlich bliebe zu klären, wie die Beteiligten an der professionellen Vermittlung von Vergangenheit selber in die durch Geschichte zu erzeugende gesellschaftliche Identität integriert sind. Dabei handelt es sich ja um einen Vorgang, den sie den Annahmen gemäß selber bewerkstelligen, indem sie Identifikationsangebote offerieren.

In Verfolgung gerade der Identitätsthematik stieß ich bei der Frage, wie sich Individuen und Gesellschaft hinsichtlich Erinnerung verhalten, auf ein generelles Definitionsproblem. Diesen Aspekt konnte schon Halbwachs (1925; 1950) in seinen Überlegungen nicht präzise klären, in denen er Definitionen für kollektives und historisches Gedächtnis liefert sowie die Bedeutung der Geschichte als Wissenschaft skizziert. Seine Versuche, auf diese Weise die individuelle Vergegenwärtigung des Vergangenen von derjenigen der Gruppe zu trennen und eine zusätzliche Erinnerungsform entsprechend dem Professionalisierungsgrad ihrer Träger zu bestimmen, führen zu keinem überzeugenden Resultat. Wie gezeigt wurde, gelingt es ihm nicht, die einzelnen Ebenen eindeutig voneinander zu trennen. Dieses Urteil trifft ebenfalls auf jene Autorinnen und Autoren zu, die sich bei ihren Forschungen auf sein Konzept stützen. Zwar bringen Assmann und Assmann (1994: 121ff.) mit den zusätzlichen Kategorien von Speicher- und Funktionsgedächtnis weiterführende Gedanken in die Diskussion ein, doch können auch sie nicht verdeutlichen, was die Erinnerungen der Gruppenmitglieder von der institutionellen Kommemoration strukturell unterscheidet. In jedem Fall geht es nicht an, spezifische Inhalte für die einzelnen Gedächtnistypen zu definieren und damit eine Differenzierung zu begründen. Wie verschiedene Beispielen zeigen, widersprechen einer solchen Annahme empirische Ergebnisse aus der Sozialpsychologie wie auch aus der Gedächtnisforschung.

Entgegen den üblichen Vorgehensweisen beschränke ich mich auf eine Minimaldefinition zur Trennung institutioneller Erinnerung von derjenigen der Gruppenmitglieder. Als zentrales Kriterium sehe ich die Verortung von beiden im Mikro-Makro-Gefüge an. Das kulturelle Gedächtnis als institutionalisierte Präsentation von Vergangenheit ist danach auf der Makroebene lokalisiert. Den Begriff der kollektiven Erinnerungen ordne ich den Individuen zu, so weit sie sich in ihrer Rolle als Mitglieder einer Gruppe beziehungsweise der Gesellschaft äußern.

Zur Verdeutlichung dieser Struktur greife ich auf Colemans (1991: 10) Grundmodell zurück. In dessen Weiterentwicklung stelle ich mehrere Arten der Wechselbeziehung zwischen Mikro- und Makroebene dar, wie sie als Teil von Erinnerungsprozessen etwa der Rekonstruktion, der Implantation oder einer Verweigerung auftreten können. Zudem erlaubt es diese Konzeption, Entwicklungsprozesse über die Zeit darzustellen.

Neben der theoretischen Weiterentwicklung zu einem Modell des sozialen Gedächtnisses liegt der zweite Schwerpunkt meiner Arbeit in dessen empirischer Prüfung mittels Daten aus einer Bevölkerungsumfrage. Auch wenn das Meßinstrument lediglich zeithistorische Erinnerungen berücksichtigt und es nur in zwei Panelwellen eingesetzt wurde, liegen damit Daten vor, die in dieser Form zum Thema kollektiven Erinnerns bislang nicht erhoben wurden. Hervorzuheben ist dabei der mit den Daten belegbare Prozeßcharakter. Aufgrund dessen sind Aussagen über die intraindividuelle Stabilität der Erinnerungen sowie über deren Veränderungen im Verlauf von fünfzehn Monaten möglich.

Das empirische Ergebnis meiner Analysen fällt, was die Inhalte der kollektiven Erinnerungen von Deutschen angeht, in den zentralen Aspekten wie erwartet aus. Für Deutsche sind Nationalsozialismus und die Vereinigung vom 3. Oktober 1990 die entscheidenden Kategorien der Vergangenheit. Das Resultat läßt sich somit auf zweifache Weise auf die Überlegungen von Schwartz et al. (1986: 148f.) beziehen. Indem gesellschaftliche Ursprünge als bedeutsam erinnert werden, erfahren die Grundwerte des Gemeinwesens wie auch dessen zentrale Institutionen ihre Fundierung. Dem steht aber entgegen, daß in bestimmten Fällen negative Ereignisse wie militärische Niederlagen, Gefangenschaft oder Katastrophen die kollektiven Erinnerungen beherrschen. Die Folgerung von Schwartz et al. (ebd.: 159), negative Vergangenheit werde nur partiell und außerhalb des Geschichtskontexts mit seinen Kausalitäten wahrgenommen, und ihre Neuerzählung versuche eine prekäre Gegenwart zu erklären, läßt sich jedoch nicht auf den deutschen Fall übertragen. Das negative Ereignis des Nationalsozialismus beruht schließlich auf der Verstrickung der Eigengruppe in den Völkermord. Geschichte berührt hier also den Täteraspekt und damit die Frage nach moralischer Verantwortlichkeit. Insofern zeigt sich in der durch die Befragten vorgenommenen Fokussierung auf die Jahres des Zweiten Weltkrieges unter weitgehender Ausblendung der Zeit der Etablierung der Diktatur wie auch von Verbrechen und Widerstand ein Ausdruck von Legitimationsbedürfnis und damit möglicherweise von versteckten Schuldgefühlen.

Auf der Detailebene konzentrieren sich die Interviewten auf wenige historische Ereignisse wie das Kriegsende 1945 oder den 3. Oktober 1990. Damit belegt die Untersuchung die Fokussierung auf Geschichtsdaten, die für den Übergang von einer Epoche zur anderen stehen. Unabhängig von den konkreten Implikationen der jeweiligen Aussage verweist allein schon der Name eines weitgehend bekannten Ereignisses auf bereits erzählte Geschichte, die automatisch mit dem Terminus wachgerufen wird. Insofern sehe ich die Bezugnahme auf herausragende Wendemarken als Beispiel für „historische Abbreviaturen" im Sinne Rüsens (1994a: 11).

Gerade im Hinblick auf die Fundierung gesellschaftlicher Identität durch bestimmte Ereignisse der Vergangenheit fällt bei den Detailkategorien zu den kollektiven Erinnerungen auf, daß die vierzigjährige Eigengeschichte der beiden deutschen Teilstaaten in den Gedächtnissen der Befragten keinen herausragenden Platz einnimmt. Damit werden für den Westen im Nachhinein die Ergebnisse jener Umfragen bestätigt, denen zufolge die Interviewten einen anhaltenden Wunsch nach Wiedervereinigung äußerten und gleichzeitig dessen Realisierung in eine ferne Zukunft verlagerten (Jansen 1989; Weidenfeld / Glaab 1995: 2868f.). Das Datum des 3. Oktober steht somit für die Erfüllung eines für nicht realisierbar gehaltenen Traumes.

Was die Ostdeutschen angeht, verweisen die Ergebnisse auf die Differenzierungsfähigkeit der Bürgerinnen und Bürger in den neuen Bundesländern, die Ilse Spittmann (1995: 7) konstatiert. Die Autorin belegt ihre Vermutung mit der aus Umfragen herauszulesenden Diskrepanz zwischen grundsätzlicher Zustimmung zur Vereinigung und Ablehnung von deren Konsequenzen. Auch meine Ergebnisse lassen darauf schließen, daß „die Ostdeutschen [...] viel sicherer in der neuen Republik angekommen (sind), als den Beobachtern und ihnen selbst bewußt ist." (ebd.) Die Vereinigung von BRD und DDR ist für sie zentrales Ereignis. Die Geschichte der DDR ist demgegenüber vergessen. In dieser Hinsicht gibt es kein Anzeichen für „Ostalgie".

In einem weiteren Teil gilt mein Forschungsinteresse einzelnen Subgruppen innerhalb der Gesellschaft beziehungsweise dem Antwortverhalten über die Zeit. Hierbei zeigen sich nicht unerhebliche Abweichungen von den jeweils postulierten Zusammenhängen. Deren Interpretation führt zu einer Erweiterung der Kenntnisse über Zusammenhänge des sozialen Gedächtnisses und hebt zugleich dessen Abhängigkeit von Gegenwartsprozessen heraus.

Als zentrales Ergebnis sehe ich es an, daß sich Deutschen nach vier Subgruppen mit spezifischen kollektiven Erinnerungen differenzieren lassen. Eine Grenze durchzieht die Gesellschaft entlang der zwei gewählten Altersklassen. Außerdem unterscheiden sich Ost- und Westdeutsche deutlich voneinander. Wie aus den Daten hervorgeht, beruhen die Altersklassenunterschiede in hohem Maße auf persönlichen Erfahrungen seitens der Älteren, die in der Vergangenheit gemacht wurden und die für Jüngere nicht relevant sind. Die Ost-West-Variable wiederum verweist auf den Einfluß, den politische und gesellschaftliche Strukturen auf die individuelle Wahrnehmung von Geschichte ausüben. Beachtlich ist hierbei, daß diese Wirkung teilweise auch den persönlichen Erfahrungshintergrund überlagern kann. So bestehen bei einigen Detailkategorien zur Ära des Nationalsozialismus innerhalb der Gruppe der vor 1940 Geborenen Ost-West-Unterschiede. Sie lassen den Schluß zu, daß früher gemachte gemeinsame Erfahrungen aufgrund der anderen Gesellschaftsbedingungen in BRD und DDR später aus der Rückschau jeweils anders interpretiert beziehungsweise andere Schwerpunkte hervorgehoben werden.

Die Schlußfolgerungen aus den Häufigkeiten zu den Detailkategorien bedürfen insofern einer Einschränkung, als zum Teil demographische Variablen wie Geschlecht und Bildungsabschluß sowohl separat als auch in Interaktion mit dem Alter beziehungsweise der Regionszugehörigkeit die kollektiven Erinnerungen beeinflussen. Von daher belegt meine Studie Diners (1995: 139) Vermutung multipler Gedächtnisse innerhalb einer Gesellschaft. Es macht also wenig Sinn, zwecks Identitätsstiftung ihre Mitglieder auf eine bestimme Vergangenheit einschwören zu wollen. Statt dessen sollten jene Subgruppen exakt spezifiziert werden, die sich als Träger einzelner Vergangenheitsaspekte hervorheben. Ein solches Vorgehen, wie ich es hier für die vier demographischen Merkmale durchgeführt habe, benennt jene Personenkreise, aus denen heraus der gesellschaftliche Streit um die Deutung des Gestern und damit auch um die Gestaltung von Gegenwart und Zukunft geführt wird (Dubiel 1999: 13).

Ein anderer grundlegender Erkenntnisfortschritt ergibt sich aus dem Paneldesign der vorliegenden Studie. Indem dieselben Personen mit demselben Meßinstrument zweimal konfrontiert wurden, sind erstmalig Aussagen über die intraindividuelle Stabilität kollektiver Erinnerungen möglich. Bei den meisten Kategorien assoziieren jene Interviewten das Ereignis mit höchster Wahrscheinlichkeit, die es bereits bei der vorhergehenden Befragung erwähnt hatten. Im Vergleich mit anderen Untersuchungen zu Persistenz (Alwin 1994) relativiert sich jedoch der Grad der bei den Erinnerungen gemessenen Stabilität. Die entsprechenden Koeffizienten weisen eine Parallelität zu Einstellungen aus. Erinnerungen wandeln sich demnach häufiger als etwa Merkmale des Selbstkonzeptes. Dementsprechend liefern die Daten einen Beleg für die auf einen längerfristigen Zeitraum bezogene Reproduktion von Geschichte in Anpassung an die sozialen Rahmen der aktuellen Verhältnisse. Mit anderen Worten: es gibt keine unstrittig gültige Vergangenheitsinterpretation, die eine nationale Identität begründen könnte.

Die Studie betont einen weiteren Aspekt, wenn sich das Augenmerk auf das richtet, was nicht erinnert wird. Negative Vergangenheit ist insoweit ausgeblendet, als es um die Opfer in der Geschichte und damit um die schuldhafte Verstrickung der Eigengruppe geht. So ist Ostdeutschen die Staatssicherheit der DDR und damit die Bespitzelung der eigenen Bevölkerung im Gedächtnis nicht gegenwärtig. Insgesamt spielt auch die Erinnerung an die Shoah eine nur untergeordnete Rolle. Statt dessen steht der Zweite Weltkrieg und damit das eigenen Opfersein im Vordergrund bei den Nennungen zur Epoche des Nationalsozialismus. Die Daten liefern auf diese Weise Belege für die Diskrepanz zwischen dem Stellenwert, den der zwischen 1933 und 1945 aus rassistischen Gründen begangene Massenmord im öffentlichen Gedenken der deutschen Gesellschaft hat, sowie den kollektiven Erinnerungen in der Bevölkerung.

Zentral für meine Arbeit sind die Resultate, so weit sie Veränderungsprozesse über die Zeit belegen. So ist es bei einigen der Bewertungs- und Ereigniskategorien möglich, zusammen mit Informationen über sozialstrukturelle Merkmale beziehungsweise über die öffentliche Agenda Aussagen zu den Wechselwirkungen zwischen kulturellem Gedächtnis und kollektiven Erinnerungen zu machen. Trotz einiger methodischer Einschränkungen eröffnet das Paneldesign Einblicke, die sich bislang einer empirischen Testung entzogen.

Am Beispiel der Konnotationen zur deutschen Vereinigung verdeutlichen die Daten diese Interaktion. So zeigen Ostdeutsche von einem Meßzeitpunkt auf den anderen ein verändertes Antwortverhalten. In den Begründungen zu den gegebenen Antworten nehmen insbesondere Äußerungen ab, die Enttäuschung über die Konsequenzen signalisieren, die sich im Gefolge des Beitritts der DDR zum Geltungsbereich des Grundgesetzes aus dem Zusammenbruch der Staatsökonomie ergaben. Die gemessene Verschiebung in den Bewertungen deckt sich zwar mit Studien, die eine Einstellungsangleichung bei Ost- und Westdeutschen konstatieren (Veen / Zelle 1995). Doch darf in meinem Kontext nicht außer Acht bleiben, daß sich ein Teil der kollektiven Erinnerungen etwa zum Nationalsozialismus aufgrund der unterschiedlichen Gesellschaftsbedingungen in beiden deutschen Staaten generationsbedingt erst in ferner Zukunft aufgrund der Vereinheitlichung der politischen Sozialisation in Ost und West angleichen werden.

Hinsichtlich der Interaktion zwischen Mikro- und Makroebene belegen die Daten nur geringen Wandel in der globalen Wahrnehmung über die Zeit. Selbstredend wirkt sich hier der geschichtliche Bedeutungsgehalt der Vorgänge von 1989/90 aus. Entscheidend sind aber die durch die Befragten vorgebrachten Interpretationen dieser Vergangenheit. Sie verändern sich bei dieser Kategorie vor der Folie aktueller sozialer Gegebenheiten wie etwa den Verbesserungen im Wirtschaftssektor. Mit diesem Ergebnis liegt ein Beispiel für Rekonstruktion von Vergangenheit vor. Am Faktum der deutschen Vereinigung ändert sich nichts. Ein Wandel besteht aber bei der Art und Weise, wie darüber erzählt, mit welcher Konnotation dieser Teil deutscher Geschichte insbesondere von Ostdeutschen wahrgenommen wird.

Weiter erhellt die Analyse der Daten aus der Wiederholungsbefragung den Einfluß des öffentlichen Diskurses auf die Individuen. Anhand der Pressepublikationen zu verschiedenen Jahrestagen, die im gesamten Befragungszeitraum auf der Agenda standen, sowie der Veränderungen in den kollektiven Erinnerungen läßt sich zeigen, wie und in welchem Ausmaß Gesellschaftsmitglieder die öffentliche Kommemoration von Geschichte wahrnehmen und verarbeiten. Zusammengefaßt müssen die direkten Auswirkungen medialer Reinszenierung von Vergangenheit als eher beschränkt eingestuft werden.

So schlug sich die Perzeption des Golfkrieges 1991 insoweit nieder, als dem Ereignis direkt nach seinem Eintreten eine beachtliche Bedeutsamkeit in den kollektiven Erinnerungen zugewiesen wurde (Schuman et al. 1998: 439). Innerhalb von fünf Jahren sank dieses Interesse jedoch zur Bedeutungslosigkeit herab. Ähnliches gilt auch für Assoziationen zur Reaktorkatastrophe in Tschernobyl. Beide Vorgänge wurden Mitte der 90er Jahre kaum noch erinnert. Folglich erscheint ein Ereignis unabhängig von geschichtswissenschaftlichen Urteilen längerfristig in den kollektiven Erinnerungen nicht automatisch als bedeutsam, auch wenn das frühere Geschehen bei den Individuen Verhaltensänderungen zur Folge hatte und längere Zeit einen hohen Rang auf der öffentlichen Agenda einnahm. Dieser Einschätzung messe ich deshalb Beachtung zu, weil es auch bei kurz zurückliegenden Ereignissen zu einem Bedeutungsverlust kommen kann, denen unter dem direkten Eindruck noch eine hohe historische Bedeutung zugesprochen wird. Wenn dieser Stellenwert eingebüßt ist, ändern daran auch Jahrestage nicht unbedingt etwas, an denen die Medien dem Vergangenen erneut großen Raum widmen. Dieser Sachverhalt läßt sich am Beispiel Tschernobyls zeigen.

Aufgrund der Panelveränderungen in den kollektiven Erinnerungen zum Kriegsende 1945 und denen zum Bau der Berliner Mauer 1961 erlauben die erhobenen Daten erste Schlüsse auf einen kurzfristigen Einfluß der Makro- auf die Mikroebene. Die „mächtige Welle" (Kocka 1986: 45) regierungsoffizieller und medialer Kommemoration zum fünfzigsten Jahrestag des 8. Mai 1945 erzeugte bei der im Folgejahr durchgeführten Messung keine Steigerung in der Wahrnehmung dieses Datums als herausragendem Geschichtsereignis. Statt dessen zeigte sich eine Abnahme. Im Gegensatz dazu läßt sich in 1996 ein Anstieg bei der Häufigkeit der Assoziationen zum Bau der Berliner Mauer belegen. Er jährte sich eine Woche vor Beginn der zweiten Panelwelle und war ebenfalls ein Medienereignis. Aus der Gegenüberstellung der Reaktionen zu beiden Ereignissen ergibt sich ein Hinweis auf kurzfristig meßbare Veränderungen in den kollektiven Erinnerungen, die durch den öffentlichen Diskurs ausgelöst sein dürften. Auf mittlere Sicht, so hat es den Anschein, verpufft diese Wirkung jedoch wieder. Unbeantwortet bleibt nach wie vor die Frage, ob die Medien und, wenn ja, wie sie längerfristige Veränderungen bewirken. Schließlich können dabei auch Zusammenhänge zu der Art des Ereignisses bestehen.

Ein weiterer Aspekt zur Mikro-Makro-Thematik ergab sich aus einem Methodeneffekt, dessen Verzerrung sich durch den Vergleich mit einer anderen Untersuchung (Schuman et al. 1998) fruchtbar machen ließ. Die Gegenüberstellung der Ergebnisse aus beiden Studien stellt den hohen Stellenwert des kulturellen Gedächtnisses bei der Wahrnehmung einer negativen, schuldbeladenen Vergangenheit heraus. Werden die Befragten vorab mit dem Wissen um die Shoah konfrontiert, werden zumindest jene ein auf die nationalsozialistischen Verbrechen gerichtetes Erinnerungsverhalten zeigen, die auf eine Konfrontation mit den Opfern der Geschichte mit Empathie reagieren. An diesem Punkt erhält eine Überlegung Traversos (1993: 202) ihre empirische Untermauerung. Implizit differenziert auch er bezüglich Erinnerung nach Mikro- und Makroebene. Dabei nimmt er an, das von der Geschichtswissenschaft geprägte kulturelle Gedächtnis erlaube es nicht, den Nationalsozialismus zu vergessen. Demgegenüber könnten die kollektiven Erinnerungen sehr wohl als Supermarkt funktionieren, in dem sich die Individuen die ihnen genehmen Traditionen aussuchten. Anzufügen bleibt eine Modifikation, die die Wechselbeziehung zwischen beiden Ebenen erfaßt. Wenn auch nur für einen kleinen Teil der Bevölkerung, ist das kulturelle Gedächtnis für sie offensichtlich relevant. Bei Mitgliedern der Gesellschaft mit einem bestimmten Verhaltensmuster, nämlich mit Opfern mitfühlen zu können, schränkt es die Auswahlmöglichkeiten im „Traditionssupermarkt" ein.

Von dieser Warte aus tragen die vorliegenden Resultate auch zu den Kontroversen um Formen der Erinnerung von Auschwitz bei. Versuche, diesen Teil deutscher Vergangenheit zur Privatangelegenheit zu machen (Walser 1998), drücken individuelle Verdrängungswünsche aus. Die Datenanalyse zeigt, daß im Gegenteil gerade bei einer schuldbelasteten Vergangenheit das kulturelle Gedächtnis unabdingbar nötig ist, um zumindest bei einigen Gesellschaftsmitgliedern die Erinnerung daran wachzuhalten. Mit diesem Ergebnis erweisen sich der besondere Stellenwert der Panelstudie und die von mir betonte Interaktion zwischen Mikro- und Makroebene.

Die Resultate zum zweiten Schwerpunkt meiner Arbeit, der Aufschlüsselung kollektiver Erinnerungen nach Subgruppen innerhalb der Gesellschaft, machen deutlich, daß es nicht angeht, eine durch Geschichte begründete nationale Identität im Sinne der Stiftung von Einheit zu postulieren (Filbinger 1983). Vergangenheit dürfte zwar zum Selbstkonzept auch von Gruppen beitragen. Doch stellt sich Gesellschaft in dieser Hinsicht als heterogen dar. Selbst wenn Nationalsozialismus und deutsche Vereinigung im negativen beziehungsweise im positiven Sinn als zentrale identitätsstiftende Ereignisse angesehen werden, interpretieren die Individuen beide epochalen Einschnitte in vielfältiger Weise. Wie die präsentierten Daten belegen, spielen dabei die demographischen Merkmale des Alters und der Ost-West-Zugehörigkeit eine zentrale Rolle. Aber auch Geschlecht und Bildung dürfen als Indikatoren für spezifische soziale Rahmen nicht unterschätzt werden, die sich auf die Perzeption von Vergangenheit auswirken.

Die Detailanalysen zu einzelnen Ereigniskategorien machen weiterhin deutlich, daß es nicht ausreicht, die Einflüsse der demographischen Größen lediglich parallel zu messen. Vielmehr belegt die hier durchgeführte systematische Untersuchung von Interaktionseffekten, wie sich die einzelnen Merkmale gegenseitig in ihren Auswirkungen überlagern. Im Gegensatz zu den jüngeren Befragten besteht bei den älteren eine generelle Tendenz, den Nationalsozialismus mit höherer Wahrscheinlichkeit wahrzunehmen. Allerdings kann dieses Bild bei den Detailkategorien innerhalb beider Gruppen bei zusätzlicher Berücksichtigung von Geschlecht und Bildung anders ausfallen. Damit wird die Notwendigkeit deutlich, auf theoretischer Ebene derartige Interaktionseffekte zu integrieren. Zukünftig wäre dann herauszuarbeiten, warum auf Querschnittsebene insbesondere nach 1939 geborene westdeutsche Frauen dem Mord an den Juden am ehesten einen Platz in ihrem Gedächtnis einräumen.

Die Analyse der Subgruppenunterschiede wirft Licht auf die innergesellschaftlichen Konflikte um konkurrierende Deutungsmuster der Vergangenheit. Geschichte wird aufgrund unterschiedlicher Interessenlagen, aber eben auch wegen jeweils anderer Erfahrungshintergründe sowie der Relevanz von spezifischen sozialen Rahmen mit entsprechenden Teilaspekten wahrgenommen und interpretiert.

So wichtig es ist, Wolfrum (1998b) folgend die politischen Institutionen mit ihren Akteuren als Beteiligte einer Geschichtspolitik näher zu untersuchen, so notwendig ist es auch, die Bevölkerung aus diesem Prozeß nicht auszuklammern. Insofern widerspreche ich Olick (1999: 346), der den auf die Gesellschaft bezogenen Erinnerungen der Individuen jegliche Kollektivität abspricht. Sie seien vernachlässigbar. Seiner Meinung nach habe das Wissen um Umfrageergebnisse lediglich das Potential, Teil des kollektiven Gedächtnisses zu werden.[1]

Bezogen auf die von mir herausgearbeitete Definition verbleibt Olick auf der Ebene des kulturellen Gedächtnisses. An diesem Punkt widerspreche ich deshalb, weil er mit dieser Bemerkung am Schluß seines Beitrages hinter seine eigene Forderung nach Integration der beiden Ebenen des sozialen Gedächtnisses zurückfällt.

Genau dem wirkt die von mir herausgearbeitete Konzeption entgegen. Sie beruht auf einer Minimaldefinition mit der Trennung von Mikro- und Makroebene. Die Festlegung nach institutioneller und individueller Erinnerung soweit sich beide auf die Gesellschaft beziehen, legt weder Inhalt, Art noch Form des zu Erinnernden fest. Außerdem wird durch sie keine Entscheidung darüber getroffen, was das „eigentliche" kollektive Gedächtnis sei, das den Kern sozialwissenschaftlicher Forschung bilden solle. Statt dessen stelle ich die Interaktion zwischen Institutionen oder Organisationen als Produzenten des kulturellen Gedächtnisses und den Individuen als Trägern der kollektiven Erinnerungen in den Mittelpunkt des Forschungsinteresses. Als zentral sehe ich es daher an, den gesellschaftlichen Prozeß in seinem zeitlichen Ablauf mit allen Beteiligten zu erfassen. Zu ihnen gehören eben auch die einzelnen Mitglieder eines Kollektivs. Sich nur auf die institutionelle Ebene zu stützen, kann den Erfolg oder Mißerfolg einer bestimmten Geschichtspolitik nicht hinreichend erklären. Indem, wie in meiner Studie bereits in ersten Ansätzen ausgeführt, die Wechselbeziehung zwischen Mikro- und Makroebene beachtet wird, wird deutlich, daß die Einzelnen das Ziel einer mit Vergangenheit operierenden Politik sind, die von ihnen aber auch zurückgewiesen werden kann.

---

[1] Olick (ebd.) spricht von „collective memory" als institutioneller Erinnerung, der er das „collected memory" der Individuen entgegenstellt.

8. Literaturverzeichnis

Abkürzungen:
AfS: Archiv für Sozialgeschichte
AHR: American Historical Review
AJPS: American Journal of Political Science
AJS: American Journal of Sociology
APSR: American Political Science Review
APuZ: Aus Politik und Zeitgeschichte
ASR: American Sociological Review
DA: Deutschland Archiv
FAZ: Frankfurter Allgemeine Zeitung
FR: Frankfurter Rundschau
GuG: Geschichte und Gesellschaft
HZ: Historische Zeitschrift
ISI: Informationsdienst Soziale Indikatoren
KZfSS: Kölner Zeitschrift für Soziologie und Sozialpsychologie
NPL: Neue Politische Literatur
POQ: Public Opinion Quaterly
PVS: Politische Vierteljahresschrift
RuF: Rundfunk und Fernsehen
SPQ: Social Psychology Quaterly
StZ: Stuttgarter Zeitung
SZ: Süddeutsche Zeitung
taz: die tageszeitung
ZfSozpsych: Zeitschrift für Sozialpsychologie

8.1 Quellen

8.1.1 Pressepublikationen 1994 bis Sommer 1996 zu Tschernobyl

anonym: Neues aus Tschernobyl. In: Die Zeit 49, Nr. 9, 52 vom 25.02.1994.
anonym: IAEO: Reaktor Tschernobyl droht einzustürzen. In: taz 16, 1 vom 02.04.1994.
anonym: Tschernobyl soll dichtgemacht werden. In: taz 16, 2 vom 11.04.1994.
anonym: „Ich habe keine Angst". In: Der Spiegel Nr. 48, 142 vom 18.04.1994.
anonym: Erbgutschäden durch Tschernobyl verdoppelt. In: taz 16, 1 vom 21.04.1994.
Rosenkranz, Gerd: Atombetreiber und Atomopfer. In: taz 16, 6 vom 23.04.1994.

Rosenkranz, Gerd: Katastrophe ohne Gewöhnung. In: taz 16, 10 vom 26.04. 1994.
Thorne, Ludmilla: Die Zeit vertieft die Wunden. In: Die Zeit 49, Nr. 21, 14 vom 20.05.1994.
anonym: Satelliten erkunden Folgen des Tschernobyl-Unglücks. In: Die Welt, Nr. 257, 9 vom 03.11.1994.
anonym: „Sarkophag von Tschernobyl nur begrenzte Zeit stabil". In: Die Welt, Nr. 275, 2 vom 25.11.1994.
anonym: Ukraine: Krebs bei Kindern. In: Der Spiegel Nr. 49, 117 vom 09.01.1995.
Nelles, Roland: Wie das Honecker-Regime Tschernobyl herunterspielte. In: Die Welt, Nr. 65, 2 vom 17.03.1995.
Cote, Catherine: In Tschernobyl läuft die Zeit ab. In: Die Welt, Nr. 67, 1 vom 20.03.1995.
Menil, Georges de: Das Leichentuch über den Reformen. In: Die Zeit 50, Nr. 13, 16 vom 24.03.1995.
Randow, Gero von: Streit um das Risiko. In: Die Zeit 50, Nr. 15, 50 vom 07.04.1995.
Voges, Jürgen: Der Castor läßt Tschernobyl grüßen. In: taz 17, 6 vom 10.04.1995.
Kerneck, Barbara: Land der Strahlenexperten und Meßstationen. In: taz 17, 12 vom 20.04.1995.
anonym: Jelzin fordert mehr Hilfe für Tschernobyl-Opfer. In: SZ Nr. 51, 8 vom 26.04.1995.
Donath, Klaus-Helge: Die Idylle von Tschernobyl. In taz 17, 7 vom 27.04.1995.
Ostermann, Dieter: Die Tschernobyl-Opfer zählt jeder anders. In: FR 51, Nr. 98, 2 vom 27.04.1995.
anonym: Ukraine fordert Hilfe für Folgen von Tschernobyl. In: Die Welt Nr. 98, 4 vom 27.04.1995.
Randow, Gero von: Wider das starre Nein zur Atomkraft. In: Die Zeit 50, Nr. 17, 1 vom 21.04.1995.
anonym: Zehn Tage im Mai. In: Der Spiegel Nr. 49, 194 vom 08.05.1995.
Mrozek, Gisbert: Die Hoffnung starb nie. In: Focus Nr. 17, 278 vom 22.04.1996.
Ehrenstein, Claudia: Noch arbeiten 15 Atommeiler vom Typ Tschernobyl. In: Die Welt, Nr. 98, 4 vom 26.04.1996.
Oertel, Barbara: Atomarbeiter unter sich. In: taz 18, 2 vom 26.04.1996.
Nonnenmacher, Günther: Lissabon und Tschernobyl. In: FAZ Nr. 98, 1 vom 26.04.1996.
Ostermann, Dietmar: Das Richtfest der Totengräber. In: FR 52, Nr. 98, 3 vom 26.04.1996.
Roth, Wolfgang: Das Dilemma nach Tschernobyl. In: SZ 52, Nr. 97, 4 vom 26.04.1996.
Jens, Walter: Die Kinder des 26. April. In: Die Zeit 51, Nr. 18, 72 vom 26.04.1996.
anonym: Spuren des Desasters. In: Der Spiegel Nr. 50, 189 vom 06.05.1996.

8.1.2 Pressepublikationen 1996 zum Gedenken des Mauerbaus

anonym: Aktion Ungeziefer. In: Der Spiegel 50, Nr. 33, 58-59 vom 12.8.1996.
anonym: Deutsche Bilanz. In: StZ 52, Nr. 185, 3 vom 12.8.1996.
anonym: Diepgen: In der Werkstatt der Einheit werden alle gebraucht. In: FAZ Nr. 188, 1-2 vom 14.8.1996.
anonym: Kohl: Mit Herz und Hand für die Einheit einsetzen. In: SZ 52, Nr. 186, 6 vom 13.8.1996.
anonym: Kohl würdigt Opfer der Berliner Mauer. In: FAZ Nr. 187, 1 vom 13.8.1996.
anonym: Kränze für die Maueropfer. In: Die Welt Nr. 189, 1 vom 14.8.1996.
anonym: „Maueropfer nicht vergessen. In: Die Welt Nr. 188, 2 vom 13.8.1996.
anonym: Mehr Mauertote als bisher angenommen. In: StZ 52, Nr. 185, 1 vom 12.8.1996.
anonym: Zuwenig Mauer in Berlin. In: SZ 52, Nr. 186, 4 vom 13.8.1996.
Dietrich, Stefan: An der Grenzübergangsstelle Marienborn betrat man den Willkürstaat DDR. In: FAZ Nr. 187, 2 vom 13.8.1996.
Karatz, Hans-Rüdiger: Der Auftritt der Maueropfer. In: Die Welt Nr. 189, 2 vom 14.8.1996.
Karatz, Hans-Rüdiger: Ein PDS-Kranz am Fechter-Mahnmal. In: Die Welt Nr. 189, B1 vom 14.8.1996.
Philipps, Peter: Mehr als nur Erinnerung. In: Die Welt Nr. 188, 1 vom 13.8.1996.
Rogge, Joachim: Noch ist Raum für eine Gedenkstätte. In: StZ 52, Nr. 185, 2 vom 12.8.1996.
Rogge, Joachim: Noch immer sind viele Wunden nicht verheilt. In: StZ 52, Nr. 187, 2 vom 14.8.1996.
Schmalz, Peter: Wer die Mauer sehen will, soll nach Hötensleben fahren. In: Die Welt Nr. 188, 3 vom 13.8.1996.
Schuller, Konrad: Die Reste des Sperrbetons von Meißeln und Hämmern zernagt. In: FAZ Nr. 187, 3 vom 13.8.1996.
Semkat, Ute: Nicht einmal Leichen waren vor den DDR-Grenzern sicher. In: Die Welt Nr. 187, 2 vom 12.8.1996.

8.2 Sekundärliteratur

Abelshauser, Werner (1983): Wirtschaftsgeschichte der Bundesrepublik Deutschland (1945-1980). Frankfurt am Main: Suhrkamp.
Ackermann, Volker (1995): Staatsbegräbnisse in Deutschland von Wilhelm I. bis Willy Brandt. In: Nation und Emotion. Deutschland und Frankreich im Vergleich. 19. und 20. Jahrhundert. hg. v. Etienne François et al., Göttingen: Vandenhoeck & Ruprecht, 252-273.
Ajzen, Icek (1988): Attitudes, personality and behavior. Milton Keynes: Open Univ. Press.
Albert, Stuart (1977): Temporal comparison theory. In: Psychological Review 84, 485-503.
Almond, Gabriel A. und Sidney Verba (1963): The civic culture. Political attitudes and democracy in five nations. Princeton, N.J.: Univ. Press.

Alwin, Duane F. (1993): Attitude development in adulthood: The role of generational and life-cycle factors. In: New directions in attitude measurement. hg. v. Dagmar Krebs und Peter Schmidt, New York: Springer, 61-93.

Alwin, Duane F. (1994): Aging, personality, and social change: The stability of individual differences over the adult life-span. In: From life-span development and behavior. hg. v. David Featherman et al., Hillsdale, N.J.: Erlbaum, 135-185.

Angehrn, Emil (1985): Identität und Geschichte. Berlin: de Gruyter.

Arnim, Gabriele von (1989): Das große Schweigen. Von der Schwierigkeit, mit den Schatten der Vergangenheit zu leben. München: Kindler.

Assmann, Aleida (1991): Zur Metaphorik der Erinnerung. In: Mnemosyne. Formen und Funktionen der kulturellen Erinnerung. hg. v. Aleida Assmann und Dietrich Harth, Frankfurt am Main: Fischer, 13-35.

Assmann, Aleida (1993): Arbeit am nationalen Gedächtnis. Eine kurze Geschichte der deutschen Bildungsidee. Frankfurt am Main: Campus.

Assmann, Aleida (1999): Erinnerungsräume. Formen und Wandlungen des kulturellen Gedächtnisses. München: Beck.

Assmann, Aleida und Jan Assmann (1994): Das Gestern im Heute. Medien und soziales Gedächtnis. In: Die Wirklichkeit der Medien. Eine Einführung in die Kommunikationswissenschaft. hg. v. Klaus Merten und Siegfried J. Schmidt, Opladen: WV, 114-140.

Assmann, Jan (1988): Kollektives Gedächtnis und kulturelle Identität. In: Kultur und Gedächtnis. hg. v. Jan Assmann und Tonio Hölscher, Frankfurt am Main: Suhrkamp, 9-19.

Assmann, Jan (1992): Das kulturelle Gedächtnis. Schrift, Erinnerung und politische Identität in frühen Hochkulturen. München: Beck.

Assmann, Jan (1995): Erinnern, um dazuzugehören. Kulturelles Gedächtnis, Zugehörigkeitsstruktur und normative Vergangenheit. In: Generation und Gedächtnis. Erinnerungen und kollektive Identitäten. hg. v. Kristin Platt und Mihran Dabag, Opladen: Leske + Budrich, 51-75.

Backes, Uwe et al. (1990): Was heiß „Historisierung" des Nationalsozialismus. In: Die Schatten der Vergangenheit. Impulse zur Historisierung des Nationalsozialismus. hg. v. dens., Berlin: Propyläen, 25-57.

Baring, Arnulf (1983): Der 17. Juni 1953. 2. Aufl., Stuttgart: DVA.

Bartlett, Frederic C. (1932): Remembering: A study in experimental and social psychology. Cambridge: Univ. Press.

Beck, Ulrich (1986): Risikogesellschaft. Auf dem Weg in eine andere Moderne. Frankfurt am Main: Suhrkamp.

Bendix, Reinhard (1991): Strukturgeschichtliche Voraussetzungen der nationalen und kulturellen Identität in der Neuzeit. In: Nationale und kulturelle Identität. Studien zur Entwicklung des kollektiven Bewußtseins in der Neuzeit. hg. v. Bernhard Giesen, Frankfurt am Main: Suhrkamp, 39-55.

Bengtson, Vern L. (1979): Research perspectives on intergenerational interaction. In: Aging parents. hg. v. Pauline K. Ragan, Univ. of Southern California, 37-57.

Bengtson, Vern L. und Neal E. Cutler (1976): Generations and intergenerational relations. Perspectives on age groups and social change. In: Handbook of aging and the social sciences. hg. v. Robert H. Binstock und Ethel Shanas, New York: Van Nostrand Reinhold, 130-159.

Benz, Ute (1992): Verführung und Verführbarkeit. NS-Ideologie und kindliche Disposition zur Radikalität. In: Sozialisierung und Traumatisierung. Kinder in der Zeit des Nationalsozialismus. hg. v. Ute und Wolfgang Benz, Frankfurt am Main: Fischer, 25-39.
Benz, Wolfgang (1985): Vierzig Jahre nach der Vertreibung. In: Die Vertreibung der Deutschen aus dem Osten. Ursache, Ereignisse, Folgen. hg. v. dems., Frankfurt am Main: Fischer, 7-11.
Benz, Wolfgang (1995): Zum Umgang mit nationalsozialistischer Vergangenheit in der Bundesrepublik. In: Die geteilte Vergangenheit. hg. v. Jürgen Danyel, Berlin: Akademie, 47-60.
Berezin, Mabel (1994): Fissured terrain. Methodological approaches and research styles. In: The sociology of culture. Emerging theoretical perspectives. hg. v. Diana Crane, Cambridge: Basil Blackwell, 91-116.
Berg-Schlosser, Dirk (1994): Politische Kulturforschung. In: Lexikon der Politik. Bd. 2: Politikwissenschaftliche Methoden. hg. v. Jürgen Kriz et al., München: Beck, 345-352.
Berger, Peter L. und Thomas Luckmann (1969): Die gesellschaftliche Konstruktion der Wirklichkeit. Eine Theorie der Wissenssoziologie. 5. Aufl., Frankfurt am Main: Fischer 1980.
Bergmann, Werner und Rainer Erb (1991): Antisemitismus in der Bundesrepublik Deutschland. Ergebnisse der empirischen Forschung von 1946-1989. Opladen: Leske + Budrich.
Bergmann, Werner et al. (1995): Einleitung. Die Aufarbeitung der NS-Vergangenheit im Vergleich: Österreich, die DDR und die Bundesrepublik Deutschland. In: Schwieriges Erbe. Der Umgang mit Nationalsozialismus und Antisemitismus in Österreich, der DDR und der Bundesrepublik Deutschland. Frankfurt am Main: Campus, 11-17.
Bernard, Jessie (1973): My four revolutions: An autobiographical history of the ASA. In: Changing women in a changing society. hg. v. Joan Huber, Chicago: Univ. Press.
Bertaux, Daniel und Isabelle Bertaux-Wiame (1980): Autobiographische Erinnerungen und kollektives Gedächtnis. In: Lebenserfahrung und kollektives Gedächtnis. Die Praxis der „Oral History". hg. v. Lutz Niethammer, Frankfurt am Main: Suhrkamp 1986, 146-165.
Bettelheim, Charles (1974): Die deutsche Wirtschaft unter dem Nationalsozialismus. München: Trikont.
Blank, Thomas (1997): Wer sind die Deutschen? Nationalismus, Patriotismus, Identität. Ergebnisse einer empirischen Längsschnittstudie. In: APuZ 47, Nr. B13, 38-46 vom 21.3.1997.
Blank, Thomas (2002): Gemeinnutz oder Eigennutz? Motive und Erscheinungsformen nationaler Identität im vereinigten Deutschland. Mannheim: FRG.
Blank, Thomas et al. (1995): Pretest 6. Politbarometer Münster 1/95. Stichprobenbeschreibung, Fragebogen und Häufigkeitsauszählung. (=Nationale Identität. Arbeitsberichte aus dem DFG-Projekt „Nationale Identität der Deutschen", Nr. 19) Gießen.
Blank, Thomas und Horst-Alfred Heinrich (1998): „Wienerwald auf Mallorca": Negative Emotionen von Deutschen gegenüber ihrer eigenen Nation. In: ZUMA-Nachrichten 22, Nr. 42, 120-143.

Blank, Thomas und Peter Schmidt (1997): Konstruktiver Patriotismus im vereinigten Deutschland? Ergebnisse einer repräsentativen Studie. In: Identität und Verschiedenheit. Zur Sozialpsychologie der Identität in komplexen Gesellschaften. hg. v. Amélie Mummendey und Bernd Simon, Bern: Huber, 127-148.

Blänsdorf, Agnes (1995): Die Einordnung der NS-Zeit in das Bild der eigenen Geschichte. In: Schwieriges Erbe. Der Umgang mit Nationalsozialismus und Antisemitismus in Österreich, der DDR und der Bundesrepublik Deutschland. hg. v. Werner Bergmann et al., Frankfurt am Main: Campus, 18-45.

Bloch, Marc (1925): Mémoire collective, tradition et coutume. A propos d'un livre récent. In: Revue de synthèse historique 40, 73-83.

Blossfeld, Hans-Peter (1992): Birth cohorts and their opportunities in the Federal Republic of Germany. In: Dynamics of cohort and generation research. Proceedings of a symposium held on 12, 13, and 14 December at the University of Utrecht. hg. v. Henk A. Dekker, Amsterdam: Thesis, 97-138.

Blumer, Herbert (1973): Der methodologische Standort des symbolischen Interaktionismus, Teil I. In: Alltagswissen, Interaktion und gesellschaftliche Wirklichkeit. hg. v. Arbeitsgruppe Bielefelder Soziologen, Bd. 1, Reinbek: Rowohlt, 80-101.

Böhm, Tatjana (1992): Wo stehen wir Frauen nach 40 Jahren getrennter Geschichte in Deutschland West und Ost? In: Feministische Studien 10, H. 2, 28-34.

Bohrer, Karl Heinz (2001): Erinnerungslosigkeit. Ein Defizit der gesellschaftskritischen Intelligenz. In: FR 57, Nr. 137, 20-21 vom 16.6.2001.

Borries, Bodo von (1991): Empirische Befunde zu Gestalt und Genese von Geschichtsbewußtsein bei Kindern und Jugendlichen. Ein Werkstattbericht über Grobanalysen einer Vergleichsuntersuchung in West- und Ostdeutschland 1990. In: Bildungsgeschichte und historisches Lernen. hg. v. Ernst Hinrichs und Wolfgang Jacobmeyer, Frankfurt am Main: Diesterweg, 119-156.

Borries, Bodo von (1993a): Vorstellungen zum Nationalsozialismus und Einstellungen zum Rechtsextremismus bei ost- und westdeutschen Jugendlichen. Einige empirische Hinweise von 1990, 1991 und 1992. In: Internationale Schulbuchforschung 15, 139-166.

Borries, Bodo von (1993b): Geschichtliche Vorstellungen und politische Einstellungen in Ost- und Westdeutschland 1992 - Ein Werkstattbericht über eine repräsentative Schülerbefragung. In: Vergangenheit - Geschichte - Psyche: ein interdisziplinäres Gespräch. hg. v. Dagmar Klose und Uwe Uffelmann, Idstein: Schulz-Kirchner, 125-149.

Borries, Bodo von (1994): Geschichtliches Bewußtsein und politische Orientierung von Jugendlichen in Ost- und Westdeutschland 1992. Bericht und Kommentar zu einer repräsentativen Befragung. In: Neue Sammlung 34, 363-382.

Bracher, Karl Dietrich (1976): Zeitgeschichtliche Kontroversen. Um Faschismus, Totalitarismus, Demokratie. 5. Aufl., München: Piper 1984.

Bracher, Karl Dietrich (1987): Die Auflösung der ersten deutschen Demokratie. In: ders.: Wendezeichen der Geschichte. Historisch-politische Essays 1987-1992. Stuttgart: DVA 1992, 121-132.

Brandt, Peter (1994): Deutsche Identität. In: Die Neue Gesellschaft Frankfurter Hefte 41, 838-843.

Braunthal, Gerard (1989): Public order and civil liberties. In: Developments in West German politics. hg. v. Gordon Smith et al., Durham: Duke Univ. Press, 308-322.
Brettschneider, Frank (1994): Agenda-Setting. Forschungsstand und politische Konsequenzen. In: Politik und Medien. Analysen zur Entwicklung der politischen Kommunikation. hg. v. Michael Jäckel und Peter Winterhoff-Spurk, Berlin: Vistas, 211-229.
Brewer, William F. (1986): What is autobiographical memory? In: Autobiographical memory. hg. v. David C. Rubin, Cambridge: Univ. Press, 25-49.
Brown, Norman R. et al. (1986): Public memories and their personal context. In: Autobiographical memory. hg. v. David C. Rubin, Cambridge: Univ. Press, 137-158.
Brückner, Alf (1995): Wieviel Geschichte braucht der Mensch? In: Tschechen und Deutsche - verlorene Geschichte? hg. v. Nadace-Bernarda Bolzana und der Ackermann-Gemeinde, Prag, 71-78.
Bubis, Ignatz (1998): „Statt Rechtsextremisten schrieben nette Menschen". Interview mit Ignatz Bubis. In: FR 54, Nr. 242, 5 vom 19.10.1998.
Buchhofer, Bernd et al. (1970): Alter, Generationsdynamik und soziale Differenzierung. Zur Revision des Generationsbegriffs als analytisches Konzept. In: KZfSS 22, 300-334.
Bude, Heinz (1992): Bilanz der Nachfolge. Die Bundesrepublik und der Nationalsozialismus. Frankfurt am Main: Suhrkamp.
Bude, Heinz (1995): Das Altern einer Generation. Die Jahrgänge 1938 bis 1948. Frankfurt am Main: Suhrkamp 1997.
Bude, Heinz (1998): Die Erinnerung der Generationen. In: Vergangenheitsbewältigung am Ende des zwanzigsten Jahrhunderts. hg. v. Helmut König et al., Opladen: WV, 69-85.
Burke, Peter (1991): Geschichte als soziales Gedächtnis. In: Mnemosyne. hg. v. Aleida Assmann und Dietrich Harth, Frankfurt am Main: Fischer, 289-304.
Butler, Judith (1991): Das Unbehagen der Geschlechter. Frankfurt am Main: Suhrkamp.
Cancik, Hubert und Hubert Mohr (1990): Erinnerung / Gedächtnis. In: Handbuch religionswissenschaftlicher Grundbegriffe. Bd. II, Apokalyptik - Geschichte. hg. v. Hubert Cancik et al., Stuttgart: Kohlhammer, 299-323.
Chodorow, Nancy (1985): Das Erbe der Mütter. Psychoanalyse und Soziologie der Geschlechter. München: Frauenoffensive.
Claessens, Dieter (1977): Gruppe und Gruppenverbände. Systematische Einführung in die Folgen von Vergesellschaftung. unveränd. Neuaufl. 1995, Hamburg: Kovac.
Coleman, James S. (1987): Microfoundations and macrosocial behavior. In: The micro-macro link. hg. v. Jeffrey C. Alexander et al., Berkeley, Ca.: Univ. Press, 153-173.
Coleman, James S. (1991): Grundlagen der Sozialtheorie. Band 1: Handlungen und Handlungssysteme. München: Oldenbourg.
Connerton, Paul (1989): How societies remember. Cambridge: Univ. Press.
Craig, Stephen C. (1985): The decline of partisanship in the United States: A re-examination of the neutrality hypothesis. In: Political Behavior 7, 57-78.
Dahrendorf, Ralf (1974): Pfade aus Utopia. Arbeiten zu Theorie und Methode der Soziologie. 3. Aufl., München: Piper.

Dann, Otto (1995): Nationale Fragen in Deutschland: Kulturnation, Volksnation, Reichsnation. In: Nation und Emotion. Deutschland und Frankreich im Vergleich. 19. und 20. Jahrhundert. hg. v. Etiénne François et al., Göttingen: Vandenhoeck & Ruprecht, 66-82.

Danyel, Jürgen (1993): Die geteilte Vergangenheit. Gesellschaftliche Ausgangslagen und politische Dispositionen für den Umgang mit Nationalsozialismus und Widerstand in beiden deutschen Staaten nach 1949. In: Historische DDR-Forschung. Aufsätze und Studien. hg. v. Jürgen Kocka, Berlin: Akademie, 129-147.

Danyel, Jürgen (1998): Unwirtliche Gegenden und abgelegene Orte? Der Nationalsozialismus und die deutsche Teilung als Herausforderungen einer Geschichte der deutschen „Erinnerungsorte". In: GuG 24, 463-475.

Dieckmann, Christoph (1999): Wir waren das Volk. Der 4. November 1989 war der Gipfel der ostdeutschen Revolution, am 9. November ist sie gescheitert. In: Die Zeit 54, Nr. 45, 3 vom 4.11.1999.

Diner, Dan (1995): Kreisläufe: Nationalsozialismus und Gedächtnis. Berlin: Berlin.

Dipper, Christof et al. (Hrsg.) (1998): Faschismus und Faschismen im Vergleich. Wolfgang Schieder zum 60. Geburtstag. Stuttgart: Steiner.

Domarus, Max (1962): Hitler. Reden und Proklamationen 1932-1945. Bd. I: Triumph (1932-1938). Neustadt an der Aisch: Schmidt.

Dörner, Andreas (1996): Politischer Mythos und symbolische Politik. Der Hermannmythos: zur Entstehung des Nationalbewußtseins der Deutschen. Reinbek: Rowohlt.

Douglas, Mary (1991): Wie Institutionen denken. Frankfurt am Main: Suhrkamp.

Dubiel, Helmut (1999): Niemand ist frei von der Geschichte. Die nationalsozialistische Herrschaft in den Debatten des Deutschen Bundestages. München: Hanser.

Eckstaedt, Anita (1989): Nationalsozialismus in der „zweiten Generation". Psychoanalyse von Hörigkeitsverhältnissen. Frankfurt am Main: Suhrkamp.

Eifler, Christine (1998): Die deutsche Einheit und die Differenzen weiblicher Lebensentwürfe. In: APuZ 48, B41-42, 37-42 vom 2.10.1998.

EMNID-Informationen 41, 1989, Nr. 9/10, 23-28: Gallup International: Zweiter Weltkrieg - Kenntnisse, Interesse und persönliche Betroffenheit".

Engel, Uwe und Jost Reinecke (1994): Panelanalyse. Grundlagen - Techniken - Beispiele. Berlin: de Gruyter.

Engelkamp, Johannes (1991): Das menschliche Gedächtnis. Das Erinnern von Sprache, Bildern und Handlungen. 2. Aufl., Göttingen: Hogrefe.

Erikson, Erik H. (1966): Identität und Lebenszyklus. Frankfurt am Main: Suhrkamp.

Erker, Paul (1988): Revolution des Dorfes? Ländliche Bevölkerung zwischen Flüchtlingszustrom und landwirtschaftlichem Strukturwandel. In: Von Stalingrad zur Währungsreform. Zur Sozialgeschichte des Umbruchs in Deutschland. hg. v. Martin Broszat et al., München: Oldenbourg, 3. Aufl. 1990, 367-425.

Estel, Bernd (1994): Grundaspekte der Nation. In: Das Prinzip Nation in modernen Gesellschaften. Länderdiagnosen und theoretische Perspektiven. hg. v. Bernd Estel und Tilman Mayer, Opladen: WV, 13-81.

Faulenbach, Bernd (1993): Probleme des Umgangs mit der Vergangenheit im vereinten Deutschland: Zur Gegenwartsbedeutung der jüngsten Geschichte. In: Deutschland. Eine Nation - doppelte Geschichte. Materialien zum deutschen Selbstverständnis. hg. v. Werner Weidenfeld, Köln: Wissenschaft und Politik, 175-190.

Fend, Hartmut (1988): Sozialgeschichte des Aufwachsens: Bedingungen des Aufwachsens und Jugendgestalten im 20. Jahrhundert. Frankfurt am Main: Suhrkamp.

Festinger, Leon (1954): A theory of social comparison processes. In: Human Relations 7, 117-140.

Filbinger, Hans Karl (1983): Was verstehen wir unter Patriotismus? In: Deutsche Identität heute. hg. v. Peter Berglar et al., Stuttgart: Studienzentrum Weikersheim, 169-179.

Fischer, Wolfram (1987): Affirmative und transformative Erfahrungsverarbeitung. In. 23. Deutscher Soziologentag 1986: Technik und sozialer Wandel. hg. v. Joachim Friedrichs, Opladen: WV, 465-469.

Fogt, Helmut (1982): Politische Generationen. Empirische Bedeutung und theoretisches Modell. Opladen: WV.

Förster, Peter (1995): Die deutsche Frage im Bewußtsein der Bevölkerung in beiden Teilen Deutschlands. Das Zusammengehörigkeitsgefühl der Deutschen. Einstellungen junger Menschen in der DDR. In: Materialien der Enquete-Kommission „Aufarbeitung von Geschichte und Folgen der SED-Diktatur in Deutschland" (12. Wahlperiode des Deutschen Bundestages). Bd. V/2: Deutschlandpolitik, innerdeutsche Beziehungen und internationale Rahmenbedingungen. hg. v. Deutschen Bundestag, Baden-Baden: Nomos, 1212-1380.

Frantzioch-Immenkeppel, Marion (1996): Die Vertriebenen in der Bundesrepublik Deutschland. Flucht, Vertreibung, Aufnahme und Integration. In: APuZ 46, Nr. B28, 3-13 vom 5.7.1996.

Frei, Norbert (1996): Vergangenheitspolitik. Die Anfänge der Bundesrepublik und die NS-Vergangenheit. München: Beck.

Frenzel, Hansjörg (1995): Bildung und Partnerwahl. In: ZUMA-Nachrichten 19, Nr. 36, 61-88.

Freud, Sigmund (1910): Eine Kindheitserinnerung des Leonardo da Vinci. In: ders.: Gesammelte Werke, Bd. VIII, London: Imago 1948, 127-211.

Freud, Sigmund (1930): Das Unbehagen in der Kultur. In: ders.: Gesammelte Werke, Bd. XIV, London: Imago 1948, 419-506.

Friedrich, Jörg (1984): Die kalte Amnestie. Frankfurt am Main: Fischer.

Fukuyama, Francis (1992): Das Ende der Geschichte: wo stehen wir? München: Kindler.

Gabriel, Oscar W. (1994): Politische Kultur aus der Sicht der empirischen Sozialforschung. In: Politische Kultur in Ost- und Westdeutschland. hg. v. Oskar Niedermayer und Klaus von Beyme, Berlin: Akademie, 22-42.

Gauck-Bericht (1999): 4. Tätigkeitsbericht des Bundesbeauftragten für die Unterlagen des Staatssicherheitsdienstes der ehemaligen Deutschen Demokratischen Republik. Berlin.

Gauger, (1986):

Geer, John G. (1988): What do open-ended question measure? In: POQ 52, 365-371.

Geis, Alfons und Cornelia Züll (1996): Strukturierung und Codierung großer Texte: Verknüpfung konventioneller und computerunterstützter Inhaltsanalyse am Beispiel von TEXTPACK PC. In: Computerunterstützte Inhaltsanalyse in den Empirischen Sozialwissenschaften. Theorie - Anwendung - Software. hg. v. Wilfried Bos und Christian Tarnai, Münster: Waxmann, 169-191.

Geulen, Dieter (1999): Politische Sozialisation der staatsnahen Intelligenz in der DDR. In: APuZ 49, Nr. B12, 3-14 vom 19.3.1999.

Giddens, Anthony (1988): Die Konstitution der Gesellschaft. Grundzüge einer Theorie der Strukturierung. Frankfurt am Main: Campus.

Giegler, Helmut (1992): Zur computerunterstützten Analyse sozialwissenschaftlicher Textdaten: Quantitative und qualitative Strategien. In: Analyse verbaler Daten. hg. v. Jürgen Hoffmeyer-Zlotnik, Opladen: WV, 335-388.

Gießler, Günter (1996): Der Riß. Nachdenken über meine beiden Deutschlands. 2. Aufl., Leipzig: Mehlhorn.

Gilligan, Carol (1984): Die andere Stimme. Lebenskonflikte und Moral der Frau. Neuausg., München: Piper.

Giordano, Ralph (1987): Die zweite Schuld oder Von der Last, Deutscher zu sein. Hamburg: Rasch und Röhring.

Glaessner, Gert-Joachim (1992): German unification and the West. In: The German revolution of 1989. Causes and consequences. hg. v. Gert-Joachim Glaessner und Ian Wallace, Oxford: Berg, 207-226.

Glaser, Hermann (1995): 1945: Die Befreiung von der NS-Gewaltherrschaft. In: APuZ 45, Nr. B1-2, 3-10 vom 6.1.1995.

Glaser, Hermann (1996): Deutsche Identitäten. Gesellschaft und Kultur im vereinigten Deutschland. In: APuZ 46, Nr. B13-14, 32-41 vom 22.3.1996.

Goffman, Erving (1969): Wir alle spielen Theater. Die Selbstdarstellung im Alltag. München: Piper.

Goffman, Erving (1973): Asyle - Über die soziale Situation psychiatrischer Patienten und anderer Insassen. Frankfurt am Main: Suhrkamp.

Goffman, Erving (1977): Rahmen-Analyse. Ein Versuch über die Organisation von Alltagserfahrungen. Frankfurt am Main: Suhrkamp.

Göttner-Abendroth, Heide (1984): Zur Methodologie der Frauenforschung am Beispiel Biographie. In: beiträge zur feministischen theorie und praxis 7, H. 11, 35-39.

Gravenhorst, Lerke (1998): Moral und Geschlecht. Die Aneignung der NS-Erbschaft. Freiburg: Kore.

Grobe, Karl (1994): Sie alle leisteten auf ihre Art Widerstand. Sammelrezension über Literatur zum Widerstand gegen den Nationalsozialismus. In: FR 50, Nr. 166, 12 vom 20.7.1994.

Große-Kracht, Klaus (1996): Gedächtnis und Geschichte: Maurice Halbwachs - Pierre Nora. In: Geschichte in Wissenschaft und Unterricht 47, 21-31.

Grosser, Alfred (1990): Verbrechen und Erinnerung. Der Genozid im Gedächtnis der Völker. München: dtv 1993.

Habermas, Jürgen (1990a): Staatsbürgerschaft und nationale Identität. In: ders.: Faktizität und Gesellschaft. Beiträge zur Diskurstheorie des Rechts und des demokratischen Rechtsstaates. 4. Aufl., Frankfurt am Main: Suhrkamp 1994, 632-660.

Habermas, Jürgen (1990b): Der DM-Nationalismus: Weshalb es richtig ist, die deutsche Einheit nach Artikel 146 zu vollziehen, also einen Volksentscheid über eine neue Verfassung anzustreben. In: Die Zeit 45, Nr. 14, 62 vom 30.3.1990.

Habermas, Jürgen (1994): Die Last der doppelten Vergangenheit. In: Die Zeit 49, 54 vom 13.5.1994.

Habich, Roland et al. (1999): Subjektives Wohlbefinden in Ostdeutschland nähert sich westdeutschem Niveau. Ergebnisse des Wohlfahrtssurveys 1998. In: ISI 22, 1-6.

Hagemann-White, Carol (1987): Können Frauen die Politik verändern? In: APuZ 37, Nr. B9-10, 29-37 vom 28.2.1987.

Hagen, Manfred (1992): DDR - Juni '53. die erste Volkserhebung im Stalinismus. Stuttgart: Steiner.

Hahn, Toni (1993): Erwerbslosigkeitserfahrungen von Frauen in den neuen Bundesländern. In: Ausgezählt. Theoretische und empirische Beiträge zur Psychologie der Frauenerwerbslosigkeit. hg. v. Gisela Mohr, Weinheim: DSV, 87-125.

Halbwachs, Maurice (1925): Das Gedächtnis und seine sozialen Bedingungen. Neuwied: Luchterhand 1966.

Halbwachs, Maurice (1941): La topographie légendaire des évangiles en terre sainte. Étude de mémoire collective. Paris: Presses Universitaires.

Halbwachs, Maurice (1950): Das kollektive Gedächtnis. Stuttgart: Enke 1967.

Hardin, Russell (1995): One for all. The logic of group conflict. Princeton, N.J.: Univ. Press.

Hartewig, Karin (1995): Neue Forschungen zur Frauen- und Geschlechtergeschichte. In: AfS 35, 419-444.

Hechtel, Daniela und Horst-Alfred Heinrich (1997): Student survey Giessen / Leipzig 1996. Sample description, questionnaire, and frequency count. (=Nationale Identität. Arbeitsberichte aus dem DFG-Projekt „Nationale Identität der Deutschen", Nr. 15) Gießen.

Heinrich, Horst-Alfred (1991): Politische Affinität zwischen geographischer Forschung und dem Faschismus im Spiegel der Fachzeitschriften. Ein Beitrag zur Geschichte der Geographie in Deutschland von 1920 bis 1945. (=Gießener Geographische Schriften, H. 70) Gießen.

Heinrich, Horst-Alfred (1996): Zeithistorische Ereignisse als Kristallisationspunkte von Generationen. Replikation eines Meßinstrumentes. In: ZUMA-Nachrichten 20, Nr. 39, 69-94.

Heinrich, Horst-Alfred (1997): Die Flakhelfer-Generation. Versuch einer empirischen Bestimmung. In: Psychosozial 20, Nr. 68, H. 2, 23-42.

Heinrich, Horst-Alfred (2000): Kulturelles Gedächtnis und kollektive Erinnerungen als Mikro-Makro-Modell. In: Kontext, Akteur und strategische Interaktion. Untersuchungen zur Organisation politischen Handelns in modernen Gesellschaften. hg. v. Ulrich Druwe et al., Opladen: Leske + Budrich, 75-102.

Heinrich, Horst-Alfred (2002): Kollektive Erinnerungen von Deutschen. Methodenbericht und statistische Ergebnisse. erscheint in: Gießener Elektronische Bibliothek: http://www.uni-giessen.de/ub/geb/publ_03_ges.htm.

Heinrich, Horst-Alfred und Barry Schwartz (1997): The rush to repentance: Memory wars and culture wars. Vortragsmanuskript, präsentiert auf dem 60.

Jahrestreffen der Southern Sociological Society, New Orleans, Session: „Cultural Contestation, Cultural Conflict".
Heinsohn, Kirsten (1995): Auflösung der Kategorie „Geschlecht"? Fragen und Anmerkungen zur neueren feministischen Diskussion. In: „Denken heißt Grenzen überschreiten". Beiträge aus der sozialhistorischen Frauen- und Geschlechterforschung. Eine Festschrift zum 60. Geburtstag von Marie-Elisabeth Hilger. hg. v. Elke Kleinau et al., Hamburg: von Bockel, 49-62.
Heinz, Rudolf (1969): Maurice Halbwachs' Gedächtnisbegriff. In: Zeitschrift für philosophische Forschung 23, 73-85.
Heldmann, Philipp (1996): Das „Wirtschaftswunder" in Westdeutschland. Überlegungen zu Periodisierung und Ursachen. In: AfS 36, 323-344.
Herbert, Ulrich und Olaf Groehler (1992): Zweierlei Bewältigung. Vier Beiträge über den Umgang mit der NS-Vergangenheit in beiden deutschen Staaten. Hamburg: Ergebnisse.
Herf, Jeffrey (1998): Zweierlei Erinnerung. Die NS-Vergangenheit im geteilten Deutschland. Berlin: Propyläen.
Herzog, Roman (1999): Feigheit ist das letzte, was ich von meinem Volk erleben möchte. Die Rede von Bundespräsident Roman Herzog aus Anlaß des Holocaust-Gedenktages. In: FR 55, Nr. 23, 21 vom 28.1.1999.
Hirschman, Albert O. (1994): Wieviel Gemeinsinn braucht die liberale Gesellschaft? In: Leviathan 22, 293-304.
Hoerning, Erika M. (1989): Erfahrungen als biographische Ressourcen. In: Biographisches Wissen. Beiträge zu einer Theorie lebensgeschichtlicher Erfahrung. hg. v. Peter Alheit und Erika M. Hoerning, Frankfurt am Main: Campus, 148-163.
Hoffmann, Berno (1997): Das sozialisierte Geschlecht. Zur Theorie der Geschlechtersozialisation. Opladen: Leske + Budrich.
Hohlfeld, Brigitte (1992): Die Neulehrer in der SBZ/DDR 1945-1953. Ihre Rolle bei der Umgestaltung von Gesellschaft und Staat. Weinheim: DSV.
Holland-Cunz, Barbara (1999): Naturverhältnisse in der Diskussion: Die Kontroverse um „sex and gender" in der feministischen Theorie. In: Gender and politics. „Geschlecht" in der feministischen Politikwissenschaft. hg. v. Christine Bauhardt und Angelika von Wahl, Opladen: Leske + Budrich, 15-28.
Hübner, Marc (1995): Die Deutschen und ihre kollektive Vergangenheit. Gießen (unveröff. Diplomarbeit).
Hunter, James D. (1991): Culture wars. The struggle to define America. New York: Basic Books.
Hurrelmann, Klaus und Dieter Ulich (1998): Handbuch der Sozialforschung. Studienausgabe. 5. Aufl., Weinheim: Beltz.
Hüsch, Hanns Dieter (1983): Das schwarze Schaf vom Niederrhein. Texte und Lieder vom flachen Land. München: Satire.
Hyman, Herbert und Charles Wright (1979): Education's lasting influence on values. Chicago: Univ. Press.
Igartua, Juanjo und Dario Paez (1997): Art and remembering traumatic collective events: The case of the Spanish Civil War. In: Collective memory of political events. Social psychological perspectives. hg. v. James W. Pennebaker et al., Mahwah, N.J.: Erlbaum, 79-101.

Inglehart, Ronald (1977): The silent revolution. Changing values and political styles among Western politics. Princeton, N.J.: Univ. Press.
Irwin-Zarecka, Iwona (1994): Frames of remembrance: the dynamics of collective memory. New Brunswick: Transaction.
Ivo, Hubert (1986): „Hitler - bald eine Art Napoleon"? Anmerkungen zu generationsbedingten Veränderungen des Redens über die Nazi-Zeit. In: Diskussion Deutsch. Zeitschrift für Deutschlehrer aller Schulformen in Ausbildung und Praxis 17, 229-240.
Iyengar, Shanto und Donald R. Kinder (1987): News that matters. Chicago: Univ. Press.
Jaeger, Hans (1977): Generationen in der Geschichte. Überlegungen zu einer umstrittenen Konzeption. In: GuG 3, 429-452.
Jansen, Silke (1989): Zwei deutsche Staaten - zwei deutsche Nationen? Meinungsbilder zur deutschen Frage im Zeitablauf. In: DA 22, 1132-1143.
Jaspers, Karl (1949): Vom Ursprung und Ziel der Geschichte. München: Piper.
Jeismann, Karl-Ernst (1977): Verlust der Geschichte? Zur gesellschaftlichen und anthropologischen Funktion des Geschichtsbewußtseins in der gegenwärtigen Situation. In: ders.: Geschichte als Horizont der Gegenwart. Über den Zusammenhang von Vergangenheitsdeutung, Gegenwartsverständnis und Zukunftsperspektive. hg. v. Wolfgang Jacobmeyer und Erich Kosthorst, Paderborn: Schöningh 1985, 11-25.
Jennings, M. Kent und Richard G. Niemi (1981): Generations and politics. A panel study of young adults and their parents. Princeton, N.J.: Univ. Press.
Kaase, Max (1983): Massenloyalität. In: Westliche Industriegesellschaften. Wirtschaft - Gesellschaft - Politik. hg. v. Manfred G. Schmidt, München: Piper, 222-228.
Kane, Emily W. und Howard Schuman (1991): Open survey questions as measures of personal concern with issues: A reanalysis of Stouffer's Communism, conformity, and civil liberties. In: Sociological Methodology 21, 81-96.
Keller, Barbara (1996): Rekonstruktion von Vergangenheit. Vom Umgang der „Kriegsgeneration" mit Lebenserinnerungen. Opladen: WV.
Kestenberg, Judith S. (1995): Vorwort zur deutschen Ausgabe. In: Kinder der Opfer. Kinder der Täter. Psychoanalyse und Holocaust. hg. v. Martin S. Bergmann et al., 9-22.
Kittel, Manfred (1993): Die Legende von der „Zweiten Schuld". Vergangenheitsbewältigung in der Ära Adenauer. Frankfurt am Main: Ullstein.
Klinksiek, Dorothee (1982): Die Frau im NS-Staat. Stuttgart: DVA.
Kloft, Hans (1994): Einleitung. In: Grundlagen des Studiums der Geschichte. Eine Einführung. hg. v. Egon Boshof et al., 4. Aufl., Köln: Böhlau, 1-23.
Knütter, Hans-Helmuth (1991): Antifaschismus und politische Kultur in Deutschland nach der Wiedervereinigung. In: APuZ 41, Nr. B9, 17-28 vom 22.2.1991.
Koblynska, Ewa (1995): Das polnische Gedächtnis und seine Symbole. In: Deutsch-polnische Ansichten zur Literatur und Kultur. Jahrbuch des Deutschen Polen-Instituts Darmstadt 6, 50-64.
Köcher, Renate (1997): Vertriebene der Erlebnis- und Nachfolgegeneration. Ergebnisse einer Sekundäranalyse. In: Deutschland und seine Nachbarn, H. 21, hg. v. Kulturstiftung der deutschen Vertriebenen, Bonn, 3-67.

Kocka, Jürgen (1986): Zerstörung und Befreiung. Das Jahr 1945 als Wendepunkt deutscher Geschichte. In: Politik und Kultur 13, H. 5, 45-64.

Kocka, Jürgen (1995): Vereinigungskrise. Zur Geschichte der Gegenwart. Göttingen: Vandenhoeck & Ruprecht.

Kohl, Helmut (1989): Erinnerung - Trauer - Mahnung - Verantwortung. Erklärung der Bundesregierung zum 50. Jahrestag des Ausbruchs des Zweiten Weltkrieges. In: Bulletin des Presse- und Informationsamtes der Bundesregierung, Nr. 84, 733-740.

Kohlstruck, Michael (1996): Zur Gegenwartsbedeutung des Nationalsozialismus. In: Leviathan 24, 155-162.

Kohlstruck, Michael (1997): Zwischen Erinnerung und Geschichte. Der Nationalsozialismus und die jungen Deutschen. Berlin: Metropol.

König, Helmut (1996): Das Erbe der Diktatur. Der Nationalsozialismus im politischen Bewußtsein der Bundesrepublik. In: Leviathan 24, 163-180.

Koselleck, Reinhart (1992): Erinnerungsschleusen und Erfahrungsgeschichten. Der Einfluß der beiden Weltkriege auf das soziale Bewußtsein. In: ders.: Zeitschichten. Studien zur Historik. Frankfurt am Main: Suhrkamp 2000, 265-284.

Köstlin, Konrad (1991): Zu Intention und Praxis religiöser Erinnerung. In: Erinnern und Vergessen. Vorträge des 27. Deutschen Volkskundekongresses Göttingen 1989. hg. v. Brigitte Bönisch-Brednich et al., Göttingen: Schmerse, 427-440.

Kotre, John (1996): Weiße Handschuhe. Wie das Gedächtnis Lebensgeschichten schreibt. München: Hanser.

Krafft, Sybille (Hrsg.) (1995): Zwischen den Fronten. Münchner Frauen in Krieg und Frieden 1900-1950. München: Buchendorfer.

Krebs, Dagmar (1995): Selbstselektion: Demographisches oder attitudinales Problem. In: ZA-Information 19, Nr. 36, 114-125.

Kremp, Herbert (1988): Wir brauchen unsere Geschichte. Nachdenken über Deutschland. Berlin (West): Ullstein.

Krockow, Christian von (1983): Deutsche Identität - Erfahrungen und Hoffnungen. In: Deutsche Identität heute. hg. v. P. Otto Beglar, Stuttgart: Studienzentrum Weickersheim, 156-168.

Kühne, Thomas (1996): Männergeschichte als Geschlechtergeschichte. In: Männergeschichte Geschlechtergeschichte. Männlichkeit im Wandel der Moderne. hg. v. Thomas Kühne, Frankfurt am Main: Campus, 7-30.

Kundrus, Birthe (1996): Frauen und Nationalsozialismus. Überlegungen zum Stand der Forschung. In: AfS 36, 481-499.

Lachauer, Ulla (1998): Ostpreußische Lebensläufe. Reinbek: Rowohlt.

Lamal, Peter A. (1979): College student common beliefs about psychology. In: Teaching Psychology 6, 155-158.

Laqueur, Walter (1996): Faschismus. Gestern, Heute, Morgen. Berlin: Propyläen.

Leggewie, Claus (1995): die 89er. Portrait einer Generation. Hamburg: Hoffmann & Campe.

LeGoff, Jacques (1977): Geschichte und Gedächtnis. Frankfurt am Main: Campus.

Lehnert, Detlef und Klaus Megerle (1989): Politische Identität und nationale Gedenktage. In: Politische Identität und nationale Gedenktage. hg. v. dens., Opladen: WV, 9-30.

Lepsius, M. Rainer (1989): Das Erbe des Nationalsozialismus und die politische Kultur der Nachfolgestaaten des „Großdeutschen Reiches". In: Kultur und Gesellschaft. Verhandlungen des 24. Deutschen Soziologentags, des 11. Österreichischen Soziologentags und des 8. Kongresses der Schweizerischen Gesellschaft für Soziologie in Zürich 1988. hg. v. Max Haller, Frankfurt am Main: Campus, 247-264.

Lequin, Yves und Jean Métral (1980): Auf der Suche nach einem kollektiven Gedächtnis. Die Rentner der Metallindustrie von Givors. In: Lebenserfahrung und kollektives Gedächtnis. Die Praxis der „Oral History". hg. v. Lutz Niethammer, Frankfurt am Main: Suhrkamp 1986, 339-368.

Lévi-Strauss, Claude (1958): Strukturale Anthropologie. Frankfurt am Main: Suhrkamp 1967.

Lewis, Bernard (1975): History. Remembered, recovered, invented. Princeton, N.J.: Univ. Press.

Limbach, Jutta (1997): Die Opposition gegen das Nazi-Regime war keine Sache von Eliten. Redemanuskript. In: FR 53, Nr. 165, 15 vom 19.7.1997.

Linton, Marigold (1986): Ways of searching and the contents of memory. In: Autobiographical memory. hg. v. David C. Rubin; Cambridge: Univ. Press, 50-67.

Löffler, Sigrid (1998): Im Schein der Versöhnung. Nach dem Gipfeltreffen zwischen Martin Walser und Ignatz Bubis müssen die alten Fragen neu gestellt werden. In: Die Zeit 53, Nr. 52, 41, vom: 16.12.1998.

Loftus, Elizabeth und Geoffrey Loftus (1980): On the permanence of stored information in the human brain. In: American Psychologist 35, 409-420.

Lohauß, Peter (1995): Moderne Identität und Gesellschaft. Theorien und Konzepte. Opladen: Leske + Budrich.

Lottes, Günther (1997): Damnatio historiae. Über den Versuch einer Befreiung von der Geschichte in der Französischen Revolution. In: Denkmalsturz. Zur Konfliktgeschichte politischer Symbolik. hg. v. Winfried Speitkamp, Göttingen: Vandenhoeck & Ruprecht, 22-48.

Lübbe, Hermann (1977): Geschichtsbegriff und Geschichtsinteresse. Basel: Schwabe.

Lübbe, Hermann (1983): Der Nationalsozialismus im deutschen Nachkriegsbewußtsein. In: HZ 236, 579-599.

Lüthy, Herbert 1969): Wozu Geschichte? Zürich: Arche.

Lutz, Felix Philipp (1992): Geschichtsbewußtsein und individuelle Wertsysteme. In: Werte und Wandel. Ergebnisse und Methoden einer Forschungstradition. hg. v. Helmut Klages et al., Frankfurt am Main: Campus, 269-287.

Lutz, Felix Philipp (1993): Verantwortungsbewußtsein und Wohlstandschauvinismus: Die Bedeutung historisch-politischer Einstellungen der Deutschen nach der Einheit. In: Deutschland. Eine Nation - doppelte Geschichte. Materialien zum deutschen Selbstverständnis. Band 5 der Arbeitsergebnisse der Studiengruppe Deutschlandforschung. hg. v. Werner Weidenfeld, Köln: Wissenschaft und Politik, 157-173.

Lutz, Georg (1998): Das große Schweigen. Über linkes Desinteresse an der I-rak-Krise. In: blätter des iz3w, Nr. 228, 6.

MacArthur, John R. (1993): Die Schlacht der Lügen. Wie die USA den Golfkrieg erkauften. München: dtv.
Maines, David R. et al. (1983): The sociological import of G. H. Mead's theory of the past. In: ASR 48, 161-173.
Mannheim, Karl (1928): Das Problem der Generationen. In: ders.: Wissenssoziologie. Neuwied: Luchterhand 1964, 509-565.
Märtesheimer, Peter und Ivo Frenzel (Hrsg.) (1979): Im Kreuzfeuer: Der Fernsehfilm „Holocaust". Eine Nation ist betroffen. Frankfurt am Main: Fischer.
McMillan, Julie R. et al. (1977): Women's language uncertainty or interpersonal sensitivity and emotionality? In: Sex Roles 3, 545-559.
Mead, George Herbert (1929): The nature of the past. In: Essays in Honor of John Dewey. hg. v. John Coss, New York: Octagon, 235-242.
Mead, George Herbert (1938): The philosophy of the act. Chicago: Univ. Press.
Meinicke, Wolfgang (1993): Die Bodenreform und die Vertriebenen in der SBZ und in den Anfangsjahren der DDR. In: Sie hatten alles verloren. Flüchtlinge und Vertriebene in der sowjetischen Besatzungszone Deutschlands. Wiesbaden: Harrassowitz, 55-85.
Mertens, Lothar (1995): Die SED und die NS-Vergangenheit. In: Schwieriges Erbe. Der Umgang mit Nationalsozialismus und Antisemitismus in Österreich, der DDR und der Bundesrepublik Deutschland. hg. v. Werner Bergmann et al., Frankfurt am Main: Campus, 194-211.
Mertens, Wolfgang (1992): Entwicklung der Psychosexualität und der Geschlechts-
identität. Bd. 1: Geburt bis 4. Lebensjahr. 2. Aufl., Stuttgart: Kohlhammer 1994.
Meyer, Birgit (1992): Die „unpolitische" Frau. Politische Partizipation von Frauen oder: Haben Frauen ein anderes Verständnis von Politik? In: APuZ 42, Nr. B25-26, 3-18 vom 12.6.1992.
Miethe, Ingrid (1999): Frauen in der DDR-Opposition. Lebens- und kollektivgeschichtliche Verläufe in einer Frauenfriedensgruppe. Opladen: Leske + Budrich..
Miller, Max (1990): Kollektive Erinnerungen und gesellschaftliche Lernprozesse. Zur Struktur sozialer Mechanismen der „Vergangenheitsbewältigung". In: Antisemitismus in der politischen Kultur nach 1945. hg. v. Werner Bergmann und Rainer Erb, Opladen: WV, 79-105.
Mitscherlich, Alexander und Margarethe Mitscherlich (1967): Die Unfähigkeit zu trauern. Grundlagen kollektiven Verhaltens. Nachdr., Gütersloh: Bertelsmann 1968.
Moser, Tilman (1992): Nationalsozialismus im seelischen Untergrund von heute. Über die Nachwirkungen von Holocaust, Krieg und NS-Diktatur. Zur Rezeption von Anita Eckstaedts Buch „Nationalsozialismus in der 'zweiten Generation'. In: ders.: Politik und seelischer Untergrund. Aufsätze und Vorträge. Frankfurt am Main: Suhrkamp 1993, 33-48.
Moser, Tilman (1993): Ein Enkel Adolf Hitlers. Über das Auftauchen von Politik in der Psychotherapie. In: ders.: Politik und seelischer Untergrund. Aufsätze und Vorträge. Frankfurt am Main: Suhrkamp, 19-32.
Mühlberg, Dietrich (1994): Überlegungen zu einer Kulturgeschichte der DDR. In: Sozialgeschichte der DDR. hg. v. Hartmut Kaelble et al., Stuttgart: Klett-Cotta, 62-94.

Müller, Richard Matthias (1994): Normal-Null und die Zukunft der deutschen Vergangenheitsbewältigung. Schernfeld: SH.

Müller-Hohagen, Jürgen (1992): Gleichschaltung und Denunziation. Disziplinierung der Eltern über die Kinder. In: Sozialisierung und Traumatisierung. Kinder in der Zeit des Nationalsozialismus. hg. v. Ute und Wolfgang Benz, Frankfurt am Main: Fischer, 80-91.

Münch, Richard (1997): Elemente einer Theorie der Integration moderner Gesellschaften. Eine Bestandsaufnahme. In: Was hält die Gesellschaft zusammen? Bundesrepublik Deutschland: Auf dem Weg von der Konsens- zur Konfliktgesellschaft. Bd. 2, hg. v. Wilhelm Heitmeyer, Frankfurt am Main: Suhrkamp, 66-109.

Münkler, Herfried (1996): Politische Mythen und Institutionenwandel. Die Anstrengungen der DDR, sich ein eigenes kollektives Gedächtnis zu verschaffen. In: Institutionenwandel. hg. v. Gerhard Göhler, (Leviathan-Sh. 16) Opladen: WV, 121-142.

Münkler, Herfried (1998): Antifaschismus und antifaschistischer Widerstand als politischer Gründungsmythos der DDR. In: APuZ 48, Nr. B45, 16-29 vom 30.10.1998.

Nash, Sharon Churnin und S. Shirley Feldman (1981): Sex role and sex-related attributions: Constancy and change across the family life cycle. In: Advances in developmental psychology. Bd. 1, hg. v. Michael E. Lamb und Ann L. Brown, Hillsdale, N.J.: Erlbaum, 1-35.

Neisser, Ulric (1988): Time present and time past. In: Practical aspects of memory: current research and issues. Vol. 2: Clinical and educational implications. hg. v. Michael Gruneberg et al., Chichester: Wiley, 545-560.

Niekant, Renate (1999): Zur Krise der Kategorien „Frauen" und „Geschlecht". Judith Butler und der Abschied von feministischer Identitätspolitik. In: Gender and politics. „Geschlecht" in der feministischen Politikwissenschaft. hg. v. Christine Bauhardt und Angelika von Wahl, Opladen: Leske + Budrich, 29-45.

Niemann, Heinz (1993): Meinungsforschung in der DDR. Die geheimen Berichte des Instituts für Meinungsforschung an das Politbüro der SED. Köln: Bund.

Niethammer, Lutz (1980): Einführung. In: Lebenserfahrung und kollektives Gedächtnis. Die Praxis der „Oral History". hg. v. dems., Frankfurt am Main: Suhrkamp 1986, 7-33.

Niethammer, Lutz (1982): Von den Schwierigkeiten der Traditionsbildung in der Bundesrepublik. In: Erinnerungsarbeit. Geschichte und demokratische Identität in Deutschland. hg. v. Wolfgang Ruppert, Opladen: Leske + Budrich, 55-69.

Niethammer, Lutz (1994): Erfahrungen und Strukturen. Prolegomena zu einer Geschichte der Gesellschaft der DDR. In: Sozialgeschichte der DDR. hg. v. Helmut Kaelble et al., Stuttgart: Klett-Cotta, 95-115.

Noelle-Neumann, Elisabeth (1995): Der geteilte Himmel. Geschichtsbewußtsein in Ost- und Westdeutschland oder Zwei Ansichten deutscher Geschichts. In: Frankfurter Allgemeine Zeitung, Nr. 102, 5 vom 3.5.1995.

Norrander, Barbara (1997): The independence gap and the gender gap. In: POQ 61, 464-476.

Nunner-Winkler, Gertrud (1991): Gibt es eine weibliche Moral? In: Weibliche Moral. Die Kontroverse um eine geschlechtsspezifische Ethik. hg. v. ders., Frankfurt am Main: Campus, 147-161.

Oelmüller, Willi (Hrsg.) (1977): Wozu noch Geschichte? München: Fink.

Olick, Jeffrey K. (1999): Collected memory and collective memory: Two roads to the past. In: Sociological Theory 17, 333-348.

Opitz, Reinhard (1974): Über die Entstehung und Verhinderung von Faschismus. In: Das Argument 87, Jg. 16, 543-603.

Overesch, Manfred (1995): Buchenwald und die DDR. oder: Die Suche nach Selbstlegitimation. Göttingen: Vandenhoeck & Ruprecht.

Pampel, Bert (1995): Was bedeutet „Aufarbeitung der Vergangenheit"? Kann man aus der „Vergangenheitsbewältigung" nach 1945 für die „Aufarbeitung" nach 1989 Lehren ziehen? In: APuZ 45, Nr. B1-2, 27-38 vom 6.1.1995.

Penfield, Wilder (1975): The mystery of the mind: a critical study of consciousness and the human brain. Princeton, N.J.: Univ. Press.

Petersen, Jens und Wolfgang Schieder (Hrsg.) (1998): Faschismus und Gesellschaft in Italien. Staat - Wirtschaft - Kultur. hg. v. dens., Köln: SH.

Petzold, Jürgen (1993): Die Entnazifizierung der sächsischen Lehrerschaft 1945. In: Historische DDR-Forschung. Aufsätze und Studien. hg. v. Jürgen Kocka, Berlin: Akademie, S. 87-103.

Pfahl-Traughber, Armin (1995): Der 20. Juli 1944 und der Widerstand gegen den Nationalsozialismus - Neuerscheinungen zum 50. Jahrestag des Hitler-Attentats. In: NPL 40, 240-265.

Pollack, Detlef (1999): Wer eigentlich löste den Zusammenbruch der DDR aus? Über Ausreiser, Bürgerrechtler, Parteireformer und Massendemonstrationen. Buchzusammenfassung. In: FR 55, Nr. 265, 9 vom 13.11.1999.

Pollack, Detlef (2000): Politischer Protest. Politisch alternative Gruppen in der DDR. Opladen: Leske + Budrich.

Pomata, Gianna (1984): Die Geschichte der Frauen zwischen Anthropologie und Biologie. In: Feministische Studien 2, H. 2, 113-127.

Rabinowitz, George und Stuart Elaine MacDonald (1989): A directional theory of issue voting. In: APSR 83, 93-121.

Rautenberg, Hans-Werner (1997): Die Wahrnehmung von Flucht und Vertreibung in der deutschen Nachkriegsgeschichte bis heute. In: APuZ 47, Nr. B53, 34-46 vom 26.12.1997.

Reichel, Peter (1995): Politik mit der Erinnerung. Gedächtnisorte im Streit um die nationalsozialistische Vergangenheit. München: Hanser.

Reinhold, Gerd (1997): Soziologie-Lexikon. 3. Aufl., München: Oldenbourg.

Reinprecht, Christoph (1996): Nostalgie und Amnesie. Bewertungen von Vergangenheit in der Tschechischen Republik und in Ungarn. Wien: Gesellschaftskritik.

Reinprecht, Christoph (1998): Kollektives Gedächtnis und Aufarbeitung der Vergangenheit: Zur Dynamik kollektiven Erinnerns in Ost-Mitteleuropa. In: Demokratischer Patriotismus oder ethnischer Nationalismus in Ostmitteleuropa? Empirische Analysen zur nationalen Identität in Ungarn, Tschechien, Slowakei und Polen. hg. v. Hilde Weiss und Christoph Reinprecht, Wien: Böhlau, 131-148.

Ritter, Gerhard A. (1998): Über Deutschland. Die Bundesrepublik in der Geschichte. München: Beck.
Robinson, John A. (1986): Autobiographical memory: a historical prologue. In: Autobiographical memory. hg. v. David C. Rubin, Cambridge: Univ. Press, 19-24.
Rogosa, David (1988): Myths about longitudinal research. In: Methodological issues in aging research. hg. v. Klaus W. Schaie, New York: Springer, 171-209.
Rokeach, Milton (1973): The nature of human values. New York: Free Press.
Rosenhaft, Eve (1996): Zwei Geschlechter - eine Geschichte? Frauengeschichte, Männergeschichte, Geschlechtergeschichte und ihre Folgen für unsere Geschichtswahrnehmung. In: Was sind Frauen? Was sind Männer? Geschlechtskonstruktionen im historischen Wandel. hg. v. Christiane Eifert et al., Frankfurt am Main: Suhrkamp, 257-274.
Rosenthal, Gabriele (1990): Zweiter Weltkrieg und Nationalsozialismus: Zwei Themen ohne Zusammenhang? In: „Als der Krieg kam, hatte ich mit Hitler nichts mehr zu tun". Zur Gegenwärtigkeit des „Dritten Reiches" in Biographien. hg. v. ders., Opladen: Leske + Budrich, 223-240.
Rosenthal, Gabriele (1997): Gemeinsamkeiten und Unterschiede im familialen Dialog über den Holocaust. In: Der Holocaust im Leben von drei Generationen. Familien von Überlebenden der Shoah und von Nazi-Tätern. hg. v. ders., Gießen: Psychosozial, 18-25.
Rosow, Irving (1978): What is a cohort and why? In: Human Development 21, 65-75.
Ruck, Michael (1995): Bibliographie zum Nationalsozialismus. Köln: Bund.
Rüsen, Jörn (1994a): Historische Orientierung. Über die Arbeit des Geschichtsbewußtseins, sich in der Zeit zurechtzufinden. Köln: Böhlau.
Rüsen, Jörn (1994b): Historisches Lernen. Grundlagen und Paradigmen. Köln: Böhlau.
Ryder, Norman (1965): The cohort as a concept in the study of social change. In: ASR 30, 843-861.
Sachs, Jacqueline S. (1967): Recognition memory for syntactic and semantic aspects of connected discourse. In: Perception and Psychophysics 2, 437-442.
Sarcinelli, Ulrich (1995): Kommunikationstheorien der Politik. In: Lexikon der Politik. Bd. 1, Politische Theorien. hg. v. Dieter Nohlen und Rainer-Olaf Schultze, München: Beck, 241-248.
Schacter, Daniel L. (1999): Wir sind Erinnerung. Gedächtnis und Persönlichkeit. Reinbek: Rowohlt.
Scheel, Walter (1975): Wir haben gelernt. Ansprache zum 30. Jahrestag der Beendigung des Zweiten Weltkrieges (6. Mai 1975). In: ders.: Reden und Interviews (1). 1. Juli 1974 - 30. Juni 1975. hg. v. Presse- und Informationsamt der Bundesregierung. Bonn.
Schiller, Dietmar (1993): Politische Gedenktage in Deutschland. Zum Verhältnis von öffentlicher Erinnerung und politischer Kultur. In: APuZ 43, Nr. B25, 32-39 vom 18.6.1993.
Schmidt, Siegfried J. (1991): Gedächtnis - Erzählen - Identität. In: Mnemosyne. Formen und Funktionen der kulturellen Erinnerung. hg. v. Aleida Assmann und Dietrich Harth, Frankfurt am Main: Fischer, 378-397.

Schmied, Gerhard (1984): Der soziologische Generationenbegriff. Darstellung, Kritik und „Gewissenserforschung". In: Neue Sammlung. Zeitschrift für Erziehung und Gesellschaft 24, 231-244.

Schmöker, Inge und Jürgen Danyel (1995): Neuere Forschungsliteratur zum Umgang mit Nationalsozialismus und Widerstand in beiden deutschen Staaten. In: Die geteilte Vergangenheit. Zum Umgang mit Nationalsozialismus und Widerstand in beiden deutschen Staaten. hg. v. Jürgen Danyel, Berlin: Akademie, 247-264.

Schudson, Michael (1989): The present in the past versus the past in the present. In: Communication 11, 105-113.

Schuman, Howard und Cheryl Rieger (1992): Historical analogies, generational effects, and attitudes toward war. In: ASR 57, 315-326.

Schuman, Howard und Jacqueline Scott (1989): Generations and collective memories. In: ASR 54, 359-381.

Schuman, Howard et al. (1994): Collective memories in the United States and Lithuania. In: Autobiographical memory and the validity of retrospective reports. hg. v. Norbert Schwarz und Seymour Sudman, New York: Springer, 313-333.

Schuman, Howard et al. (1997): The generational basis of historical knowledge. In: Collective memory of political events: Social psychological perspectives. hg. v. James W. Pennebaker et al., Mahwah, N.J.: Erlbaum, 47-77.

Schuman, Howard et al. (1998): Collective memories of Germans and Japanese about the past half-century. In: Memory 6, 427-454.

Schütte, Wolfram (1997): Gedenktag. In: FR 53, Nr. 23, 8 vom 28.1.1997.

Schwartz, Barry (1982): The social context of commemoration. A study in collective memory. In: Social Forces 61, 374-402.

Schwartz, Barry (1998): Frame images: Towards a semiotics of collective memory. In: Semiotica 121, 1-40.

Schwartz, Barry et al. (1986): The recovery of Masada: A study in collective memory. In: The Sociological Quarterly 27, 147-164.

Scott, Joan W. (1997): Nach der Geschichte? In: WerkstattGeschichte, Heft 17, 5-23.

Scott, Jacqueline und Lilian Zac (1993): Collective memories in Britain and the United States. In: POQ 57, 315-331.

Simon, Bernd und Amélie Mummendey (1997): Selbst, Identität und Gruppe: Eine sozialpsychologische Analyse des Verhältnisses von Individuum und Gruppe. In: Identität und Verschiedenheit. Zur Sozialpsychologie der Identität in komplexen Gesellschaften. hg. v. dens., Bern: Huber, 11-38.

Spangenberg, Peter M. (1992): Ereignisse und ihr Medium. In: Zeit des Ereignisses - Ende der Geschichte? hg. v. Friedrich Balke et al., München: Fink, 89-109.

Speitkamp, Winfried (1997): Denkmalsturz und Symbolkonflikt in der modernen Geschichte. Eine Einleitung. In: Denkmalsturz. Zur Konfliktgeschichte politischer Symbolik. hg. v. dems., Göttingen: Vandenhoeck & Ruprecht, 5-21.

Spittmann, Ilse (1995): Fünf Jahre danach - Wieviel Einheit brauchen wir? In: APuZ 45, Nr. B38, 3-8 vom 15.9.1995.

Spitzer, Alan B. (1973): The historical problem of generations. In: AHR 78, 1353-1385.

Stanga, John E. und James F. Sheffield (1987): The myth of zero partisanship. In: AJPS 31, 829-855.

Steinbach, Lothar (1980): Lebenslauf, Sozialisation und „erinnerte Geschichte". In: Lebenserfahrung und kollektives Gedächtnis. Die Praxis der „Oral History". hg. v. Lutz Niethammer, Frankfurt am Main: Suhrkamp 1986, 393-435.

Steinbach, Peter (1994): Widerstand im Widerstreit. Der Widerstand gegen den Nationalsozialismus in der Erinnerung der Deutschen. Ausgewählte Studien. Paderborn: Schöningh.

Steinbach, Peter (1998): Deutschland vor und seit der Wende. Von der Kenntnis zur Anerkennung der Verschiedenheiten. In: APuZ 48, Nr. B51, 24-30 vom 11.12.1998.

Stern, Daniel N. (1992): Die Lebenserfahrung des Säuglings. Stuttgart: Klett-Cotta.

Stora, Benjamin (1997): Vergangenheit, die wiederkehrt. Im Papon-Prozeß erinnert Frankreich sich nicht nur an die Kollaboration mit den Nazis: Jetzt geht es auch um den Algerienkrieg. In: Die Zeit 52, Nr. 47, 13 vom 14.11.1997.

Straub, Jürgen und Ralph Sichler (1989): Metaphorische Sprechweisen als Modi der interpretativen Repräsentation biographischer Erfahrungen. In: Biographisches Wissen. Beiträge zu einer Theorie lebensgeschichtlicher Erfahrung. hg. v. Peter Alheit und Erika M. Hoerning, Frankfurt am Main: Campus, 221-237.

Strube, Gerhard und Franz E. Weinert (1987): Autobiographisches Gedächtnis: Mentale Repräsentanten der individuellen Biographie. In: Biographie und Psychologie. hg. v. Gerd Jüttemann und Hans Thomae, Heidelberg: Springer, 151-167.

Tajfel, Henri (1982): Gruppenkonflikt und Vorurteil. Entstehung und Funktion sozialer Stereotype. Bern: Huber.

Tajfel, Henri und Jim C. Turner (1986): The social identity theory of intergroup behaviour. In: Psychology of intergroup relations. hg. v. Stephen Worchel und William G. Austin, 2. Aufl., Chicago: Nelson-Hall, 7-24.

Taylor, Shelley E. und Jonathan D. Brown (1988): Illusion and well-being: A social psychological perspective on mental health. In: Psychological Bulletin 103, 193-210.

Terray, Emmanuel (1995): Die unmögliche Erinnerung. Die Herstellung eines künstlichen nationalen Gedächtnisses in der DDR und ihr Mißlingen. In: Nation und Emotion. Deutschland und Frankreich im Vergleich. 19. und 20. Jahrhundert. hg. v. Etienne François et al., Göttingen: Vandenhoeck & Ruprecht, 189-195.

Thamer, Hans-Ulrich (1987): Nationalsozialismus und Faschismus in der DDR-Historiographie. In: APuZ 37, Nr. B13, 27-37 vom 28.3.1987.

Traverso, Enzo (1993): Die Juden und Deutschland. Auschwitz und die jüdisch-deutsche Symbiose. Berlin: BasisDruck.

Treplin, Vera (1992): Eine Auseinandersetzung mit dem Buch von A. Eckstaedt: Nationalsozialismus in der „zweiten Generation". Psychoanalyse von Hörigkeitsverhältnissen. Rezension. In: Luzifer-Amor 5, H. 9, 165-187.

Ulich, Klaus (1988): Schulische Sozialisation. In: Handbuch der Sozialforschung. Studienausgabe. hg. v. Klaus Hurrelmann und Dieter Ulich, 5. Aufl., Weinheim: Beltz, 377-396.

Veen, Hans-Joachim und Carsten Zelle (1995): Zusammenwachsen oder auseinanderdriften? Eine empirische Analyse der Werthaltungen, der politischen Prioritäten und der nationalen Identifikationen der Ost- und Westdeutschen. (=Interne Studien, Nr. 78/1994) 2. Aufl., Sankt Augustin: Konrad-Adenauer-Stiftung.

Venedy, Michael (1996): Das Schweigen der Lämmer. Die Friedensbewegung wartet auf den Tag X. In: blätter des iz3w, Nr. 210, 31.

Vierzig, Siegfried (1987): Frauen und Männer: Geschlechtsrollenidentität und religiöse Sozialisation. In: Religion und Biographie. Perspektiven zur gelebten Religion. hg. v. Albrecht Grözinger und Henning Luther, München: Kaiser, 163-173.

Vollnhals, Clemens (Hrsg.) (1991): Entnazifizierung. Politische Säuberung und Rehabilitierung in den vier Besatzungszonen 1945-1949. München: dtv.

Wagenaar, Willem A. (1986): My memory: A study of autobiographical memory over six years. In: Cognitive Psychology 16, 225-252.

Wagner-Pacifici, Robin und Barry Schwartz (1991): The Vietnam Veterans Memorial: Commemorating a difficult past. In: AJS 97, 376-420.

Walser, Martin (1998): Erfahrungen beim Verfassen einer Sonntagsrede. Dankesrede des mit dem Friedenspreis der Deutschen Buchhandels ausgezeichneten Schriftstellers. In: FR 54, Nr. 236, 10 vom 12.10.1998.

Walz, Dieter (1996): Vertrauen in Institutionen in Deutschland zwischen 1991 und 1995. In: ZUMA-Nachrichten 20, Nr. 38, 70-89.

Wehler, Hans-Ulrich (1988): Aus der Geschichte lernen? Essays. München: Beck.

Weidenfeld, Werner (1990): Geschichtsbewußtsein der Deutschen: Die Gegenwart der Vergangenheit. In: Deutschland zwischen Krieg und Frieden. Beiträge zur Politik und Kultur im 20. Jahrhundert. hg. v. Karl-Dietrich Bracher et al., (=Schriftenreihe der Bundeszentrale für politische Bildung, Bd. 295) Bonn, 442-453.

Weidenfeld, Werner und Manuela Glaab (1995): Die deutsche Frage im Bewußtsein der Bevölkerung in beiden Teilen Deutschlands. Das Zusammengehörigkeitsgefühl der Deutschen - Konstanten und Wandlungen. Einstellungen der westdeutschen Bevölkerung 1945/49 - 1990. In: Materialien der Enquete-Kommission „Aufarbeitung von Geschichte und Folgen der SED-Diktatur in Deutschland". (12. Wahlperiode des Deutschen Bundestages) Bd. V/3: Deutschlandpolitik, innerdeutsche Beziehungen und internationale Rahmenbedingungen. hg. v. Deutschen Bundestag, Baden-Baden: Nomos, 2798-2962.

Weidenfeld, Werner und Felix Philipp Lutz (1994): The divided nation: Historical consciousness in post-unification Germany. In: German Politics and Society, Issue 33, 117-145.

Weil, Frederick D. (1985): The variable effects of education in liberal attitudes: A comparative-historical analysis of anti-Semitism using public opinion survey data. In: ASR 50, 458-474.

Weil, Frederick D. (1987): Cohorts, regimes, and the legitimation of democracy: West Germany since 1945. In: ASR 52, 308-324.

Weinrich, Harald (1997): Lethe. Kunst und Kritik des Vergessens. München: Beck.
Weizsäcker, Richard von (1985): Zum 40. Jahrestag der Beendigung des Krieges in Europa und der nationalsozialistischen Gewaltherrschaft. Ansprache am 8. Mai 1985 in der Gedenkstunde im Plenarsaal des Deutschen Bundestages. Bonn.
Welsch, Johann (1999): Welche Bildung braucht die Informationsgesellschaft? In: APuZ 49, Nr. B35-36, 24-32 vom 27.8.1999.
Welzer, Harald (2001): Kumulative Heroisierung. Nationalsozialismus und Krieg im Gespräch zwischen den Generationen. In: Mittelweg 36, 10, H. 2, 57-73.
Westle, Bettina (1993): Changing aspects of national identity in Germany. In: Political culture in Germany. hg. v. Dirk Berg-Schlosser und Ralf Rytlewski, London: Macmillan, 271-294.
Weyrather, Irmgard (1993): Muttertag und Mutterkreuz. Der Kult um die „deutsche Mutter" im Nationalsozialismus. Frankfurt am Main: Fischer.
Wiebel-Fanderl, Oliva (1996): Kulturelles Gedächtnis und Tod in der ländlichen Gesellschaft Österreichs um 1900. Aspekte des erlebten und bedachten Todes in lebensgeschichtlichen Erzählungen. In: AfS 36, 155-173.
Wielenga, Friso (1995): Schatten deutscher Geschichte. Der Umgang mit dem Nationalsozialismus und der DDR-Vergangenheit in der Bundesrepublik. Vierow: SH.
Wippermann, Wolfgang (1983): Europäischer Faschismus im Vergleich (1922-1982). Frankfurt am Main: Suhrkamp.
Wolf, Christa (1976): Diskussion mit Christa Wolf in der Akademie der Künste der DDR am 8.10. und 3.12.1975. In: Sinn und Form. Beiträge zur Literatur 28, 861-888.
Wolfrum, Edgar (1996a): „Kein Sedantag glorreicher Erinnerung". Der Tag der Deutschen Einheit in der alten Bundesrepublik. In: DA 29, 432-443.
Wolfrum, Edgar (1996b): Geschichtspolitik in der Adenauer-Ära: Der Umgang mit dem 17. Juni 1953-63. In: Politische Mythen und Geschichtspolitik. Konstruktion - Inszenierung - Mobilisierung. hg. v. Rudolf Speth und Edgar Wolfrum, (=Les Travaux du Centre Marc Bloch, H. 7) Berlin, 53-69.
Wolfrum, Edgar (1997): Der Kult um den verlorenen Nationalstaat in der Bundesrepublik Deutschland bis Mitte der 60er Jahre. In: Historische Anthropologie. Kultur - Gesellschaft - Alltag 5, 83-114.
Wolfrum, Edgar (1998a): Geschichtspolitik und deutsche Frage. Der 17. Juni im nationalen Gedächtnis der Bundesrepublik (1953-1989). In: GuG 24, 382-411.
Wolfrum, Edgar (1998b): Geschichtspolitik in der Bundesrepublik Deutschland 1949-1989. Phasen und Kontroversen. In: APuZ 48, Nr. B45, 3-15 vom 30.10.1998.
Wöll, Andreas (1997a): Als der Frieden ausbrach... Der 8. Mai 1945 in der öffentlichen Rede der Bundesrepublik. In: Psychosozial 20, Nr. 68, H. 2, 123-138.
Wöll, Andreas (1997b): Vergangenheitsbewältigung in der Gesellschaftsgeschichte der Bundesrepublik. Zur Konfliktlogik eines Streitthemas. In: Vergangenheitsbewältigung: Modelle der politischen und sozialen Integration in

der bundesdeutschen Nachkriegsgeschichte. hg. v. Gary S. Schaal und Andreas Wöll, Baden-Baden: Nomos, 29-42.

Wöll, Andreas (1998): „Wegweisend für das deutsche Volk" - Der 20. Juli 1944: Öffentliche Erinnerung und Vergangenheitsbewältigung in der Bundesrepublik. In: Vergangenheitsbewältigung am Ende des zwanzigsten Jahrhunderts. hg. v. Helmut König et al., (=Leviathan, Sh. 18) Opladen: WV, 17-37.

Wolle, Stefan (1995): Der Kampf um die Erinnerung. Vergangenheitsbewältigung im vereinigten Deutschland. In: Das wiedervereinigte Deutschland. Zwischenbilanz und Perspektiven. hg. v. Ralf Altenhof und Eckhard Jens, Düsseldorf: Droste, 99-126.

Zank, Wolfgang (1987): Wirtschaft und Arbeit in Ostdeutschland 1945-1949. Probleme des Wiederaufbaus in der Sowjetischen Besatzungszone Deutschlands. München: Oldenbourg.

Zanna, Mark P. und John K. Rempel (1988): Attitudes: A new look at an old concept. In: The social psychology of knowledge. hg. v. Daniel Bar-Tal und A. W. Kruglanski, New York: Cambridge Univ. Press, 315-334.

Zelikow, Philip und Condoleezza Rice (1997): Sternstunde der Diplomatie. Die deutsche Einheit und das Ende der Spaltung Europas. Berlin: Propyläen.

Zelle, Carsten (1998): Soziale und liberale Wertorientierungen: Versuch einer situativen Erklärung der Unterschiede zwischen Ost- und Westdeutschen. In: APuZ 48, Nr. B41-42, 24-36 vom 2.10.1998.

Zens, Maria (1993): Vergangenheit verlegen. Über die Wiederherstellung nationaler Größe im Hause Ullstein. In: Blätter für deutsche und internationale Politik 38, 1364-1375.

Zitelmann, Rainer (1995): Wohin treibt unsere Republik? Berlin: Ullstein.